U0456861

国家社科基金青年项目"古罗马教师研究"(13CSS006)

兰州大学"双一流"建设资金人文社科类图书出版经费资助

国家社科基金丛书
GUOJIA SHEKE JIJIN CONGSHU

古罗马教师研究

The teachers in ancient Roman World

姬庆红　著

人民出版社

目　　录

导　　论

　　教师是人类社会最古老的职业之一,在文明的延续、发展和进步中发挥着至关重要的作用。作为知识与文化的承载者和传播者,教师是所处时代的文化代言人,向年轻一代传递主流价值观,培养符合社会要求的人才。在长达千余年的古罗马历史中,不同出身的人充当着教师的角色,履行着教育者的使命。从传说中公元前 753 年罗马建城到公元前 272 年攻占塔林顿雄霸意大利期间,古罗马儿童的教育主要在父权家庭中进行,言传身教是主要方式,父亲即教师,生活即教育。父亲向儿子传授耕作、作战等技能与传统文化,将之培养成合格的农夫—士兵。母亲则把女儿培养成合格的家庭主妇。随着希腊化世界被囊括进罗马帝国版图,作为战利品的希腊文化奴隶,被动或主动地涌入贵族家里充当教仆和家庭教师,或在罗马城开办学校教授希腊文化。这时候,罗马才有了真正意义上的职业教师。他们用希腊的哲思与优雅将略显土气且刚愎的拉丁武士文化改造成精致思辨的文人雅士文化,使古罗马文化逐渐与古希腊文化并肩而立,从而成为西方文明的主要源头之一。

　　帝国时期,不少贵族仍推崇家庭教育,但初级、中等文法和演说术学校已遍布帝国各行省大中城市,甚至法律、医学、音乐和哲学等各类专业学校也开办起来。兴办学校者多为希腊文化奴隶或被释奴,少数罗马公民为谋生之故也加入其列。进入基督教时代,罗马教育仍以古典教育为主,职业教师来源广泛,流动较为频繁。尽管教父们决意以《圣经》作为知识和教育的唯一教材,把耶稣视为最好的教师,但基督教儿童不得不到世俗学校接受教育,基督徒教师亦在无奈中走进这些学校从教。

各级教师忙碌穿梭的身影成为各地城镇家庭和学校里的一幅日常画面。那么,他们是否如讽刺诗人琉善(Lucian of Samosata,约125—180)所说,像《荷马史诗》中的宙斯一样舒服地站在奥林匹亚山顶抖动知识的"金绳子"就可以轻松地达到自己的目的,引导学生轻松地爬上学问的顶峰?[①] 还是如公元4世纪的希腊演说术教授李巴尼乌斯(Libanius,314—393)所言,面对"呆笨如牛"的学生,教师也要费力地将其推向学问之山巅的痛苦群体?[②] 或者,教师还可能面临一种更糟的情况,就是他们如同希腊神话中接受惩罚的西西弗斯(Sisyphus)那样,每每把沉重的石头还未能推向山顶,它就会滚落下来,他在无效又无望的重复动作中消耗着自己的生命?[③] 以上的描述明显都使用了文学的修辞手法,隐喻教师与学生之间或主导或无奈的权力关系,无法真实展现现实中教育者与受教育者之间关系的微妙与复杂。事实上,古罗马不同时期的各种教育者因与学童之间关系的远近亲疏,以及等级、阶级和性别的差异等因素,自然面临着不同的处境。家庭中的父亲、母亲在亲子关系中完成生活教育,教仆或家庭教师则以仆人的身份教育贵族儿童。学校中的各级教师因出身、学识与级别的不同,以及私人办学抑或是得到官方任命等多种因素的综合影响,他们的社会地位和生存处境也迥然各异,不可等同视之。

具体而言,以上各种教师(不包括父母亲)处于怎样的一种复杂关系网络中,如何与庇护人、同行、家长和学生相处? 教师的工作环境如何,教授哪些课

---

① Lucian, *Hermotimus*, 3, in Lucian, VI, translated by K. Kilburn, the Loeb Classical Library, Cambridge MA.:Harvard University Press, 1959, p.265.

② Libanius, *Orations*, 25.46, 63.15, in R.Cribiore, *Between City and School*, *Selected Orations of Libanius*, Liverpool:Liverpool University Press, 2015, p.217.

③ Homer, *Iliad*, IV.134-158, translated by A.T.Murray, the Loeb Classical Library, New York: G.P.Putnam's Sons, 1924, p.273.

程以及如何进行教学？他们如何通过个人才华和教学成就实现横向和纵向的社会流动？国家与政府是如何对待教师这个特殊知识分子群体的，教师与帝王、地方官员之间是如何互动的？在基督教兴起、发展并在政治上得势的历史时期，异教（多神教）①和基督教的学者与教师们之间存在哪些分歧和论争，他们如何在共同的一方天地——世俗学校里"和平共处"的？他们的社会地位受到帝王们因宗教问题采取的"特殊"教育政策怎样的冲击和影响？从文化史的角度来说，罗马教师们是否很好地在特定的时空中担负起了希腊文化载体和罗马文化传播者的使命？他们给后世留下了哪些丰富的文教遗产？

　　带着上述一系列有趣的问题，本书研究各种文学资料，搜罗纸草文献、石棺、陶瓶、铜镜和马赛克等考古文物，爬梳诸多论著成果，力图对古罗马教师群体进行立体式和全景式的"深描"，旨趣不仅仅在于了解并呈现这个知识分子群体在罗马时期命运的独特性、丰富性，更在于通过研究他们来展现人类历史中知识分子命运的共性，即在社会现实中所面临的社会关系的繁杂性、多面性和矛盾性。尽管古罗马教师生活的时代距今已两千年左右，但文中关于他们在教学与学术领域里的权威与骄傲，以及等级社会关系网中依附、挣扎、绝望和呐喊的困境等问题，让今人仍倍感熟悉。如今的我们为何会有这种与古罗马教师共情的感受？因为"the past is the foreign country（往昔乃是异乡）"，古今人性共通。不论是古典作家的文献，还是沉默无语的雕塑、壁画，作者都试图"邀请"后人与他们对话，让后人了解他们。而当今的历史学者，更希望邀请古人来到我们中间，与之把酒聊天，洞察他们，学习他们，并通过书写历史，

---

　　① 吕厚量认为，古代基督教文献把传统的希腊罗马多神信仰称为异教（paganism）带有明显的歧视，不能准确表述多神信仰在希腊罗马不同阶段所处地位及其信仰内容的演变过程，也不符合多神信仰本身存在多个分支与文化渊源的史实。《剑桥古代史》使用"多神教"一词的表述更合适，把希腊罗马及后来从东方传入的多神信仰统称为多神教（polythesim）。参见吕厚量：《再造罗马：晚期罗马多神教知识精英的历史叙述》，《历史研究》2011 年第 4 期，第 136 页注释 2。需要说明的是，学界长期使用的"异教"一词已无早期基督教的贬低之义，是指代"多神教"的习惯用法，故下文不再对两词做出区分。

在想象中经历他们的经历,揭示古今共有的人性,温暖世事无常的人生。

古罗马人对教育的记述与思考

自 19 世纪古典学兴起以来,不少西方学者认为,古希腊是西方人的
"精神家园",古罗马至多是希腊文化的"二道贩子"而已。教育领域也不
例外,罗马教育的精神与实践不过是希腊先哲们教育理念的延续,无实质
的革新与创造。① 这种观点值得商榷。就连古罗马精英们也应该不认同上
述观点,他们提出,罗马人崇尚希腊文化且躬身向学,在许多领域可以与之比
肩,甚至在政治、法律和文教等方面都有所超越。罗马人对教师的看法就蕴含
在他们对教育的思考中。

罗马人用武力征服了希腊,而希腊却用文化征服了罗马。在这个过程中,
学校和教育就充当了前沿阵地。当然,古罗马人并不满足于简单地模仿希腊
文化,而是力图把源于希腊的演说术教育与自己严肃务实的传统结合起来,以
独特方式培养完美的演说家。为此,古罗马历代精英竭力探究古希腊文化教
育成果,试图为本民族形成独具特色的文化探索新的路径,例如老加图
(Marcus Cato 或 Cato the Elder,约前 234—前 149)、瓦罗(Marcus Terentius
Varro,前 116—前 27)、西塞罗(Marcus Tullius Cicero,约前 106—前 43)、小塞
涅卡(Lucius Annaeus Seneca 或 Seneca the Younger,约前 4—65)、昆体良(Mar-
cus Fabius Quintilian,约 35—95)、罗马时期的希腊作家普鲁塔克(Lucius Mes-
trius Plutarch,46—125)以及李巴尼乌斯、神学家奥古斯丁(St Augustine of

---

① 马鲁是这种观点的典型代表,参见 H. I. Marrou, *A History of Education in Antiquity*,
translated by Geprge Lamb, Madison: University of Wisconsin Press, 1982。研究古希腊教育的代表性
著作有 K. J. Freedmen, *School of Hellas: An Essay on the Practice and Theory of Ancient Greek Education
from 600 to 300B. C.*, London: Macmillan and Co., 1912; W. Jaeger, *Paideia: The Ideas of Greek Culture*,
Vol. I—III, translated by Gibert Highet, Oxford: Oxford University Press, 1981; N. M. Kennel, *The Gymna-
sium of Virtue: Education & Culture in Ancient Sparta*, London: University of North Carolina, 1995; M.
Henderson, *The School of History, Athens in the Age of Socrates*, California: University of California Press,
2000。

Hippo,354—430)等著名人物都对罗马教育进行了反思与研究,他们的著述成为古罗马教师研究的珍贵资料。①

共和中后期,罗马人在系统总结希腊文化与教育的基础上,在适合本民族特色的教育领域取得了长足的进步。老加图作为古罗马传统的卫道士,为消除希腊文化对罗马社会的巨大影响,曾在《起源》一书中极力倡导古罗马"父亲即教师"的传统家庭教育理念。著名学者瓦罗则在《教育九书》中主要关注学校的教学内容,几乎完全根据希腊的学校模式设置了古罗马文法学校的课程,②即语法、逻辑、修辞、几何、算术、天文学、音乐、医学和建筑学等九科。后来,除了医学与建筑学课程外的七科成为神学家奥古斯丁和马提安·卡佩拉(Martianus Capella,约410—?)所说的"七艺",即"三艺"(trivium,即语法、逻辑和修辞)和"四艺"(quadrivium,即几何、算术、天文学和音乐)。③

罗马人继承了希腊时期的教育理想,将培养完美演说术作为教育的最高目标。演说术源于古希腊智者的教育理想,历经数个世纪而日臻完美。如何将这种优秀的文化成果与罗马人务实严肃的传统有机结合起来,成为精英们孜孜以求的目标。在这方面作出巨大贡献的是西塞罗和昆体良。

著名哲学家和演说家西塞罗擅长演说术教育的哲学思考,在深入理解罗马民族精神及希腊文化的基础上,写成了颇具文学色彩与法学精神的《论演

---

① 本书在利用这些古典书籍时,主要参考的是希腊文、拉丁文本与英文对照版的洛布古典丛书系列(the Loeb Classical Library),也参考了一些其他英文译本。对引用的已有中文译本的古典书籍中的相关内容,本书在参阅各种版本的基础上,并根据洛布希英、拉英版对译文不当的地方略有改动。还需要说明的是,因为洛布古典丛书历经百余年的编订,出现了不同年份的再版,所以笔者会把自己使用的版本在它们第一次出现的时候标注其详细信息,后面就不再注出,只标注页码。因本书写作时间历时很长,在不同时段内写作,可能无法找到同一个版本,笔者会在页码前标注所参考版本的年份。如1996:p.58。

② 瓦罗以博学而著称,在历史学、哲学、科学、农学以及诗歌等领域中皆有造诣。其著作《自由学科的百科全书》(Disciplinae)共九章,又被称为《教育九书》,重点论述语法问题。参见 Varro, *On the Latin Language*, Vol.I,II, translated by Roland G.Kent, the Loeb Classical Library, Cambridge MA.:Harvard University Press,1967。

③ [英]约翰·埃德温·桑兹:《西方古典学术史》(第一卷上册),张治译,上海人民出版社2010年版,第185—186页。

说家》。该书从理论上阐明了把演说家培养成既熟谙希腊文化又具有罗马传统道德,既领略哲学与演说术魅力又要精通法律与历史,既要举止优雅庄重又具备处理国家政务能力的全面发展的人。① 他倡导教育源自社会实践,强调真正的学校在广场和元老院,真正的教师是父亲与长者。他对演说家掌握知识的广博程度比伊索克拉底的要求还要高。同时,他又结合罗马的传统与自身实践,阐释并创立了罗马人的演说术理论,并为后世留下了大量的经典范文。他的教育理论超越了希腊人关注学术成就的"artes",富有开阔性地提出了影响至今的"人文主义"(humantas)学说。在他看来,教育不仅仅是一种对人的语言和思维的系统训练,而是通过它获得对人类尊严和价值的理解。因此,他强调道德在价值观中的重要地位,认为这是一名受过良好教育的人的标志。他的"人文"教育也就成为罗马乃至日后西方教育理想的同义语。②

随着帝制的建立,中央与地方机构大量地增加,急需大批具备一定文化素养的管理者与技术人员,罗马教育也因之得到快速的发展。来自各个行省的文化人不断加入教师队伍,有名的教师与学校也不时涌现出来。例如,著名教育家昆体良就是当时极负盛名的演说术教授。他不仅是塔西佗、小普林尼等著名人物的老师,还被皇帝委任为其子孙的皇家教师,成为首位拥有官方教席的拉丁演说术教授。不过,他最大的成就是《论演说家的教育》一书。该书可谓集古希腊罗马教育理论和实践之大成,成为影响深远的不朽之作。如果说西塞罗侧重于教育哲学与理论的思考,那么,昆体良更强调教育的功能性价值。他以西塞罗为权威并继承了老加图的衣钵,强调教育的最高目标是培养"善良且精于雄辩的人",并为此系统地总结了培养完美演说家的理论与方法。

---

① Cicero, *De Oratore*, Book I.II, translated by E.W.Sutton, the Loeb Classical Library, Cambridge MA.: Harvard University Press, 1967, Cicero, *De Oratore*, Book III, translated by H.Rackham, the Loeb Classical Library, Cambridge MA.: Harvard University Press, 1968. 中文版可参见[古罗马]西塞罗:《论演说家》,王焕生译,中国政法大学出版社2003年版。

② Nanette R.Pascal, "The Legacy of Roman Education", *The Classical Journal*, Vol.79, No.4 (May 1984), pp.351-355.

　　昆体良在书中对孩子的家长、乳母、教仆等教育者提出了道德、礼仪、语言等方面的要求;对学校教师提出了更为理想的要求,例如德才兼备、威和并至、乐教爱生、讲究教学艺术(包括教是为了不教、因材施教、长善救失、反对滥用体罚)等。① 这些深刻的教育见解中蕴含着朴素的教育心理学,开创了教师教育史的范式,为后世留下了一笔宝贵的教育思想财富。然而,英国著名当代古典学家葛怀恩、约翰·桑兹等人对之多有诟病,认为他"过多地引用了"古希腊与古罗马其他学者的研究成果,没有什么创新之处。② 我们应当看到,昆体良本人并不赞同一味地创新求奇,而是注重总结与研究他人的优秀成果,并结合自己的教学经验加以完善而成书。他甚至也自嘲自己就是"二道贩子"。③ 就连他的批评者也不得不承认,他的著作是对自希腊时代以来古典教育的深度思考和精妙总结,成为罗马教育史甚至是西方教育史上的一座里程碑,以及古典文化教育漫长发展之后的顶峰,且后无来者。④

　　除了西塞罗和昆体良为古罗马文教的理论和实践作出了巨大贡献外,老塞涅卡(Seneca the Elder,前55—39)、普鲁塔克等人也颇有建树。作为斯多噶哲学家、雄辩家和政治家,老塞涅卡著述甚丰。他的《辩论集》为研究古罗马教师课堂练习的劝说型和论辩型的题目提供了不可多得的演说资料。⑤ 此外,他在大量书信集中有不少论及教育的文章,如《论如何选择教师》《论道

---

　　① Quintilian, *The Orator's Education*, Books1-12, translated by Donald A.Russell, the Loeb Classical Library, Cambridge MA.: Harvard University Press, 2001; [古罗马]昆体良:《昆体良教育论著选》, 任钟印选译, 人民教育出版社 2001 年版。

　　② [英]葛怀恩:《古罗马的教育——从西塞罗到昆体良》, 黄汉林译, 华夏出版社 2015 年版, 第 186—187、194 页; [英]约翰·埃德温·桑兹:《西方古典学术史》(第一卷上册), 张治译, 上海人民出版社 2010 年版, 第 214 页。

　　③ Quintilian, *The Orator's Education*, 2.15.37, p.369; 3.1.7.22, p.11, p.21; 3.11.21-23, p.167; 4.2.2, p.219.

　　④ [英]葛怀恩:《古罗马的教育——从西塞罗到昆体良》, 黄汉林译, 华夏出版社 2015 年版, 第 199 页。

　　⑤ Elder Seneca, *Controversiae* I-X, *Suasoriae*, translated by M.Winterbottom, Cambridge MA.: the Loeb Classical Library, Harvard University Press, 1974.

德》《论国家》《论悠闲》等,涉及如何选择教师、道德教育、演说术教育、普通教育和学习方法等重要论题。① 普鲁塔克在《道德论集》中对家长与学校教师的品行提出了严格的要求。② 他的另一本传世之作《希腊罗马名人传》记述了很多希腊罗马的名人事迹,涉及某些伟人接受教育或教育子女的实例,尤其对老加图育子之道的介绍是研究家庭教育的宝贵史料。③ 他还在《论儿童教育》一书中专门关注儿童的教育和成长,向家长和学校提出了不少具体可行的建议。不过,普鲁塔克的教育论著需要谨慎使用,因为他大部分时间生活在希腊,用希腊文写作。尽管他获得了罗马公民权并访问过罗马城,但他与地中海世界其他上层精英都"似乎对专制的罗马父亲有着根深蒂固的刻板印象"。④ 很少有罗马作家关注女性的教育问题,著名的斯多噶哲学家盖乌斯·鲁古斯(Gaius Musonius Rufus,20 或 30—101)却是例外。他曾因其才华得到皇帝提图斯·韦伯芗(Titus Flavius Vespasianus,69—79 年在位)的欣赏⑤,且著述颇丰。只是其著作仅有少部分残篇留存,涉及妇女教育、教育的总体方法论等。例如,他的论文《女性也要学习哲学》《女儿能接受儿子一样的教育吗?》《论教

① Younger Seneca, *Ad Lucilium, Epistulae, Morales*. I , II , III , translated by Richard M.Gummere, the Loeb Classical Library, Cambridge MA.: Harvard University Press, 1989. 1970. 1971; Younger Seneca, *Moral Essays*, translated by John W. Basore, the Loeb Classical Library, Cambridge MA.: Harvard University Press, 1989.

② Plutarch, *Moralia*, Vol. I – XVI, translated by F. C. Babbitt, The Loeb Classical Library, Cambridge MA.: Harvad University Press, 1949, ect.本书作者在剑桥大学古典系看到,第一卷于2005 年重印,增加了 15 卷所有的目录介绍,而且新出了第 16 卷,专门用来做前面 15 卷的索引,查阅起来非常方便。

③ *Plutarch's Lives*, Vol.I – XI, translated by Bernadotte Perrin, the Loeb Classical Library, Cambridge MA.: Harvad University Press, 1998. 1968. 1967. 1959. 1968. 1970. 1971. 1959. 1959. 1968. 1954; [古希腊]普鲁塔克:《希腊罗马名人传》(上),陆永庭、吴彭鹏等译,商务印书馆 1990 年版;[古希腊]普鲁塔克:《希腊罗马英豪列传》,席代岳译,安徽人民出版社 2012 年版。

④ Berly Rawson, *Children and Childhood in Roman Italy*, Oxford: Oxford University Press, 2003, p.3.

⑤ 盖乌斯曾在罗马城教哲学,公元 65 年遭尼禄驱逐,后在伽尔巴皇帝时期回到罗马。据说,皇帝韦伯芗于公元 71 年驱逐了罗马城的所有哲学家,只允许他留了下来。最后,他还是遭到驱逐,直到韦伯芗死后才返回。

育》等都与女性教育直接相关,其中蕴含的教育理念和性别观念相当超前。

共和时期至帝国中前期,罗马文学得到很大的发展,较快呈现繁荣气象。一些文学作品,如历史、人物传记、戏剧、小说和诗歌等记录了与罗马教育相关的很多信息,成为研究文教的宝贵资料。老普林尼(Gaius Plinius Secundus 或 Pliny the Elder,23—79)的《自然史》是一部百科全书式的著作,也涉及古罗马社会的风俗、教育等问题。① 他的外甥小普林尼(C.Plinius Caecilius Secundus 或 Pliny the Younger,62—114)在父亲死后被其收为养子,得以在罗马接受良好的教育。小普林尼性情温和、诚实公正,曾担任包括执政官和行省总督等在内的重要职务。他擅长写作,著述广泛,涵盖政治事件、风俗和文化等诸多领域。在公元 97 年至 108 年间的《信札》中,他记述了一些社会习俗与教育制度方面的问题,包括一些教育内容和方法,并对受教育的女性有所关注。② 塔西佗(Cornelius Tacitus,55—120?)的《编年史》为帝国前期的教育研究提供了宏大的历史背景③,而《演说家的对话》严厉地批评了新的学校教育形式以及过于追求矫饰的演说术,认为文学须经"判定为一种民族生活的表达,而并非属于形式或学院教学的问题。"④约翰·桑兹对他这句话赞不绝口,说它"匠心独运、深思明察,且眼界高妙"⑤。

著名的传记作家盖乌斯·苏维托尼乌斯(Gaius Suetonius Tranquillus,约

①　Pliny the Elder,*Natural History*,Vol.Ⅰ-Ⅹ,translated by H.Rackham,the Loeb Classical Library,Cambridge MA.:Harvard University Press,1991,1983,1984,1986 etc.

②　Pliny the Younpev,*Letters and Panegyricus*,Vol.Ⅰ,Ⅱ,translated by Betty Radice,the Loeb Classical Library,Cambridge MA.:Harvard University Press,1972.2004.

③　Tacitus,*Annals*,Vol.Ⅰ-ⅩⅥ,in Tacitus,Vol.Ⅲ,Ⅳ,Ⅴ,translated by John Jackson,the Loeb Classical Library,Cambridge MA.:Harvard University Press,1959;[古罗马]塔西佗:《塔西佗〈编年史〉》(上、下卷),王以铸、崔妙因译,商务印书馆 1981 年版。

④　Tacitus,*Agricola*,*Germania*,in Tacitus,Vol.Ⅳ,translated by M.Hutton,*A Dialogue on Oratory*,in Tacitus,Vol.Ⅰ,translated by W.Peterson,the Loeb Classical Library,Cambridge MA.:Harvard University Press,2000.

⑤　[英]约翰·埃德温·桑兹:《西方古典学术史》(第一卷上册),张治译,上海人民出版社 2010 年版,第 214 页。

69 或 70—160)虽然不谙实务,却因文采出众而深得小普林尼的赏识,并得以结识众多政界与学界的重要人物,为他的《罗马十二帝王传》提供了收集一手资料的机会。这本著作不仅记载了十二位帝王的轶事趣闻,还记录了一些帝王年少时受教育的状况及当权后支持教育的言行、法令等,有助于研究教育个案及国家的教育政策。他还记录了不少共和后期与帝国前期的著名语法学家和演说家的事迹,提供了教师授课活动及生活状态的可信资料。①

在戏剧作品中,普劳图斯(Titus Maccius Plautus,前 254—前 184)②描述了不少儿童在学校、家庭以及运动场等场所接受教育的场景。一些小说也用文学的手法描写了一些教育场景。小说家佩特罗尼乌斯(Gaius Petronius Arbiter,27—66)③的《萨蒂利孔》(Satyricon)被认为是欧洲第一部喜剧式的传奇小说,描写了当时社会的享乐风气与教育生活,其中列举了奴隶接受教育的多个例子④,反映了帝国时期下层民众接受教育的情况。

帝国时期的诗歌具有强烈的现实主义风格,关注了包括文化和教育在内的罗马社会的各个层面。奥古斯都时代的桂冠诗人贺拉斯(Quintus Horatius Flaccus,前 65—前 8)的诗作很受欢迎,出版后通常很快就被收录进学校的教材。他在不少讽刺诗中提及自己小时候接受教育的观念、方法及机构,还描述

---

① Suetonius,Vol.Ⅰ,Ⅱ,translated by J.C.Rolfe,the Loeb Classical Library,Cambridge MA.:Harvard University Press,1970;[古罗马]苏维托尼乌斯:《罗马十二帝王传》,张竹明等译,商务印书馆 1995 年版。

② 普劳图斯,罗马剧作家,其作品是现存完好的最早的拉丁文学喜剧。他名气很大以至于古代以他的名义流传的戏剧多达 130 部,现存 21 部,如《吹牛军人》《俘虏》和《撒谎者》等。参见 Plautus,The Two Bacchises,in Plautus,Vol.Ⅰ,translated by Paul Nixon,the Loeb Classical Library,Cambridge MA.:Harvard University Press,1966;Plautus,The Merchant,translated by wolfgang De Melo,the Loeb Classical Library,Cambridge MA.:Harvard University Press,2011。

③ 佩特罗尼乌斯是尼禄的挚友,后因皮索反尼禄案阴谋牵连而被迫自杀。参见 Petronius,Satyricon,translaed by Michael Heseltine,the Loeb Classical Library,Cambridge MA.:Harvard University Press,1956。

④ Petronius,Satyricon. 58,translated by Michael Heseltine,the Loeb Classical Library,Cambridge MA.:Harvard Universitypress,1956,pp.105-109.

了日常的教育场景，展现了共和后期的学校生活。① 马提雅尔（M. Valerius Martial，约 40—104）的 1500 首讽刺诗是研究帝国第一个世纪社会生活的重要资料，其中第 7、8 两首谈到了学校生活，尤其是自己所熟悉的教育场景。② 尤维纳尔（Decimus Iunius Juvenal，约 60—130）的讽刺诗提及公元 2 世纪前期的教育状况，其中第 7 首侧重讨论包括教师在内的文学职业者；第 14 首诗论述了家庭对儿童道德教育的影响。③ 由于尤维纳尔的人生经历比较坎坷，需要注意其创作时惯用夸张的讽刺手法。公元 2 世纪的希腊讽刺诗人琉善④的诗作主要以讥讽、幽默的对话体而闻名，目的是通过幽默讽刺而不是枯燥晦涩的教诲或训诫获得更好的教育效果。他的诗作中有不少涉及家长如何选择教师、学生求学的艰辛以及教师与庇护者的关系等话题。⑤ 当然，这些文学作品在被用作史料时，其真实性与可信性还需要研究者进行仔细甄别。

　　帝国后期，政局动荡、危机四伏，文教整体上呈衰落之势，呈现出与其他时期不同的特点：一是遭受蛮族入侵较轻的东部地区教育总体上要比西部地区发展要好；二是基督教教育在与异教的斗争中有所发展，但尚未形成教育体

---

① Horace, *Statires*, *Epistles and Ars Poetica*, translated by H. Rushton Fairclough, the Loeb Classical Library, Cambridge MA.: Harvard University Press, 1970.

② Martial, *Epigrams*, Vol. I, II, III, translated by Walter C. A. Ker, the Loeb Classical Library, Cambridge MA.: Harvard University Press, 1993.

③ *Juvenal and Persius*, translated by G. G. Ramsay, the Loeb Classical Library, Cambridge MA.: Harvard University Press, 1990.

④ 起初，琉善只是一名学习雕刻的学徒，通过自学成为演说家。他曾周游于意大利和高卢，后因生活陷入困境，被迫在埃及接受官方任命。他留下了大量嬉笑怒骂的讽刺性作品，是帝国中期的杰出诗人。Loeb 丛书有八卷他的作品集。这里主要参考第四、第六卷。参见 Lucian, Vol. IV, translated by A. M. Harmon, the Loeb Classical Library, Cambridge MA.: Harvard University Press, 1969; Lucian, Vol. VI, translated by K. Kilburn, the Loeb Classical Library, Cambridge MA.: Harvard University Press, 1968。

⑤ Lucian, Vol. VI. *Hermotimus*. 1-86, pp.229-415; Lucian, Vol. IV. *A professor of Public Speaking*, 1-26, translated by A. M. Harmon, the Loeb Classical Library, Cambridge MA.: Harvard University Press, 1961, pp.135-171。*Hermotimus* 是琉善最长的作品，主要是抨击当时哲学学校的教学。赫尔墨提慕斯是一名斯多噶哲学学校的学生，对自己读书的动机和价值提出了疑问。他经过激烈的思想斗争后，决定放弃哲学的虚荣，享受最好的生活方式，即成为一名普通人。

系,或建立宗教学校。我们可以从"叛教者"皇帝朱利安（Julian the Apostate①,361—363 年在位）、李巴尼乌斯、奥索尼乌斯（Decius Magnus Ausonius,310—393 或 395）②和奥古斯丁等人所经历的事件和作品中把握这一时期世俗和基督教的文教特点。

先看帝国东、西部的世俗教育情况。帝国东部政治相对稳定,经济也较为发达,世俗文教仍有发展。涉及帝国后期的教育时,我们无法忽略一位重要人物——君士坦丁大帝的侄子"叛教者"朱利安。在基督教已然得势的形势下,崇拜传统多神教的年轻皇帝与基督教势力进行了最后一搏,推行了新政,但因他早亡于征战波斯途中,改革很快失败。这位才华横溢的哲学家皇帝留下了不少驳斥基督教为异教辩护的作品,例如《驳斥犬儒赫拉克勒奥斯》（*To The Cynic Heracleios*）、《反加利利人》（*Against the Galilaeans Letter*）和《致哲人特米斯提乌斯》（*To Themistius The Philosopher*）等,以及两份让学术界争论不休的教育文件。③ 他的作品为了解帝国后期异教与基督教的斗争以及精英的教育观念提供了极其宝贵的资料。另一个帝国东部的重要人物是朱利安皇帝的老师兼好友李巴尼乌斯。他是安条克的著名智者、演说家、教育家,创办了东部地区最有名的演说术学校,培养出不少活跃于教俗两界的学生。因他是异教徒与古典文学的坚定支持者,朱利安的新政改革应受到了其影响。他的门生中不乏基督教人士,如著名教父圣"金口"约翰（St.John Chrysostom,

---

① "Apostate"是"Apostasy"的新用法,源于希腊文"ἀποστασία"（背叛、脱离）,起初并无贬义,但到帝国后期,基督教会将该词用于蔑指那些"脱离或背弃基督"的人,即背教者。

② 帝国晚期的著名诗人和演说术教师,曾被皇帝瓦伦提尼安大帝任命为王子格拉提安的教师。后者成为皇帝后,赐予其家族大量的官职和荣誉。然而,奥索尼乌斯一直对皈依基督教很不热心。他擅长写作,最著名的诗集是 *Mosella*。据考证,其父可能是一个说希腊语的被释奴医生的儿子,其母家世显赫,他也一直以母亲家世为荣。他的信札和手稿被汇编入 Loeb 丛书,参见 Ausonius,Vol.I,II,tranlasted by Hugh G.Evelyn White,the Loeb Classical Library,Cambridge MA.:Harvard University Press,1968,1967。

③ 参见本书第五章第四节。

347—407)①和圣·巴西尔(St.Basil the Great,330—379)。李巴尼乌斯认为,昆体良过于注重教育理论,而疏于对教育现实的关注。因而,他在《书信集》(包括1500多封信)和《演说集》(Orations,其中第一部为自传和64份演说词等)中论及自己在教育中遇到的各种现实问题,比如学校教学的组织及运作、父母和教仆在孩子教育中的角色,教师与学生的关系以及文化圈里同行之间的友谊与纠纷、教师学者与皇帝、权贵之间的庇护关系等,重视探讨教育中出现的实际问题及解决方法。② 然而,直到近些年,他的教学活动和教育思想才得到关注和研究,并成为古代后期文化与教育问题的重要研究对象。③

帝国后期西部的文教尽管总体受战乱影响而调零,但在西班牙和高卢等行省反倒颇有生机。著名当权人物兼学者奥索尼乌斯为我们提供了帝国后期高卢行省教育的珍贵资料。他虽然自称父系家族并不显赫,却凭借母亲家族关系与自身才能而权倾一时(曾任帝国执政官和高卢行政长官),并成为帝国后期的拉丁演说家、诗人、波尔多教授以及皇帝格拉提安的老师。尽管此人没

---

① 圣"金口"约翰是正教会的君士坦丁堡大主教,早期著名的教父。他具有出色的演讲和雄辩能力,并以对当政者和教会内部滥用职权的谴责而闻名。

② Libanius, *Autobiography and Selected Letters*, Vol.I, II, in Libanius, *Selected Works*, Vol.I, II, III, edited and translated by A. F. Norman, the Loeb Classical Library, Cambridge MA.: Harvard Universiy Press, 1992, 1992, 1969, 1977; Libanius, *Antioch as a Centre of Hellenic Culture as Observed by Libanius*, translated with an introduction by A.F.Norman, Liverpool: Liverpool University Press, 2000; 此书是 A.F.Norman 对 Loeb 丛书中关于李巴尼乌斯《演说集》的补充。这部分内容主要是关于李巴尼乌斯在罗马帝国东部安条克教书和生活的记录。参见 R.Cribiore, *The School of Libanius in Late Antique Antioch*, New Jersey: Princeton University Press, 2007, 此书的贡献在于 R.Cribiore 在书后的附录中对李巴尼乌斯的某些希腊文书信进行了翻译,是对 A.F.Norman 关于李巴尼乌斯《自传》《书信集》和《演说集》翻译的很好补充。另外参见 Libanius, *Selected Letters of Libanius: From the Age of Constantius and Julian*, translated with an introduction by Scott Bradbury, Cambridge: Liverpool University Press, 2004。需要说明的是,在笔者使用的所有希腊文与英文对照、拉丁文与英文对照的 Loeb 古典丛书中,只有李巴尼乌斯的《书信集》与《演说集》没有被全部译出,而是分散在以上列举的翻译和汇编中。

③ R.Cribiore, *The School of Libanius in Late Antique Antioch*, New Jersey: Princeton University Press, 2007.

有太大的学术造诣,但因其勤奋写作,给后世留下了关于帝国后期政界和学界情况的很多作品。从中可知,他不仅尽心教导和辅佐皇帝,处理繁杂政务,而且关心帝国西部的教育,在诗歌和书信中记述了不少故乡波尔多教授们的教学与生活、从政等方面的情况,也关心自己子孙的教育和成长。他的作品成为研究高卢地区文学繁荣和教育发展的重要文献。不过,最近有学者对他记录的关于波尔多教授们资料的真实性提出了质疑[1],也提醒学人使用其资料时应谨慎对待。

随着基督教的广泛传播,宗教因素日趋向教育领域渗透。异教学校里任教的某些基督徒教师虽然宣扬基督教,但学校的制度以及教学内容、方法等方面,实际上并没有太大变化。事实上,学校教育在帝国后期仍一如既往地捍卫着古典文化在教育领域里的主导地位。教父们虽然严厉地抨击异教诸神,却没有建立一套与异教教育相抗衡的基督教教育体系。基督徒精英对罗马古典文化与教育的态度大体上分为抵制派与折衷派:抵制派以著名神学家和哲学家德尔图良(Quintus Septimius Florens Tertullianus,160—240)为代表;折衷派以思想家、教父哲学的重要人物圣·奥古斯丁为典型。此外,还有一些立场不那么鲜明的基督教精英。他们的往来书信为探究帝国时期的基督教教育提供了难得的资料,例如著名教父圣·哲罗姆(Saint Jerome,约340—420)[2]在不少书信中谈到了教育,尤其是基督教教育的问题,表达了早年的异教教育对自己难以消除的影响,展现了基督教依赖古典文教的困境。

圣·奥古斯丁极力主张基督教汲取异教学问的有益部分,以增进对上

---

① Alexander Skinner, "Political mobility of later Roman Empire", *Past and Present*, Vol.218, No.1(February 2013), pp.20-49.

② 圣·哲罗姆是帝国后期的基督教教父,在罗马接受教育,皈依基督教后前往叙利亚荒漠苦修,晚年定居伯利恒。他建立了古典晚期最著名的私人图书馆,藏有大量异教文学和圣经与神学作品。他对世俗和基督教哲学的思考主要包含在他的信件中。可参考 St.Jerome, *Selected Letters*, translated by F.A.Wright, the Loeb Classical Library, Cambridge MA.: Harvard University Press, 1933。

帝的理解,并为此专门撰写了两篇论文——《关于授圣职仪式》(De Ordine)与《关于基督教教义》(De Doctrina Christiana),倡导基督教汲取古典文化用以丰富和完善基督教思想。他在后一篇论文中专门讨论了基督教牧师的教育问题,希望在理论和实践中发展基督教教育。他还在《忏悔录》一书中以个人的教育经历,批评自由教育的功利性等缺陷,完整地揭示了自己接受上帝教育的心路历程。① 不过,能够阐明他对自由教育和基督教教育深刻思考的论著当属他的《论教师》(De magistro)一书。在批判柏拉图"回忆说"的基础上,他从哲学与神学层面剖析了世俗教育的问题,提出基督教教育的"神圣光照论",并最终强调"除了上帝以外,没有任何教师能够教人以知识,正如福音所言:'只有一位是你们的老师,那就是基督'。"②鉴于此,他认为基督徒为了能更好地理解与信奉上帝,只需粗通人文学科的知识,而无需耗费过多心力。

为了让教士能有更好的知识储备,奥古斯丁还试图编撰一部关于人文学科百科知识的汇编,但因宗教事务繁忙而搁置。实现他这一想法的是异教徒法学家、演说家马提安·卡佩拉。面对蛮族入侵,学校教育的衰落,马提安·卡佩拉可能觉得有必要对自由教育的学科和知识进行编撰保存。再就是为数不多的演说术学校仅注重形式,实则枯燥无味的演讲课程,让他意识到当时教育中所存在的问题。于是,他在约 410—427 年间编撰了一部"自由七艺"的百科全书——《菲劳罗嘉与墨丘利的婚礼》(De nuptiis Philologiae et Mercurii)。③ 该书以寓言体的形式写成,描述了知识庇护神墨丘利把七种自

---

① Augustine, *Confessions*, Vol.Ⅰ, Ⅱ, translated by Carolyn J.B.Hammond, the Loeb Classical Library, Cambridge MA.; Harvard University Press, 2014.

② 参见李猛:《指向事情本身的教育:奥古斯丁的〈论教师〉》,http://www.docin.com/p-1854978824.html,2018 年 3 月 20 日。

③ M.Capella, *The Marriage of Philosophy and Mercury*, translated by William Harris Stahl and R. Jonson, New York: Columbia University Press, 1977.

由技艺,即中世纪"七艺"作为女仆送给代表学问的菲劳罗嘉。① 这部著作主要以马库斯·瓦罗的《教育九书》为框架,抄录了古罗马许多著名学者的优秀研究成果。它虽然略显枯燥乏味,却是中世纪早期学校的首选教材,对学校教育与文学品位影响深远。

从中世纪到20世纪初资料的积累与汇编

西罗马帝国灭亡后,基督教逐渐笼罩于整个中世纪欧洲的上空。从公元5至14世纪,西欧社会虽然不至于把渐行渐远的古典世界完全遗忘,但也缺乏真正的理解与研究,以至于被人们称为古代史研究的"黑暗时代"①,而以基督教神学为理论基础的经院主义教育思想体系主导欧洲长达千余年。然而,西塞罗、维吉尔(Virgile,前70—前19)、奥维德、昆体良等人的拉丁文经典作品仍在西方修道院里被广泛地传抄和保存,并在教会、学校里流传,只是服务于基督教道德和训诫的需要。

---

① "七艺"的拉丁文为"artes liberals",英文为"seven liberal arts"。"七艺"经过了希腊、罗马时期的发展,到中世纪正式确立。柏拉图曾根据"以体操锻炼身体,以音乐陶冶心灵"的原则,将学科分为初级和高级。初级科目有体操、识字和音乐练习;高级是算术、几何学、天文学和音乐理论。智者派则注重教授以演说为主的修辞学和辩证法(逻辑学)等实用学科。到罗马时期,百科全书派学者M.T.瓦罗和伟大教育家昆体良对教学科目的发展,基本上确立了七艺在文教中的主导地位。公元2到公元4世纪,学校课程主要以七艺为主。到公元5世纪,马提安·卡佩拉在《菲劳罗嘉与墨丘利的婚礼》中提出文法、辩证法、修辞学、地理学、算术、天文学和音乐概念,意味着"七艺"的萌芽。到公元6世纪,意大利僧侣克修都若斯在他的《学术通论》中正式使用"七艺"名称。西班牙塞维利亚主教伊西多尔称文法、辩证法、修辞学为三学,地理学、算术、天文学和音乐则为四学。它们作为基督教教育的标准课程至此定型。
到中世纪,尽管七艺名称依旧,但其内容更加细化:文法不但包括拉丁文学的基本知识,还有拉丁和基督教经典作家的作品;修辞学包括诗歌和散文的写作,兼学历史和法律;辩证法接近于现代的形式逻辑;算术初为计算宗教节日而设,后增加一般运算;几何学起初只是一些地理知识和若干几何的基本概念,后囊括了欧几里得的几何学;天文学原本只有星体运行、季节交替等常识,后来托勒密作品和亚里士多德的《天体论》也囊括其中;音乐主要为宗教音乐,也有音乐史和音乐理论。很明显,中世纪的七艺是为理解和认识上帝的神学服务的,也成为文艺复兴以及启蒙运动时期的课程基础,在西方教育史上有着承上启下的历史地位。
① 晏绍祥:《古典历史研究史》(上),北京大学出版社2013年版,第2页。

　　文艺复兴时期,欧洲社会的人文主义教育得以重新兴起。人文主义者开始重视并推崇古希腊罗马以人为本的自由思想,并把古典作品作为反对基督教会及经院神学有力的武器。为此,他们到处搜罗古典作家的著作。1416年,古籍收藏家波齐奥·布拉秋利尼(Poggio Braccilini,1380—1459)在参加康斯坦宗教会议期间,不经意间在高卢女修道院的藏书楼发现了昆体良的《论演说家的教育》。他喜出望外,并耗时32天誊抄全书,才使之重新流传于世。在这种"希腊罗马热"的风潮中,大部分古典作品得以重见天日。这个时期的学者主要以搜寻与整理、传抄、印刷、出版、注疏和译介古典著作为己任,以至于到文艺复兴后期,人文主义者能够获得的古希腊罗马文献几乎像今天拥有的一样多。① 15 至 18 世纪,古希腊罗马的作品及其蕴含的思想对欧洲人文主义复兴产生了巨大的影响,但是这一时期的学者对其文教的认知还停留于一个相对较浅的层次。

　　19 世纪初期,随着古典学在德意志地区的勃兴,学术界开始对古希腊罗马进行多种学科的综合研究,尤其在铭文整理领域取得了长足进展。例如,1825 年,德意志古典学家博克编撰了《希腊铭文集成》;1860 年,普鲁士科学院在此基础上出版了《希腊铭文集》(Inscriptiones Graecae),其中包括不少罗马帝国时期东部及埃及地区的希腊文铭文,为研究这些地区的教育提供了重要的原始材料;1847 年,克里斯蒂安·蒙森(Christian Matthias Theodor Mommsen,1817—1903)发起并主持编写了《拉丁铭文集》(Corpus Inscriptinum Latinarus),为全面研究古罗马奠定了拉丁铭文的基础。如果说希腊拉丁铭文史料集是西方古典学起步和进步的考古资料基础,那么《洛布古典丛书》则是西方古典学研究的文献基础。该丛书最初由犹太裔美国银行家詹姆斯·洛布(James Loeb)筹划捐资,由欧美古典学者集体长期翻译的成果。该书系采用古典原著的语言(即古希腊文或拉丁文)与英译文相对照;书目种类繁多,自

---

　　① 晏绍祥:《古典历史研究史》(上),北京大学出版社 2013 年版,第 8 页。

1912 年到 2010 年已出版 500 多种;设计为口袋书,携带方便,文风兼具学术与通俗性,可谓领略古典世界的"自由之礼物"。该书系的出版对西方古典学的传播与研究起到了极大的推动作用。

从 20 世纪初到 20 世纪 70 年代古希腊罗马文教研究的起步

在这一时期,西方学术界关于古希腊罗马政治、经济、宗教、哲学和文化等多方面的研究作品如雨后春笋般地涌现出来。有一些将古希腊罗马文教作为整体或将其作为教育通史的一部分进行研究的著作问世,但关于罗马文教的专著屈指可数。即便如此,它们仍属教育领域的开拓之作,具有筚路蓝缕之功。

就希腊罗马文教作品而言,值得介绍的有以下几部:1915 年,保罗·孟禄(Paul Monroe)出版《希腊和罗马时代教育史资料集》。他根据希腊罗马教育的分期,大体上概括了各阶段的特征,并把能收集到的古典著作中涉及教育的资料进行摘编与整理,成为西方首部关于古典教育的资料汇编。① 1948 年,法国著名学者亨利-伊雷内·马鲁(H.I.Marrou,1904—1977)的代表作《古典教育史》问世,该书可谓研究希腊罗马教育的一部力作。自法文本出版后,该书相继被译成意、英、德、希、西、葡、波等多种文字,成为古典文教领域的少数经典之作。作者应是受年鉴学派的影响,把公元前 1000 年到公元 500 年的西方教育纳入一个整体框架之中,并试图"把所有时代新的价值成就融入一个综合体之中"。② 因此,他关注教育体系中恒久不变的因素,强调古代西方只有一种教育体系,即由柏拉图、伊索克拉底确立的课程体系,古罗马教育无非是对希腊教育的模仿与延伸。他甚至认为在这本 463 页的著作中只给古罗马教育 60 余页就已经够多了,因为"罗马学校运用的基本原理、课程和方法只是

---

① Paul Monroe,*Source Book of the History of Education of the Greek and Roman Period*,New York:The Macmilan Co.,1915.

② H.I.Marrou,*A History of Education in Antiquity*,translated by Geprge Lamb,Madison:University of Wisconsin Press,1982.

从希腊原型照搬照抄过来的"，此后的基督教教育似乎也没有创新之处。显然，这种静态的观念忽视了罗马教育在数百年发展过程中的动态变化。正如有学者所言，罗马并非完全被动地模仿希腊文化，而是有选择地进行了改造、吸收与利用，并将之转化为自身文化和身份认同的组成部分。① 罗伯茨·乌利希（Roberts Ulich）的《教育智慧的三千年》主要摘编与梳理了西方古今有代表性的教育家的哲学与思想，其中希腊罗马的哲学家和教育家占有非常重要的位置②；詹姆斯·鲍恩（James Bowen）的《西方教育史：公元前 1000 年至公元 1054 年》在第一卷中言简意赅地介绍了古代希腊与罗马的教育状况。③

　　就罗马文教研究的专著而言，主要有四部：剑桥大学出版社于 1914 年出版了首部古罗马教育专著——《罗马教育》。该书作者 A.S.威尔金斯（A.S. Wilkins）按时间顺序介绍了罗马各阶段世俗学校的教育概况，该书体量很小，亦无创见。④ 1920 年，哈尔霍夫（Theodore Haarhoff）的《高卢的学校：西罗马帝国最后一个世纪的异教和基督教教育研究》由牛津大学出版社出版，是研究罗马帝国后期高卢地区教育的开山之作。作者使用了很多拉丁文献，论述了在异教与基督教争锋的历史环境中，高卢异教学校的内部运作以及教会发展基督教教育的努力，并阐述了这个时期帝国政府的教育政策。⑤

　　英国学者奥布里·葛怀恩（Aubrey Gwynn）1926 年出版的《古罗马的教

　　① Anthony Corbeill, "Education in the Roman Republic: Creating Traditions", in Yun Lee Too (ed.), *Education in Greek and Roman Antiquity*, Leiden: Brill, 2001, p.275.需要说明的是，《古代希腊和罗马的教育》(*Education in Greek and Roman Antiquity*)是云·李·图主编的多卷本《西方教育史》(*A History of Western Education*)的第一卷。主编者虽然对马鲁的《古典教育史》赞赏有加，但认为它并没有把西方教育史视为一个整体，并继承其遗志编写了一部西方教育通史。他主编的多卷本《西方教育史》基本上是各时段教育史学家研究成果的汇编。

　　② Roberts Ulich, *The Thousand Years of Educational Wisdom*, Cambridge: Harvard University Press, 1963.

　　③ James Bowen, *A History of Western Education*: 1000 B. C. ～ A. D. 1054, Vol. 1, Lonon: Methuen, 1972.

　　④ A.S.Wilkins, *Roman Education*, Cambridge: Cambridge University Press, 1914.

　　⑤ Theodore Haarhoff, *Schools of Gaul: A Study of Pagan and Christian Education in Last Century of the Western Empire*, Oxford: Oxford University Press, 1920.

育——从西塞罗到昆体良》填补了学术界关于古罗马共和后期和帝国初期教育研究的空白。作者以西塞罗与昆体良的教育理想为主线，叙述了罗马共和后期至帝国前期的教育状况，尤其是演说术教育的演变过程。他认为，两位伟大教育家的教育理想正是各自所处的社会急剧转型的产物。西塞罗在《论演说家》中强调的"博雅教育"与"人文精神"正是希腊文化与罗马传统碰撞与交融形成的希腊—罗马新文化的具体体现。此后几十年，罗马从共和过渡到帝制，这种文化理想也渐趋消散。昆体良试图重振伊索克拉底-西塞罗演说术的荣光，为此他集希腊罗马各名家之所长，出版了十二卷本的《论演说家的教育》，提出了完美演说家的教育理想。然而，他无法以一己之力挽回这股颓势，古典的世俗教育仍在继续没落，而基督教教育则已开始沿着自己的道路缓慢前行了。① 葛怀恩的著作尽管已出版近百年，但对我们理解现代西方政教体制的源头——罗马教育理念与制度依然具有重要的参考价值。②

自奥布里·葛怀恩之后，一直到 20 世纪 80 年代，学界再无关于罗马文教的有价值的作品出现。

20 世纪 80 年代至今古希腊罗马文教研究的发展

随着 20 世纪 80 年代新史学和社会生活史的勃兴，再加上诸如碑铭、石棺、马赛克和纸草文献等考古资料的发掘增多，西方学界关于古希腊罗马社会生活的研究成果不断涌现，为罗马教育研究提供了新的史料和视角。在新资料方面，塞尔特恩（Jo-Ann Shelton）在他的《罗马人的生活：罗马社会史资料集》中把"教育"单列为一章③，选录了许多古典作家关于教育问题的论述，并收集了不少与教育相关的纸草文献。马克·乔亚尔（Mark Joyal）、伊恩·麦克

---

① Aubery Gwynn, *Roman Education from Cicero to Quintilian*, Oxford：Clarendon Press，1926.

② ［英］葛怀恩：《古罗马的教育——从西塞罗到昆体良》，黄汉林译，华夏出版社 2015 年版。

③ Jo-Ann Shelton, *As the Roman Did：A Source Book in Roman Social History*, New York：Oxford University Pesss，1988.

杜格尔(Iain McDougall)和亚德利(J.C.Yardley)主编的《希腊和罗马教育资料集》共收集英译文献约 300 篇,内附 10 余幅插图,时间涵盖公元前 8 世纪到中世纪早期。此书可谓是当前古典教育史料最新的汇编。①

就罗马文教研究来说,古典史家们开始向以前未受关注的知识分子、家庭、婚姻、女性、儿童和奴隶等领域进军,时有佳作问世。在 20 世纪 80 年代之前,从未有学者将罗马知识分子作为一个社会群体进行研究。伊丽莎白·罗森(Elizabeth Rawson)改变了这种局面,她在《罗马共和后期的知识分子》一书中论述了共和后期知识分子的处境、社会活动和职业状况,并简要讨论了文法和演说术教师的学术和教学情况。② 安德森·格拉汉姆(Anderson Graham)的著作《第二代智术师——罗马帝国的文化现象》填补了帝国中后期知识分子研究的空白。作者详细地论述了罗马统治下掌握希腊知识与技艺的希腊智者和拉丁学者的文学成就、政治与学术活动、从教状况以及社会地位等相关问题,认为他们传承了希腊文化,并推动帝国文化达到巅峰状态,完成了知识分子应有的使命。③ 关于罗马家庭和女性的研究,苏珊·迪克森(Suzanne Dixon)的贡献最大。她在《罗马母亲》④和《罗马家庭》⑤中深入探讨了罗马家庭、婚姻、女性、亲子关系和孩子的教育等问题,为家庭教育的研究打开了新思路。

在新史学的洪流中,学者们对罗马文教领域的研究也取得了令人欣喜的新进展。他们超越了以往仅限于教育家、教育思想和教育制度等问题的研究,更多地关注活跃于学校里的人(教师、学生等)、活动的场所(学校)以及他们的社会关系等相关主题。他们随后对罗马教师和学校开展研究,研究时段涵

---

① Joyal Mark, Iain McDougall & J.C.Yardley, *Greek and Roman Education: A Source book*, London and New York: Routledge, 2009.

② Elizabeth Rawson, *Intellectual Life in the Late Roman Republic*, London: Duckworth, 1985.

③ Graham Anderson, *The Second Sophistic: A Cultural Phenomenon in the Roman Empire*, London and New York: Routledge, 1993;[英]安德森:《第二代智术师——罗马帝国的文化现象》,罗卫平译,华夏出版社 2011 年版。

④ Suzanne Dixon, *The Roman Mother*, London: University of Oklahoma Press, 1988.

⑤ Suzanne Dixon, *The Roman Family*, Baltimore: Johns Hopkins University Press, 1992.

盖共和与帝国时期,关注地域囊括帝国西部和东部行省。

西方学界研究罗马学校与教师的代表性成果主要包括:1972 年,S.F.邦纳(Stanley F.Bonner)出版了《从老加图到小普林尼的古罗马教育》,介绍了老加图到小普林尼 300 余年间罗马学校的教学场所、授课内容、教学过程以及学费等具体问题。邦纳与葛怀恩的观点相近,认为由于古罗马社会道德的日趋堕落,共和时期的良好教育因帝国专制而日趋衰落,演说因脱离实际生活而日益矫饰、华而不实。① 该书利用碑铭、石棺、莎草纸等考古资料,很好地展示了共和中后期至帝国初期罗马文教发展的状况,是一部难得的罗马教育生活史的佳作。不过,与葛怀恩的著作类似,它主要探讨罗马共和与帝国盛期上层精英子弟的教育状况,几乎没有关注中下层儿童的教育情况。W.M.布卢默(W. Martin Bloomer)主要关注罗马学校的兴起、培养目标和学校内部的运作。他在《罗马学校:拉丁文教育和自由教育的起源》中对古罗马学校的运作机制及其后世影响进行了细致的考察。作者的立足点并不在于教师本身,而是把他们作为学校运行的主要组成部分。该书前半部分论述了古罗马学校教育发展的历程,包括希腊式学校教育的引入以及学校在模仿与挣扎中兴起。后半部分着力探讨学生在学校里如何在教师的严厉指导下攀登学问之路,最终成为合格的罗马公民的。在作者看来,普鲁塔克、昆体良等人的教育理论与思想是罗马教育及西方后世文教的精髓。这些成为罗马教育留给后世的不朽遗产,也是自由教育的源头之一。②

对于学校教师的关注,R.A.卡斯特(Robert A.Kaster)算是领先者。他的《语言的捍卫者:古代后期的文法家和社会》选取帝国 4—5 世纪的文法教师作为研究对象。在他看来,这段时期政治中心东移,希腊文化复兴,基督教在

---

① F.Stanley Bonner, *Education in Ancient Rome:From the Elder Cato to the Younger Pliny*, London:Methuen,1977.

② W.Martin Bloomer, *The School of Rome:Latin Studies and the Origins of Liberal Education*, Berkeley:California University Press,2011.

与多神教斗争中逐渐取得优势,对教师的工作提出了挑战。他使用了希腊和拉丁铭文、埃及纸草文献及碑铭等原始文献,系统地考察了文法教师的工作与生活:教学环境、方法与技巧;与学生、家长的关系;与统治者、庇护人及同行的关系;以及以上因素对其社会地位、社会流动的影响。作者之所以选择文法教师,是因为他们介于卑微的初级教师和深受欢迎的演说术教师之间,身份地位相对尴尬,且不易受人关注。作者将他们与当今教师的日常工作、应对的社会关系等因素进行了比较,发现了不少相似之处,从而拉近了读者与古罗马文法教师之间的距离。① 该书立体地呈现文法教师作为知识分子的一个群体形象,堪称研究罗马教育尤其帝国后期教师的经典之作。

R.A.卡斯特主要关注帝国后期的文法教师,并没有涉及这个时期的初级教师与演说术教师。而以色列学者丽萨・莫里斯(Lisa Maurice)的《古罗马教师及其世界》试图全面地考察罗马历史上各个时段的各级教师及其教学活动、政治经济地位以及教育中的奴隶制问题。该书主要探讨普通教师,不包括音乐、法律和哲学等特殊专业的教师;研究地区主要限于帝国西部,较少关注希腊、埃及等地的教育。她强调罗马教育的一致性与连续性,认为中世纪教育与古罗马2世纪的教育几乎没有两样,甚至现代教育也是这一完整链条的延续。② 通读全书可以发现,作者似乎在有意地模仿卡斯特的研究理路,只是增加了罗马初级教师与演说术教师的内容,并无真正意义上的创新。

众所周知,学校、教师与学生共同构成了完整的学校教育系统,缺一不可。意大利学者 L.加西亚和 Y.加西亚(L.Garcia & Y.Garcia)利用庞贝古城铭文和壁画,写成了一部短小精悍、图文并茂的《庞贝古城里的学生、教师和学校:罗马时代的儿童、青年和文化》。该书以教育为切入点,生动地重现了庞贝古城

---

① Robert A.Kaster, *Guardians of Language:The Grammarian and Society in Late Antiquity*, California:California University Press,1988.

② Lisa Maurice, *The Teacher in Ancient Rome:Magister and His World*, MaryLand and Lanham:Lexington Books,2013.

中的学校、教师与学生的日常生活场景,探究了三者之间的复杂关系,还对书写工具、纸张、抄写员和文告、图书馆以及市政教育政策等进行了梳理。[①] 囿于史料和篇幅,该书多流于介绍,强调罗马成为伟大民族的根源在于政府重视公民的美德教育以及保护家庭对孩子教育的权利。它在众多的庞贝古城研究成果中应占有一席之地。

随着罗马帝国东部地区(诸如埃及)纸草文献等资料的大量发现,学者们加大了对该地区的研究力度,其中文教领域的学者代表有 T.摩尔根(Teresa Morgan)和 R.克里比奥利(R.Cribiore)等。摩尔根的《希腊化和罗马世界的文学教育》一书首次运用教育政治学理论探讨希腊化地区和罗马世界的教育,强调当时的文学教育是精英维持统治与特权地位长久不衰的主要手段之一。[②] 正因如此,作者主要考察精英男孩的中高等教育,基本上没有关注贵族男童的初级教育以及被释奴、平民和奴隶儿童等中下层孩子的教育问题。克里比奥利出版了两部著作,着力于对东部地区教育进行研究。一是《智力的训练:希腊化与罗马时期埃及的希腊教育》,把埃及教育作为观察古代地中海地区教育全景的一个窗口。该书主要利用埃及纸草文献与碑铭、陶器碎片、书写板、珍贵的羊皮纸文献等多种资料,考察希腊化的埃及学校教师的工作及面临的各种压力,精英与平民儿童接受三级教育的课程、教具和艰苦的训练方式等。[③]

---

① L.Garcia & Y.Garcia, *Pupils, Teachers and Schools in Pompeii: Childhood, Youth and Culture in the Roman Era*, edited by Maria Elisa Garcia Barraco, translated by Anna Maria Poli, Rome: Bardi, 2005.

② Teresa Morgan, *Literate Education In the Hellenistic and Roman World*, Cambridge: Cambridge University Press, 1998;摩尔根在论文《罗马教育的评估》中(Teresa Morgan, "Assessment in Roman Education", *Assessment in Education*, Vol.8, No.1(March 2001), pp.11–24.)采用新的教育学方法把古罗马教育与政治结合在一起,考察了教育与权力相互作用的微妙关系、评估方式与政治体制的变化等。

③ R.Cribiore, *Gymnastics of the Mind: Greek Education in Hellenistic and Roman Egypt*, New Jersey: Princeton University Press, 2001,该书是在其博士论文《希腊–罗马时期埃及的书写、教师和学生》(R.Cribiore, "Writing, Teachers and Students in Graeco-Roman Egypt", PHD Thesis, 1996)的基础上修改而成的。

二是《古代后期李巴尼乌斯在安条克的学校》。作者称李巴尼乌斯是一位活力四射的教育家,不仅在众多朋友、前学生和宫廷圈成功地建立了人际关系网络,还在安条克创办了著名的演说术学校。① 作者根据李巴尼乌斯的 200 封信件,勾勒出学校教师的教学活动、招生手段、评估和管理学生的方式,与家长的沟通,学生的就业机遇以及教师被迫应对来自学生、家长、同行和当局等方面的压力。作者意图强调李巴尼乌斯等异教徒开办的学校对古典文明的延续意义重大。这些学校不仅是异教徒怀旧古典余晖的场所,也对不少基督教父的神学思想产生了难以估量的影响。该书以李巴尼乌斯的学校为例成功地呈现了帝国东部的希腊文明因素与罗马政治影响在教育领域相互渗透的情形。

古罗马教育研究中的一个新趋向

学界对古罗马儿童教育研究的蓬勃展开主要得益于罗马史中家庭史、性别史和儿童史等其他领域的丰硕成果。儿童教育通常指广义上的教育,指的是各阶层的儿童在成长和社会化过程中所接受的各种形式的教育,即精英和平民儿童,甚至是被释奴及奴隶儿童等所接受的家庭教育、学校教育、职业与社会教育等多种方式的教育。法国学者让-皮埃尔·内罗杜的《古罗马的儿童》参照了法国著名学者菲利浦·阿利埃斯的著作《儿童的世纪》的研究范式②,开启了古罗马儿童研究的先河。作者希望用儿童自己的眼睛看待他们生活当中的社会、帝国、宗教、家庭和学校等教育环境,考察了古罗马儿童与成人世界的复杂关系,对他们在人类文明史中的应有地位作了深入考察。③ C.B.罗斯(Charles B.Rose)在《和平祭坛上的"王子"与异族》一文中,利用图像

---

① R.Cribiore,*The School of Libanius in Late Antique Antioch*,New Jersey:Princeton University Press,2007.

② 【法】菲利浦·阿利埃斯:《儿童的世纪:旧制度下的儿童和家庭生活》,沈坚、朱晓罕译,北京大学出版社 2013 年版。

③ 【法】让-皮埃尔·内罗杜:《古罗马的儿童》,张鸿、向征译,广西师范大学出版社 2005年版。

学理论考察了奥古斯都时期的皇家儿童和异族儿童与国家政权的关系,认为他们是国家的希望与未来,帝国的稳定和延续的使命都寄托在他们身上。①

克里斯蒂安·拉埃斯(Christian Laes)的《罗马帝国时期的儿童:身处其中的局外人》从社会文化与历史的视角,描述共和后期至帝国时期孩子的童年经历。② 作者认为,对于成年人来说,儿童是生活于其中的局外人或者说边缘人(outsider),只有通过精英作家的哲学、医学、教育作品以及观察他们身边的成年人,如助产士、乳母、父亲、母亲和教师的现实活动才能对其进行较为全面的认识。该书主要涉及罗马人对人生各阶段的划分,儿童的幼年生活、接受教育、性启蒙及其成年后的工作状况等多个问题。艾达·科恩(Ada Cohen)和杰里米·鲁特(Jeremy B.Rutter)主编的《构建古代希腊与意大利的童年》,收录了研究希腊罗马儿童的多篇优秀论文,涉及儿童在家庭的地位、教育与社会化、葬礼等多个主题。③

近半个世纪以来,古典世界的儿童研究取得了丰硕成果,学术界对其加以编撰和总结成为必然。J.E.格拉布斯(Judith Evans Grubbs)和 T.帕肯(Tim Parkin)主编的《牛津古典世界的儿童和教育手册》是西方古典儿童研究最新成果的汇集,也是希腊罗马儿童研究的指导性手册。④ 不过,该论文集把儿童界定为出生的婴儿到二十岁前后的做法不太合适。这既不符合古典世界对儿童年龄的看法,也滞后于当代对儿童生理和心理年龄的界定。而且,该书对教育的理解也是宽泛的,凡与儿童有关的主题尽收其中,因而难免有拼盘之嫌,有些论题只是泛泛而谈。

---

① B.Rose Charles,"'Princes' and Barbarians on the Ara Pacis", *American Journal of Archaeology*, Vol.94, No.3(July 1990), pp.27–87.

② Christian Laes, *Children in the Roman Empire: Outsiders within*, Cambridge: Cambridge University Press, 2011.

③ Cohen Ada & Jeremy B. Rutter, (eds.), *Constructions of Childhood in Ancient Greece and Italy*, Princeton N.J.: The American School of Classical Studies at Athens, 2007.

④ Judith Evans Grubbs & Tim Parkin(eds.), *The Oxford Handbook of Childhood and Education in the Classical World*, Oxford: Oxford University Press, 2013.

总体而言,这个阶段古罗马教育研究取得了不斐的成果:一是教育史家对教师、学生及其所处的国家、学校、家庭和同行等社会环境展开了多维度的立体研究,尤其是对教育中的"人"给予了更多的关注;二是学界开始关注帝国时期东部地区教育的一般性与异质性,例如安条克、埃及等帝国东部行省的教育既有与拉丁地区在教育目标、制度、内容、方法、教师角色以及社会功能等方面的一致性,也有它们因本土化、希腊化及罗马化等多种文化的交错与融合方面的异质性;三是社会史学者对罗马社会中的某些弱势群体的教育给予了关注,如妇女、儿童、奴隶等群体的学校教育和职业教育等。这些新的成果和研究动向不仅丰富了古罗马文化与教育研究,也让读者认识到中世纪以来的西方教育所继承的是古罗马更务实的教育理论与实践,而不是注重理论与思辨的希腊教育遗产。

从长时段来看,西方关于古罗马教育的研究主要有三个特点:第一,古罗马教育的研究经历了从薄弱到不断加强的过程。从古罗马人关注希腊和自己民族的教育开始,到中世纪和文艺复兴时期的学者停留于对其传抄、复制和保存,再到20世纪初期至20世纪70年代的缓慢起步,到20世纪80年代以来的发展乃至"热潮",反映出时代的进步与学术的繁荣。第二,随着新史学、社会文化史、妇女史、儿童史等研究领域的兴起,研究者利用社会史、文化史、教育功能学、心理学等理论与方法研究古罗马教育,使得以往看似"单面、静态"的文化和教育"丰富、活动"起来。第三,学界对古罗马教育的研究领域不断地拓宽,分支也越发细化与深入,不仅探究精英阶层的教育,也关注平民乃至奴隶的教育;不仅探究男性教育,也关注女性乃至娼妓的教育等;不仅探究教育中的教师、学生和父母、教仆等,也涉及学校、家庭和广场等教育场所。

国内研究相对薄弱

长期以来,囿于语言、资料、理论方法等问题,中国学术界对古典学的研究起步晚、底子薄,教育领域更是如此。不过,国内学者还是不断地克服重重困难,陆续翻译出不少古典作品和西方教育、古典教育有关的研究著作,还组织编写过一些西方教育通史类的教材。值得一提的是,最近几年,少数研究生开始关注古罗马教育问题,并有硕博论文相继问世。

首先,与古典教育相关的译作,包括古典作品和研究性著作。任钟印翻译的《昆体良教育论著选》(人民教育出版社 2001 年版),包括《演说家的教育》的第一、二、三和十二卷,并附有西塞罗的几篇演说稿以及普鲁塔克的《论儿童教育》部分节译。该译著用词准确,讲求对仗,是古罗马文化与教育研究的案头资料。徐奕春译的《西塞罗三论:论老年·论友谊·论责任》则有助于理解古罗马传统教育的精神与特点。① 阿庇安在《罗马史》中展现了共和时期的宏大历史场景,是研究教育问题的重要背景资料。② 席代岳全译的普鲁塔克的《希腊罗马英豪列传》弥补了大陆只译部分的缺憾,更利于国内读者的参考。历史类著作如塔西佗的《历史》与《编年史》、苏维托尼乌斯的《罗马十二帝王传》等也被翻译出版。

我国学界翻译的与古典教育相关的著作也有几部值得一提。与教育哲学相关的有:美国学者 S.E.佛罗斯特的《西方教育的历史和哲学基础》侧重从历史与哲学角度探讨西方教育的根源与本质,该书语言简练,思想深刻。③ 杜普伊斯·高尔顿的《历史视野中的西方教育哲学》主要从教育哲学的角度梳理了西方从古至今教育哲学的流变。伊丽莎白·劳伦斯的《现代教育的起源和发展》主要摘录了西方古代至当代教育名家的一些重要论文与观点。教育史著作主要有:英国学者威廉·博伊德与埃德蒙·金合写的《西方教育史》是一

---

① [古罗马]西塞罗:《西塞罗三论:论老年·论友谊·论责任》,徐奕春译,团结出版社 2007 年版。

② [古罗马]阿庇安:《罗马史》,谢德风译,商务印书馆 1963 年版。

③ [美]S.E.佛罗斯特:《西方教育的历史和哲学基础》,吴元训等译,华夏出版社 1987 年版。

部西方教育史佳作,其中古希腊与罗马教育各占一章。① 英国学者葛怀恩的《古罗马的教育——从西塞罗到昆体良》和马鲁的经典著作《古典教育史》前文已有介绍,不再赘述。②

近些年来,国内还出现了不少关于古罗马社会生活史方面的译作,如广西师范大学出版社出版的"西方文明溯源丛书",包括《古罗马的儿童》《古罗马的医生》《古罗马人的阅读》等。③ 这些研究利用新文化史、微观史学等新的理论与方法对上述专题进行全新的诠释,为我们重新认识与理解古罗马人的社会文化生活提供了新的视角。其中,《古罗马的儿童》一书利用新史料和新方法,试图用古罗马人而不是现代人的视角看待古罗马的儿童,可谓该领域研究中的重大突破。

其次,中国学术界关于外国教育史类的教材与资料汇编也不断涌现出来。西方教育通史类教材主要有:曹孚等学者编写的《外国古代教育史》、滕大春主编的《外国教育史》(第一卷)、戴本博主编的《外国教育史》(上卷)、单中惠主编的《西方教育思想史》以及吴式颖与任钟印合编的《外国教育思想通史》等。这些教材类作品大都受西方教育史家的影响,较为重视古希腊教育,并将之辟为专门章节,但都认为罗马教育是对希腊教育的模仿而无创新,故而简化处理,寥寥数语。

最后,近些年来,一些研究生的学位论文对古罗马教育开展了尝试性的研究,初步取得了一些进展。季美的硕士学位论文《试论昆体良的教学思想——兼与孔子教学思想比较》(中央民族大学,2006 年)利用比较教育学的

---

① ［英］威廉·博伊德、埃德蒙·金:《西方教育史》,任宝祥、吴元训译,人民教育出版社 1985 年版。
② ［英］葛怀恩:《古罗马的教育——从西塞罗到昆体良》,黄汉林译,华夏出版社 2015 年版;［法］亨利-伊雷内·马鲁:《古典教育史》,王晓侠等译,华东师范大学出版社 2017 年版。
③ ［法］雅克·安德烈:《古罗马的医生》,杨洁、吴树农译,广西师范大学出版社 2006 年版;［法］让-皮埃尔·内罗杜:《古罗马的儿童》,张鸿、向征译,广西师范大学出版社 2005 年版;［法］卡特琳娜·萨雷丝:《古罗马人的阅读》,张平、韩梅译,广西师范大学出版社 2005 年版。

方法,阐释了昆体良的教育思想;陈砚玲的硕士学位论文《古代罗马教育发展特征论析——共和后期到帝国初期》(东北师范大学,2006年)探讨了共和后期到帝国初期古罗马教育各阶段的特征;姬庆红的硕士学位论文《罗马帝国教育政策研究》(曲阜师范大学,2006年)主要从教育政策的角度论述帝国时期的教育发展状况,认为帝国政府扶植与干预的教育政策推动了教育的发展,但也在很大程度上限制了其自由发展;胡黎霞的博士学位论文《务实·创新·理性——古代罗马教育的发展历程和特色研究》(东北师范大学,2008年)分析了古罗马各时期的教育,认为古罗马教育具有务实、创新和理性的特点。

综上所述,国内学术界关于古罗马教育的研究仍相对滞后,基本上停留在西方教育史中的章节阶段,且内容通常流于对学校教育任务、思想与制度的简要介绍,参考资料也多为二手文献,古典文献使用较少;总体上对古罗马教育还缺乏全面的梳理和相对系统的研究,这都为本书留下了较大的研究空间。

第一章　古罗马文教的历史背景

> 教育者在看待教育时不能将教育从真实的社会制度、社会关系
> 和社会运动中抽离出来,孤立、片面地看待教育,而必须将教育问题
> 置于产生这种问题的社会制度、关系和运动中去看。
>
> ——石中英①

在地中海古代文明史上,希腊文化与罗马文化常被誉为两朵同根的并蒂
莲花,开放虽有迟早之别,却同样争奇斗艳。② 其中,希腊文化之花开放在先。
早在公元前 776 年,希腊人就举办了第一次有文字记载的奥林匹亚竞技会,而
据传罗马城迟至公元前 753 年才建立起来。

约公元前 8 世纪至公元前 5 世纪,希腊人如饥似渴地吸收埃及、希伯来和
美索不达米亚等东方文明的优秀成果,并在此基础上孕育出新的文明形态。
以雅典为首的希腊城邦打败波斯帝国后,进入了鼎盛时期,其文明随之进入古
典时代。希腊人在哲学、戏剧、科学和雕刻等领域的文化创造达到了前所未有
的高度,成为雅斯贝尔斯所称的重要轴心文明之一。然而,希腊似乎也难逃盛
极必衰的命运。以斯巴达为首的伯罗奔尼撒同盟和以雅典为首的提洛同盟之

---

① 石中英:《重温马克思的教育思想》,《人民教育》2018 年第 9 期。
② [古罗马]西塞罗:《论神性》,石敏敏译,上海三联书店 2007 年版,第 6 页。

间的争霸战争,给希腊的城邦体制带来了全面危机。希腊辉煌的古典时代渐趋衰败。北部山区的马其顿国王非力二世乘机南侵,浇灭了古希腊城邦独立的自由火炬。菲力二世遇刺身亡后,亚历山大大帝即位。他以非凡的军事才能相继征服埃及、波斯帝国和印度河流域,建立了囊括欧亚非三洲的大帝国,开启了东西方文明高度融合的希腊化时代。所谓"希腊化"是指希腊文化在东传的同时,自身也进行东方化的双向过程。东西方文化在碰撞和交融中获得了更高层次的发展,并产生了第一次全球化浪潮的文化明珠:亚历山大里亚、安条克和帕加玛等著名的希腊化文明中心。① 另一方面,希腊化各国之间连年混战,希腊城邦更是名存实亡。

与此同时,罗马人经过4个多世纪的辗转奋战,逐渐称雄亚平宁半岛。拉丁文化也在伊特鲁里亚文明与大希腊文化的孕育中渐有雏形。然而,罗马人征服的脚步并未停止,他们不断地推进疆域的地平线。在两百多年里,迦太基帝国、希腊、马其顿、叙利亚、托勒密等国相继俯首称臣,地中海最终成为罗马人的"内湖"。罗马人成为地中海世界的主人,逐渐进入"罗马盛世(Pax Romana)",把欧洲大部、北非和中东都纳入同一文明圈之中,逐渐形成新型的希腊—罗马文明。

在武力征服地中海期间,罗马人虽然以霸主的气势俯视着日渐衰败的古国,却也以谦恭的学生姿态仰视它们曾经辉煌的文化。他们让希腊人成为自己的老师,学习作为国际性语言的希腊语,用希腊的哲学、艺术武装拉丁农夫—武夫的头脑。在"希腊化"的过程中,罗马人融入了其独有的拉丁精神,在帝国初期形成了成熟的拉丁文化。此后,拉丁文化与希腊文化比肩而立又相互支撑,成为帝国框架内的两大文明支柱。由于在地中海世界地理与政治上的中心地位,罗马人顺理成章地成为东西方文化交流的桥梁,将希腊—罗马文化传播到帝国北部、西部等相对落后的地区。事实上,与希腊那朵并蒂的莲

---

① 陈恒:《从希腊化文化的传播看全球化之起源》,《世界历史》2004 年第 3 期。

花相比,罗马这朵文明之花开得更为气势磅礴,芳香飘洒得更为辽远。

那么,这朵莲花是如何由古典文明之花慢慢蜕变为基督教文明之花的?这其中原因错综复杂,很难说清哪个因素起了主导作用。可以肯定的是,早期教父的努力起了非常重要的作用。他们吸收并改造了对基督教教义有益的古典文化因子,使原本更吸引下层人的救赎、审判、复活的教义更为哲理化,对知识精英产生了很大的吸引力,皈依者众多。在公元4世纪中后期,基督教从社会边缘步入政治舞台的中心,并于公元392年成为国教。至此,罗马帝国完成了从古典文化向基督教文化的转型。

本章之所以对罗马文教形成、发展、转型以及衰落的过程进行宏阔的论述,目的是更好地把握不同历史时期的古罗马教师群体所处的不同社会背景,包括各时期的政治、经济、宗教、风俗,以及口传为主的文化等。只有把他们放到错综复杂、剧烈变化的时代中,才能较为动态地理解他们的工作状态和生存处境,体会这个知识分子群体在古罗马文教史乃至西方文化史上的重要地位。

第一节 罗马建城到意大利半岛统一

古罗马文明发源于美丽的亚平宁半岛。半岛北端是终年积雪的阿尔卑斯山,与欧洲内陆隔绝开来。发源于此山西南的波河携带大量泥沙滚滚东流,再向北折,在中下游冲击的天然屏障形成了意大利最大、最肥沃的波河平原。亚平宁山系自北部波河平原向南延伸,犹如一条宽阔的脊梁静卧于半岛之上。东海岸地形较为陡峭,适于放牧;西海岸较为开阔,因多条河流绵延流经而形成了适宜农耕的冲积平原——拉丁姆平原与坎帕尼亚平原。从高空俯瞰,意大利半岛像一只高筒靴一样霸气地踢入地中海,似乎预示着它将来称霸地中海,统御周边文明的使命。早期的居民主要以农耕为生,种植谷物、橄榄、葡萄等作物。因为亚平宁半岛三面海岸线平直且无良港,岛屿很少,所以这里不具备希腊人那样优越的航海经商条件。

一、罗马建城与早期征服

关于古罗马人及其早期文明的起源,学界大多依据罗马共和后期和帝国初期的神话传说进行建构。由于意大利没有多少原始时代的考古实证材料,所以有学者说,古罗马文明"不像希腊和东方古代文明那样有一个古老悠久的文明源流可资溯寻,它缺乏一种天然的文化根基,缺乏一个循序渐进的历史过程,而是一种强制性的混杂的产物。"① 本节将在前人研究的基础上,尝试梳理罗马人及其文明起源的大体脉络。

追根溯源,古罗马人与古希腊人可谓同根,都属于印欧语族。前者属于意大利语族,后者属于希腊语族。早在大约公元前3000年至公元前1000年间,这两个语族、日耳曼语族等从南俄草原陆续向南、向西进行了民族大迁徙。大约公元前2000年至公元前1000年期间,拉丁语族的很多部落已经扎根于亚平宁半岛。罗马人属于居住在拉丁姆北部地区拉丁人部落中的一支。大约公元前10世纪到公元前8世纪,他们很可能出于共同防御外敌的需要,逐渐与其他一些拉丁人、萨宾人以及一些伊特鲁里亚人融合,对内是不同族人,而对外都称罗马人。② 当时,罗马人的周边还居住着很多支印欧语族人,如埃魁人、翁布里亚人、萨莫奈人等。这种语族驳杂的状况为罗马人日后的崛起既创造了机会,又形成了挑战。有趣的是,不同部落间因利益交错而经历过不停的胜负离合,最后都被罗马人编进了虚实相糅的神话传说之中。

根据罗马作家的说法,罗马人的真正历史始于罗马城的建立。然而,罗马城的起源自古众说纷纭。普鲁塔克在《罗慕路斯传》中就提到过不下七八种说法,且每种说法中还有旁枝斜杈的诸多不同细节。③ 根据诗人维吉尔在《埃

---

① 赵林:《西方文化概论》,高等教育出版社2004年版,第55页。
② 李雅书、杨共乐:《古代罗马史》,北京师范大学出版社1994年版,第49页。
③ Plutarch, *Lives*, Vol.I, pp.91–117;又可参见[古希腊]普鲁塔克:《希腊罗马英豪列传》I,席代岳译,安徽人民出版社2012年版,第45—56页。

母狼乳婴

涅阿斯纪》和史学家李维（Livius Titus，前59～17）在《自建城以来史》中的构建，我们可以大体勾勒出罗马城起源的传说。该传说主要有两条线索交织在一起：一是拉丁人起源的传说，以埃涅阿斯的故事为中心；二是罗马城起源的传说，以狼孩罗慕路斯和雷姆斯孪生兄弟的故事为中心。在阿尔巴隆加（Alba Longa），逃难的特洛伊英雄埃涅阿斯辗转来到拉丁姆，建立了拉丁部族的第一座城市。而建造罗马城的狼孩罗慕路斯和雷姆斯是埃涅阿斯后裔维斯塔贞与战神马尔斯的私生子。而埃涅阿斯又是希腊爱神阿芙洛狄忒（即维纳斯）的儿子。因此，罗马人声称自己的祖先是特洛伊人，也是维纳斯和马尔斯的后代。他们把带有希腊色彩的"特洛伊王子埃涅阿斯"的故事与本土的"母狼哺育狼孩"的传说巧妙地结合在一起，这样既赋予了罗马起源于希腊的文化身份，也让罗马人有别于希腊人的本土特质。[1] 特洛伊人与希腊人的"宿仇"，以及母狼特有的机警、好斗和凶猛的特性足以支撑罗马问鼎地中海霸权的野心和欲望。

　　罗马城的建立带有原始血腥的色彩，却被后世当作勇敢与光荣的事迹传

---

[1]　关于罗马人如何通过文学来利用和改造希腊神话为自己构建民族认同的神话体系的问题，可以参考［美］丹尼斯·费尼：《罗马的文学与宗教：文化、语境和信仰》，李雪菲、方凯成译，北京大学出版社2015年版，第84—76页。

颂。哥哥罗慕路斯为了独自称王,杀死了弟弟雷姆斯,并以自己的名字"Romulus"为这座城市命名,而"Romulus"又是从拉丁文词汇"Ruma(乳头)"衍生出来的。① 这里的乳头暗指喂养他长大的母狼。因此,罗马人也把掌管养育幼儿的保护女神称为鲁米利亚(Rumilia)。② 罗马博物学家瓦罗断言,这件兄弟相残的事情发生于公元前753年。③ 后世一般将这一年作为罗马正史的起点。罗慕路斯是第一个国王。自他开始,罗马进入了历史上的王政时代(前753—前509)。在罗慕路斯执政时期,还发生了他带领族人粗鲁抢婚,却被美化为萨宾妇女化干戈为玉帛的故事。这个故事应该是罗马各个部落融合历史的集体记忆,既反映出罗马人粗犷彪悍、崇尚武力的民族气质,也为其民族身份认同提供了史诗性题材。

罗慕路斯之后有六王,前三王是拉丁人和萨宾人,后三王则是伊特鲁里亚人。研究表明,伊特鲁里亚人征服罗马后很可能建立了政权,并且一直处于发展中。第六位国王塞尔维乌斯(Servius Tullius,约前578—前534年在位)进行了改革,把罗马从村落式的氏族部落聚居地发展成为真正的城市国家。但是,最后的国王"高傲者"塔克文(Lucius Tarquinius Superbus,? —前496)却独断专行、滥用暴力,引起了罗马人的不满。他的好色之子小塔克文强暴贵族妇女卢克雷提娅(Lucretia)事件成为罗马人起义的导火索,结果塔克文家族被驱逐。从此,罗马人废除王制,并对"王"一词深恶痛绝。公元前509年,罗马建立了贵族掌权的共和国。近年来有学者指出,公元前6世纪到公元前5世纪并不仅限于罗马城从王政完成了向共和的转变,这是多个城邦中普遍存在的现象。④

遭到驱逐后的伊特鲁里亚人与罗马人成为宿敌。双方进行了三次维爱战

---

① Plutarch, *Lives*, Vol.I, p.119.

② Plutarch, *Lives*, Vol.I, p.117.

③ Plutarch, *Lives*, Vol.I, p.121.

④ 刘津瑜:《罗马史研究入门》,北京大学出版社2014年版,第8页。

争(前483—前396,因战事主要发生在伊特鲁里亚人的重要城市维爱而得名),最终罗马人获胜。这意味罗马的征服大业迈出了坚实的一步。此后,罗马人并没有忘记继承伊特鲁里亚先进的文明成果:成熟的政治制度,如威武的权杖仪式——法西斯和象牙宝座;社会组织形式——庇护制;融合风格的城市建设,如巴比伦风格的拱门和圆顶,希腊特色的柱廊;社会生活方式,如角斗比赛、凯旋仪式;还有希腊的神话和文字等。所有这些遗产都成为罗马人开始走上具有自己特色的文明发展道路的起点。

除了三次维爱战争外,罗马人还进行了重要的几场战役:公元前391至公元前390年,波河流域的高卢人攻打并洗劫了罗马城,罗马人屈辱地交出重金,高卢人方才撤出;公元前343年到公元前290年,罗马人通过艰苦的三次萨姆奈战争,占领了中部意大利,并彻底摧垮了高卢人、伊特鲁里亚人的残余势力与萨莫奈人的联合力量。这些战争的胜利与战果的巩固与元老院的正确领导和有效策略密不可分。公元前338年,罗马人在粉碎意大利一次叛乱的克罗尼亚战役后,元老院把公民权赋予了被打败的叛乱者。这项政策的巧妙之处在于,罗马人并不满足于战败者缴纳贡赋等形式的经济利益,还要让他们为自己的扩张提供不竭的兵源。罗马人得到外族的兵源支持后,于公元前272年攻陷半岛南部主要的希腊殖民城市塔林顿,完成了对南部意大利(即大希腊)的征服。至此,罗马征服了除高卢人盘踞的波河流域之外的整个意大利,成为名副其实的半岛霸主。

征服大希腊后,罗马显贵效仿希腊文化蔚然成风。他们学习希腊语,起希腊名字;举行宴会时,吃饭斜卧于榻上,喜欢用银质餐具等。富有家庭还竞相购买有文化的希腊奴隶装饰门面。著名文法家李维乌斯·安德罗尼库斯(Livius Andronicus,前272—前207)就是从塔林顿被掠到罗马的。他不仅成为罗马贵族孩子的教师,还把《奥德赛》译成拉丁文,被作为当时的通用教材和《十二铜表法》外的补充读物,对罗马学校教育及拉丁文学气氛的形成产生了深远影响。当然,我们也不能夸大这种现象,毕竟效仿希腊风尚只限于罗马社会某些上层人士。就教育而言,罗马人仍在沿袭传统的家庭教育。这与当时的社会状况是相适应的。

二、共和早期的罗马社会

公元前 3 世纪之前,罗马是一个以农业经济为主的社会。尽管随着对外扩张,氏族公社日趋瓦解,社会等级逐渐分化,但是罗马基本上仍是以小农为主的经济形态。上至元老、下至普通公民大都过着自给自足的田园生活,种植各种粮食、葡萄和橄榄,放牧牛羊等牲畜,衣服、家具等日常用品也都由自己制作。传统的罗马人对土地感情浓厚,将务农视为最正当的职业。在战争年代,元老们往往是在田间耕作时被召唤到元老院讨论国家大事,将军们经常在垄间犁地时跨上战马,领兵出征。据李维记载,公元前 458 年,著名政治家昆图乌斯·辛辛纳图斯(Lucius Quinctius Cincinnatus,前 519—前 430)在田间耕种时,接到了一个命令,去解救被埃魁人困住的阿尔基多斯山的军队。他立即披甲上阵,一天内就打败了敌军。他参加完凯旋仪式后,便解甲归田,只当了 16 天的罗马统帅。[1] 罗马人对农业的热情还体现在不少著名人物的名字上,它们都与自己擅长种植的豆类有关,譬如费边(Fabius)来自蚕豆(Fiba),皮索(Piso)与豌豆有关,西塞罗(Cicero)则源自鹰嘴豆(Cicer)。[2] 所有这些大人物的名字可谓乡土气十足。它们所代表的每个家族都有一种世代奉行的家风,如克劳狄乌斯家族的桀骜不驯,尤尼亚家族的强硬彪悍,埃利乌斯家族或昆克提尤斯家族的艰苦朴素等等。[3] 每个豪门的家风令其子孙耳濡目染,并

---

① Livy, *The History of Rome*, III. XXV, in Livy, Vol. II, translated by B. O. Foster, the Loeb Classical Library, Cambridge MA.: Harvard University Press, 1967, p.85.

② 一种说法是,西塞罗家族的第一个成员因喜欢鹰嘴豆"*cicer*(chick-pea)"而得名,另外一种说法是西塞罗的鼻子末端看起来像鹰嘴豆的形状。参见 Plutarch, *Lives*, Vol. VII, Cicero I.2. 1958, p.83;[古希腊]普鲁塔克:《希腊罗马英豪列传》VII,席代岳译,安徽人民出版社 2012 年版,第 262 页。

③ [法]亨利-伊雷内·马鲁:《古典教育史》,王晓侠等译,华东师范大学出版社 2017 年版,第 14 页。

身体力行地传承下去。

与较为原始淳朴的小农经济相适应,罗马的政治制度也相对简单。与外部战争相互交织的是,罗马平民与贵族进行了长期斗争。罗马贵族对平民不断妥协,使得政府机构逐渐摆脱了氏族社会的原始形态。到公元前 4 世纪末,罗马政府的官制基本定型,主要包括享有选举权的百人队大会、平民大会和部落大会等。元老院是中枢机构,起初约由 100 人组成,由卸任长官充任。它原则上并非立法或选举机构。罗马的官职门类不多,且人数极少,主要包括执政官 2 人、行政长官 2 人、监察官 2 人、市政官(营造官)4 人、财政官 4 人、保民官 10 人,必要时设独裁官 1 人。[①] 需要指出的是,罗马的官职没有薪俸,只能由新旧贵族充任。甚至保卫国家和对外扩张所依赖的军队也无专门训练和供养,大多数公民平时为农,战时为兵。军队指挥权掌握在元老院任命的执政官手中。

三、早期家庭教育

随着罗马的扩张,特里布斯、库利亚和以血缘关系为纽带的氏族日渐消解,但家族(或家庭)始终是社会的核心单位,构成了一个小型社会,承担着家庭、法庭、教会、学校和政府的多种功能。这个阶段的罗马社会以贵族家族的父权制为主要特色。"patricius(贵族)"一词就是从"pater(父亲)"转化而来。[②] 父权制带有非常明显的宗法制特征。父亲是一个大家长,妻子、孩子、奴隶等财产皆归其所有;他还是一个大法官,掌握着所有家庭成员的生杀大权;他也是家庭宗教的大祭司,主管着家庭神灵、天地诸神的祭祀。这些重要的神灵不仅包括门神雅努斯、灶神维斯塔、土地神拉尔(lar),还包括其祖先。罗马人将祖先称为家神(Penates)、守护神(Lares)和祖神(Manes)。父亲会将

---

① 参见李雅书、杨共乐:《古代罗马史》,北京师范大学出版社 1994 年版,第 81 页;刘津瑜:《罗马史研究入门》,北京大学出版社 2014 年版,第 10 页。

② [俄]科瓦略夫:《古代罗马史》,王以铸译,上海书店出版社 2007 年版,第 61 页

祖先的面具供奉于大堂之上,时刻提醒子孙不要忘记和远离祖辈的荣耀和教诲。懵懂的孩子们自小就在虔敬的氛围中耳濡目染,模仿父母的言行。家庭宗教的意义在于给自己的家宅披上一定的神圣色彩,尤其是对祖先的崇拜使公民把自己对家庭的责任提高到神圣委托的地步,宗教情感遂与公民的义务感互相融合。①

家庭无疑是教育子女的天然场所,而父母则是孩子天然的教师。儿童天生属于家庭,由家庭负责养育,但他们也属于国家。这就决定了罗马教育的目标就是培养好农夫、好士兵和好公民。罗马儿童的教育是以父亲为核心的家庭展开的,首先强调良好品德的培养,其次是文化知识的学习。男孩自小在祖先的荣耀、家长的训诫和严格的公民生活氛围中长大,经常聆听广场的演说、元老们的讨论,参加贵族宴会,学习社交礼仪,逐渐养成虔敬、严肃、质朴和守法等罗马公民应具有的美德。具体的知识和文化是在生活中获得的,生活即教育、生活即学习。最基本的农业技能是在田间劳作中模仿成人掌握的。在劳动之余,父亲教给儿子投掷标枪、骑马、角力和游泳等本领;在闲暇时间,儿童则要听父辈讲述英雄史诗和宗教传说等;他们从小被要求背诵《十二铜表法》,学习简单的书写和计算,以满足日常之需。公元前 2 世纪的监察官老加图甚至指出,好公民只需要学习演讲、医学、农业、军事等实用技术,对此以外的任何知识都无需重视。②

艰苦的农耕生活和严格的家庭教育培养出的公民精神,既非农夫,亦非士兵,而是农夫—士兵的精神。③ 老加图认为,好士兵都是出身于农民:"我们的祖先在赞扬一个好人时,就称赞说他是'一个好丈夫'、'一个好农夫'。凡是受到这种称赞的人,就被认为是受到了最高的赞美。⋯⋯最坚强的人和最骁

---

① 朱龙华:《罗马文化》,上海社会科学院出版社 2003 年版,第 20 页。
② [英]威廉·博伊德、埃德蒙·金:《西方教育史》,任宝祥、吴元训译,人民教育出版社 1985 年版,第 63 页。
③ R.H.巴洛:《罗马人》,黄韬译,上海人民出版社 2000 年版,第 3 页。

勇的战士,都来自于农民之中。农民这种职业受到高度尊重,农民的营生最稳妥,最不为人忌妒。从事这种职业的人,绝不心怀恶念。"①老加图从职业和道德的高度评价罗马家庭教育的做法,成为西塞罗、塔西佗、小普林尼和昆体良等人崇尚罗马古风的准则,以及评判希腊罗马教育优劣的尺度。其实,比较老加图的家庭教育理念②与柏拉图的教育计划③之后可以发现,两者无所谓优劣,只是方式不同:前者几乎完全强调传统、榜样和家庭生活的潜移默化之功;后者主张系统的训练,教育是根据艺术的要求来进行,直到儿童的智力和道德教育服从城邦制定的法律才得以宣告完满。④

综上所述,自罗马建城至公元前 272 年攻占塔林顿,为罗马本土文化教育的发展阶段。尽管罗马从一个小村落一跃成为意大利半岛的霸主,但早期小农经济和严厉的父权制使得当时的社会意识具有明显的保守色彩,形成了偏狭的文化心理。再加上,因长期的武功征伐,罗马人根本无暇顾及文化建设,因此这个阶段的罗马文化还处于相当落后的水平,甚至连文字的使用也受到限制和垄断。史料表明,拉丁文字尽管早在王政时代就已经被使用,但在相当长的时间里只被用于官方政治、宗教事务或经济活动,如条约签订、订立契约、编年史记事等。不过,拉丁城邦文化还是在伊特鲁里亚和大希腊文化基础上草创而成。这一时期的罗马教育是以传统的家庭教育为主,并使罗马人于公元前 3 世纪中前期形成了成熟的民族精神,即爱国敬神、务实守法、虔诚敬祖、服从权威等美德。正是这种民族气质,成为罗马人日后征服并称霸地中海世界的重要保证。

---

① Marcus Porcius Cato, *On Agriculture*, preface, translated by William Davis Hooper, the Loeb Classical Library, Cambridge MA.: Harvard University Press, 1967, p.3.

② Plutarch, *Marcus Cato*, XX. pp.361-365; [古希腊]普鲁塔克:《希腊罗马名人传》(上),陆永庭、吴彭鹏等译,商务印书馆 1990 年版,第 365—367 页。

③ Plato, *Protagoras*, 325-326, in Plato, Vol.Ⅱ, translated by W.R.M.Lamb, the Loeb Classical Library, Cambridge MA.: Harvard University Press, 1952, pp.141-146.

④ [英]葛怀恩:《古罗马的教育——从西塞罗到昆体良》,黄汉林译,华夏出版社 2015 年版,第 17 页。

第二节　罗马大征服到西塞罗时代

公元前 3 世纪上半叶,罗马已经成为意大利"联盟"的领袖和霸主,同时由贵族元老领导、政治机构构成的共和体制基本定型。罗马人仍重视农业,上至元老,下至百姓都关心土地的增加和收成的好坏。上层贵族尚未形成贪婪享乐之风,尚武爱国仍为主要风尚。战争局势和希腊事物仍是人们在广场上讨论的重要话题。对罗马人来说,最大变化是对外关系方面:在征服意大利和大希腊后,罗马人的自信心空前高涨。迦太基、托勒密王朝与之签订友好条约,更是助长了它的"大国意识"。新型的罗马人随之产生:他们不再奉行较为保守的防御政策,而是热衷于扩张、干预别国内政。此后,罗马与地中海强国迦太基、马其顿、塞琉古和托勒密开始争夺霸权,战争的阴云笼罩在地中海的上空,企图寻求罗马保护的希腊城邦也难逃战火与洗劫的命运。

一、地中海大征服

罗马对地中海的争夺先后在西部和东部进行。当然,两块地区的战争存在时间的交叉和事件的交织。首先是罗马与西部地中海强国迦太基①的三次布匿战争。公元前 260 年至公元前 240 年,为了对付迦太基,罗马人依靠曾遭前者侵略的叙拉古等诸多城邦的帮助大规模发展海军。而迦太基疲于与周边国家交战,实力受挫,无暇顾及罗马的扩军备战。经过两次布匿战争,罗马人相继夺取了西西里岛、撒丁岛和科西嘉岛,并建立了两个海外行省,成为拥有海外殖民地的海上强国。当然,罗马人取得这些重要战果的同时,也付出了惨

---

① 迦太基曾经只是腓尼基城市推罗约于公元前 9 世纪末期在北非建立的一个小殖民城邦。约公元前 6 世纪,它相继吞并了很多腓尼基城市的海外殖民地,招募海军,保护商路,联合伊特鲁里亚人,打退了殖民劲敌希腊人,成为西地中海的奴隶制商业帝国。

重的代价。特别是在第二次布匿战争中,迦太基的军事天才汉尼拔(Hannibal Barca,前247—前183)率大军越过阿尔卑斯山,突然出现于波河平原,令罗马人猝不及防。在随后一年多的时间里,罗马人在公元前218年9月的特列比亚河(波河南部支流)战役,公元前217年6月的特拉西美诺湖战役,以及公元前216年8月的坎尼会战中连遭三次惨败。在几乎亡国的困境中,两个伟大的将军改变了罗马的命运。一是被戏称为汉尼拔保姆的"拖延者"费边(Fabius Maximus Verrucosus,前280—前203),他改变了以往的大规模阵地战,用游击战袭扰没有稳固据点的汉尼拔,让后者犹如笼中困兽。二是罗马名将大斯奇比奥(Publius Cornelius Scipio Africanus,前236—前184)在扎马与汉尼拔决战,最终罗马人更胜一筹。公元前201年,罗马与迦太基签订条约。除了巨额赔款,迦太基只能保留本土和10艘船,且未经罗马允许不得与他国进行战争。至此,罗马确立了在西地中海的霸权。

大国交战,殃及小国。在布匿战争期间,科林斯的殖民名城叙拉古沦为双方争霸的牺牲品。在僭主希耶隆(Hieron,前271—前216)统治时期,叙拉古经济昌盛,文化繁荣,与亚历山大里亚共享"希腊文化之都"的美誉。公元前211年,希腊文化的倾慕者马塞卢斯将军①(Marcus Claudius Marcellus,前268—前208)洗劫了抵抗长达两年之久的叙拉古城,使这座文化名城销声匿迹。

约半个世纪后,以老加图为首的主战派决定彻底消灭迦太基。小斯奇比奥(Publius Cornelius Scipio,前185—前129)②于公元前149年至公元前146年率军围困迦太基城。攻破这座大城后,罗马人抢掠财宝无数,血洗居民,最后将之付之一炬。据史家阿庇安记述,小斯奇比奥目睹此景不禁流下眼泪,并

---

① 古罗马的著名将军,自公元前222年起,四次担任执政官。他在攻占叙拉古城时,疲于应付阿基米德发明的多种工程器械。公元前208年,他死于汉尼拔的伏兵之手。

② 古罗马统帅,大斯奇比奥的养子,曾两度任执政官。公元前146年,他率军攻破迦太基,结束了第三次布匿战争。

吟诵了《荷马史诗》中关于特洛伊城灭亡的诗句。① 从地理上彻底消灭了迦太基后,罗马人加快了向东扩张的步伐。

与三次布匿战争交织进行的是,罗马人在东地中海发起了四次马其顿战争(前214—前146)和三次叙利亚战争(前192—前183)。公元前323年亚历山大大帝死后,帝国很快陷于分裂,出现了统治马其顿的安提柯王朝、统治波斯地区的塞琉古王朝和统治埃及的托勒密王朝,还有受马其顿控制的希腊各邦以及位于小亚细亚的希腊城市。它们之间的关系错综复杂,龃龉不断。三大帝国之间企图互相吞并,混战不止。希腊各邦仍吵闹不休,企图组成反马其顿同盟,却因各怀心事而难有成效。野心勃勃的罗马人以亚得里亚海东海岸的阿尔贡抢劫罗马商船为由,趁机干预巴尔干半岛的事务。公元前230年,罗马出动舰队剿灭了此海域的海盗。长期深受海盗之苦的雅典、科林斯、埃托利亚和阿凯亚等邦对罗马此举深表欢迎。科林斯甚至邀请罗马人参加伊斯特米亚赛会(Isthmian Games)②,承认其为希腊文明世界的一员。与此同时,帕加玛、罗德斯、雅典和埃托利亚等趁机结成反马其顿同盟,并请求罗马给予援助。

罗马人则打着"解放希腊"的口号,跟曾与迦太基结盟的马其顿进行了四次战争,并于公元前167年将其肢解为四个独立小国。接着,罗马又对希腊各城的亲马其顿派和反罗马派进行清洗。伊比鲁斯约有15万人被掠卖为奴,运往罗马的战利品如此之多,以至于取消了长期加在公民身上的直接税(tributum);罗马人甚至对同盟者阿凯亚城邦也没放过,把1000多名颇有声望的可疑分子,作为人质流放到意大利各个城市,著名历史学家波利比乌斯

---

① Appian,*Roman History*, XIX. 132, translated by Horace White, the Loeb Classical Library, Cambridge MA. :Harvard University Press,1959,p.637;又见[古罗马]阿庇安:《罗马史》上卷,谢德风译,商务印书馆1963年版,第299页。

② 又称地峡运动会,是古希腊四大泛希腊运动会之一(其他三大运动会分别为:纪念宙斯的 Olympian Games,纪念阿波罗的 Pythian Games,纪念宙斯和赫拉克勒斯的 Nemean Games)。伊斯特米亚赛会竞技项目与奥林匹克运动会相仿,在科林斯举办,以纪念海神波塞冬(Poseidon)和英雄帕莱蒙(Palaimon)。此运动会约始于公元前582年,到公元前146年科林斯被罗马人毁城为止。

(Polybius,约前203—前121年)①就是其中之一。不过,他有幸得到亲希腊文化的斯奇比奥文化圈的欣赏和接纳,并写出了流传青史的《通史》。科林斯和底比斯等城邦曾为马其顿的一部分,如今因不满新主人的不公正统治,进行了顽强的抵抗,结果遭到罗马的残酷镇压。公元前146年,希腊最富有的城市科林斯的财富和艺术品被罗马人洗劫一空,居民被卖为奴,最后被夷为平地。至此,罗马人彻底熄灭了希腊长期追求的城邦独立和民主自由的火炬。

再说亚洲强国塞琉古,国王安条克三世(Antiochus III the Great,前241—前187)梦想重建亚历山大帝国,于公元前204年至公元前197年向小亚细亚扩张,并企图与马其顿瓜分托勒密幼王在小亚细亚的领土。帕加玛和小亚细亚的希腊城邦则向罗马寻求"帮助"。对罗马人来说,这种求助可谓是天赐良机,于是很快发动了叙利亚战争。战争以塞琉古的惨败结束,双方签订了《阿帕米亚和约》。罗马人不仅让安条克三世交出所有的大象,以及只能拥有12艘战船维持安全,并支付15000塔兰特银币,而且把塞琉古帝国在安纳托利亚的全部领土送给帕加玛和罗德岛。该和约让安条克三世无力再染指地中海事务,从根本上削弱了塞琉古帝国。此后,罗马成为地中海唯一的强国。

显而易见,罗马之所以能称霸地中海世界,主要原因之一是西方迦太基、东方希腊化三帝国以及诸多希腊城邦,因自私自利导致了彼此漠不关心,甚至互相攻讦,以致它们的利益受到威胁时,都寻求罗马的"保护",结果是引"狼"入室。而这种国际形势滋长了罗马的"大国意识"和"责任使命感",进而充当起"世界警察"和仲裁人。到公元前140年前后,迦太基、马其顿、塞琉古和希腊诸邦,要么被消灭,要么被合并,要么被逐回亚洲,仅剩的托勒密王室软弱不振,在内政和外交上经常仰罗马人鼻息。这样,整个地中海地区大体上处于罗马势力范围下,地中海真正成了罗马人所说的"我们的湖"。正如阿庇安所

---

① 波利比乌斯,作为人质滞留罗马并成为斯奇比奥家族的朋友,后获得公民权。他写作了《通史》,是第一个尝试对罗马征服地中海世界及其统治做出跨文化的政治人类学分析的学者。

说:"罗马帝国的疆域从日落处和西面海洋到高加索山和幼发拉底河,通过埃及上达埃塞俄比亚和通过阿拉伯远达东面海洋,所以它的疆界东至太阳神上升的海洋,西至太阳神降落的海洋;同时他们统治了整个地中海和所有海中的岛屿以及海洋中的不列颠。"①

罗马的疆域横跨欧亚非三洲,成为地理上的大帝国后,国内的经济、政治和宗教等状况发生了剧烈的变化,随之进入第二次转型期。这个时期,罗马社会矛盾尖锐,因海外流入巨额财富,引发贫富分化严重,等级对立明显;政治机构增加,人员流动活跃;对外交往频繁,商品贸易和海陆航线开辟出来。东方的哲学、宗教、艺术等新事物纷纷涌入,所有这些都成为罗马人精神生活发生剧变的刺激因子。

二、共和后期的罗马社会

无休止的战争逐渐瓦解了罗马的小农经济,奴隶制大地产成为主要的生产方式。首先,土地集中和兼并现象严重,大中型地产在意大利兴起。据统计,公元前 200 年罗马的国有土地为 1300 万犹格,到公元前 150 年增加到 2100 万犹格。② 当时罗马人缺乏训练有素的土地管理人员和行政部门,加之大征服过程中奴隶数量激增,加速了土地私有化的进程。比如,部分土地可由私人购买,或者廉价租给罗马人或意大利人。其次,越来越多的小土地所有者丧失土地,成为无产者,原因有二:一是长期的战争造成小农流离失所,家园荒芜,而且由于遭到种植经济作物的大庄园的排挤,小农耕种无利可图;二是大规模的海外战争使大量小农卷入了长期的战争,但在战争结束后,他们发现家乡无地可种。对他们来说,罗马经济的转型是灾难性的,因为"当士兵带回了

---

① Appian, *Roman History*, Preface 1, translated by Horace White, the Loeb Classical Library, Cambridge MA.: Harvard University Press, 1959, p.3;又见[古罗马]阿庇安:《罗马史》上卷,谢德风译,商务印书馆 1963 年版,第 15 页。

② 杨共乐:《罗马社会经济研究》,北京师范大学出版社 1998 年版,第 15 页。

带锁链的战俘奴隶时,罗马经济逐步地从一种自由农民维持温饱的经济转变为一种由富人掌控、奴隶群体所耕作的大型种植园的经济"①。部分破产的农民变为农业雇工,部分沦落为城市流氓无产者,成为罗马共和国肌体上的"毒瘤"。

在奴隶制经济形成的同时,罗马的政治形态也发生了巨大的变化。首先,以元老院为首的寡头贵族越发保守排外。公元前 4 世纪和公元前 3 世纪,罗马贵族制与民主制力量之间短暂存在的平衡状态,因布匿战争和地中海大征服而被打破。元老院在 200 余年的扩张中,多次挽救共和国于危难之中,树立了牢不可破的权力和威望。公元前 2 世纪,罗马又回到了顽固排他的贵族政治,并向着寡头政治的方向发展。当权者中除了老贵族外,就是在斗争中形成的"新贵族"。后者因并不显赫的出身而不相信自己的执政能力,变得愈发保守。在政治上,他们利用各种手段谋取重要官职,获得元老院席位,进而掌控国家的实权,甚至平民保民官也经常沦为他们的工具。在经济上,他们通过侵占、租赁和购买等途径占有了大量土地。

再就是意大利内部矛盾丛生。在罗马征服过程中,意大利中部和南部的同盟城市出钱出人,要求分享战争成果,获得罗马公民权。而保守的元老院拒绝了保民官的多次提案,甚至由此引发了"意大利同盟者战争"②。结果,大部分意大利同盟获得了罗马公民权,实现了意大利的真正统一。

为解决小农土地和兵源问题,格拉古兄弟幻想通过改革来解除帝国危机,结果以"罗马史上最为悲剧的改革"收场。然而,他们雄辩的演说唤起了人们对政治生活的关注和热情,推动了拉丁文散文和雄辩术的繁荣。格拉古兄弟

---

①　Karl Christ, *The Romans: An Introduction to Their History and Civilization*, translated by Christopher Holme, London: Chatto & Windus, 1984, p.38.

②　意大利"同盟者"是以马尔西人为核心的反罗马同盟。公元前 91 年到公元前 88 年,他们为争取罗马公民权,发动了反对罗马统治者的战争。起义者以意大利中部的科菲尼乌姆城市为首都建立国家,自称"意大利",设元老院,选举执政官,并铸造钱币。公元前 90 年,罗马派马略、苏拉等将领率 18 个军团全力镇压。公元前 88 年,科菲尼乌姆陷落,战争基本结束。

改革的失败表明,平民再也无法用合法的手段谋取正当权利了。马略等军事强人看清了时局,决定使用武力来实现自己的政治抱负。他进行了重大的军事改革,实行新的募兵制,允许没有财产的平民和奴隶入伍,从根本上瓦解了共和国赖以存在的根基。从此,职业化的军队开始效忠于分配战利品的将军,而不是国家。

共和后期,罗马城邦制的国家机构已无法解决海外腐败、社会冲突、奴隶起义等严重的问题,统治阶层内部争权夺利的斗争也日益加剧。传统的元老贵族力图维护固有的权力,而手握军权的新兴政坛人物则努力改变原有的权力格局。双方的斗争使罗马陷于长达半个多世纪的内战,而军队正是这场权力斗争的工具。首先是马略与苏拉的斗争导致元老院权力进一步加强,而保民官及特里布斯会议的权力相应衰落。公元前60年,尤里乌斯·恺撒(Julius Caesar,前100—前44)、庞培、克拉苏签订协议,组成"前三头联盟"。恺撒死后,其心腹安东尼自命为恺撒继承人,追杀共和派。共和派元老西塞罗幻想能在元老院和屋大维支持下挽救共和制度。为此,他仿效希腊演说家德摩斯梯尼,连续发表14篇痛斥安东尼的演说。他的演说及其死亡成为罗马贵族共和制的绝响。公元前44年11月,屋大维抛开元老院,与安东尼、雷必达结成"后三头同盟"。然而,三头岂肯共处,战争很快爆发,长达十多年,最终以屋大维胜出告终。上台后,屋大维自称元首,实为帝制,新型的世界性大帝国产生。

三、西塞罗时代

伴随着对外扩张和政治体制的转型,希腊的宗教、哲学、史诗、文学和戏剧等涌入罗马,一场重要的文化转型运动在罗马境内悄然发生,即公元前3世纪初期到西塞罗时期的"希腊化"运动。希腊化的新风尚冲破了文明的地域局限,成为不可遏抑的潮流。其间,大量被俘的希腊知识分子和教师成为这场文化转型的领军人物,也成为新一代罗马人的启蒙者和导师。其间,罗马的民族传统与希腊文化的新因素缓慢融合,形成了新的希腊—罗马文化。罗马执政官马塞卢斯把希腊的最美艺术品带回罗马,企图"教会"刚愎土气的罗马人欣赏雕像和画作。征服非洲的大斯奇比奥向往成为《荷马史诗》中那些充满激情和活力的希腊式英雄,还因招揽了不少像恩尼乌斯这样的希腊学者,而被反对派戏谑为"希腊癖"。

　　大斯奇比奥的养子小斯奇比奥意识到希腊文化和罗马古风的碰撞与冲突,试图调和两者之间的矛盾。他深受家风熏陶,热爱希腊文化,身边笼络了一批诗人、哲学家、戏剧家等,例如喜剧家普劳图斯、泰伦斯(Publius Terentius Afer,约前195—前159)①、历史学家波利比乌斯等人,并形成了一度主导罗马文化潮流的"斯奇比奥文化圈"。这个文化圈在一定程度上意味着罗马精英不再只是粗野的村夫,而变成了可以讨论哲学和演说术的知识分子。同时,小斯奇比奥也尊崇罗马民族的质朴和古老的理想。当选为监察官后,他倡导节约并身体力行,还试图利用法律制止社会的奢靡之风。他对威胁贵族利益的格拉古兄弟改革深表痛恨,结果在公元前129年被政敌杀死。作为小斯奇比奥的导师兼朋友的波利比乌斯,既对母国希腊充满热爱,对其臣服罗马心有不甘,但又对罗马政治伟业有着热情和羡慕之心,成为希腊和罗马文化连接的纽带与桥梁。然而,他毕竟是从被征服者的角度来调和两者的。

　　真正让希腊罗马文化实现有机结合的人是西塞罗。西塞罗身处的共和后期,既是一个内战不休的动荡岁月,也是一个古罗马文化蒸蒸日上、蓬勃发展的黄金时代。以西塞罗为代表的知识精英已经深谙希腊文明的精妙,与希腊同行相比,大有青出于蓝而胜于蓝之势。就西塞罗而言,他不仅在政治学、哲学等方面成就斐然,在文学上(尤其是演说术)更是造诣非凡。据普鲁塔克记载,西塞罗在罗德岛游学期间,不懂拉丁文的希腊著名演说家阿

---

　　①　泰伦斯生于北非迦太基,年幼时被一位叫泰伦提乌斯·鲁卡努斯的元老带回罗马。主人见他天资聪颖,让他接受了良好教育,并给予其自由。按照习俗,他沿用主人的姓"泰伦提乌斯",取名普布利乌斯。他存世的《安德里安的女子》(Andria)、《婆婆》(Hecyra)、《自责者》(Heauton timoroumenos)等六部喜剧,长期被视作拉丁文学的经典,也是现代喜剧风格的典范。

波罗尼乌斯·摩隆(Apollonius Molon)请西塞罗用希腊语发表演讲。西塞罗流利的希腊语惊动四座。阿波罗尼乌斯听后沉默良久,不无感伤地说:"西塞罗,我钦佩你的本领,也赞美你的才华;但不禁使我对希腊怀有悲悯之情,因为演说和辩才是希腊仅存的光荣,现在却经由你的本领属于罗马的名下了。"①百年之后,伟大的教育家昆体良再次高度评价了西塞罗的文学成就:

> 在文学的各种体裁中,正是我们的公共演说家取得了可与希腊人比肩的成就,我可断言西塞罗绝不低于希腊人中的任何人。……希腊人有一个我们无法与之相比的优势,他们走在我们前面,我们拜之为师。……西塞罗正是这样一个全心全意仿效希腊成果的人。在我看来,他成功地聚集了希腊大师们的优点,在他身上同时具有德摩斯梯尼的力量、柏拉图的丰富和伊索克拉底的高雅。不过,他不是仅靠用心学习他们每个人的优点才达到这种水平的:他的绝大部分甚至全部优点,都源自他本人涌泉般无穷无尽的不朽天才。②

在教育方面,西塞罗为罗马人及后世创造性地提出了"人文主义理想"的观念。他秉承老加图"精于言辞的好人"传统的教育理念,服膺于伊索克拉底的演说术理论,重新提出了与希腊"paideia"内涵类似但又有所超越的教育理

---

① Plutarch, *Cicero*, IV, 5, p.93. 阿波罗尼乌斯并不明白是什么原因使得西塞罗掌握了希腊文化的精妙,从而确立了拉丁文化的胜出地位。西塞罗掌握了希腊语,而他自己不会讲拉丁语,而掌握了希腊语就意味着罗马人掌握了一种权力。意大利学者阿纳尔多·莫米利亚诺敏锐地意识到了这个问题,他从政治学的角度诠释了罗马人在与希腊人交往中所处的主动和强势地位,反倒是希腊人处于被动,甚至连文化上的优势地位也逐渐丧失了。而罗马人利用他们的知识和技能创立了他们自己关于外族国家的知识,最终征服了希腊人。但是,从文化上他们通过学习希腊语,把希腊人的知识用于创造一个使用拉丁文的、共同的意大利文化,从而使自己处在强有力的地位。参见[意]阿纳尔多·莫米利亚诺:《外族的智慧:希腊化的局限》,晏绍祥译,生活·读书·新知三联书店2013年版,第26—53页、第194页。

② Quintilian, *The Orator's Education*, 10.1.105–112, pp.311–313.

想,即"人文主义(humanitas)"①理想。人文主义犹如一条金线,贯穿于其名著《论演说家》中。在书中,西塞罗让其代言人克拉苏斯评论演说术时说:

> 演说术把言辞的天赋——人凭此而与野兽区别开来——发挥到最高的完美,并且把人类从分散的状态集中到一个群体中,从原始粗野的恶劣环境中提升到有教养的人文文明——听众们熟悉这种文明——之中。随之,人类建立了社会,创造了法律、法庭、公民权利。②

如何通过教育实现人文主义理想呢?西塞罗再次借克拉苏斯之口,表达了他的教育理论:"我们的美德典范源自罗马,文化楷模来自希腊。"③事实上,他本人就是罗马传统与希腊智慧相结合的典范。他馈赠给罗马人的三部作品《论演说家》、《布鲁图》(讲述罗马教育历史)和《演说家》(对完美演说家的阐释更加详细)④,把希腊人的"艺"(希腊文化的系统理论)与罗马人的"德"(尊崇古风的美德)有机地结合起来。他为罗马贵族青年设计出宏伟的教育蓝图,即如何成为一名博雅的演说家。西塞罗心目中的博雅演说家不同于罗马

---

① 拉丁文的"humanitas"有"人性"或"人情""人道"的意思。但是,西塞罗在其著作《论演说家》中所用的"humanitas"是指一种独特的教育大纲。它有两种含义,一是表达一种教育理想,即通过教育或教化而使人获得完整、圆满的"人性";二是用来表示具体的课程体系,包括文法、修辞、哲学、天文、几何、数学和音乐、法律和历史等科目,法律和历史课程是出于罗马实际的需要而加的。一名优秀的罗马公民必须具备以上所有的知识才是完美的人。"humanitas"一词成为后来"人文主义(humanism)"的词源。公元2世纪时的拉丁作家格里乌斯(Aulus Gellius)认为,它与希腊语"paideia"同义。他说:"说拉丁文的人及正确使用拉丁文的人都没有赋予人文学科一般人所认为应该具有的意义,例如,他们没有将希腊人称之为'philanthropiad'(指一种友爱精神,含有以持平友善的态度对待他人)的概念赋予人文学科一词。但是,他们赋予人文学科一词希腊语'paideia'(指优雅之艺的教育与训练)的含义。热切渴望追求优雅之艺的人可谓最具人性。在所有动物中,只有人类会追求优雅之艺的知识和训练,因此,优雅之艺被称为'humanitas',即'人文学科'。"转引自张灿辉:"人文学科与通识教育"所引 R.S.Crane, *The Idea of the Humanities*, Chicago:The University of Chicago Press, 1987, p.23,该文刊于《陕西师范大学学报》2000年3期。
② Cicero, *De Oratore*, Vol.I.33, p.25.
③ Cicero, *De Oratore*, Vol.III.137, p.107.
④ 西塞罗自认为,自己的三部教育著作可与亚里士多德的修辞学著作相媲美。

传统培养出来的实干政治家,亦不同于柏拉图要培养的"哲学王",而是类似于伊索克拉底培养的演说家,既精通演说术和哲学、法学等学问,又深谙罗马的道德、法律等传统精神,既具有希腊哲学家的睿智雄辩,又心怀罗马政务家的爱国务实。

西塞罗尊重罗马的民族精神与共和传统,又将之融入希腊文化的做法,被称为"西塞罗精神"。帝国初期的维吉尔、李维和贺拉斯等著名文人也深得其要义,将之渗透于各自的作品之中,并赋予它在帝国统治中以新的生命。可以说,以西塞罗为代表的罗马文化真正地成熟起来,它不仅包含着罗马人对希腊文明精髓的体悟和运用,还体现出罗马人对自己的民族、历史使命及对人类和世界的认知与总结。这也意味着罗马文明从尚武的军事贵族阶段到雅致的知识精英阶段的成功转型。

总之,罗马人从完成地中海大征服到西塞罗时代,城邦拉丁文化受到希腊文化的全面影响,日益发展成新型的希腊-罗马文化,带有拉丁精神的希腊式教育制度随之发展成型;西塞罗在《论演说家》中阐述的教育理论和最高理想代表了罗马演说术教育的最高水平,并达到了与希腊智者相媲美的境界。

第三节　奥古斯都到昆体良时代

东方世界对罗马共和中后期影响最大的人物,非迦太基名将汉尼拔和埃及女王克利奥帕特拉莫属了。前者是与罗马争霸地中海的劲敌,让两代罗马精英对其心怀敬畏;后者通过外交魅力和惊艳姿色影响了罗马强人恺撒和安东尼,成为上下埃及的主人。当然,她还有一个更大的政治梦想,即成为一个亚历山大大帝那样能够融合东西、统一世界的帝王。[①] 不过,屋大维结束了女王的政治生涯,把埃及并入了帝国版图,也结束了希腊化时代,一个属于罗马

---

① R.H.巴洛:《罗马人》,黄韬译,上海人民出版社2000年版,第84页。

帝国的新时代随之到来。

一、帝国盛世

年轻的屋大维老成持重，胸怀大志。上台后，他努力维护"先人风尚"，保持对家国神灵、父权的虔诚，致力于结束百年内战，恢复"罗马和平"。为此，他重建神殿，复古宗教观念；制定法律，重视家庭，惩罚纵欲，鼓励婚育，增加人口；鼓励文人创作，恢复传统道德和行为准则；宣扬元首崇拜，增强行省居民的公民身份认同感和自豪感。

屋大维军事统帅形象的大理石塑像

在政权建设方面，屋大维更像一位天才的建筑师，利用共和制的材料重建国家。他宣称恢复共和传统，保留了公民大会、元老院、执政官、保民官和其他共和制官职。元老院因其功勋和威望将其"推荐"为"元首"和"国父"，甚至授予他"奥古斯都"的神圣称号。尽管元首大权独揽，但从法理上，元首和元老院职能分离，元首和执政官"同僚分权"等原则都是在共和制框架内进行的。在此后大约两个世纪里，不少有作为的皇帝在奥古斯都（Gaius Octavius Augustus，前63—14）所建立的掌控实际权力与遵奉共和政治、法律传统之间保持了微妙的平衡,帝国也因此迈入了和平繁荣的黄金时代。

帝国初期至公元 2 世纪初,罗马社会的阶级结构发生了剧烈变化,首先,贵族等级交替变化剧烈。经过长期内战、社会动乱和政敌杀戮,不少老贵族已倾家荡产,甚至家破人亡。侥幸残存的老贵族也是仰皇帝鼻息,苟全现状。据统计,公元 70 年至 117 年间,元老院成员来自 39 个显贵家族,到哈德良执政时,有 22 个家族已销声匿迹,其余 17 个家族中的大多数也在安东尼王朝时期消失。① 新贵族或因在商业上经营有方而腰缠万贯,或因支持新皇帝而平步青云。这意味着,罗马帝国的前两个世纪里,政局变幻与社会转型为帝国社会的非贵族阶层和行省精英提供了更多向上流动的机会。

其次,皇帝不断地加强专制,吸收行省精英加入帝国统治行列。为了扩大统治基础,奥古斯都的继承者们推行各行省的城市化运动,不断地吸收行省上层精英进入元老院。公元 70 年至 117 年间,来自外省的元老院新成员数目不断增加。奥古斯都时期,外省的元老院成员只占很小的比例,弗拉维王朝时可能上升到四分之一,而到公元 3 世纪初则占到一半。② 来自高卢的皇帝韦伯芗把西班牙和高卢等地富户千余家迁入罗马城,补充了元老和骑士等级,又授予西班牙及西部很多城市人口公民权。这样,许多来自行省的"新人"进入帝国管理机构。塔西佗把来自市镇、殖民地,甚至行省的人称为"新人"。他们也把当地朴素的生活习惯带到业已腐朽的罗马。由于运气好或刻苦自励,许多人在晚年都富足起来。③ 这些充斥到政治领域的"新人",比罗马人更珍惜来之不易的公民身份,成为帝国的新鲜血液。他们甚至对罗马文化和教育产生了决定性的影响。例如,西班牙人哲学家小塞涅卡、教育家昆体良、讽刺诗人马提雅尔等都想方设法到罗马求学,学成后留在罗马,成为罗马文化圈中的

---

① 厉以宁:《罗马—拜占庭经济史》(上编),商务印书馆 2006 年版,第 241 页。
② 厉以宁:《罗马—拜占庭经济史》(上编),商务印书馆 2006 年版,第 241 页。
③ Tacitus, *Annals*, Vol.III.LV, p.611;[古罗马]塔西佗:《塔西佗〈编年史〉》(上册),王以铸、崔妙因译,商务印书馆 1981 年版,第 178 页。

翘楚。

最后是骑士等级和被释奴地位提高。长期战乱后,帝国百废待兴,元首急需大量有能力的人才处理千头万绪的国家事务。由于贵族元老不屑于受人差遣,元首只能从自己的被释奴,甚至奴隶中挑选人才,并委以重任,后来也从骑士阶层中选拔人才。他们主要从事三个方面的工作:一是主管罗马、意大利或行省的粮食、供水、修路和消防等部门的工作;二是负责元首办公室和宫廷内部事务,例如掌管书信文件、皇家金库、司法事务、国事研究等;三是掌握军队要职。奥古斯都把军队职业化,分为正规军、辅军。戍守在边疆省份的官兵主要来自帝国各行省的城市和乡村。意大利则由近卫军、消防队和警察负责戍卫。近卫军是元首的卫队,待遇优厚、地位较高、指挥官权力很大。各军种指挥官和近卫军长多从骑士或被释奴中挑选。然而,当元首控制不力时,近卫军指挥官会出现权力过大,甚至可以决定元首的去留,这为以后的帝位嬗变和政治动乱埋下了隐患。

我们还应该看到,在帝国政治机构日渐成熟和完善的过程中,骑士阶层慢慢取代了出身卑微的被释奴阶层。帝国初期,元首起用的有文化修养的被释奴和奴隶在中央官僚机构中占据着重要地位,直至朱利亚·克劳狄时代。不过,随着帝国逐渐稳定与发展,作为中等奴隶主阶层主要力量的骑士阶层发挥了越来越大的作用。到弗拉维王朝时,被释奴在帝国行政机构中的比例明显减少,骑士逐渐成为帝国官僚的主要补充力量。到哈德良时期,骑士几乎完全排挤了被释奴,成为帝国官吏阶层的重要组成部分。大量的被释奴和有技能的奴隶大多只能从事贵族家庭和社会公共服务工作,如医生、教师、教仆、哲学家、作家、演员、乐师和秘书等。

公元 1 至 2 世纪,罗马帝国的国势达到了顶点。随着帝国日趋巩固以及对外战争的减少,奴隶来源也相应减少,价格上涨。奴隶主为增加奴隶的数量,鼓励他们建立家庭并给予基本的物质保证和比较人道的待遇。他们的生产积极性提高,奴隶制社会经济得到了快速的发展。农业、手工业和商贸在相对和平的条件下繁荣起来,四通八达的道路网与便捷的海路发挥了巨大作用。对外扩张和工商业的发展刺激了高利贷和金融业的发展,进一步促进了城市建设、帝国内部的区域性贸易和对外贸易的兴旺。罗马商人甚至可以与北海、波罗的海、地中海沿岸国家的商人互通有无;他们也可以通过红海到达印度的港口,买到渴慕的东方香料、宝石和中国丝绸等奢侈品。无数的财富聚集到罗马,人们享受着富足和平的美好时代。

帝国的强大不仅体现在帝制巩固和经济的繁荣上,还表现为帝王们成功地推进了境内的城市化运动。随着城市化政策的推行以及行省许多城市获得地方自治权,各地居民也享有了相对平等的公民权利。各地显贵踊跃地主持和管理当地的政治事务,普通市民也热情很高地参与城市事务。这样,帝国中央政府与地方自治城市就形成了"大统一,小自治"的良好格局。对于帝国中央政府与地方城市之间的关系,有学者给予了这样的概括:"城市化是罗马政策的根本原则,城镇地区的自治政府是帝国政府的支柱。帝国内部秩序主要靠统一的城市组织和文明以及帝国军队的纪律来维持。"①可见,中央政府对地方权威的确立,除了城市组织和文明外,主要是通过中央机构和秘密警察控制着军队,以及财政和税收的经济命脉来实现的。奥古斯都到安东尼统治的200年间,帝国是"自治城市的联盟和凌驾于这个联盟之上的一个近乎绝对专制的君主政府二者奇妙的混合体"。②

事实上,罗马帝国的经济和社会是建立在残酷的等级剥削基础之上的,在繁荣的表象下暗含着颓势。罗马社会虽然多种经济成分并存,小农仍大量存在,但对帝国经济起主导作用的是以奴隶为主要劳动力的大农庄。由奴隶耕种的大地产规模不断扩大,造成越来越多的自耕农破产,引发了社会危机。同

---

① [英]M.M.波斯坦编:《剑桥欧洲经济史》第一卷,王春法主译,经济科学出版社2002年版,第7页。

② [美]罗斯托夫采夫:《罗马帝国社会经济史》(上册),马雍、厉以宁译,商务印书馆1985年版,第201页。

时,心怀不满的奴隶不关心农业技术的更新,经常破坏生产工具,生产效率下降。为了维持农庄的运转,地主们不得不把土地划分成小块,长期或短期地租给奴隶耕种。到公元2世纪时,小农也逐渐沦为了大地主的佃户。与此同时,由罗马大工场分解而成的小作坊只顾眼前利益,不思技术革新,产品在质量和外观方面都在下降。意大利与各行省居民的贫富差距不断拉大,普通民众日益贫困化。公元3世纪初期,罗马城居民大约有75万—100万人,而依靠政府供养的"有公民身份的无产者"竟占到15%到20%。① 原本把务农视为"最正当"职业的罗马人,如今却充斥着鄙视劳作和腐朽的寄生倾向,相伴而生的精神空虚弥漫在权贵阶层之中。

二、帝国中前期文教概况

韦伯芗、图拉真(Trajan,98—117年在位)、哈德良(Hadrian,117—138年在位)、安东尼·庇护(Antonius Pius,138—161年在位)以及马可·奥利略(Marcus Aurelius,161—180年在位)等贤明的皇帝当政时期,都非常重视文化艺术的发展,成就了拉丁文学的发展高峰。以上君王的雄才伟略造就了国泰民安与文化璀璨的繁荣局面,促进了教育的持续发展与民众文化水平的提高。图书馆、印刷出版业、书店等公共文化行业的兴起,促进了文化在帝国的传播。

在征服希腊后,罗马名流热衷于收藏作为战利品的图书和艺术品,并在希腊人帮助下建立起私人图书馆,这种风气一直持续到帝国时期。老塞涅卡曾讽刺过这种没有文化品位,只为装饰宅邸的"藏书癖"现象。② 与亚历山大里亚和帕加玛相比,罗马是较晚拥有大型公共图书馆的城市。据统计,公元1世纪初,罗马城有7座图书馆,到公元4世纪时帝国境内共有28或29座图书馆。③

---

① 厉以宁:《罗马—拜占庭经济史》(上编),商务印书馆2006年版,第244页。

② Seneca the Elder, *Controversiae*, IX.4, translated by M. Winterbottom, the Loeb Classical Library, Cambridge MA.: Harvard University Press, 1974, p.213.

③ [法]卡特琳娜·萨雷丝:《古罗马人的阅读》,张平、韩梅译,广西师范大学出版社2005年版,第136页。

罗马的图书馆一般集中在皇家宫廷或其附近,既是供奉神灵,也是崇拜皇帝的场所。地方图书馆通常与大浴室连为一体,可能是方便人们消遣娱乐的同时,也能读书学习。

大约从公元前 1 世纪开始,罗马城开始出现书店、书商和发行商。到帝国时期,书店在意大利和各行省城市纷纷出现。印刷图书的纸张,主要是便宜的埃及莎草纸,因而书籍造价相对低廉,普通民众也能买得起书。莎草纸中也有经过改良的优质纸张,例如昂贵的"奥古斯都纸",还有专门印刷宗教书籍的"圣纸"。书商们也用结实而精美的羊皮纸印刷,主要用于贵族收藏著名作家的精品书籍,里面一般配有插图或封皮上印有作者的肖像。

自治城市在帝国行省普遍建立后,西班牙、高卢、叙利亚、狄西亚等行省,大力模仿罗马的市政制度、公共机构,建设图书馆、学校等,整个帝国出现了大规模的"罗马化"现象。尤其是西班牙和高卢地区很快成为帝国的文化和教育中心,且名家辈出。如来自西班牙的马提雅尔,不无自豪地宣称自己"享誉全世界,自己的名字在受罗马影响的所有城市和国家都鼎鼎有名"①。

帝国东部的文化中心雅典、亚历山大里亚、安条克,法律中心贝鲁特以及迦太基等地出现了希腊文化的"复兴运动",即所谓的"第二次智者运动"。大量希腊智者在帝国内周游各地、互相辩论、开班设教,甚至参与帝国或当地的政治事务。英国学者安德森甚至认为,"他们主宰着帝国东部甚至是整个帝国的修辞学、文学和知识生活,继承着教养或教化—'paideia'的文化标准。"②希腊传记作家普鲁塔克、讽刺作家琉善,甚至皇帝马可·奥利略在作品中也多有提及这些影响力很大的希腊智者。

帝制的建立结束了长期的内战,带来了人们渴望已久的和平稳定,激发了

---

① Martial, *Epigrams*, Vol.III.95.7-8, p.273, Vol.VIII.61.5, p.211.

② "Paideia"一词不仅意味着教育,而是伴随着使人文明的价值观,就像英语中的人文"humanities"一样。它设想的是读过公认的古代典籍的人,他们从中吸收了希腊文化及城邦居民的价值观,也能把这些价值观应用于生活。参见[英]安德森:《第二代智术师——罗马帝国的文化现象》,罗卫平译,华夏出版社 2011 年版,第 18 页。

知识分子的创作热情。历代帝王也需要文学、史学等作品歌功颂德,引导官方主流意识形态,因此一般重视文化建设。帝国初期,各路文化名流引领文坛,例如诗人维吉尔、奥维德、贺拉斯等,史学领域的代表有李维、塔西佗等,哲学方面则有卢克莱修等。从某种意义上说,帝国初期的学者们基本上都是新西塞罗主义者,既热爱希腊的思想和文学,又尊崇古罗马的光荣传统。

罗马的帝制既有利于文化的进步与繁荣,也在某种程度上压制了它本该具有的自由创造力,使其逐渐形胜于质。在皇权专制下,公民大会不再召开,元老院对皇帝俯首帖耳。宫廷的旨趣压制了社会的舆论自由,造就了文化上的形式主义和矫揉造作。正如塔西佗所言:"社会的不断安定,人民持续地无所作为,元老院里长久地一片寂静,特别是掌权者的严格制度,使得演说术也像其他方面一样,变得沉寂起来。"①塔西佗所说的演说术的"沉寂"应该是指演说术不再像共和时期那样,能在广场、元老院等公共场合自由发表演讲,并发挥政治作用。例如,西塞罗曾发表著名的《对维勒斯的控告辞》和《反喀提林阴谋》演说,指控了在西西里作恶多端的维勒斯,揭发了阴谋推翻共和国的喀提林而挽救了共和国。

失去了政治舞台的演说术堕落为修辞术。在王室宫廷里,演说变成了谄媚气息浓厚的宫廷文学,用于歌功颂德和道德训诫。在日常生活中,演说家可以用自己所学在法庭上为案件辩护,或者用于学校教学,或者取悦庇护人。他们的创作选题自然也日趋狭隘,较少关注社会、国家和民众的事情,作品内容暗含消极、悲观的情绪。各领域的学者开始热衷于编撰和整理指南性的百科全书。哲学也日趋蜕化并浸透着神秘宗教的精神倾向,乃至具有迷信色彩的魔法、占星术等进入科学和信仰领域。

针对教育领域里这种追求演说术的职业化和功利化的现状,教育家昆体良力图重振古典风格的演说术。为此,他撰写了著名的《论演说家的教育》,

---

① Tacitus, *A Dialogue on Oratory*, translated by W. Peterson, the Loeb Classical Library, Cambridge MA.: Harvard University Press, 2000, p.339.

总结了二十几年的教学思想和经验,成为古希腊罗马教育研究的集大成之作。讽刺诗人马提雅尔曾这样赞美他:"昆体良啊,你是桀骜年轻人最高贵的导师,你是罗马人民的光荣!"①然而,昆体良与西塞罗的教育理想一样,注定是一种过于崇高的目标。现实中的教育却是佩特洛尼乌斯在小说《萨蒂利孔》中称之为"温室演说家"的教育。其根源在于共和制没落及帝国公共生活自由的丧失,公民表达政治诉求的舞台消失,演说术教育也只能流于课堂教学和公众表演的形式了。西塞罗和昆体良培养博雅演说家的理想只能如海市蜃楼,可望而不可即。

当然,我们也不能认为,这一时期的演说家都仰皇帝和贵族的鼻息,只会发表歌功颂德的空洞演说,或者著名律师都只为贿赂和金钱而辩护。事实上,在长达几百年的帝国文化生活中,文人们一直在努力遵循着古典文化的传统,维持着学术的自我追求,并与后来宣扬唯一上帝的基督教文化保持着一定程度上的张力。

要言之,从奥古斯都建立元首制帝国到公元2世纪的昆体良时代,可谓是罗马文化发展的全盛时代。罗马人在法律、建筑等领域大显身手,在文学、教育领域颇有建树,但希腊的底色仍隐约可见,可以将这一阶段的文化称为罗马-希腊文化或者罗马帝国文化。同时,罗马的教育制度和教育理论臻于成熟,伟大教育家昆体良的《论演说家的教育》堪称古希腊罗马教育成就的集大成之作,但因帝制的加强,高等教育的品质急剧下滑,教育的精神暗含颓废之势。

第四节 三世纪危机到基督教时代

公元3到5世纪,帝国政治上危机四伏,经济上衰败不堪,境外蛮族入侵

---

① Martial, *Epigrams*, Vol.II.90, p.197.

不断,基督教逐渐胜出,进入了文教形胜于质的"黑暗"时期。事实上,帝国由盛转衰犹如一个慢性病症逐渐加剧的过程,不能完全归咎于公元3世纪的政治混乱和无力抗拒外族,因为这些灾难正是从公元2世纪的社会问题发展而来。① 从屋大维和平盛世到安东尼王朝结束的两百年间,尽管几个王朝在更替之际政局出现过局部的动荡,但帝国内外基本上保持了稳定与繁荣。然而,潜在的问题就像海水下面的冰块一样也在逐层累积,到马可·奥利略的昏聩儿子康茂德即位后全面爆发出来。从此,帝国进入全面衰落的"三世纪危机"时期。

一、帝国后期的罗马社会

帝国后期的皇帝戴克里先(Gaius Aurelius Valerius Diocletianus,284—305年在位)和君士坦丁大帝(Constantinus I Magnus,306—337年在位)都企图力挽狂澜,形势虽有所好转,但无法从根本上扭转帝国衰落之势。残留的共和制度余影飘摇,城市自治制度崩塌,自治城市的联盟亦不复存在,而中央政府又被掌握军权的皇帝或将领所控制。通过非法手段黄袍加身的帝王,为树立绝对的权威而实行高度集权,并神化自己承受天命,越来越近似于东方的专制君主。因此,学界把从奥古斯都到戴克里先称帝前的统治体制称为"元首制",戴克里先之后则被称为"君主制"。随后的两百余年,君主们疲于应对帝国境内的政治、经济、军事、信仰等社会问题以及饥荒、瘟疫等自然灾害。

罗马帝国的政治乱局与军队势力过大紧密相关。从多瑙河驻军拥立塞维鲁为皇帝开始,帝国就进入了军队把"罗马世界进行公开拍卖"的阶段。握有兵权的将领成为帝国特权阶层中最有权势的人,几乎所有皇帝都由他们拥立或废黜,共和制的外壳被彻底打碎。来自北非的塞维鲁王朝依赖军队维持了42年的统治,末代皇帝亚历山大·塞维鲁(Alexander Severus,222—235年在

----

① Frank Tenney, *An Economic History of Rome*, Baltimore: Johns Hopkins Press, 1927, pp. 476-477.

位)于公元235年死于士兵哗变。此后的近半个世纪,军阀内战不绝,多个僭主争权夺利,40多位皇帝走马灯似的轮换,真可谓"乱哄哄,你方唱罢我登场"。

皇帝戴克里先也曾经是近卫军首领,夺权后于公元284年上台。他推崇君权神授,自称朱庇特之子,以此重新确立皇帝权威。他设立了东、西两套复杂的官僚制度,实行"四帝共治"并推行军政分治的改革:对军队进行重组,边防军对外,巡防军守内,军团增加到72个;把100个行省划分为12个行政区。君士坦丁大帝保留了戴克里先的军政分治,以及对边防军和巡防军的划分,废除了他的"四帝共治",把帝国分为四大行政区,任命自己的儿子和侄子统治,只对皇帝负责。他废除近卫军,设立了主要由日耳曼人组成的宫廷禁卫队,为的是解决兵源不足问题,提高军队的战斗力。当然,帝国与蛮族的关系也并非单纯的对抗,而是时敌时友,相互牵制,错综复杂。

在君士坦丁统治的50年里,他为巩固统治而采取的两项重大决定,改变了罗马帝国乃至西方世界的历史走向:一是调解帝国与教会的关系,承认基督教的合法化,为其成为国教铺平了道路;二是把首都从罗马迁至君士坦丁堡,为以后东、西罗马帝国的分裂埋下了隐患。这两项决策对世界宗教史的影响更是深远,以至于约翰·朱利叶斯·诺维奇说,"这两项决定及其结果使君士坦丁完全可以被视为有史以来,除耶稣基督、先知穆罕默德和佛陀以外最有影响力的人物。"①

君士坦丁大帝的种种努力,的确让帝国呈"重现辉煌"之势,但他去世后,帝国局势可谓风雨飘摇,大厦将倾。由于经济衰败、政局混乱以及民族大迁徙浪潮,各地起义与叛乱风起云涌,特别是高卢的巴高达运动、意大利奴隶起义、罗马造币工人起义、西西里奴隶起义、北非阿哥尼斯特运动等从根本上撼动了罗马帝国。国内的乱局又使外部势力有隙可乘。公元376年,灭掉了阿兰国

---

① [英]约翰·朱利叶斯·诺维奇:《地中海史》(上册),殷亚平等译,东方出版中心2011年版,第57—58页。

的匈奴人大规模向西推进,引发了多米诺骨牌似的蛮族大迁徙,东哥特人、西哥特人、汪达尔人、法兰克人、勃艮第人、盎格鲁人、撒克逊人、匈奴人、阿兰人等相继被压缩到帝国边境内外,并相互结盟,给罗马边境造成了巨大的压力。

对帝国造成沉重打击的蛮族入侵有三次:公元410年,西哥特人首领阿拉里克一世(Alaric I,约395—410年在位)在奴隶起义的策应下攻陷罗马城,并大肆洗劫三日。"永恒之城"罗马不再永恒。被基督徒称为"上帝之鞭"的匈奴帝国首领阿提拉(Attila,约406—453)横扫西罗马帝国,于公元452年直捣罗马城,后因瘟疫和东罗马援军而撤离。455年,汪达尔人首领盖萨里克(Gaiseric,428—477年在位)率兵在罗马城内洗劫两周,大量文物遭到毁坏,此后这座古代最大的都市沦为人烟稀少的破败之城,整个帝国犹似"世界末日"来临。而蛮族纷纷在境内建立了大小王国,其中西哥特人占领了西班牙,东哥特人盘踞在意大利,法兰克人和勃艮第人控制了高卢,汪达尔人独霸北非。西罗马皇帝只能偏安于拉文纳,被日耳曼雇佣军控制。公元476年,雇佣军首领奥多亚克(Odoacer,435—493)废黜了皇帝罗慕路斯·奥古斯都(Romulus Augustus,475—476年在位),西罗马帝国寿终正寝。

与政治、军事危机并行的是经济上的大危机。政权更迭动荡,战争破坏,饥荒不时暴发,瘟疫肆虐,路匪抢劫,海盗猖獗,导致农工商贸秩序混乱,经济陷于萧条,尤其是农业极度萎缩。由于奴隶起义、逃亡及怠工等因素,帝国早期实行的"特许析产"收取地租的剥削方式,在以奴隶为主要劳动力的大庄园再度流行起来。个体小农因赋税繁重,官方欺凌等原因,自耕农生产无以为继,不得不把自己的土地转让给大地主,尔后再从大地主那里租赁土地,缴纳租税,逐步沦为失去自由的隶农。于是,先前靠剥削奴隶劳动为主且与市场有着联系的大田庄,开始转变为自给自足的大庄园。其经济和政治方面的独立性愈发增强,使帝国农业呈萎缩趋势,征税系统瘫痪。农业衰落,加之战乱动荡,商业网络的破坏,手工业也无法继续生产或者产品滞销而日益败落。工商业衰落势必引发金融业和地产业、对外贸易的停滞,国家财政陷入困境。

为应对军队和官僚机构的浩大开支,帝国政府只好发行成色不足的劣币,进一步导致物价飞涨和市场混乱。尽管戴克里先曾为控制物价而颁布"限价敕令",并对各种商品和各行业人员的工资作出了规定。但他的这种努力无济于事,完全违背了市场的调节规律。帝国部分地区的经济甚至倒退到自然经济状态,人们在交易中经常采取以物易物的交换方式。一系列的经济危机进而引发了政治危机,而后者反过来又会加剧经济危机,形成恶性循环的怪圈。自戴克里先起,皇帝们被迫推行了货币、税制、户籍制度和物价管制等方面的改革,但都无力抑制经济衰退的局面。很多人为逃避皇帝和军队摊派的苛捐杂税,放弃公职,背井离乡,到处逃难,甚至愿意到蛮族土地上生活。内外商路阻断、市场萧条、城市领导人和工商业者逃亡等使帝国经济雪上加霜。到4世纪末时,帝国部分地区的大农庄奴隶制已基本上转变为租佃制,中世纪的农奴制度初具萌芽。①

二、基督教的兴起与壮大

罗马帝国的宗教信仰随之发生了更为深刻的变革。由于人们的精神陷入了前所未有的危机,个人与社会的联系逐渐松弛,内心因孤单无助而趋向寻求内心世界的宁静,这也正是隐修制度发展迅速的根本原因。在思想方面,先前占主导地位的纯理性主义的世界观发生动摇,并开始转向非理性的宗教。斯多噶哲学的官方地位逐渐瓦解,悲观主义色彩愈发浓厚。而带有神秘主义色彩的新柏拉图主义流行起来,对基督教教义和基督教文学产生了很大影响。同时,东方的神秘宗教在帝国境内风行,如犹太教、波斯的密特拉教、埃及的伊西斯宗教等得到普通民众的关注,而希腊罗马的众神被冷落一旁,任由基督教在各种民间信仰和神秘主义哲学相互交织和影响中迅速发展。

---

① 当然,我们不能断言罗马城市经济已经全面衰败,考古证明行省中的有些城市仍保持着活力。

事实上,基督教的诞生与罗马帝国的建立几乎同步。在基督教的发展与壮大,及至取得国教地位的漫长过程中,耶稣和君士坦丁发挥了至关重要的作用。前者是从精神上给予无助的人们以现世的道德和精神引领,以及来世进入天堂的美好允诺;后者是从现实的层面给予长期受到迫害的基督教以政治和经济上的合法地位。

与逍遥游走于希腊罗马世界的无数智者相比,耶稣及其追随者显然是新型智者的代表。他敏锐地察觉到当时社会面临最迫切的问题是人在精神上的需要,人与人、人与神的关系急需一种新道德和新智力。与其他智者相比,耶稣更是精神上的智者,是精神导师。正如《马太福音》以及奥古斯丁所讲,福音是人类最好的知识,耶稣是人类最好的教师。[1] 的确,与古希腊罗马的传统多神教相比,基督教在教义上更有独特的优势:古典宗教以仪式为核心,人与神是互为利用的交易关系,而基督教倡导"人神交往"和"虔诚的心"的内核,人与超自然存在的交流可以上升到超越利己动机的境。[2]

君士坦丁大帝虽然基本上延续了前任皇帝戴克里先的各项政策,但对待基督教的态度却是个例外。从他开始,罗马政府对在境内日益壮大的基督教采取了宽容政策。公元313年的米兰敕令更是宣布境内基督教信仰自由,并归还了已没收的教会财产。君士坦丁承认基督教合法地位的原因历来众说纷纭,目前主要有政治斗争说、信仰危机应对说、皇权神化说等。不管怎样,长期受到压制的基督教得到了迅速成长的空间和自由。

尽管如此,我们还应该看到,米兰敕令仅是一部宗教宽容敕令,只是承认其合法,而非独尊。古典宗教历经上千年,在地中海世界可谓根深蒂固。基督教要想成为国教,还需要与古典宗教进行反复曲折的斗争。在基督教与多神

---

① *Gospel of Matthew*, 23. 9 - 10; St. Augustine, *Against the Academicians and the Teacher*, translated by Peter King, Indianapolis/Cambridge: Hackett Publishing Company, Inc., 1995, pp. 145 - 146.

② 姬庆红:《古罗马帝国中后期的瘟疫与基督教的兴起》,《北京理工大学学报(社会科学版)》2012年第6期。

教激烈的碰撞时期,"叛教者"皇帝朱利安是一个很重要的代表人物。也许是与他的成长和教育背景有关,也许是因家族所受政治迫害有关,朱利安上台后推行了各项改革,包括宣布宗教信仰自由、大力扶持多神教等诸多政策,企图重振古典时代的辉煌帝国。但随着他英年早逝,古典文化和传统宗教的"复兴运动"很快停止。这令李巴尼乌斯等热爱古典文化的异教徒们只能扼腕叹息,退守书房致力于著述,守住学校专注于教学了。

君士坦丁之后,除了朱利安是异教徒外,其余皇帝皆信仰基督教,对传统宗教实行打压政策。公元341年和346年,君士坦斯一世(Constans I,337—350年在位)先后发布敕令,禁止一切异教崇拜和祭祀,并关闭所有神庙。公元375年,格拉提安(Gratian,367—383年在位)下令禁止向罗马神庙献祭,并宣布皇帝不再充任神庙的"至高祭司"。这样,基督教作为国教的法律地位开始确立。公元392年,狄奥多西一世(Theodosius I,379—395年在位)将基督教正式立为国教,并宣布其他宗教非法。这样,十字架胜利的旗帜在朱庇特神庙的废墟上竖立起来。

西罗马皇帝被废黜后,帝国政府垮台,面对蛮族入侵的洪流,教皇和各地主教不仅组织地方民众抵挡入侵,保护重要城市,还发起传教运动吸引日耳曼人皈依基督教。罗马教皇(源于拉丁文"Papa",意为"父亲")成为帝国西部实际的政治统治者和基督教的精神领袖。教会成为帝国西部城市与文化的重要保护者,为"黑暗中世纪"后期的文化复兴保留了古典文化的宝贵火种。涂尔干曾这样评价基督教在这方面的贡献:"因为从某种程度上来说,它(基督教)有两副面孔,有两个面相;因为它尽管维持着与过去的关联,但却是以未来为取向,所以它有能力,也只有它有能力充当两个如此互不相干的世界之间的桥梁。"①

---

① [法]爱弥儿·涂尔干:《教育思想的演进》,李康译,上海人民出版社2006年版,第30页。

三、帝国中后期的文教状况

在基督教逐渐得势的社会里,帝国晚期的思想文化和教育领域呈现出怎样的一幅面貌呢? 在共和晚期和帝国早期吸收希腊文化的浪潮过后,罗马文化在逐渐成熟的过程中也缓慢地衰落着。到昆体良时期,罗马文教更强调保存、模仿、总结和编撰。帝制时期因政治生活僵化,主流文学、艺术的活力已经开始衰退。从公元 3 世纪开始,文学、艺术和教育领域的思想更为贫乏和空洞,愈发脱离社会现实。语言华美、格律奇特、情感激烈等形式主义成为艺术追求的目标,散文、诗歌、演说术、戏剧表演等无不如此。演说术基本上沦为辞藻华丽、典故堆砌的谄媚颂词,不再致力于追求个人风格和创新的表达,更较少关注现实的政治和帝国的前途。相比之下,高卢、西班牙、叙利亚和埃及等行省受三世纪危机的影响较小,文化生活相对充满活力。公元 4 世纪,高卢等行省甚至出现了文化复兴的现象,这可以在格拉提安皇帝的老师奥索尼乌斯的著述中得知。他笔下的波尔多教授闻名帝国,这个小城不仅是高卢也是帝国著名的教育中心之一。

在古典文化全面衰落的情形下,早期教父们却为拉丁和希腊文化的技巧、哲学和艺术方面的表现提供了一些灵感。[1] 在与"异教"学者长期辩论和斗争的过程中,基督教的神学体系逐渐完善,教父文学也初露锋芒,但因他们大多自小接受古典教育,所以难脱传统文化的印记。事实上,早期基督教文学主要偏重于《圣经》的翻译和整理,为批判异教而进行神学阐述及传播福音。即便是文学性较强的赞美诗、颂祷词等也主要服务于上帝。教父们奋笔疾书,撰写了很多作品,并曾不遗余力地排挤世俗文学,但他们内心对古典的依恋与对上帝的愧疚如影随形。才华横溢的圣经学者哲罗姆 40 岁以后抛家弃产,隐居沙漠,虔诚修身,赎罪向神。孤独至极时,他就阅读西塞罗、普劳图斯等人的作品

---

① ［美］皮特·N.斯特恩斯等:《全球文明史》(上),赵轶峰等译,中华书局 2009 年版,第 142 页。

以求安慰,但又心生懊恼,幻想死后接受末日审判的恐惧。他试图辩解自己是基督徒,但听到一个可怕的声音:"你撒谎,你是一个西塞罗信徒,你的知识宝藏在哪里,你的心就在哪里。"①

尽管如此,基督教文化还是从罗马世界获得了自己的组织形式,取得了应有的地位。它的语言仍是拉丁文,里外都浸透着罗马文明的气息。基督教文学作品的语言、结构、语法、修辞,甚至遣词造句的技巧也都来自于拉丁文学的经典。教父们将这些技巧进行改造,使其服务于基督教的辩护和传播。而秉持着古典传统的异教徒则顽强地与基督教文化对抗,歌颂古典文明的传统和辉煌,并受到"叛教者"朱利安的短暂支持,但年轻皇帝的死亡使其恢复异教的改革成为古典传统的悲壮绝唱。朱利安在文教改革中出台的关于基督教教师的"六月法令",以及与之相关的"何谓教师德行"的信件也是罗马历史上少见的政府因宗教信仰问题而干预教育的经典案例之一。

朱利安所谓反基督徒教师的学校法令也反映了当时基督教尚未形成独立的教育系统,包括学校场所、专门的教师、教育理论和方法等。正是该法令迫使基督教作家认真思考基督教教育的内容和理论问题,对其做出了有趣的回应:他们拒绝被排除在古典文化之外! 叙利亚文法家教师小阿波里纳里斯(Apollinaris the Yonger,310—390)父子,因过度热爱异教文学而在亚历山大里亚被开除教籍。回到老家叙利亚的劳迪西亚做教父,他们合力按照《荷马史诗》的风格改写了《摩西五经》,把《新约全书》改编成了柏拉图式的对话,并将之作为教会的学校教材。② 然而,朱利安敕令随着他短暂执政的结束而被取消,教育领域一切恢复如初。基督徒的孩子们仍然到世俗学校接受教育,学校教材的封皮上无非画上了十字架或写着阿门之类的词语,内容仍是荷马、赫尔墨斯、米南德,以及维吉尔、李维等人的经典作品。古典文化的深厚传统可见

① St.Jerome, *Selected Letters*, XXII, p.127.
② [法]亨利-伊雷内·马鲁:《古典教育史》,王晓侠等译,华东师范大学出版社 2017 年版,第 203 页。

一斑,基督教教育制度的成熟尚需时日。

很多睿智的教父深知基督教所面临的困境,主张吸取世俗文化的有益知识为基督教服务。在埃及亚历山大里亚教义问答学校里,基督徒对异教学问的态度更为宽容。著名教父克莱门(Clement of Alexandria,约 150—215)在《劝勉希腊人》中明确地表示:不应当拒绝希腊文化,因为希腊哲学原是基督的准备和预演,充满了神性教诲的征兆,因此福音书不是新的背离,而是希腊文化和犹太主义两条进步路线的一个汇合点。全部历史只有一部历史,因为"只有一条真理的河流,许多溪水从这里和那边注入其中"①。

圣·奥古斯丁在《论基督教教义》第二卷第四十章中明确表达了与克莱门类似的观点:"假如那些叫做哲学家的人,特别是柏拉图主义者所说的话是真实的,而又与我们的信仰一致,我们不但不回避他,还向那些非法占有它的人提出运用我们自己的权利。"②奥古斯丁及其他教会人士明白,要想从政治上和精神上壮大基督教,必须仰赖古典文化和教育。这也决定了基督教会成为古典文化最重要的保存者,并为中世纪建立统一的文化奠定了基础。

在基督教出现后的前五个世纪里,教父们忙着宣经讲道,撰文辩论护教等活动,教会根本没有建立正规的教会学校,只能借助世俗学校让基督教儿童识文断字,培养逻辑和思维能力,为他们理解"人类精神的最好导师——耶稣"的教诲做"预备性"的文化教育。他们通常的做法是,为了让儿童们接受基础教育而冒险到异教学校里喝下"毒药"。③ 为了让他们产生"免疫力",家庭和教会必须对之进行校外的宗教教育,教会他们用福音书和律法对异教的邪恶

①　[古希腊]克莱门:《劝勉希腊人》,王来法译,生活·读书·新知三联书店 2002 年版,序言第 5 页。

②　St. Augustine, *On Christian Doctrine*, *in Four Books*, Vol. II. 40, pp. 48–49, http://www.ccel. org/ccel/augustine/doctrine.html,译文可参见[古罗马]奥古斯丁:《论灵魂及其起源》,石敏敏译,中国社会科学出版社 2017 年版,第 83—84 页。

③　Tertullian, *De Idololatria*, 10, 2020 年 12 月 28 日,见 http://www.pseudepigrapha.com/Lost Books/tertullian_martyrs.htm.

观念进行辨别和矫正,作为"解毒的良药"。对绝大多数的基督教儿童来说,最好的心灵导师就是耶稣、父母、异教学校里的教师(也许是信仰基督的教师)和教堂里的教士。

尽管帝国后期也出现了像亚历山大里亚教义问答学校的圣奥利金(Origen,约185—254)、凯撒利亚的圣巴西尔、君士坦丁堡的圣"金口"约翰、米兰的圣安波罗修(Ambrose,约340—397)、希波的奥古斯丁等著名的教父和教师,但他们最终没有建立一个以宗教教育为中心,以追寻上帝指引的天堂之路为最终目标的教育体系。未来的基督教教育体系只能在古典教育的母体中慢慢孕育。

皇帝作为国家的代表对教育积极干预,目的是保证国家机器的正常运转,尤其是越到古典文化"衰落"、各领域严重蛮族化的帝国后期,皇帝们对教育的兴趣越是浓厚,干预也更直接有效,而这"与其说是国家对公共事务的操控不断增强的结果,不如说是来自一种特别的警醒和自觉的关切。"①越是在蛮族横行,贵族阶层不断消失、重组的古代后期,老罗马人就越感到使命重大。而行伍出身的皇帝或行省新贵为标榜自己将成为"新罗马人",消除自卑和粗鄙之气,于是拉拢和重用精通古典修辞学和文法甚至哲学教师为自己及其子孙传授学问。

在最后的异教徒精英那里,古典文学和多神教带有了浓厚的神秘和悲壮色彩,成为抵制基督教扩张的最后堡垒;而希腊和拉丁教父从小接受的也是古典文化,尽管皈依了上帝,但对这种文化的热爱使他们焦灼难安。换言之,古典文化事实上已是贵族阶层的"文化认同","学校重新成为古典传统的第一捍卫者,书本成为保存高贵文化的首要途径,古典教育比任何时候都更加体现

---

① [法]亨利-伊雷内·马鲁:《古典教育史》,王晓侠等译,华东师范大学出版社 2017 年版,第 171 页。

了完美人性的理想。"①这就很好地解释了公元 4 世纪以后的帝王对学校和教师极为重视,甚至极度推崇,并加大操纵政策的原因所在。尤其是"叛教者"朱利安对古典文化的热爱达到极致,并希望通过教育改革使异教战胜基督教,企图实现诸神庇佑下"再造罗马"的政治梦想。

① ［法］亨利-伊雷内·马鲁:《古典教育史》,王晓侠等译,华东师范大学出版社 2017 年版,第 173 页。

第二章　古罗马家庭里的"教师"

孩子自出生起，每天在家里听到谁说话，以及与谁说话，这对他的教育极为关键，因此，他的父亲、保姆以及母亲的语言表达都非常重要。

——西塞罗

在征服希腊之前，以农耕为主的罗马家庭既是社会生产的基本单位，也是教育孩子的天然场所。由于崇尚父权的传统，罗马人尤其推崇"父亲即教师"的教育理念，以"先人风尚"教化子女，把男孩培养成农夫—士兵型的优秀公民，将女孩教养成未来的贤妻良母。随着罗马人对希腊的武力征服，"被征服的希腊征服了野蛮的征服者，把艺术带进了具有乡村气息的拉丁姆。"①在这一复杂互动的过程中，沦为奴隶的希腊知识分子在向罗马传播希腊文化，以及

---

① Horace, *Epistle*, Vol.II.I.156-157, p.409.拉丁文句子为"Graecia capta ferum victorem cepit et artis intulit agresti Latio"，其实，这句话并不是贺拉斯的原创，老加图在公元前195年的反妇女演说中就曾经说过："希腊和小亚细亚以它们的富庶和财富征服了罗马，而不是罗马征服了它们。"公元前46年，西塞罗在《论演说家》中让代言人布鲁图斯说："我们以前是被征服的希腊人征服了。可如今，罗马人已经从希腊人那里挣脱出来了，至少在演说术的卓越方面与希腊人平分秋色。"贺拉斯之所以引用这句话，主要是因为它为人熟知。但是，我们需要注意的是，贺拉斯、李维等作家并不是强调"希腊文化征服罗马论"，而是着重于把罗马人的"统治艺术"与希腊的"文化艺术"有机结合起来，来表达罗马人高度的文化自信。关于这方面的精彩论述，参见岳成：《贺拉斯"希腊文化征服罗马"说考释》，《山东理工大学学报（社会科学版）》2015年第3期，第47—50页。正如玛丽·比尔德所言，表面上看，贺拉斯这句诗夸张地将该过程概括为简单的文化接管，但实际上它体现了一种复杂得多的相互关系，独特地结合了向希腊文化致敬、雄心勃勃改造希腊文学模板以及赞颂拉丁传统等因素。参见[英]玛丽·比尔德：《罗马元老院与人民：一部古罗马史》，王晨译，民主与建设出版社2018年版，第506页。

推广希腊式教育中功不可没。他们主动或被动地来到罗马,其中一些人成为贵族儿童的教仆或家庭教师,承担起家庭教育的重任。此外,母亲和乳母、保姆等人也参与到儿童的早期教育中来。当然,上述群体对孩子的教育仍从属于以父亲为核心的家庭教育,可视为父权的外延。这种家庭教育的传统并未因共和制崩溃而消亡,即便在学校教育占主导地位的帝国时期也绵延不绝。

第一节　父亲即教师

古罗马时期,"父亲"(pater)一词不仅指血缘上的长辈身份,更是指一种家庭中的至上权威,既包含着对家业与信仰的维护,也包括对孩子的管理和教育。"父亲即教师"这种传统教育模式是古罗马教育的主要特色,即强调父亲在家庭教育中的权威地位,注重父亲在生活实践中的垂范作用以及增强父亲为国家和社会培养优秀公民的使命感。这种家庭教育理念源自罗马人共和时期的历史积淀,也体现出他们在家长制法权下对孩子教育的独特理解。无论在早期封闭的农耕城邦时期,还是征服地中海世界的岁月,以及和平繁荣的帝国盛期,抑或是基督教占优势的后期帝国,"父亲即教师"的教育理念一直都是古罗马精英所推崇的理想与践行的典范。

一、父亲的至上权威

家庭是儿童成长、接受父辈教育与影响的重要场所。古罗马家庭一直以严格的父权家长制(patria potestas)而著称,父亲在家庭中的至上权威是"父亲即教师"教育理念形成的传统根基。那么,罗马父权家长制源于何处? 又该怎样理解其含义呢? 首先,在早期罗马社会,以父亲为核心的家庭或家族构成了国家和社会的基本单位。每个家族里的父亲(pater)组成了国家权力的中枢——元老院。拉丁语中的"国家"(patria)一词就源自"patrius"("父亲的"或"隶属于父亲的")。其次,分析古罗马的"家庭"概念的内涵和外延是理解父权制的关键。血缘关系是维系古罗马家庭与家族关系的根基(他们称之为cognati),也是父母与孩子,以及兄弟姐妹间联系最有力的纽带。[1] 就词源而言,"家庭"对应的拉丁文一般有两个:"familia"和"domus"。"familia"的基本意思是"财产",多指代家长(paterfamilias)名下的亲属关系,或奴隶,或处于家长权威下的所有父系家族成员。"familia"是一个法律术语,指父母、子女(包括已婚儿孙及其妻室)及相关人员(奴隶、食客等),以及房屋、土地和财产。在一些情况下,"familia"也可以指代广义上的家族,据称源自传说中祖先的共同家族,即"Lineage"。罗马人有时也用"domus"指代基本的生活单位,包括住宅建筑、其中的自由人(包括同族亲属)、奴隶及被释奴等。由此可见,"domus"的含义比"familia"更为广泛,不仅涉及家庭的物质形态与成员,还依照亲缘关系扩大了成员范围。如果说"familia"更偏重于法律层面的话,那么"domus"的社会内涵则更为丰富,有时更强调父权家庭的血缘关系。[2] 总体而言,古罗马的"家庭"主要强调妻子、子女、奴隶及被释奴等成员以及物质形态部分都处于父权的支配之下,具有很强的政治属性与组织性。

精美石棺上的父亲与男孩

---

① Simon Hornblower, Antony Sawforth and Esther Eidinow(eds.) ,*The Oxford Classical Dictionary*,Oxford:Oxford Universiey Press,2012,p.566.

② Simon Hornblower, Antony Sawforth and Esther Eidinow(eds.) ,*The Oxford Classical Dictionary*,Oxford:Oxford Universiey Press,2012,pp.566-567,"family"词条。

自共和早期以来,家庭就是古罗马部落与国家的基本单位,是政治与生活运转的核心,也是社会传统与道德的主要支柱。每个家庭都是一个有着自己宗教的小型王朝,其中父亲独享绝对的权威。家庭中最年长的父亲充任祭司、君主、审判官,对奴隶、妻子和子女拥有绝对的权力。对此,古罗马著名法学家盖尤斯(Gaius,117—180)①曾这样证实说:"我们对于子女所享有的权力是罗马公民所特有的,任何其他民族都没有像我们这种对子女的权力。"②一般而言,国家极少干涉家庭内部的具体事务,甚至将父亲的权力在《十二铜表法》中加以规范。③ 具体来说,古罗马父权主要体现于以下几个方面:

第一,父亲有承认或拒绝接受初生子女的权力。古罗马公民孩子的出生实际上有两次:一是自然意义上的出生,即脱离母体来到世间;二是宗教与社会意义上的降生,婴儿出生后会被放到供奉家神的堂屋地板上,父亲如果弯腰把它们"抱起"或"举起",意味着他(她)们来到世上的合法性。父亲的抱举动作通常只是一种仪式,但意味着刚出生的孩子与家族关系的正式确立,他们享有继承家族的名号、财富等诸多的权利。④

第二,父亲有权决定子女的教育、婚姻、财产及就业等人生大事。无论子女成年与否,凡事都须得到父亲的许可,即使已经成家立业或取得高官显位的公民的私人生活也不能脱离父亲的监管。⑤ 即使孩子送给别人,统治他的父权也仅是从一位父亲转移到另一位父亲手中。

第三,父亲拥有对子女的生杀予夺之权。据说,这种权力是罗马城的建立

---

① 盖尤斯是帝国前期五大法学家之一,大约生于哈德良时代。

② Gaius,I.55,参见[罗马]查士丁尼:《法学总论——法学阶梯》,张企泰译,商务印书馆1989年版,第19页。

③ Lucilius, *The Twelve Tables*, translated by E.H.Warmington, the Loeb Classical Library, Cambridge MA.: Harvard University Press, 2004.pp.424—510.

④ Mary Harlou and Ray Laurence, *Growing Up and Growing Old in Ancient Rome: A Life Course Approach*, London and New York: Routledge, 2002, p.39.

⑤ Aubery Gwynn, *Roman Education from Cicero to Quintilian*, Oxford: Clarendon Press, 1926, p.13.

者罗慕路斯"赋予了罗马父亲对儿子终身的生杀大权,无论是监禁,还是鞭打,或是戴上镣铐在农场干活,甚至杀死他或者允许父亲卖子为奴"①。父亲的这种权力在《十二铜表法》中得到确认与保证,第四条"父亲的权利"规定:(1)对于畸形和残废儿童,立即灭绝②;(2)父亲拥有子女一生的管教权力,如鞭打、禁锢,或命令他们戴着锁链劳动,或出卖,或杀死。即使其子身居高位,父亲同样有上述权力。③ 这意味着,父亲不仅可以从肉体上"灭绝"残疾婴儿,还可以拒绝接受健康的新生婴儿,甚至可以将之抛弃或杀死。

当然,父亲行使这种权力与否及行使的程度通常取决于个人的脾性。在多数情况下,这种权力的行使也会受到社会舆论的监督和法律的制约。根据现有资料,我们很难确知普通家庭中的父亲行使这些权力的情况。但是,权贵家庭的父亲若滥施父权,贵族圈子里的谴责会不绝于耳,家族名声会因之蒙羞,甚至有被元老院除名的危险。④《十二铜表法》也防止父亲滥用权力,规定如果父亲三次出卖儿子,即丧失对其子的家长权力。⑤ 就当前的资料来看,罗马父亲杀死成年子女的情况很少见。他们对子女的关爱和对家庭亲情的渴望,与现代人并无不同。例如,老加图认为,热爱自己家庭的男性比起尽职的元老院议员更应该受到尊敬,殴打妻子与儿女是在用暴虐的手侵犯最神圣的事物。⑥ 高卢征服者、后来被誉为"罗马第二创建者"的卡米卢斯(Camillus)曾因丧子悲伤过度,隐居家中闭门不出。⑦ 西塞罗也曾因深爱的女儿图利娅

---

① 狄奥尼修斯在这两节里所描述的罗马父亲对儿子的权力很大,并与希腊的父权作了简单对比,比《十二铜表法》中的有关内容更为详细。Dionysius of Halicarnassus, *The Roman Antiquities*, Vol. II. 26 - 27, translated by Earnest Cary, the Loeb Classical Library, Cambridge MA.: Harvard University Press, 1948, pp.387-393.

② Lucilius, *The Twelve Tables*. I, p.442.

③ Lucilius, *The Twelve Tables*. IV.2, pp.441-443.

④ T.G.Tucker, *Life in the Roman World of Nero and St.paul*, London: Macmillan, 1910, p.85.

⑤ 周枏:《罗马法原论》,商务印书馆 2014 年版,第 149 页。

⑥ Plutarch, *Marcus Cato*, XX.2, p.359.

⑦ Plutarch, *Camillus*. II.6, p.99; [古希腊]普鲁塔克:《希腊罗马名人传》上卷,陆永庭、吴彭鹏等译,商务印书馆 1990 年版,第 280 页。

的夭亡而痛苦不已。①

概言之,父亲的权威不仅来自社会传统,也得到了法律上的保证,且与宗教、道德,甚至国家的安危密切相连。当然,这一概念的内涵与外延在不同的历史时期有所差异,父权的行使与影响也时强时弱。然而,无论是共和早期培养男孩成为农夫—士兵的家庭教育,还是共和中后期及帝国时期培养男孩成为演说家的家庭教育和学校教育中,父权始终贯穿其中。

二、父亲即教师

由于古罗马人对家庭极为重视,家庭自然成为教育孩子的最好场所,而父母则是孩子天然的教师。父亲的至上权威则形成了"父亲即教师"的教育理念。就社会伦理道德而言,父亲的这种权威意味着他们就是孩子成长中无可替代的"教师"。有教养的孩子也通常称自己的父亲为"主人"或者"先生",对父亲始终保持谦恭,甚至唯命是从。就教育实践而言,古罗马的社会习俗、惯例,甚至法律也赋予了父亲以极大的权力。他们通常根据祖辈累积的经验、生活的需要,甚至个人的喜好,选择自认为最好的方式及最实用的知识与技能教育孩子。

在拉丁文中,"教育"一词(educatio)最初并非指学校教育以及学生智识的提升,而是指家庭对孩子身体与品德的训练,因而"受过教育的人"不是指"受过学校系统教育",而是指"受过很好的家庭教育与训练"的人。② 所有男

---

① Cicero, *Letters to Atticus*, Vol.III.236(XI.21), p.257;以下关于西塞罗给他朋友阿提库斯的信件注释均来自 Loeb 丛书:Cicero, *Letters to Atticus*, Vol.I.II.III.IV, translated by D.R.Shackleton, the Loeb Classical Library, Cambridge MA.:Harvard University Press, 1999;也可参见 Jo-Ann Shelton, *As the Romans Did:A Source Book in Roman Social History*, New York:Oxford Universiey Press, 1988, p.20。西塞罗在给朋友的信中写道:"我以为我从拉努维姆(Lanuvium)来到图斯库鲁姆(Tusculum)的农庄就能控制我的悲伤,……肯定那儿的房子只能让我回忆起她(女儿)的思想日夜不休地吞噬着我的心灵。"

② Stanley F.Bonner, *Education In Ancient Rome:From the Elder Cato to the Younger Pliny*, London:Methuen, 1977, Preface.

孩(亲生的或收养的)必须在父亲的教育与监管下成长,都要以父亲为榜样,掌握各种必需的文化知识与生存技能,并最终成为合格的,乃至高尚的公民。

拉丁文中的"技艺或技能"①(ars,复数为 artes)不仅包括通过系统训练的知识与管理能力,也包括从实践中获得的社会技能与行为模式。② 该词的涵义可以囊括罗马人所认为的一切有用的技能。比如诗人维吉尔认为"罗马人具有特殊的'artes',将要统治这个世界,并把和平施加到她的臣民身上"③。历史学家撒路斯特视战争中的勇敢为一种"ars",塔西佗视获得权势的政治谋略为"ars",甚至烹饪和修鞋等也是"ars"。对希腊人明确做出区分的文法、修辞学、逻辑、军事、医学和建筑学等学科,罗马人通通称为"artes"。因而,罗马人对子女的教育,与其说向专业教师系统地学习理论知识,不如说让他们观察与效仿已拥有"ars"者的言行举止。正如小普林尼所说:"在我们祖先看来,教育既是用眼之事,亦是用耳之事。通过观察长者,年轻人学会了自己不久后要做之事,且将之传予子孙……每人都以父为师,若无父亲,他就在德高望重、年纪最长的元老中选一位为父。"④

古罗马人把"父亲"看作孩子最好的老师,实际上就是让他们从成年人那里模仿和学习未来需要的文化知识与生存之道。他们必须在实践中对父亲进行观察与效仿,习得技能,懂得人情世故,而不是系统学习希腊式的玄奥理论与苦思冥想。许多著名的罗马父亲都很注重孩子的教育,并为此著书立说。老加图亲自撰写著名的《罗马史》,为的是让儿子不必外出就能熟悉罗马人的

---

① 拉丁文 ars 一词的意思很复杂,如 skill, craft, art, trick, wile; science, knowledge; method, way; character 等。参见 William Smith and John Lockwood(eds.), *Chambers Murray Latin-english Dictionary*, London: J. Murray, 1976, p.61。

② Thomas Wiedemann, *Adults and Children in the Roman Empire*, London: Routledpe, 1989, p.157.

③ Vergil, *Aeneid*, VI.850, translated by H. Rushton Fairclough, the Loeb Classical Library, Cambridge MA.: Harvard University Press, 1999, p.593.

④ Pliny the Younger, *letters*, Vol. II. VIII. XIV. 6, translated by Betty Radice, the Loeb Classical Library, Cambridge MA.: Harvard University Press, 1972, p.35.

习俗和传统；西塞罗在《论共和国》中强调了父亲的言行对自己的深远影响；骑士阿提库斯(T.Pomponius Atticus，前110—前32)①的父亲督促儿子们遍览群书，汲取各种有益知识；讽刺诗人贺拉斯赞美了并不富裕的父亲对年少时的自己严厉的管教；即便是倡导学校教育的昆体良也专门为两个年幼的儿子写下了《论演说家的教育》。而在古希腊，父亲若过多地照顾孩子，则会遭到众人耻笑。②

正是在这些著名人物的倡导、指引与践行的影响下，"父亲即教师"成为罗马人的教育理想与传统观念，在漫长的历史中绵延不绝。这种教育模式要求父亲承担起培养男孩的责任，尤其是在没有大规模接触到希腊文化的共和早中期。罗马父亲一般会根据先辈经验，选择自认为最好的东西对儿子进行言传身教。当然，对于那些早年丧父的男孩来说，从小照顾他的母亲就充当了父亲的角色，成功者为数不少。不过，这种情况大多出现于贵族家庭。西塞罗、塔西佗等人曾将这些伟大的母亲作为罗马妇女的榜样加以赞扬。③

这个时期的教育目标，就是父亲把儿子们培养成合格的农夫—士兵式公民。作为农耕民族的罗马人，首先做的就是把儿子们培养成农夫。等男孩们长到七八岁时，他们就要跟随父亲到农田劳动，学会丈量、耕地、播种、施肥和收获等农耕技能。他们就像贺拉斯诗歌中的"萨宾的农民—战士"的形象，吃苦耐劳，勇敢坚韧；男孩们还要跟随在父亲身边，进行严酷的军事训练，学习击剑、掷矛、骑马、角力、游泳等战斗本领，努力成为合格的士兵。如果日后想成为一名将军，还要掌握如何行军布阵的谋略艺术。通过十几年的严格训练，罗

---

① 阿提库斯出生于古老的骑士家庭。他比自己的同学，如特库阿图斯(L.Torquatus)、马略(C.Marius)的儿子及西塞罗等更为聪慧。参见 *The Life of T. Pomponius Atticus*, translated by Cornelius Nepos, chapter 1。转引自 Paul Monroe, *Source Book of the History of Education of the Greek and Roman Period*, New York：The MacmilanCo., 1915, p.375。

② ［古希腊］阿里斯托芬：《云 马蜂》，罗念生译，上海人民出版社2006年版，第207页。

③ 关于罗马贵族寡母如何教育儿子功成名就的不少例子，将在本章第二节论及。

马男孩才能成为土地上的好农夫,战场上能征善战的士兵,为国家带来安全,为家族带来财富和荣耀。

另外,遵纪守法和虔诚敬祖也是罗马男孩必须养成的品质。这都需要父亲在日常生活中严加督促和管理。在孩子很小的时候,父亲会教他们背诵《十二铜表法》,培养法律意识;教他们打官司、签订协议等维护自己权益的基本技能。在重要的宗教节日里,儿子被要求作为父亲的助手,参加祭拜祖先和神灵的仪式。这样做的目的是培养男孩对家族的责任感,并将之提高到神圣委托的地步,且把尊崇祖先的情感与公民的使命感融为一体。当广场上进行国家大事的辩论时,父亲会带儿子们前往聆听或参与讨论;如果父亲是元老,他们可以享有一项特权(至少在共和早期如此),即陪父亲一起到议会厅,"坐在门口,学习他听到的和他所见到的"。①

征服希腊后,罗马贵族内部出现了对希腊新事物的不同态度。被称为亲希腊派的代表人物斯奇比奥·阿非利加努斯,倡导以个人主义为中心的自我关注与反省式的教育。而保守派代表老加图则认为,希腊式的教育容易导致罗马传统美德和集体意识的衰弱。他对儿子的教育仍沿用"父亲即教师"的方式,"不但成为孩子的启蒙老师,还是孩子的法律课教师和体育教练。他不仅教儿子掷铁饼、顶盔掼甲地骑马,还教他们打拳,经受寒暑锻炼,在台伯河追波逐浪尽情泳渡"②。通过这种传统的严格教育与训练,老加图确实把儿子们培养成了真正的战士公民。后世诗人赞扬他说:"外国习俗除千方百计的诈骗外一无所有;世界上行为端正的人莫过于罗马市民;据我看,一个加图胜过一百个苏格拉底。"③同时代的诗人、戏剧家恩尼乌斯赞赏说,"老加图等人身上体现出来的民族传统是罗马之所以伟大的保

---

① Pliny the Younger, *letters*, Vol. II. VIII. XIV. 4–6, p.35.
② Plutarch, *Marcus Cato*, XX. 5, p.363;[古希腊]普鲁塔克:《希腊罗马名人传》(上),陆永庭、吴彭鹏等译,商务印书馆 1990 年版,第 366 页。
③ [德]特奥多尔·蒙森:《罗马史》第三卷,李稼年译,商务印书馆 2005 年版,第 354 页。

证和基石。"①西塞罗也在兹念兹地倡导"先人的风尚"（mores maiorum）。在《论共和国》一书中，他声称自己"既非对希腊人学说一无所知之人，亦非把他们的学说视为优于我们学说之人，而是由父亲用心教育，从小充满强烈求知欲，主要通过自己的实践与家庭教训，而不是依靠书本获得知识的罗马人"②。

当然，这种教育模式也必然导致罗马人把希腊式的学校教育与专业教师视为无用的"外邦之物"。公元前2世纪中期希腊城邦相继陷落后，大批来自希腊的知识分子被动或主动地来到罗马城。他们陆续开办了各类学校，甚至部分受邀成为贵族子弟的家庭教师。希腊文化对罗马社会传统文化构成了日趋严峻的挑战。面对这种大规模的"文化入侵"，以老加图为首的一批保守派精英的反应最为激烈。老加图极力反对希腊式的教育，在一篇关于教育的论文中，他主张罗马教育应保持以农业和军事教育为主的传统，竭力反对当时以演说术和哲学为核心的希腊式教育。为此，他一直坚持亲自教育儿子。他还劝诫"自己的子女不要与希腊人交往，因为这个民族极其邪恶，难以驯服，会毁掉罗马民族。"③希腊历史学家波利比乌斯批评罗马贵族花大量金钱雇佣希腊私人教师的社会现象，认为罗马人忽视公众教育。他的观点遭到西塞罗的反驳："一开始，我们的父辈不愿采用希腊人的方式教育生来自由的儿童，因为希腊人的教育是徒劳无益的，这也是我们的客人（这里指波利比乌斯）批评我们玩忽职守的唯一论据。我们的父辈不愿用法律确定与规范儿童的教育，或者说对儿童的教育不能像管理一个统一国家那样。"④

进入帝国时期，罗马父权、夫权的根基开始动摇，家庭关系日趋松弛。学

---

① Aubery Gwynn, *Roman Education from Cicero to Quintilian*, Oxford: Clarendon Press, 1926, p.21.

② ［古罗马］西塞罗:《论共和国》，王焕生译，上海人民出版社2006年版，第71页。

③ Plutarch, *Marcus Cato*, XX.5, p.363.

④ Cicero, *The Republic*, Vol.IV, 3, translated by Clinton Walker Keyes, the Loeb Classical Library, Cambridge MA.: Harvard University Press, 1977, p.233; Polybius, *The Histories*, XXXI, 31.2–3, in Vol.VI, translated by W.R.Paton, the Loeb Classical Library, Cambridge MA.: Harvard University Press, 2012, p.251.

校教育逐渐取代家庭教育,成为社会流行的教育方式。然而,"父亲即教师"的教育理念仍受到部分精英人物,甚至是皇帝的推崇。正如昆体良所言,学校的集体教育早已司空见惯,人们却依然在讨论它与传统家庭教育模式的优劣,部分人仍继续选择让孩子留在家里,在父母身边学习。① 与之前不同的是,大部分父亲在子女教育问题上不必事必躬亲,而是有空才会到现场巡察的指导者。他们一般会聘请希腊学者为家庭教师,教孩子读写算、文法、修辞或哲学。

即便把孩子送进学校,父亲也会到学校观察老师的教学,查看孩子的学习情况。罗马讽刺诗人佩尔西乌斯(Aulus Persius Flaccus,34—62)清楚地记得,当小时候在校读书时,有不少父亲到学校听学童背诵功课。② 贺拉斯也在《诗集》中深情地感激到校陪读的父亲:"尽管他是一个穷人,仅拥有一块贫瘠的土地。……可我的陪读者,我的忠实护卫者,却是我的父亲。他使我保持完美纯洁的美德,不仅让我远离邪恶,而且远离潜在的恶习。"③

小普林尼曾对一些忽视孩子教育的父亲提出批评,呼吁谨遵祖先教导:"为孩子选择教师是父亲的特权,……父亲对孩子的监管,通过介入孩子的教育事务而得到保证,……评判与选择是父亲的权力。"④昆体良虽然认为学校教育优于家庭教育,也没忘记提醒教师,"要以慈父的态度对待学生,他应当想到,父亲把孩子托付给他,他就是代行父亲的职责。这是最要紧的。"⑤

"哲学家"皇帝马可·奥利略是传统家庭教育的受益者,他在《沉思录》中这样写道:"从祖父那里,我懂得了什么是美德,以及男人如何控制情绪;从父亲那里,我学会了谦逊,以及男人应该具有的品格;从母亲那里,我学到了虔敬和慈善之心,不仅要避恶向善,还要远离奢华。根据祖父的意见,我不去学校

---

① Quintilian,*The Orator's Education*,I.2.1.Vol.I,1921,p.39.

② Persius,*Satire*,III.43,p.349.

③ Horace,*Satire*,I.VI.65-92,p.83.

④ Pliny the Younger,*letters*,IV.XIII.13.10,p.281.

⑤ Quintilian,*The Orator's Education*,2.2.5,p.271.

接受教育,而是聘请优秀的家庭教师教我,这样我才能成为一个意志坚定、道德高尚、学识渊博的真正男人。"①可能正是因为接受如此良好的家庭教育,马可·奥利略不但成为诸多帝王中唯一的斯多噶哲学家,而且在位期间为帝国夙兴夜寐地操劳,内平叛乱,外驱蛮族,被誉为"五贤帝"之一。

在帝王中将"父亲"权威与统治艺术结合最好的是屋大维。他可以说是旧式的专制"父亲"的化身。因他缔造的和平以及杰出的政绩,被同时代人奉为"祖国的守卫者、父亲与神"。在他这里,皇帝的权威与父亲般的情感达到了和谐统一。著名诗人奥维德因写艳诗违背了屋大维倡导回归传统家庭的政策,遭到了后者的放逐,但仍将他比喻为战神朱庇特,并称呼他为"父亲",诗中这样写道:"这是一位慈祥而善良的父亲,随时准备宽恕任何人;他向来只打雷不下雨;即使生气时也不惩罚别人;当他心情抑郁时,别人也会一起忧郁;他惩罚自己,也就是惩罚别人。"②

屋大维尽管早年丧父,但母亲履行了父亲的角色,对其进行了严格的家庭教育,因此他深知"父亲即教师"教育观念背后的强大力量。上台后,面对帝国初期道德堕落、离婚、通奸、家庭解体,以及人口出生率降低等严重的社会问题,他大力呼吁回归传统家庭,倡导家长制,要求父母参与孩子的教育。他本人身体力行,就像旧式的父亲那样严格教育自己的子女后代,要求孙子们临摹自己的笔迹,亲自教他们读书、游泳和其他方面的本领。用膳时,总让他们坐在他身边的矮榻上陪同;外出时总让他们坐车走在他的前面或者骑马走在他车子两边。对于女儿和孙女们的抚养,他请人教她们纺线和织布,不允许说和做与日常事务无关之事。严禁她们与陌生人来往。尽管他对自己的教育充满自信,但女儿和孙女的各种淫秽行为,让他颜面尽失,痛苦不堪,只好

---

①　Marcus Aurelius, *Meditations*. I. 1 – 4, translated by C. R. Haines, the Loeb Classical Library, Cambridge MA. : Harvard University Press, 1930. pp. 3 – 5.

②　Ovid, *Metamorphoses*, XV. 807, in Ovid, Vol. IV, translated by Frank Justus Miller, the Loeb Classical Library, Cambridge MA. : Harvard University Press, 1994, p. 421.

将之放逐。①

当然，屋大维过度推行"父亲即教师"这种旧式教育方式，很难达到他期望的效果。因为，他那个时期，希腊式的学校教育和享乐的生活方式在帝国早就流行开来，已对传统家庭教育模式造成较大的冲击。但是，作为一种拉丁文化的理想，旧式的教育方法早已深入到贵族精英及某些文人政客的意识深处。公元前221年，执政官Q.C.M.马其顿尼库斯（Q.C.M.Macedonicus）在其祖父葬礼上致悼词时阐明了这种教育的内涵与目标：

> 他成功地拥有圣贤们穷尽一生追求的十大财富：他想成为伟大战士、杰出的演说家、英勇的统帅；他想管理规模庞大的产业，担任最高司法长官，拥有最高的智慧，占据元老院的首席；他想通过诚实的手段获得巨额财富，子孙满堂，举国称颂。②

随着帝国后期周边蛮族的入侵、基督教的兴起以及学校教育的衰落，基督教家庭中的父母则承担起教育孩子的主要责任，仿佛又回到了传统的家庭教育时代。然而，基督教家庭的教育与传统家庭教育的形式虽然相似，但是教育的根本目的与具体内容却有很大的差别：对家神、父权及古风的崇尚已经变成了对上帝的无限忠诚；从道德养成，农业技艺及基本文化知识的掌握，变成了熟读及理解《圣经》，并且虔信上帝。可以说，那时的罗马人又有了新的父亲与教师——"上帝"，其本质都是对至上权威的尊崇。

第二节　母亲与孩子

在任何历史时期的家庭中，母亲必定是孩子教育中不可或缺的重要角色。

---

① ［古罗马］苏维托尼乌斯：《罗马十二帝王传》，张竹明等译，商务印书馆1995年版，第85—86页。

② Pliny the Elder, *Natural History*, VII, 139–140, Vol.II, translated by H.Rackham, the Loeb Classical Library, Cambridge MA.: Harvard University Press, 1961, p.599.

她们一般以慈爱的形象出现,成为严厉父亲的陪衬者。但我们所熟悉的严父与慈母的形象在罗马文献中并不常见。在拉丁文学中,妇女主要是作为教育者、罗马传统道德和文化的捍卫者形象而出现的。① 拉丁精英作家笔下的理想母亲总带有"父亲"般权威的特征,寡母的形象尤其如此。这些作品对母亲的描述大都是脸谱式的:严厉冷峻,缺少温情。母子(女)情深的画面较少见到。不过,考古发现的碑铭、浮雕、壁画和纸草文献等资料,则在一定程度上弥补了这些缺憾,较为立体地呈现出普通罗马女性应该有的特点:她们与当代多数女性并无不同,大都对孩子满怀慈爱。当然,极少数贵族或皇家母亲与儿子或女儿争权夺利,甚至发生相互残杀的情况也绝非没有。不过,这属于妇女与政治的研究领域,不在本书的论述之列。本节主要探讨罗马母亲作为家庭的教育者在儿女成长过程中发挥的重要作用。

一、罗马母亲的社会角色

在父权制的古代世界,父亲一般是家庭中的君主,母亲则通常处于附属地位。不过,与希腊相比,罗马妇女的社会地位相对较高。根据罗马社会的传统,妇女要参加祭祀活动,并照看家中的圣火,以保证它长明不熄,以喻家族昌运亨通。在拉丁文献中,一般称父亲为"Pater Familias"(主父),母亲为"Mater Familias"(主母)。在婚礼上,罗马妇女通常会说:"Ubitu caius",意思是"在家中若无同等权威,至少同等尊贵。"②可见,古罗马社会有尊重妇女及子女尊重母亲的传统。罗马妇女在家庭与社会中享有较高地位,这与女性的生育功能、生活中的操劳、战争中男性的丧亡、父权夫权的衰落以及法律的进步等因素都有密切的关系。

---

① Suzanne Dixon, *The Roman Family*, Norman and London: the University of Oklahoma Press, 1988, Preface.

② [法]古郎士:《希腊罗马古代社会研究》,李玄伯译,中国政法大学出版社 2005 年版,第74 页。

　　首先,古罗马人重视生育。婚姻的主要目的之一是生儿育女,繁衍后代,壮大家族。在死亡率一直较高的古罗马社会①,女性天生的生育功能,无论是对家族的延续与兴旺,还是对国家人力资源的补充与增加,都有着极其重大的意义。她们冒着生命危险繁育后代,辛苦操劳,哺育儿女,决定了妇女在家庭与婚姻中的重要地位。

　　其次,罗马妇女在生产与生活中发挥着重要作用。即便是罗马贵族妇女一般也不是深藏闺房,养尊处优,而是坐镇房屋的正厅指挥奴隶劳动,监督子女言行;她们甚至亲自参加生产劳动,照顾丈夫,故被视为后者财产的共同拥有者②;在社交领域,她们需要陪丈夫出席宴会,周旋于各种社交场合。尽管在目前发现的各种文献与考古资料中几乎找不到关于中下层母亲日常活动的记载,但也可以想象她们在家生养孩子,生火做饭,缝洗浆补;外出劳动,挥汗如雨,还可能因家庭贫寒而愁苦不堪。

　　再次,共和中后期,罗马人与周边各族,特别是与迦太基、希腊各邦征战频繁。相当比例的成年男子或常年征战,或战死疆场,妇女不得不独立地承担起家庭的重担,如经营土地等资产、管理家务、教育子女,甚至参与公共事务等。这使她们有机会施展才能,获得更多的社会认可,其地位自然不断地提高。

　　随着布匿战争的胜利,大量财富和奴隶流入罗马,一种他们未曾有过的崭新的生活方式展现在眼前。精美的装饰、豪华的银质餐具、有文化的奴隶,让很多罗马人贪图享受起来。贵族女性也加入其中,穿金戴银,出入公共场合。女性地位的提高曾引发了保守派的忧虑。元老院于公元前 215 年颁布的《奥

---

　　① 一些古典资料表明古罗马的儿童死亡率较高,例如"科涅利娅的 12 个孩子中只有 3 个活了下来。马可·奥利略和福斯蒂娜的 13 个孩子中有 2 个死于 4—7 岁,5 个在不到 3 岁时就夭折。在朱利亚-克劳狄王朝的 94 个成员中,12 个孩子死于幼年,2 个在 10 岁左右死去"。引自[法]让-皮埃尔·内罗杜:《古罗马的儿童》,张鸿、向征译,广西师范大学出版社 2005 年版,第 323 页。
　　② [法]西蒙娜·德·波伏娃:《第二性》,陶铁柱译,中国书籍出版社 1998 年版,第 106 页。

比亚法》(*Lex Oppia*)对女性的装饰做出了规定:不允许穿五颜六色的衣服,不能佩戴超过一盎司的黄金等。这本来是战时的临时政策,但在战争结束后,政府没有废除这项决议。妇女们于公元前195年游行示威,才迫使元老院废除了这项法令。① 不过,对于女性享有继承家产的权利,男性贵族也做出了限制,公元前169年,元老院颁布的《瓦考尼亚法》(*Lex Vovonia*)禁止妇女拥有十万阿司或继承多于此价值的产业。②

随着共和末期宗族制的日趋解体,"无夫权婚姻"盛行以及女性的外事活动增多,男人对妻女的监护权已经名存实亡。奥古斯都当政时期,试图通过制定法律,提高妇女地位,遏制生育率下降及离婚率高的社会问题。例如在《帕披亚·波拜亚法》(*Lex Papia Poppaea nuptialis*)中规定,妇女的子女达到国家鼓励生育的要求,即可免除被夫家男性监护的权利:

> 生来自由的妇女生子女3人以上,被释奴妇女生子女4人以上,
> 无论婚生与否,都享有"子女特权"(jus liberoum),在她们的丈夫死
> 后,即可免除监护。实际上,处于其他种类监护,如阿蒂里亚监护或
> 信托监护之下的妇女,也可因生三子而获得权利,摆脱监护。③

后任皇帝也常把该特权赋予生育子女不足上述规定数量的妇女。公元410年,狄奥二世与霍诺留皇帝甚至把这项特权进一步扩大到所有的适婚女子,无论她们是否生育子女。④ 而这意味着,女人的监护制度在罗马历史上被正式废除了。事实上,妇女的解放过程也意味着父权逐渐衰落,以及母亲对子女教育影响力的不断增强。

最后,老夫少妻的婚配模式及成年男子征战中多有死亡,使罗马寡母享有

① Livy, *The History of Rome*, XXXIV.I-VIII, tanslated by Evan T.Sage, the Loeb Classical Library, Cambridge MA.: Harvard University Press, 1985, pp.413-443.

② Gaius 2.274, 转引自 Bonnie Maclachlan (ed.), *Women in Ancient Rome: A Sourcebook*, London: Bloomsbury, 2013, p.65。

③ 周枏:《罗马法原论》(上册),商务印书馆2001年版,第280页。

④ 周枏:《罗马法原论》(上册),商务印书馆2001年版,第280页。

更高的社会与家庭地位。著名学者苏珊·迪克森指出,"罗马已婚妇女在法律上不管是处于丈夫或父亲的控制下,作为一家之主,她还是有一定的体面地位的。如果她成为母亲,且成为寡妇,其地位会进一步被提高。"①若父亲外出或去世,母亲除了要履行参与家庭祭祀,并保持堂屋圣火不熄外,还要代行父亲之责,自然受到家庭成员的尊重。当然,前提是她不改嫁,保持贞洁的情况下,才享有这样的地位和尊重。否则,就是对祖先的不敬,对圣火的亵渎,会给家族带来厄运。英国学者伊迪丝·汉密尔顿曾说:"罗马的伟大成就之一——就是成功地教育妇女持有这样的观念:女人的首要任务就是保持贞洁。"②

可见,随着罗马社会的进步、财富的增加、父权夫权的衰落,以及法律的完善等,罗马女性地位得以逐步提高,在政治、经济、宗教和文化等方面发挥着愈发重要的作用。在这种情况下,母亲的家庭角色和社会角色自然变得日益重要。

二、母亲对儿子的教育

当前的零星资料无法系统地描绘出古罗马时期母亲与孩子(尤其是儿子)关系的具体画面。大多数罗马作家似乎对自己的母亲敬而少言,少量关于母亲的记载也"不是唤起人性化的、个人记忆的母爱,而是强调具有传统道德的母亲,这也许是古板的文学传统所造成的。"③譬如,塔西伦从未记述过自己的母亲,却谈到了许多伟人的寡母。在他的笔下,这些母亲大多是男性精英人物希冀中的"父亲式"母亲,基本上颠覆了慈眉善目、温柔有加的女性形象。当然,我们也可以从小塞涅卡、马可·奥利略等极少数人那里感受到母亲与儿

---

① Suzanne Dixon, *The Roman Mother*, London: University of Oklahoma Press, 1988, p.44.

② [美]伊迪丝·汉密尔顿:《罗马精神》,王昆译,华夏出版社 2008 版,第 30 页。

③ Jo-Ann Shelton, *As the Romans Did: A Source Book in Roman Social History*, New York: Oxford Universiey Press, 1988, p.21.

子之间细腻的情感关系。

罗马人建立帝国霸业后,地中海各地的大量财富源源不断地涌入罗马城,贵族的奢靡之风日盛。在孩子教育方面,贵族之家雇佣希腊化世界乳母的做法也很快流行起来。这种做法与罗马社会盛行女孩早婚的习俗有着很大的关系。一般而言,女孩在11或12岁就要嫁给年龄与其父辈相仿的丈夫,因难产而死亡的概率较高。即便生产顺利,本身还是孩子的她们,也没有能力照顾好婴儿,因而需要乳母的帮助。然而,面对乳母的大量出现,罗马精英担忧来自异族的她们会对孩子的幼年产生不良影响。塔西佗等人怀念罗马早期的传统教育方法,强调母亲在儿子教育和成长中的重要角色。他借赞扬岳父阿古利可拉的母亲尤丽亚·普罗契拉(Julia Procilla)来阐明了自己的观点:

> 她是一个贤德罕见的妇人。阿古利可拉幼承慈母之教。他的童年和少年时代都是在追求高尚优美的才艺中度过的。……他经常说到他早年之沉醉于哲学,要不是他母亲谨慎地对他炽热的精神予以遏止的话,他浸溺于哲学的程度将使他不适合做一个罗马人和元老院议员了。……但不久后,理智和阅历就冲淡了他的热肠,他从学问中掌握了人生最难的一课,那就是中庸之道。①

塔西佗还借同时代的演说家麦撒拉(LuciusVipstanus Messalla,45—80)之口表达了对罗马传统育儿方式的怀念,批评当时雇佣希腊保姆的做法,"在古代,生于高尚正派家庭的孩子,不是放到雇来的保姆的下等住所里,而是在他们母亲膝下或怀中得到抚养与照顾。母亲的最大荣耀是在家里照顾好孩子。如果母亲不能胜任,就从亲戚中选择一位成熟的、值得尊敬的保姆,放心地把孩子委托给她。"他希望当代贵族妇女"以自己的家庭为荣,目标是培养让共和国骄傲的儿子。她虔诚、谦虚、谨慎,不仅负责男孩的学习与未来职业的选择,甚至管教他的娱乐与游戏。"接着,他赞美了那些值得尊敬的名人的寡母

---

① [古罗马]塔西佗:《阿古利可拉传 日耳曼尼亚志》,商务印书馆1959年版,第15页。

事迹,"传统告诉我们,就像科涅利娅(Conelia)教育格拉古兄弟,奥勒利娅(Aurelia)教育朱里乌斯·恺撒,阿提娅(Atia)教育未来的皇帝奥古斯都,就是以这种方式教育儿子,并把他们培养成了罗马的伟人。"①

其实,塔西佗应该是沿袭了西塞罗在《布鲁图斯》中的说法,认为幼时家庭环境的熏陶对未来的演说家而言非常重要:"孩子自出生起,每天在家里听到谁说话,以及与谁对话,这对他的教育极为关键,因此,他的父亲、保姆以及母亲的语言表达都非常重要。"②接着,他列举了科涅利娅等口才极好的贵族女性。同样,帝国时期的伟大教育家昆体良在论及未来演说家的幼年教育时,也引用过西塞罗与塔西佗的观点作为论据。他在讲述五岁儿子身边的一大群教育者,如乳母、祖父母以及一堆仆人之后,最后才说母亲也应该重视孩子的教育,并列举了科涅利娅、拉艾利娅(Laelia)和霍滕西娅(Hortensia)等典范母亲的不凡事迹。③

作为年轻守寡的母亲,科涅利娅、奥勒利娅和阿提娅等不仅接受过良好的教育,更为重要的是,她们承担起了父亲教育儿子的重大责任。这一点足以让男性肃然起敬。麦撒拉、塔西佗等作家把她们列为优秀母亲的典范并广为传颂。其中,科涅利娅是大斯奇比奥的女儿,接受过良好的教育,擅长演说,个性很强。④ 她嫁给了比自己年长近三十岁的提比略·格拉古(T. Sempronius Gracchus,前237—前174),并相继诞下十二个儿女。⑤ 在丈夫去世后,她不得不照顾庞大的家庭,而最小的孩子盖约尚在摇篮中。更为不幸的是,疾病先后夺走了九个儿女的生命。她把全部心血倾注到幸存下来的三个子女的教育

---

① Tacitus, A *Dialogue On Oratory*, 28.6, p.87.

② Cicero, *Brutus*, 210, in Cicero, Vol. V, translated by G. L. Henrdrickson, the Loeb Classical Library, Cambridge MA.: Harvard University Press, 1971, p.179.

③ Quintilian, *The Orator's Education*, 1.1.6—7, p.23.

④ Cicero, *Brutus*, 27, 104, p.95; Quintilian, *The Orator's Education*, I.1.4—6, p.21.

⑤ [古希腊]普鲁塔克:《希腊罗马英豪列传》,席代岳译,安徽人民出版社2012年版,第179页。

上,不仅以自己的学养熏陶儿子,而且为他们聘请了优秀的希腊文法家、演说家教师。她的女儿也非常优秀,嫁给了有名的小斯奇比奥。儿子提比略和盖约长大后成为一流的演说家和政治改革家。

　　科涅利娅对儿子们悉心教育的故事影响深远,她也因之成为集传统母亲的坚守贞洁、献身家庭以及鼓励儿子献身国家等多种美德于一身的女性典范。奥古斯都为她重修雕像,并题刻"献给格拉古兄弟的母亲"①的敬辞,以表达对这位非凡母亲的崇高敬意。恺撒的母亲奥勒利娅也是一位受人尊重的母亲。公元前87年,恺撒还不到16岁,父亲就遇害身亡。意志坚强的奥勒利娅毅然承担起教育儿子的责任。她鼓励恺撒在家庭教师格尼佛(Marcus Antonius Gnipho)的指导下努力学习。② 恺撒在她公元前54年的葬礼上动情地说:"正是母亲的辛勤养育,奠定了我今天的事业。"③公元前59年,恺撒的外甥女阿提娅成为寡妇,也独立地把年仅4岁的屋大维及其姐姐抚养成人。④

　　这些母亲不仅是儿子幼年的教育者,也是他们的人生导师。她们一般带有男性化气质,像萨宾母亲那样"要求儿子毫无疑问地服从命令"。她们的强势严厉有时会给孩子造成巨大的压力。贺拉斯就比较敏锐地感受到这一点,说"生活于寡母权威下的孩子们,日子真难熬。"⑤显然,拉丁作家们只是看重这些母亲对孩子、家庭以及国家的付出和贡献,而其本意并非将母亲视为孩子最重要的教育者之一。正如苏珊·迪克森所言,男性精英都是经过深思熟虑后才把母亲列为教育者的,是倡导旧式家庭教育的需要,而不是认为母亲在孩子教育中有多大的作用。他们即便希望母亲关注孩子的教育,也是强调对孩

---

　　①　Pliny the Elder, *Natural History*, 34.31. Vol. IX, p.217.
　　②　[古罗马]苏维托尼乌斯:《罗马十二帝王传》,张竹明等译,商务印书馆1995年版,第348页。
　　③　J.P.V.D.Balsdon, *Roman Women: Their History and Habits*, New York: Barnes & Noble, 1962, p.46.
　　④　[古罗马]苏维托尼乌斯:《罗马十二帝王传》,张竹明等译,商务印书馆1995年版,第48页。
　　⑤　Horace, *Epistles*, 1.1.21–22, 1925: p.253.

子伦理道德,而非语言才能等方面的训练与培养。①

换言之,拉丁作家是以男性的期望将母亲塑造为男性气质或"父亲"式的母亲。他们基本上都是站在男性的角度批评贵族女性贪图享乐,而不以男性所希望的样子生活。比如讽刺诗人尤维纳尔明确说到,贵族妇女逃避了怀孕生子和艰辛的哺乳职责:"然而,至少贫穷妇女承担起了生孩子及生活压力,承受了哺乳的所有痛苦,但睡着金边床的女人却很少这样做。"②他们还刻画了一些让人无法接受的,甚至是厌恶的母亲形象。一般而言,凡在家庭和家族事务之外表现出独立思考能力或干预政治的女性是不受欢迎的,例如撒路斯特虽然称赞来自格拉古家族的贵族女性塞姆普罗尼娅(Sempronia)才华横溢,但严厉地指责她支持喀提林叛乱的做法。③

尼禄的母亲小阿格里皮娜(Aggripina the Younger,16—59)也曾因参与政治斗争而备受男性作家诟病。在尼禄年仅3岁时,她失去了丈夫,后嫁给了自己的叔父——皇帝克劳狄,并显示出了很大的政治野心。就其对尼禄的教育而言,她算是传统意义上的严母。她要求儿子过清苦的生活,还要刻苦学习;待其稍长,又为他聘请当时最优秀的哲学家小塞涅卡为家庭教师。然而,塔西佗对她严母的行为不屑一顾,指责她为了政治野心与皇帝克劳狄结婚;施展计谋让残暴的尼禄成为合法继承人。④ 言外之意,尼禄成为皇帝后的荒唐残暴似乎也应该由她负责。在塔西佗看来,政治是男人的事,女性不应参与其中。

小塞涅卡、普鲁塔克和皇帝马可·奥利略关于母亲在儿子成长中的记述或许更有人情味,更符合母亲的天性。其中,小塞涅卡意识到父亲与母亲对孩子的教育方式大相径庭:

---

① Suzanne Dixon,*The Roman Mother*,London:University of Oklahoma Press,1988,p.120.

② Juvenal,*Satires*,VI.592–594,pp.131–133.

③ Sallust,*The Catilinarian Conspiracy*,25,translated by J.C.Rolfe,the Loeb Classical Library,London:William Heinemann,1920,pp.43–45.

④ [古罗马]塔西佗:《塔西佗〈编年史〉》(上册),王以铸、崔妙因译,商务印书馆1981年版,第453页。

> 你没有注意到,父亲和母亲表现他们的爱方式不同吗?父亲命
> 令孩子从熟睡中起床,以便早点开始他们的事务,甚至在假期也不许
> 他们懒散,父亲让他们流汗,有时也让其流泪。然而,母亲却把孩子
> 放在腿上抚爱,希望他们免遭日晒、永远快乐、永不哭泣、永不
> 辛苦。①

在孩子成年之前,母亲给予的关爱通常比父亲更多,不仅哺育孩子身体的成长,从情感上满足孩子,也会以自己的性情与处世态度开启孩子的人生第一课。因而,普鲁塔克希望"母亲应亲自抚养自己的孩子。因为她们在养育孩子时,母爱盈怀,情真意切,小心翼翼,待之若掌上明珠"。他还对父亲提出了不同的要求,"为人父者,应洁身自好,谨言慎行。只做其应做之事,为子女树立榜样,成为他们自检行为的明镜,教育他们趋善避恶。"②

著名哲学家皇帝马可·奥利略在闻名于世的《沉思录》中,称自己从父亲维鲁斯(Verus III)身上学到了"谦虚与男子汉气"。不过,维鲁斯很可能死于公元 124 年,而奥利略当时年仅 3 岁。这应该是他写作的一种虚饰手法。事实上,他的母亲露西拉(Domitia Lucilla)对他的影响更大:"从我母亲那里,学会了宗教虔敬和慈善之心,从而避免了邪恶的行为深知邪恶念头的可怕。还从她那里养成了简朴的生活方式,远离奢华的生活习惯。"③

奥利略铭记在心的不只是母亲的美德,还有母亲对他日常生活的细心关爱。作为斯多噶哲学家,他一直践行着清苦的修行习惯,经常睡在冷硬的地板上。母亲担心他的健康状况,多次劝他睡在舒服的床上。这显然是一位母亲

---

① Seneca the Younger, *To Luvilius on Providence*, II.5, in *Moral Essays*, Vol.1, translated by John W.Basore, the Loeb Classical Libarary, London: William Heinemann LTD., 1928, p.9.

② Plutarch, *The Education of Children*, 7, in *Moralia*, Vol.1, translated by F.C.Babbitt, the Loeb Classical Library, Cambridge MA.: Harvard University Press, 1969, p.23.

③ Marcus Aurelius, *Meditations*, I.3, in Marcus Aurelius, *Meditations*, translated by Robin Hard, introduction and notes by Christopher Gill, Hertfordshire: Wordsworth of World Literature, 1997, p.4.

心疼儿子的天性流露。① 他在给朋友弗龙托（Marcus Cornelius Fronto，约100—170）的信中频繁而深情地描写了与母亲相处的幸福感以及温暖的回忆：

> 我们关系很融洽……午饭后，我们一起摘葡萄，一直干到大汗淋漓，还风趣地开着玩笑。……于是，我和母亲坐在床边促膝长谈。我问她："你认为我的朋友弗龙托刚才做得事情怎么样？"她反问我："你认为我的朋友格拉提亚（Gratia）的处事怎么样？"于是，我又问："你认为甜美的小格拉提亚怎么样？"②

他在信件的结尾处动情地说，尽管母亲早逝，但她生命中的最后时光与自己一起度过，他非常感谢诸神的安排。可见，在马可·奥利略看来，母亲不仅德行高尚，而且性情温和可亲，从母亲那里得到情感满足成为他难以忘却的美好记忆；而父亲在他未成年之前的日常生活中似乎是缺失的。

当前，越来越多的罗马碑铭、纸草等文献资料很好地改变了以往对母亲研究资料单一的状况，在很大程度上改变了人们认为她们对孩子冷漠无情的观点，丰富了对其内心柔软空间的多维认知。例如，在德国科隆发现的一块墓碑（约一公尺长）上刻着母亲对夭折的儿子小卡图鲁斯（Catulus）的深情表达，让读者无不为之动容："噢，当一名母亲想起她的孩子玩耍和开心大笑的场景，是多么泪流不止啊！她只能徒劳地回忆着他的牙牙学语，这个孩子叫卡图鲁斯，仅活了 13 个月。"③

在罗马城发现的一幅约公元 1 世纪克劳狄时期的墓碑祭坛浮雕，也能感受到罗马母亲对儿子的浓浓爱意。这块祭坛是丈夫 C.O.德鲁斯（C.Oenucius

① Marcus Antonius, II. 5 - 6, in *The Scripores Historiae Augustae*, Vol. I, translated by David Magie, the Loeb Classical Library, Cambridge MA.: Harvard University Press, 1991, p.137.

② *Marcus Aurelius to Fronto*, in *The Correspondence of Marcus Cornelius Fronto*, Vol.I, 4. 6, translated by C.R.Haines, the Loeb Classical Library, London: William Heinemann, 1919, p.183.

③ *AE* 1981, 673, 3 - 5, 参见 Christian Laes, *Children in the Roman Empire: Outsiders within*, Cambridge: Cambridge University Press, 2011, p.103。

麦娜·麦露莎和两个幼小儿子的墓碑祭坛浮雕

Delus）为被释奴妻子麦娜·麦露莎（Maena Mellusa）修建的。在画面中，她坐于凳上，蒙着面纱，左手抱着 3 个月大的婴儿萨瑟多斯（Sacerdos），右手抚摸着 11 岁的儿子德克斯特（Dexter）。①

　　在埃及的沙漠地区发现的莎草纸文献中，考古学家发现了一位罗马母亲写给在外求学的儿子托勒麦欧斯（Ptolemaios）的一封信："亲爱的儿子，如你有什么需要，尽快写信告诉我。我听说你的教师第欧根尼出海远航了，我很遗憾。……听说你在读《伊利亚特》第六章……我的儿子，就看你的了，埃罗斯会为你找到一个合适的教师……问候你尊敬的教仆埃罗斯。"②从这封信可以约略推知：家境殷实的母亲出资让儿子托勒麦欧斯到亚历山大里亚接受文法教育，并且知道儿子正在学习《伊利亚特》。不过，他的老师第欧根尼很可能

---

　　①　Rome，*Musei Vaticani*，*inv.* 1255，转引自 Jason Mander，*Portraits of Children on Roman Funeral Monuments*，New York：Cambridge University Press，2013，p.111。

　　②　*P.Oxy*，VI.930，转引自 R.Cribiore，*Gymnastics of the Mind：Greek Education in Hellenistic and Roman Egypt*，New Jersey：Princeton University Press，2001，p.48。

在外地找到了更有吸引力的工作。她希望儿子的教仆能尽快为其找到更好的教师。显然,这封信反映了这位罗马母亲不仅很重视儿子的学业,而且关心儿子在外的生活需要及状态,表达了望子成龙的期望。

按照罗马男性精英的要求与想法,母亲对儿子的教育应该备加严厉,以培养出吃苦耐劳、遵纪守法、虔诚敬神、效忠国家的公民。像格拉古的母亲科涅利娅、恺撒的母亲奥勒利娅、皇帝克劳狄的母亲安东尼娅、尼禄的母亲小阿格里皮娜等都是具有男性特质的贵族女性,在儿子的成长过程中发挥了父亲与教师的作用。然而,这样的母亲只能是罗马拉丁作家塑造的理想化的母亲,而非对儿子关爱有加且充满温情的普通罗马母亲形象。

三、母亲对女儿的教育

古罗马时期的文学作品、铭文等大都由男性书写而成,主要关注父子关系以及贵族家庭的母子关系,甚至父女关系,而较少关注母女关系。这大概与女孩在家庭与社会中不受重视有关,因为她们长大后将嫁给其他家族的男人,且从属于他们。故而,女孩的教育问题在古罗马医学、哲学、文学等作品中较少被提及。重男轻女是父权社会的共同特征。不过,在现实中,女孩当然也会得到父母的疼爱。一旦夭折,她们的父母同样会悲痛不已,例如德国莱茵兰-普法尔茨州首府美因茨的一块墓碑上刻着:这里埋着一个非常小、非常娇嫩的女孩⋯⋯她仅活了6个月零8天,玫瑰刚开就马上凋零了。[1]

母亲被认为是女儿天然的教育者和日常生活的指导者。一般而言,儿子在7岁前由母亲抚养,之后交给父亲管教或送进学校读书,而7岁后未出嫁女儿的教育仍主要由母亲负责。母亲对女孩的教育较少涉及文化知识,主要是言传身教,要求女孩品行端正、勤劳善工(如生火、做饭、汲水、纺纱、缝制衣服等),以便嫁人后能持家有方、相夫教子,成为一名合格的妻子和母亲。当然,

---

① Christian Laes, *Children in the Roman Empire: Outsiders within*, Cambridge: Cambridge University Press, 2011, p.186.

受过良好教育的母亲也会教女儿读书识字,进行道德方面的训诫。

大多数资料显示,在罗马人的观念中,女孩没有所谓的儿童阶段或童年。无论是文学作品中还是石棺、壁画中的女孩,她们的衣着打扮、言行举止,甚至所持玩具等大都以"小女人"的形象出现。不少拉丁作家赞美过婚前具备"小女人"美德的女孩。小普林尼这样赞美早逝的米妮斯娅·马凯拉(Minicia Marcella):她未满 14 岁,已在甜美童年把这个年龄的智慧、女性的尊贵与谦逊集于一身。① 小塞涅卡回忆说,赫尔维娅(Helvia)要求她的外孙女扮演病逝母亲的角色,为的是在年龄小且易受影响时学会做模范的妇女。② 对于已订婚的女孩,母亲除了亲自教育外,有时会把她们托付给某些有声望的家族女性或朋友,让她们教会女儿日后如何成为贤良淑德的妻子、母亲和女主人。

其实,罗马女孩从小就耳濡目染,清楚了自己在家庭中的身份与地位。当母亲分娩,她们很可能帮产婆布置生产椅子或两个斜躺的床,并准备好橄榄油、海绵或绷带、去壳的燕麦、土块,甚至用来补充体力的苹果、柑橘或柠檬、西瓜和黄瓜等分娩用品。③ 当母亲分娩痛苦万分时,她们会担心母亲的安危,向朱诺、狄安娜等女神祈祷,保佑母亲与婴儿平安。若母亲生的是男孩,父亲会很高兴,并在家里举行庆祝仪式;而女孩应该能意识到男婴对家庭的重要性,及其对自己地位的威胁。通过对生育过程的观察,她们能较早地认同"婚姻的目的就是生育"的传统观念。弟弟或妹妹出生后,母亲在哺乳与悉心呵护婴幼儿中会慢慢地教会她们如何成为一名母亲。

普鲁塔克在谈到自己死去的两岁女儿提莫科西娜(Timoxena)时,说婴儿

① Pliny the Younger, *Letters*, V.XVI.1–2, pp.379–381.

② Seneca the Younger, *On Consolation to Helvia*.18.8, in *Moral Essays*, Vol.II, translated by John W.Basore, the Loeb Classical Library, Cambridge MA.: Harvard University Press, 1970, p.481;又见[古罗马]塞涅卡:《哲学的治疗:塞涅卡伦理学文选之二》,吴欲波译,中国社会科学出版社 2007 年版,第 171 页。

③ Soranus, *Gynecology*, 2.2–3, translated by, Owsei Tomkin, Baltimore and London: The Hopkins University Press, 1991.

受到照顾者(保姆或乳母)的影响,并观察到家里其他孩子被喂奶的情形:他观察到女儿经常让乳母给其他小婴儿喂奶,或给一些婴儿坑具喂奶。[1] 可想而知,提莫科西娜若能活七八岁,应该会有很清楚的性别意识,明白女性的社会角色。或许,更能体现女孩性别角色的玩具是这样一个摇铃玩具:一位神情庄穆的妈妈,梳着已婚妇女所特有的发型,怀抱着一个正吮吸乳汁的婴孩。

母亲和婴儿的黏土塑像摇铃

考古学家发现的少量罗马时期埃及地区的女性玩偶的形象,大都是年长女孩或成熟妇女模样,很少有婴儿形象。其中,一个贵族女孩克丽佩莉娅(Crepereia)的象牙裸女玩偶高 22 厘米,两臂各戴一只金手镯,脖子上戴着一条金项链。[2] 尽管体型较小,但该玩偶做工精细,清晰地刻出了乳房形状(有

① Plutarch, *Consolation to His Wife*, 608D, in *Moralia*, Vol. VII, translated by Philip H. DeLacy, The Loeb Classical Library, Cambridge MA.: Harvard University Press, 1959, p.583.

② Thomas Wiedemann, *Adults and Children in the Roman Empire*, London: Routledge, 1989, p.150.

些能看出乳头)、宽臀、稍显凸出的腹部(有些肚脐部位是手绘的)和半个臀部,并仔细地标出阴部。这种生理特征明显的女性玩偶或许是母亲或乳母、祖母等长辈给小女孩讲解女性生理结构的直观教具之一。

绝大多数女孩十多岁时,父母就会为她们订婚,这是她们走向成年的重要一步。西塞罗在女儿图里娅 13 岁时就为她订了婚;他的朋友阿提库斯甚至开始为 6 岁的女儿阿提卡(Attica)找丈夫。① 根据罗马法律,订婚通常是女孩的父亲或监护人与其未来夫家签订的契约。那时,年幼的她们对自己的伴侣与婚姻不可能有明确的认知,只能任由父母安排。婚礼那天,新郎家要用羊毛线把两侧门柱连起来,意味着新娘以后的任务是在家做纺纱、织布之类的家务。这些家务技艺基本上是母亲教给女儿的重要内容,也被认为是合格女性的必备技能。

如果说勤劳持家是母亲教给女儿的必备技能的话,那么母亲对女儿的伦理道德灌输是更为重要的内容。对罗马女性来说,保持贞洁是第一要务。古罗马诗人卡图卢斯(Gaius Valerius Catullus,约前 84—约前 54)在劝告一个抗婚的小女孩时说,"不要拒绝父母亲给你选择的丈夫。你必须顺从他们。你的贞洁不完全是你自己的事情,三分之一属于你父亲,三分之一是属于你母亲,剩下的三分之一才是你自己的。"②

在卡图卢斯看来,女孩的贞操不仅是自己的事,更涉及父母与家族的尊严。罗马母亲与女儿的利益和名声是联系在一起的,甚至比母子或父女之间的关系更紧密。或许,年轻女孩的道德教育被认为是其母亲的天职。因此,若女儿行为不轨,为家族抹黑,母亲往往被认为失职而受到牵连。甚至离婚的女儿犯了不贞之罪,也会殃及自己的母亲。例如,屋大维的女儿朱里娅因不光彩的淫秽行为,她的母亲斯克里波尼娅(Scribonia,前 70—16)也受到株连而被

---

① Cicero, *Letters to Atticus*, 13.21a.4, in *Letters to Atticus*, Vol.II, translated by E.O.Winstedt, the Loeb Classical Library, London: William Heinemann, 1913, p.415.

② Catullus, *Poems*, 62.57–65, in *The Poem of Catullus*, translated by Peter Green, Berkeley: University of California Press, 2005, p.127.

处死。尽管早在 36 年前屋大维已与之离婚,而那时朱里娅还是个婴儿,早就不与母亲住在一起了。[①] 由此可见,母亲对女儿道德训诫的责任重大。

女孩若要保持冰清玉洁,就应远离奢华,穿着简朴得体,不能打扮得花枝招展,以免招惹是非。就连帝国后期的基督教教父哲罗姆也建议:"母亲应学会运用经典格言去教育她的女儿,指导她远离奢侈和自我打扮,以及所有类似这种娼妓标志的虚荣。"[②]当然,他的目的也许是为上帝培养圣女,与女孩爱美的天性并不契合。

除了母亲和家庭其他成年女性的教育外,罗马时期的戏剧、文学作品,甚至墓志铭也有关于好女儿、好妻子、好母亲的明确标准,这种社会教育可潜移默化地塑造女孩未来的角色。从爱国的角度来说,普劳图斯戏剧中的模范妻子阿尔克墨涅算是一位,她在送别远征的丈夫时说道:

> 无法在我身边,那就由他去,
>
> 如果名誉和荣耀随他凯旋而来,
>
> 一忍再忍,让我的心坚强起来,
>
> ……
>
> 他英勇的奖赏也应该属于我,
>
> 英勇最难得。[③]

除了爱国外,女性还应该忠于家庭,生儿育女,孝敬老人,最好还要美丽贤淑。下面两则墓志铭表达了这种女性的美德:

> 这块不起眼的墓碑下埋葬着一位美丽的女性。
>
> 父母为她取名克劳狄亚,她爱丈夫始终不渝。
>
> 共育二子:身后仅存一子,另一子先她而去。

---

① [古罗马]苏维托尼乌斯:《罗马十二帝王传》,张竹明等译,商务印书馆 1995 年版,第 86 页。

② St.Jerome, *A Girl's Education*, in *Selected Letters*, CVII, p.351.

③ [美]依迪丝·汉密尔顿:《罗马精神》,王昆译,华夏出版社 2008 年版,第 30—31 页。

她言谈可亲,步履高雅、操持家务,纺线织布。

我言已尽,君可离去。①

另一篇墓志铭说:

你谦逊顺从和蔼可亲、本性善良;

你不倦地纺织,虔诚履行宗教义务。

衣着简朴,举止优雅。

侍奉我的父母如同你的双亲。

她先我而亡,是我唯一的妻子;

她忠贞不二,信赖值得信赖的丈夫,

即使在艰辛的时候总是非常乐观:

她从不逃避责任和义务。②

通过这些文献资料,我们可以看出,罗马人心中的模范母亲都有下列共同的特征:美丽贤淑;支持丈夫保家卫国;生育子女;操持家务、纺线织布等。她应该也把女儿教育成具备这些美德的未来母亲,让其婚姻幸福、家庭和谐。

不过,有些专横的母亲会对女儿的婚姻、家庭生活进行无理地干预。例如,萨西娅(Sassia)破坏女儿的婚姻,目的是把女儿嫁给她的继子,以防财产外流。③ 还有守寡的母亲霸占父亲留给子女的财产,例如阿米利娅实际上终身拥有女儿部分财产的使用权。④ 当然,这样的母亲往往被看作反面教材。

总体而言,拉丁作家更关注父亲在孩子(尤其是男孩)教育中的作用,而对母亲的教育着墨不多。当然,这并不是说母亲在孩子教育中的作用可以被忽视。根据当前发现的少量文献、碑铭、纸草等考古资料,我们可以大致勾勒出母亲与孩子之间的关系。如前所述,在拉丁作家笔下,理想的母亲对儿子的

---

① [德]奥托·基弗:《古罗马风化史》,姜瑞璋译,辽宁教育出版社 2000 年版,第 23—24 页。

② 刘文明:《文化变迁中的罗马女性》,湖南人民出版社 2001 年版,第 44—45 页。

③ Suzanne Dixon, *The Roman Mother*, London: University of Oklahoma Press, 1988, p.63.

④ Suzanne Dixon, *The Roman Mother*, London: University of Oklahoma Press, 1988, p.48.

教育大多是男性精英希冀的"父亲式"的母亲,带有很强的道德训诫意味。对女儿来说,母亲则是天然的教育者,包括日常技能和伦理道德的传授。就现实生活而言,无论罗马的母子,还是母女关系都不应该是文学作品里刻画得那么程式化,考古可视画面中呈现出的慈爱与亲密的温馨场面应该是母子(女)关系的主色调。

第三节 教仆与贵族孩子

随着几个世纪的马蹄驰骋和刀剑挥舞,罗马从蕞尔小邦一跃成为横跨欧亚非三洲的大帝国。"父亲即教师"这种较为原始的家庭教育模式已经无法满足孩子学习希腊语与希腊文化而成为雄辩家的时代要求了。于是,很多有文化的希腊人以教仆或者家庭教师的身份开始进入罗马家庭,部分或者全部取代了父亲教育孩子的角色,在古罗马孩子从幼年到青少年的教育中发挥了不可忽视的作用。然而,教仆这个曾在古罗马社会中广泛存在的社会群体却很少受到古典史家和教育史学者的关注。

自罗马共和中后期开始,罗马家庭特别是贵族家的孩子在离开母亲或乳母的怀抱后,在成长和教育中遇到的第一个重要的人物就是教仆(paedago-gus)。① 教仆对古罗马儿童的教育与成长有着不容忽视的作用,如监督他们的道德培养,接送他们上学,携带学习用具,保护安全,辅导家庭功课,甚至充

---

① 其实,把 paedagogus 译成"教仆"并不十分贴切,只是目前没有一个更合适的中文词汇来表达它复杂的意思。昆体良《演说家的教育》的英文译者 H.E.布特勒认为,paedagogus 一词甚至没有一个英文词语可以准确表达它。(参见冯克诚主编:《外国教育名家名作精读丛书》第一辑,中国环境科学出版社 2006 年版,第 27 页。)笔者在文中使用"他或他们"来指代男性"教仆"及其监管的男孩,但是这并不意味着没有女性"教仆"及其监管的女孩。"女教仆"也有专门的术语,即 paedagogi(参见 Val.Max.vi.I.3 Ancient Literacy,p.239.注释 337)。在纸草文献中,研究者曾发现过女教仆请求照顾一个小女奴隶佩娜(Peina)的申请书,要求把她当作自己的女儿来进行教育。(参见 R.Cribiore, *Gymnastics of the Mind:Greek Education in Hellenistic and Roman Egypt*, New Jersey:Princeton University Press,2001,p.47.)另外,在小普林尼、马提雅尔等人的作品中还发现,在古罗马贵族家庭里,女孩拥有教仆的现象也很普遍。

任外出学子的监护人等。教仆的这些职责是家庭教育的重要组成部分,也是父母权威的延伸与扩展。然而,身为奴隶或被释奴,教仆的地位卑微,他们与孩子和家庭之间形成的是一种亲密友好与紧张敌对、情感与利益交织的微妙关系。教仆不仅对统治阶层的子女教育发挥了重要作用,而且对平民的,甚至奴隶儿童的初级教育也作出了一定的贡献。

一、教仆出现的原因

拉丁语中的教仆"paedagogus"(或"pedagogi")源自希腊语中的"paidagog-os",pais(gen.paidos)指"男孩","agogos"指"教育者或引路人",因此其字面的意思就是"男孩的教育者或引路人"[1]。该词在拉丁语中意思更为明确,指一名监督和陪同男孩(们)上学的奴隶或随从。他们是贵族家庭用来监管孩子的奴隶或被释奴,不同于真正意义上的家庭教师(tutor)和学校教师。[2] 有的学者认为,在西方古典时期,教仆作为一个曾经存在的知识群体发挥了广义上的教育者作用。[3] 近些年来,中国学术界有人提出了教仆文化的概念,认为他们是西方社会最早的教师。[4]

---

[1] http://www.wordinfo.info/words/index/info/view_unit/3596/? letter=C&spage=25">Word.

[2] 目前,不少的学者把 pedagogue 与 tutor 混用。其实,很多学者将前者翻译为 slave-tutor、tutor、guardian、governor 等都是误导。Pedagogue 是对男孩全面监管,护送去学校和其他地方,监看孩子是否做坏事犯错误,但并不作为直接管理他学习的指导者。而 tutor 主要指家庭教师。古希腊古罗马的教仆与家庭教师的关系主要有两种。第一种情况是:教仆不同于家庭教师。教仆专指那些照顾孩子生活、接送上学或外地陪读并监督其品行的奴隶。初期,希腊教仆也要教孩子希腊语。第二种情况是:有时,一些教仆要身兼教仆与家庭教师的双重职责。罗马家庭教师主要是指富贵之家聘用的、专门教男孩或女孩初级读写算、文法和修辞学等知识的希腊奴隶或被释奴。由上可知,"教仆"并不完全等同于家庭教师。当然,教仆也不同于学校教师。学校教师有专门的术语,如 ludi magister、didaskalos、praecepter 等。不过,部分教仆获得自由后也会去做学校教师。

[3] Teresa Morgan, *Literate Education in the Hellenistic and Roman World*, Cambridge: Cambridge University Press, 1998, p.17.

[4] 参见张宁娟:《中西教师文化的历史演变》,《教师教育研究》2006 年第 2 期。该文指出,西方教育学(pedagogy)这一术语来自于教仆(pedagogue)一词。西方最早的教师——教仆地位卑下,与我们中国古代最早教师的圣贤地位形成了鲜明的对照。笔者认为这里的"教师"不同于现代意义上的"教师"概念,而是指宽泛泛意义上的教师。

在古希腊,上层家庭使用教仆的现象非常普遍。许多古典时期的文学作品就有不少关于教仆的记载。譬如,最早出现在希腊神话中的菲尼克斯(Phoenix)和喀戎(Cheiron)就是阿喀琉斯(Achilles)的教仆①;希罗多德在《历史》中提到,斯奇努斯(Sicinnus)是塞米斯托克里斯(Themistocles)的门客,做过后者儿子们的教仆②;欧里庇得斯和索福克里斯曾提到阿加门农的上了年纪的教仆等。现存的资料表明,使用教仆的做法遍及斯巴达之外的整个希腊地区。

古罗马人了解希腊使用教仆的做法始于公元前 3 世纪。后来,频繁征战,如皮鲁斯战争、布匿战争等把他们与希腊人密切联系起来。戏剧作家泰伦斯把教仆作为新戏剧的人物形象第一次搬上罗马的舞台。昆体良、普鲁塔克、琉善和李巴尼乌斯③等名士也曾多次论及教仆及其作用。不过,罗马人最初对教仆总是嗤之以鼻,如费边·马克西姆因主张对汉尼拔实行拖延战术,而被他的军队讽刺为汉尼拔的"教仆"。④ 到公元前 2 世纪,特别是在公元前 168 年马其顿战争结束以后,罗马人开始大规模地使用希腊教仆。这从当时碑铭中的教仆几乎都是希腊文名字便可以看出。⑤ 当然,能雇用得起教仆的主要是贵族阶层。在罗马城里,教仆偶尔也会出入中等阶层的公民家庭。⑥

---

① Plato, *The Republic*, 390e, in Plato, Vol. V, translated by Chris Emlyn-Jones and William Preddy, the Loeb Classical Library, Cambridge MA.: Harvard University Press, 2013, p.241。

② Herodotus, VIII, 75, translated by A. D. Godley, the Loeb Classical Library, Cambridge MA.: Oxford University Press, 1946, p.73.

③ Plutarch, *The Education of Children*, 7, p.23.

④ Plutarch, *Fabius Maximus*, 5.4, p.133;参见[古希腊]普鲁塔克:《希腊罗马名人传》(上),陆永庭、吴彭鹏等译,商务印书馆 1990 年版,第 508 页。

⑤ 也有使用家生奴隶作"教仆"的情况。例如,尤维纳尔就有一个为他背书箱的男孩奴隶(capsarrius)(参见 Juvenal, *Satires*, X, 114, p.201.)。在拉丁语中,这种伴读奴隶被称为 pedisequi,类似于中国古代的伴读书童。事实上,由奴隶子弟做"教仆"的还是少数,大部分是成年或老年奴隶。著名文法学家帕拉门(Quintus Remmius Palaemon)曾是伴读的家生奴隶,并因之获得受教育的机会,后来成为著名的文法学家。参见 Suetonius, II. On *Grammarians*, XXIII, p.429。

⑥ 参见 Keith R. Bradley, *Discovering The Roman Family*, New York: Oxford University Press, 1991, pp.37-75;Stanley F. Bonner, *Education In Ancient Rome: From the Elder Cato to the Younger Pliny*, London: Methuen, 1977, p.41。

古罗马的父母之所以情愿把孩子托付给那些来自希腊的奴隶,主要是出于以下几个方面的原因:

首先,希腊文化是当时地中海世界最发达的文化,希腊语是地中海地区的"国际性"语言。随着罗马疆土急剧扩大,为了更好地统治,罗马人必须学习希腊语与希腊文化。此外,罗马人多为农民出身,对希腊文化早就艳羡不已。随着大批希腊人涌入罗马,学习希腊文化很快成为罗马人的一种时尚。当时,希腊语在罗马城非常流行,很多罗马演说家也喜欢用希腊语发表演说,以至于尤维纳尔把罗马城戏称为"希腊城"[①]。有条件的家庭自然想让孩子尽早地学习这门语言,最为便捷的方法就是雇用一个有教养的希腊奴隶作为孩子的教仆。昆体良也主张孩子在学习母语前,要先学习希腊语。他劝诫父母们在选择教仆时应该相当谨慎,要严格地考察他们是否品行端正、学识丰富、表达准确流畅。在他看来,"最坏的事情莫过于有些人只是学会了几个字母就误认为自己是真正有知识的人⋯⋯这给孩子的将来会造成难以根除的错误。"[②]例如,克劳狄的教仆曾经是个赶骡人的领班(ex-muleteer),表达含糊不清且性格粗暴,一直将未来的皇帝置于严厉的惩罚和控制之下。[③] 克劳狄的残暴大概与其有着直接的联系。而小加图的希腊教仆萨皮丹(Sarpedm)不但多才多艺,而且善于辞令,对具有独立思想的小加图循循善诱,从不使用暴力[④]。

其次,罗马人认为希腊人的儿童观以及对儿童的行为、举止、衣着等要求比较符合自己的传统观念。譬如,柏拉图和阿里斯托芬谈及孩子在长者面前要保持沉默,在他们出入时起立以示尊敬,注意头发、衣服和鞋子等形象的重

---

① Juvenal, *Satires*, III, 61, p.37.

② Quintilian, *The Orator's Education*, I.1.8, 1980, p.23.

③ [古希腊]苏维托尼乌斯:《罗马十二帝王传》,张竹明等译,商务印书馆1995年版,第194页。

④ [古希腊]普鲁塔克:《希腊罗马英豪列传》Ⅶ,廉代岳译,安徽人民出版社2012年版,第45页。

要性。① 柏拉图还说:"孩子被认为是地球上最难管理的动物,他们很难对付,要严加管教。"②尽管希腊人的这些观念与罗马人旧传统之间没有任何直接的联系,却深得那些坚持罗马传统习俗的父母们的认同,因此他们也就能放心地让希腊教仆对孩子在家里与外边的行为举止进行教导和监督。

再次,古罗马父母越来越多地接受希腊人做"教仆"是因为共和后期政局的混乱需要有专门的人保护孩子。在罗马人眼中,希腊人与他们一样具有保护儿童的传统,把孩子交给他们令人放心。在共和后期,由激烈的政治派别引发的混乱与冲突使街道充斥着不安,流血冲突也不时地发生。有时,孩子即便在家中也不安全。当入侵者危及主人的生命时,他就会对教仆大声呼喊:"把孩子藏起来,保证把他安全地抚养成人!"③在苏拉独裁时期,与政治事件有牵连的家族的孩子经常处于危险之中。据阿庇安记载,公元前43年,当一个罗马男孩与其教仆走在上学的路上时,突然遭到袭击,教仆张开双臂奋力保护男孩,最后两人惨遭杀害。④

最后,身为罗马公民的父亲无暇顾及孩子也是教仆长期存在的原因之一。罗马像希腊一样是男性公民社会,公民家庭中的父亲需要参与国家的管理事务、负责经商或耕种土地等大事,往往没有多少闲暇时间和精力教育孩子。帝国后期的演说家李巴尼乌斯曾说,"指派一名教仆来监管自己的儿子",这样"父亲就可以把精力用于其他事务,如负责城市的事务或管理自己的土地。他也可以一整天耗在广场上或议事厅里。"⑤于是,忙于公务和生计的罗马父亲便希望由"专业人员"——教仆来帮助他们教育孩子。对出门在外的富家

---

① Plato, *The Republic*, IV.425B, pp.361-363.

② Plato, *Laws*, VII, 808D, E, p.69.

③ *Rhet.ad.Herenn*, 4.52.65, 转引自 Stanley F.Bonner, *Education In Ancient Rome: From the Elder Cato to the Younger Pliny*, London: Methuen, 1977, p.41.

④ Appian, *Roman History*, IV.30, translated by Horace White, the Loeb Classical Library, Cambridge: Harvard University Press, 1913, p.191.

⑤ Libanius, *Oration*, 58.8, in Libanius, *Antioch as a Centre of Hellenic Culture as Observed by Libanius*, translated with an introduction by A.F.Norman, Liverpool: Liverpool University Press, 2000, p.172.

子弟而言,由一个或多个奴隶负责携带行李,教仆作为随从和监管人紧跟其后,在当时是很常见的场景。

二、教仆的职责

古罗马孩子从何时开始接受教仆的照顾,又何时结束他们的监管呢? 这是一个颇有争议的问题。孟禄认为,大约在孩子七岁时,教仆就开始接替保姆;在十八岁时,年轻人从教仆的监护下解脱出来。[①] 这种观点可以从古典作家那里找到佐证,如柏拉图说道:"当一个孩子到离开母亲和保姆的怀抱时,就需要教仆和其他许多老师来教育他。"[②]朱利安回忆说,在七岁生日时,他被交到教仆马东尼乌斯(Mardonius)手中。[③] 也有一些作家采取了含糊的说法,例如普鲁塔克只是提到"当孩子们到了置于教仆管理之下的年纪"[④];教仆有时也照顾婴幼儿时期的孩子,如讽刺诗人马提雅尔就曾给自己婴儿时摇摇篮的"paedagogus"凯瑞德姆(Charidemus)写信。[⑤] 在帝国时期,罗马人家庭中照顾婴幼儿的不只是保姆一个人,往往会有一两个老奴隶帮忙。他们往往被称为"paedagogus",也被称为"educator"(保姆有时可以称为 educatix)。这两个词语可以换用,都有"家庭抚养(育)者"之意。[⑥] 就此而言,教仆从孩子七岁上学时才进入孩子生活的说法并不完全准确。另一方面,对于结束教仆监管

---

① Paul Monroe,*A Brief Course in the History of Education*,London:Macmillan Co.,1927,p.42.

② Plato,Laws,Ⅶ,808D,p.69.

③ Julian,*Misopogon*,in *The Works of the Emperor Julian*,Vol.Ⅱ,1969,p.461.

④ Plutarch,*The Education of Children*,7,in *Moralia*,Vol.Ⅰ,p.17.

⑤ Martial,*Epigrams*,XI.39.1-2,p.37.

⑥ 事实上,英文"educate"一词源于一个拉丁动词"educare",主要有家庭抚养和身体训练之意,不仅适用于父母,而且逐渐适用于那些照顾婴幼儿的人。他们被称为"educator"或者"paedagogus"。这两个术语经常被换用,塔西佗称阿尼开图(Anicetus)为尼禄少年时代的educator,苏维托尼乌斯称之为 paedagogum。(参见 Tacitus,*Annals*,XIV.LXII,p.209;Suetonius,Ⅱ.Nero,XXXV.2,p.148.)而且早在老塞涅卡时期,那些试吃食物的人也被称为"pedagogues"(Seneca the Elder,*Controversaie*,Ⅱ.1.29,p.237.)正是从这种意义上说,把 pedagogues 译成"教仆"不太确切。

的年龄,难以在古典作家那里找到明确的交代。色诺芬在谈到男孩从教仆手里解放的问题时,只是含糊地说:"当十多岁时,有些男孩就开始不再受教仆和教师的管束了。"①"金口"约翰②也有类似的说法:"当男孩养成了好的习惯以后,教仆就没有什么用处了,可以不再受到教仆的管教。"③一般而言,当罗马男孩穿上标志成年的托加时(约为14到16岁),就有了自己的自由。④ 当然,对于外出深造的青少年则另当别论,教仆对他们的管束一般还要持续一段时间,直到其完成学业。

当然,一个理想的教仆能够包揽男孩的一切事务,其中最主要的任务是培养孩子的美德以及接送上学。此外,他们还要辅导孩子的功课,包括回答孩子千奇百怪的问题,这就要求教仆学识丰富、性情温和。当然,在孩子不听话时,他们还可以对其鞭打惩罚。其实,教仆的角色并非一成不变。在孩子早年,教仆往往既是家庭教师又是监管人。待孩子到了一定的年纪,对孩子的教育任务就产生了分工。智力发展和文学教育转归家庭教师或学校教师,而对孩子言行的监督、社交礼仪的培养仍由教仆负责。此外,陪护孩子上学及其安全、携带沉重的学习用具也是他们的重要任务。

古代人比较重视孩子的礼仪和道德培养,罗马人也不例外。在接管幼童后,教仆就要教会他们适当的社交礼仪,监督日常的言行举止。例如,就餐时,孩子要穿着罩衫与教仆坐在一起,不要抢夺食物,不要把手张开去拿食物,而应该优雅地用拇指和其中的一个指头,或至多用两个指头。⑤ 再如,现代人经

---

① Xenophon, *The Constitution of the Lacedaemonians: A New Critical Edition with a Facing-Page English translation*, III.1, translated by Donald F. Jackson, Lewiston: the Edwin Mellen Press, 2006, p.21.

② 公元 4 世纪中期的著名学者,年轻时追随著名学者李巴尼乌斯学习演说,因口才极佳,被同行誉为"金口"(Chrysostom),后来皈依基督教。

③ John Chrysostom, *Patrologia Graeca*.61.656,转引自 A.V. Yannicopoulo, "The Pedagogue in Antiquity", *British Journal of Educational Studies*, Vol.33, No.2(April 1985), p.176。

④ Horace, *Ars. Poetica*(*The Art of Poetry*), 162-2, p.465; Martial, *Epigrams*, XI.39.1-2, p.37. IX.27, p.255.

⑤ Seneca the Younger, *Epistle*, XCIV.8, p.17.

常要求孩子走路要抬头挺胸,而一名罗马少年走在街上,教仆一般会催促他低头看地,不允许东张西望,以防止孩子看到不好的场面而受到不良影响。朱利安曾回忆说:"我的教仆要求我在上学的路上,应该注视地面。"①琉善的说法也证实了这一点:"孩子从家里出来,不能看迎面而来的任何人。"②在课堂上,教仆手中经常拿着棍子准备着行动,也会坐在学生中间以防他们互相戏弄,出现放荡猥亵行为。③ 帝国后期的著名演说学家李巴尼乌斯认为,教仆对孩子的礼仪道德培养作用很大,甚至断言"没有教仆,一个孩子成为一个好男人或好学生简直就是不可能的!"④当然,这种说法有些绝对,不过足以说明当时教仆对孩子道德培养的重要性。

保护小主人在公共场合和上学途中的安全是教仆职责的重要组成部分。教仆鲁斯(Ruth)对纳奥米(Naomi)所说的"无论你到哪里,我都要跟着"⑤可以作为教仆的座右铭。当小主人出现在公共浴池、剧院等公共场所时,他的教仆会像保镖一样不离左右。奥古斯都甚至规定,在剧院中要在男孩座位旁边为其教仆设置专座。⑥ 一般而言,教仆护送小主人最经常的路段是在住所与学校之间。孩子们早晨一般很早就离开家,有时要走很长的路程才能到达学校。他们有可能面临野兽攻击、天气恶劣,甚至歹徒抢劫等危险。另外,他们上学需要携带的书卷和写字板相当沉重。由教仆护送则大大减少了孩子们面临的这些潜在危险和沉重的负担。最初,只有小学生由教仆跟随。后来,文法

---

① Julian, *Letter to the Athenians*, in *The Works of the Emperor Julian*, Vol.II, p.259.

② Lucian, Vol.VIII.*Amores* (*Affairs of the Heart*), 44, pp.217-219.

③ Quintilian, *The Orator's Education*, 2.2.14, p.275.

④ Libanius, *Oration*, 58.8, in Libanius, *Antioch as a Centre of Hellenic Culture as Observed by Libanius*, translated with an introduction by A. F. Norman, Liverpool: Liverpool University Press, 2000, p.172.

⑤ Stanley F.Bonner, *Education In Ancient Rome: From the Elder Cato to the Younger Pliny*, London: Methuen, 1977, p.44.

⑥ [古罗马]苏维托尼乌斯:《罗马十二帝王传》,张竹明等译,商务印书馆1995年版,第75页。

和演说术学校的学生随之效仿。就连在音乐学校①里，罗马教仆也陪护着学生。公元2世纪前，教仆为孩子背带学习用具成为习惯性的做法，此后甚至一些教仆也有了一个跟班（akolouthos），主要任务就是把所有的或大部分学习用品背到学校。琉善在描写一个公元2世纪学生的生活时，曾写道："少年身后跟随着体面的教仆和奴隶，教仆手中只拿着培养高贵美德的工具（暗指皮鞭或棍子等体罚工具）。"②由此可见，某些教仆的境遇在帝国时期也有了一定程度的改善。

　　一般来说，教仆的主要任务是监督孩子，而不是教孩子学习。不过，他们有时也会帮助小主人完成课程的学习。例如，一位叫李德斯（Lydus，他的名字是拉丁语初级教育"ludus"的双关语）的人曾为费劳克塞努（Philoxenus）顽劣的儿子皮斯特克莱鲁斯（Pistoclerus）的教仆，既负有监督之责，又教授孩子初级课程。③ 史料记载，罗马初级教育阶段的课程难度较大，学生在校时间长，加之家庭作业很多，所以有时候要在晚上加班学习。这些都需要在教仆的监督与帮助下完成，特别是那些自觉性不高的孩子。由于疲劳和烦躁，他们往往会对孩子发泄怒气，李巴尼乌斯曾这样谈及教仆对孩子的体罚："夜里，教仆斥责孩子，对他喊叫，拿着棍子，摇着鞭子，强制性地把这些功课装进他的头脑中。"④由于韵律学或诗体学对语言的学习非常重要，学生们每天都要花费很

---

① Terence, *The Lady of Andros*, 85, translated by John Sargeaunt, the Loeb Classical Library, Cambridge MA.: Harvard University Press, 1931, p.13.需要说明的是，尽管音乐在罗马教育中不像在希腊教育中占有那么重要的地位，但是作为一项技能并没有被罗马人忽视。在宗教节日期间，男孩和女孩要参加合唱队表演，还要伴着弦乐进行个人表演。他们很可能是在家里学习音乐，后来音乐学校逐渐成为罗马教育的一个部分。公元前129年，小斯奇比奥曾在一次发言中表达了对音乐学校的不满与厌恶，声明出身自由的男孩和女孩学习音乐被认为是不光彩的事情。参见 Macrobius, *The Saturnalia*, III.14.6-7, in Vol.II, translated by Robert A.Kaster, the Loeb Classical Library, Cambridge MA.: Harvard University Press, 2001, pp.99-101。

② Lucian, Vol.VIII.*Amores* (*Affairs of the Heart*), 44, p.219.

③ Plautus, *The Two Bacchises*, Scene 2, 120, p.343.

④ Libanius, *Oration*, 58, 8, in Libanius, *Antioch as a Centre of Hellenic Culture as Observed by Libanius*, translated with an introduction by A. F. Norman, Liverpool: Liverpool University Press, 2000, p.172.

多时间进行口头和书面的练习,经常持续到深夜,吵醒了睡觉的邻居。① 李巴尼乌斯不无同情地写道:"尽管夜晚是成年人休息的时间,年轻人却用它来学习……他们甚至不能做个美梦。当男孩父亲休息以后,教仆仍要履行职责,陪伴孩子在灯下完成功课。"②"金口"约翰也曾说过类似的话:"教仆不是与教师作对,而是与之合作;他保护儿童免受邪恶的影响,而且耗费很大精力帮助他掌握从教师那里接受的知识。"③

不少教育史家认为教仆主要是照顾和监督处于童年阶段孩子的学习和生活。然而,不少的文学作品和铭义资料表明,教仆对那些在家或在外求学的青少年的生活和学习也拥有很大的权力。对于在家的贵族青少年而言,教仆不仅对其道德的培养起着监督作用,而且也督促其学习上的进步。对于在异地求学的青年人来说,教仆不仅是学生与家长之间联系的桥梁,而且作为家长的代理人对学生行使着相当大的权力。在男孩接受教育的过程中,教仆经常要向家长汇报学生在外生活与学习的状况,监督学习进度,指导其言行得体,寻找合适的学校、教师以及保管钱财等。他们因责任重大常常会受到学生家长的器重,以免出现像西塞罗的儿子小马可乌斯(Marcus)在雅典把学费挥霍在宴会和女人身上,却写信愚弄家人说,自己学习刻苦用功,需要再寄钱给他之类的话。④

李巴尼乌斯的信件和作品更清楚地表明,他班级中那些来自外地的学生的教仆对学生施加了很大的影响。他在信件中较为全面地表明了自己对教仆的看法。首先,他认为一个理想的教仆应该"保护年轻人像花儿一样纯洁,让

---

① Martial, *Epigrams*, IX.68.4, p.293.

② Libanius, *Oration*, 58, 8, in Libanius, *Antioch as a Centre of Hellenic Culture as Observed by Libanius*, translated with an introduction by A. F. Norman, Liverpool: Liverpool University Press, 2000, p.172.

③ John Chrysostom, *Patrologia Graeca*. 61.656, 转引自 A. V. Yannicopoulo, "The Pedagogue in Antiquity", British Journal of Educational Studies, Vol.33, No.2(April 1985), p.176。

④ Jo-Ann Shelton, *As the Romans Did: A Source Book in Roman Social History*, New York: Oxford Universiey Press, 1988, p.125; Aubery Gwynn, *Roman Education from Cicero to Quintilian*, Oxford: Clarendon Press, 1926, pp.130-131.

他们免受情人或不道德之人的侵犯和影响，……见到邪恶之人威胁主人时，教仆要像一条对着狼吠叫的狗一样。"①其次，他对那些帮助和鼓励学生热爱学习的教仆给予了肯定和称赞。在给学生提提阿努斯（Titianos）父亲的一封长信中，他赞扬了该男孩的教仆马埃塞鲁斯（Maecellus）时刻地鼓励孩子对学问的热爱。② 最后，他对那些因为缺乏必要的监督和控制而滥用权力的教仆表示出不屑和谴责。比如，他曾谴责一些教仆频繁地为他的小主人更换学校的现象："应该考虑到一个事实，一些教仆为获得好处而滥用自己的权力，使得学校的名声处于危险之中。我建议公民们不要忽视他们的这种不良行为，要对其表示出应有的愤怒和谴责。"他还提到过教仆要求教师请他们吃饭、在教室里为他们设长凳等无理要求。③ 讽刺诗人尤维纳尔则对一些教仆克扣教师工资的现象痛心疾首："哪位文法教师，甚至最为博学的，曾经收到过与自己辛苦劳动相当的工资？而且，这笔钱那么少，还会由于贪婪教仆的回扣而减少一半。"④

三、教仆与主人的关系

由于教仆长期随行孩子的左右，自然经常参与孩子的家庭生活，他们势必会与孩子及其家庭之间产生复杂的关系。大部分教仆都能凭借一定的文化优势，行使对孩子的教育"权力"。然而，他们身为奴隶或被释奴，地位卑微，因而与孩子及其家庭之间形成了亲密友好与紧张敌对、情感与利益交织

---

① Libanius, Oration, 58.7, in Libanius, *Antioch as a Centre of Hellenic Culture as Observed by Libanius*, translated with an introduction by A. F. Norman, Liverpool: Liverpool University Press, 2000, p.173.

② Libanius, *Epistle*, 44, 转引自 R. Cribiore, *Gymnastics of the Mind: Greek Education in Hellenistic and Roman Egypt*, New Jersey: Princeton University Press, 2001, p.49。

③ Libanius, *Oration*, 58, 9, in Libanius, *Antioch as a Centre of Hellenic Culture as Observed by Libanius*, translated with an introduction by A. F. Norman, Liverpool: Liverpool University Press, 2000, p.173.

④ Juvenal, *Satires*, VII.215, p.155.

的微妙关系。

在希腊罗马时期,教仆经常被认为是值得信任的家庭成员。希腊神话中的阿喀琉斯亲切地称教仆菲尼克斯为"亲爱的老父亲"。① 前文提到在共和后期内战期间,父母临死之前把孩子托付给教仆的例子,还有阿庇安关于教仆拼命保护被追杀孩子的记载都说明了教仆对主人家的忠诚和深厚感情。作为孩子从小到大的看护者,教仆一般都能像父亲一样深爱着自己所监管的孩子。李巴尼乌斯在一封书信中写道:

> 照顾生病的孩子本不是教仆的职责,但当男孩生病时,他们很担忧,往往对孩子无微不至地照顾……当男孩死去时,他们伤心欲绝,悲伤的程度之深和时间之长不亚于他们的父母。更有甚者,一些教仆无法接受自己教育过的男孩的死亡,就对着死者坟墓上的石头说话,后来甚至死在那里。②

显然,这种情感不能用奴隶对主人的无限忠诚来衡量,而是跨越等级和时空的人类本性中的真情。不少文人都表达了对教仆的尊敬和感激之情。西塞罗说,教仆就像保姆一样经常被孩子满怀感情地记着。③ 李巴尼乌斯甚至认为:"教仆在感情方面不比父亲差到哪儿去。如果他得到的情感回报足够多,他都可以不要报酬。"④朱利安也满怀尊敬地提到他的教仆马东尼:"我敬畏那个监管我的男人,或者说他就像我的父亲一样。"⑤他们的忠诚和奉献也时常

---

① H.I.Marrou, *A History of Education in Antiquity*, translated by Geprge Lamb, Madison: University of Wisconsin Press, 1982, p.7.

② Libanius, *Oration*, 58, 11, in Libanius, *Antioch as a Centre of Hellenic Culture as Observed by Libanius*, translated with an introduction by A.F.Norman, Liverpool: Liverpool University Press, 2000, p.173.

③ Cicero, *De Amicttia*, xx.74, in Cicero, *De Senectute, De Amicttia, De Divinatione*, translated by William Armistead Falconer, the Loeb Classical Library, Cambridge MA.: Harvard University Press, 1964, p.133.

④ Libanius, *Oration*, 58.11, in Libanius, *Antioch as a Centre of Hellenic Culture as Observed by Libanius*, translated with an introduction by A.F.Norman, Liverpool: Liverpool University Press, 2000, p.173.

⑤ Julian, *The Caesars*, *The Works of the Emperor Julian*, Vol.II.p.391.

被铭刻在墓碑或公共纪念碑上,例如,恺撒曾建造一块公共纪念碑来纪念他曾经的一个教仆——被释奴斯法鲁斯(Sphaerus),并且在其生前给予了他自由。①

当然,"教仆"并非总能得到信任与尊敬。少数教仆因品行不端、行为不轨,往往会受到严厉的惩罚。据说,罗马共和时期,一名教仆诱惑他的女学生,而女孩的父亲是个粗暴严厉的骑士,一怒之下,处死了他们两个。② 有些罗马孩子的父母则由于教仆是来自希腊的奴隶或被释奴而鄙视或不信任他们。例如,老加图虽然让他的希腊奴隶基洛教育其他奴隶和邻居的孩子,但是不允许他教自己的儿子。他认为因为孩子学习懒怠或反应迟缓而让一个奴隶叱责或扭耳朵是不对的。③ 贺拉斯的父亲更是不信任教仆,总是亲自接送儿子上学。此外,一些教仆性格粗暴,可能会对小主人过于严厉。不可否认,少数教仆会因为地位卑微而怀有报复的心理来苛刻地惩罚孩子,这会引起一些家长的担忧和不满,甚至会引起学生的反抗和报复。李巴尼乌斯尽管主张要尊重教仆,但也对一些教仆的过分行为表示气愤。他曾指责一个教仆比一个独裁者还严厉,不停地唠叨、斥责,成天粘着痛苦的学生,不停地督促他努力学习,不允许他有一点时间休息,用于威胁的工具鞭、棍子始终跟随着学生。④ 他还曾经在信中警告一个学生的父亲说,他儿子的教仆持续不停地打他,就像是一个水手不停地用桨击打海水一样。⑤

① Dio Cassius, *Roman History*, XLVIII.3.3, translated by Earnest Cary and Herbert B.Foster, the Loeb Classical Library, Cambridge MA.: Harvard University Press, 2014, p.289.

② Stanley F.Bonner, *Education In Ancient Rome: From the Elder Cato to the Younger Pliny*, London: Methuen, 1977, p.41.

③ Plutarch, *Marcus Cato*, XX.3, p.361; [古希腊]普鲁塔克:《希腊罗马名人传》(上),陆永庭、吴彭鹏等译,商务印书馆 1990 年版,第 366 页。

④ Libanius, *Progymnasmata*, III, 8, in Libanius, *Progymnasmata: Model Exercise in Greek Prose Composition and Rhetoric*, translated with an Introduction and Notes by Craig A.Gibson, Atlanta: Society of Biblical Atlanta, 2008, p.59.

⑤ Libanius, *Epistile*, F1188, in R.Cribiore, *The School of Libanius in Late Antique Antioch*, New Jersey: Princeton University Press, 2007, p.312.

关于希腊罗马教仆体罚孩子的可视资料极为罕见,不过考古学家还是幸运地发现了公元 5 世纪一组用来装饰房屋地板的十五块马赛克镶嵌画。它们非常详细地讲述了一名罗马男孩如何被抚养并受教育的过程。其中,第二幅的第一联就描绘了贵族男孩金布鲁斯(Kimbros)受教仆菲利奥斯(Philios)体罚的场景:男孩光着屁股,躺在一种类似于床的体罚架上,被菲利奥斯抽打。男孩的胳膊向外张开,或许是受到鞭打深感疼痛的本能反应。①

金布鲁斯受罚

教仆虽然是孩子的管理者和教育者,但是从根本上说,他们更是社会的受支配者和被压制者。独立和反抗意识增强的青少年,并不总是教仆监管的被动接受者。有时,他们也会对教仆表示不满与反抗,甚至会恶毒地采取报复行为。马提雅尔曾用讽刺性的语言表达了对他青年时期还在管制自己的教仆的不满:

> "凯瑞德姆,你是我孩童时期形影不离的监管人和陪伴者。如今我的胡子已经长出来了,但我还是没有摆脱你。除非得到你的许可,否则我不能出去玩、喝酒或者跟女孩子调情。你不允许我穿紫色的衣服,梳时髦的发型。否则,你公开指责我,严密监视我,发牢骚,

① Constantin A. Marinescu, Sarab E. Cox and Rudolf Wacbter, "Paideia's Children: Childhood Education on a Group of Late Antique Mosaics", in Judith Evans Grubbs & Tim Parkin(eds.), *Constructions of Childhood in Ancient Greece and Italy*, Athens: The American School of Classical Studies at Athens, 2007, p.109.

大声叹气。你几乎无法控制自己在暴怒的时候抓起惩罚我的藤杖，……我无法忍受加图一样的人做我的教仆！我的女朋友会告诉你，我现在已经是个男人了。"①

有一份纸草文献记载了这样一件事情：一名在亚历山大里亚读书的男孩，因其教仆向父亲告状说他在外吃喝玩乐，就心生怨恨，给父亲写信说："要警惕这个生性邪恶的教仆，他从未停止过阴谋反对你。……你应该送他去做工，每天挣 2 德拉克马，可以给我做学费。"②关于这名教仆日后的结局如何，我们无法确知，但可以看出，这个学生应该清楚地知道，监督自己的人身份卑微，应该为自己服务，受自己奴役。教仆这种模棱两可的尴尬身份，还体现在学生残暴对待他们的事例中。在《论演说》第 58 节，李巴尼乌斯谴责了一些学生对教仆的粗暴行为，说一个学生把教仆抽打得在地板上滚来滚去。③ 他还提到了学生集体戏弄一个教仆的情形：学生们把一张毯子铺在地上，然后把一个教仆放在上面，用力地把他抛得很高，于是他们发出快活的大笑声。但当受害者掉下了毯子，摔在地上，伤了他的肢体，他们的乐趣就会更大。④ 就此来看，教仆的境遇非常值得同情。

从上述分析可见，不管教仆与孩子及其家庭之间的关系是亲密友好，还是紧张敌对，教仆的确对贵族阶层孩子的教育成长起到了不可替代的重要作用：大到对孩子人身安全的保护、道德培养的监督、文化知识的传授，小到对孩子衣食住行的日常照顾无不如此。在贵族子弟的身旁，总可以看到他们忙碌的身影。他们作为希腊文化的主要传播者之一，以自身的文化知识和道德价值

---

① Martial, *Epigrams*, XI, 39, p.37.

② R.Cribiore, *Gymnastics of the Mind : Greek Education in Hellenistic and Roman Egypt*, New Jersey : Princeton University Press, 2001, p.123.

③ Libanius, *Oration*, 58, in Libanius, *Antioch as a Centre of Hellenic Culture as Observed by Libanius*, translated with an introduction by A.F.Norman, Liverpool : Liverpool University Press, 2000, p.174.

④ Libanius, *Oration*, 58, 18, in Libanius, *Antioch as a Centre of Hellenic Culture as Observed by Libanius*, translated with an introduction by A.F.Norman, Liverpool : Liverpool University Press, 2000, p.175.

观深深地影响着罗马人的下一代。可以说,在从拉丁土地贵族的后代向未来新型帝国统治者的转型过程中,教仆无意识地充当了推动者的角色,也对罗马的希腊化进程起到了推波助澜的作用。

另一方面,教仆对平民甚至奴隶儿童的教育也发挥了一定的作用。一些教仆因尽心尽责而获得自由以后,一般有以下两条出路:一是继续从事教仆职业,凭借丰富的经验与扎实的学识,寻找一个更稳定的且有权势的家庭以谋求更好的机遇;二是到一个很大的培训机构 paedagogia① 里做老师,学生一般是12 岁到 19 岁的奴隶男孩(被称为 paedagogiani),他们自己被称为"奴隶群的教师"(paedagogi puerorum),主要是教给学生一些能满足侍者、厨师和理发师等"专业"需要的读写算等基本知识。此外,也有不少教仆在获得自由后开办初级学校,主要教给请不起家庭教师的平民孩子读写算的初级知识。这种初级教师地位卑微、收入微薄,被琉善不屑地称为"被人打脑袋"的职业。② 尽管如此,这些身为奴隶或被释奴的教仆,不仅对贵族儿童的教育和成长起着非常重要的作用,也对罗马平民甚至是奴隶儿童的初级教育作出了一定程度的贡献,有利于文化知识的下移和普及。

第四节　家庭教师与学生

如果说教仆是古罗马家庭教育中"非正规"的教育者,那么家庭教师就可以说是"正规"的教育者了。父亲往往由于忙于公务或没有能力亲自教育孩子,只好聘请有学识的希腊奴隶作为家庭教师。特别是在征服希腊以后,罗马贵族家庭开始大量雇用希腊学者做孩子的家庭教师。这种做法一直到帝国时

---

① 这种培训机构的目的是满足富贵之家对大量训练有素的家庭奴隶的需求,不仅在富裕家庭(如阿提克乌斯和克拉苏)开设,在皇宫里也有。

② 罗马作家琉善辛辣地说:"当地球上的国王沦为乞丐,便不得不去卖咸鱼或教字母,像一个烦人的奴隶,他们经常遭人侮辱和打脑袋。"参见 Lucian, Vol.IV, *Menippus*, 17, 1969: p.103。

期还备受青睐。从昆体良和小普林尼那里可以看出①,帝国盛期雇用家庭教师做法的流行。从奥索尼乌斯的家信中,可知家庭教师仍是权贵家族的标配。②

一、共和时期的家庭教师

随着罗马对东方和希腊地区的征服,许多希腊人通过各种方式潮水般地涌入了罗马地区。希腊的哲学、文学、艺术和宗教等也通过他们传入罗马。在希腊"文化和学问巨川"的全面冲击下,罗马的道德、宗教和文化等领域都出现了急剧的变化。学习希腊语和希腊文化很快成为一种时尚。许多贵族家庭纷纷雇用希腊学者教育子女。据史料记载,罗马共和时期最著名的两位家庭教师是李维·安德罗尼库斯和恩尼乌斯。他们不仅带来了先进的希腊教学内容和教学模式,而且成为拉丁文学的重要奠基人。

李维·安德罗尼库斯来自讲希腊语的意大利城市,被苏维托尼乌斯称为"半个希腊人"。③公元前272年,他与塔林顿的战俘一起被掳掠到罗马,成为利维乌斯·萨利纳特(Livius Salinator,前219—前207年的执政官)的奴隶。他曾做过家庭教师、戏剧创作和私人秘书等。作为家庭教师,他不但教主人的子女学习希腊语和拉丁语,还教附近的其他富裕家庭的孩子。在教学过程中,

---

① Quintilian,*The Orator's Education*,1.2,pp.83-97;Pliny the Younger,*letters to Corellia Hispulla*,Ⅲ.Ⅲ.3,p.167。小普林尼信中向朋友科涅利娅·希斯普拉(Cornellia Hispulla)强调了为儿子寻找合适的家庭教师的重要性,说:"为了让你儿子能像他祖父和父亲以及叔父那样德高望重,要让他从写第一行字起就要接受良好的教育,最为重要的是为他寻找一个合适的教师。目前他还太小,离不开你左右,为他找一个家庭教师,家里很少有机会让其误入歧途。等他长大后,我们必须找一名拉丁演说术教师,进行严格的教学,还要结合礼仪,以及最重要的道德规范。因为我们的男孩被赋予了帅气的外表和自然天赋,在这个叛逆的时期不仅需要一个父亲,还需要为其物色一个监管者和导师。"

② Ausonius,*Epistles*,22.45 - 50,p.77. 这封信是演说家奥索尼乌斯写给孙子保利努(Paulinus,376—?)的,鼓励他好好学习,并提到,他在上学前,在家庭教师的帮助下学习了希腊语,并完成了初级教育。

③ Suetonius,Ⅱ.*On Grammarians*,Ⅰ,p.397.

他发现罗马的教材——《十二铜表法》过于单调、枯燥,于是把希腊文的《奥德赛》用萨特尼安(Saturnian)诗体翻译成拉丁文。此书很快取代了《十二铜表法》的优势地位,成为罗马学校的标准教材,直到贺拉斯时代还在使用。① 这部教材对罗马学校教育的发展以及文学氛围的形成产生了重大影响。由于教学成效卓著,李维·安德罗尼库斯很快重获自由。作为戏剧创作者,他在公元前240年创作的第一部拉丁戏剧成为罗马文学的开山之作。公元前207年,他被委托创作国家圣歌,并在阿文提那涅尔瓦神庙的集会场所进行官方演出。② 他也因之获得莫大的荣誉和大众的颂扬。可见,他不仅是一位家庭教师,而且是拉丁文学的主要奠基人之一。

恩尼乌斯出生于卡拉贝亚(Calabeia)的鲁迪埃亚(Rudiae)的一个公民家庭,会说拉丁语、希腊语和奥斯坎(Oscan)方言,也被苏维托尼乌斯称为半个希腊人。在第二次布匿战争中,他作为百夫长服役,因战败被老加图带回罗马。③ 他因才华出众很快得到上流社会的赏识,特别是受到大斯奇比奥和努比利奥(Marcus Fulvius Nobilior)的礼遇,不久就获得了罗马公民权。在教学方面,他经常选取自己的作品用作教材,很受罗马年轻人的欢迎。在文学方面,他是个富有灵感、才华横溢的天才,不但致力于向罗马人介绍希腊文化,而且也根据希腊经典作品进行创作。此外,他还创作了许多以欧里庇德斯为题材的悲剧,并写成了六步格诗体史诗——《编年史》等。与李维·安德罗尼库斯一样,他对罗马拉丁文学也作出了重大的贡献,被誉为"拉丁文学之父"。

上述两人既是优秀的教师,也是研究型的作家,可以称为学者型教师。大部分教师主要以希腊语和文学为教学内容,只能解释或评注经典的希腊作品而不是创作。随着希腊艺术大规模地传入罗马,教师们也开始了其他领域的

---

① Horace, *Epistles*, Vol.II,1,69~75,p.403.

② Livy, *The History of Rome*, XXVII.XXXVII, translated by B.O.Foster, the Loeb Classical Library, Cambridge MA.; Harvard University Press, 1963, p.359.

③ 这对视希腊文化为罗马传统大患的老加图来说是一个绝妙的讽刺。

教学活动。这可以从一些著名的罗马人雇用家庭教师的情况得知。

雇用希腊学者做家庭教师最为有名的是亲希腊派代表阿米里乌斯·帕乌鲁斯(Aemilius Paullus,前229—前160)。他不惜重金,专门从希腊雇用了一整套教师班子来教育自己的孩子。这些教师有的热衷于学术(文学、演说和哲学)、有的擅长艺术(雕塑和绘画),还有致力于田径运动的狩猎师和驯马、驯狗师等。[1] 阿米里乌斯·帕乌鲁斯对孩子的希腊式教育取得了巨大成功,两个儿子费边和小斯奇比奥成为罗马历史上的伟大人物。另外,作为称职的父亲,帕乌鲁斯还亲自监督孩子们的学习。只要公务不忙,他必定亲自出现在他们学习和锻炼的现场。[2] 他自己也特别喜欢希腊文化,允许费边和小斯奇比奥在战败的帕加玛国王波塞乌斯的图书馆选择自己喜欢的任何书籍。[3] 当然,他不允许儿子们毫无选择地接受希腊的所有东西,而要求他们把希腊文化的精华融入"本国的先祖传统",使之能够被罗马大众接受。

马其顿战争结束以后的一段时期是罗马教育大发展的阶段。成千上万的希腊战俘或人质被带到罗马,如从阿卡亚(Archaia)遣送来被分派在意大利城市的一千名人质。据希腊历史学家波利比乌斯说,正是这一时期(即约公元前2世纪的中期),希腊学者和教师云集罗马。尤其是那些著名的文法家、演

---

[1] Plutarch, *Aemilius Paulus*, VI.9-10, p.371.

[2] 帕乌鲁斯与老加图都把孩子的教育视为头等大事。不过,他们对希腊文化采取的态度有所不同。老加图反对希腊的新鲜事物,力图保持罗马民族传统。帕乌鲁斯并非不尊重传统,只是适应新时代的需要,努力把希腊的新思想新文化与本国传统有机结合起来。以前学界往往把罗马人对希腊文化的态度分为保守派、亲希腊派以及折中派。笔者认为,这种分法并不科学,因为老加图这种所谓的保守派并非排斥希腊的所有东西,只是在当时的历史环境中做出的本能反应;而所谓的亲希腊派斯奇比奥家族成员,也不是无条件地接受希腊的一切,而是对其进行了合理的筛选。折中派代表西塞罗的做法与前两者没有什么实质性的不同,认为罗马传统的民族精神不能丢弃,力求把希腊的先进文化内化为罗马民族特色的文化。关于罗马人对希腊文化的态度,叶民也反对简单的两分法:即亲希腊的斯奇比奥派和反希腊的老加图派。他利用西方学者格鲁恩的文化身份理论分析了罗马人对希腊文化的态度,认为罗马人经历了紧张忧虑、反观对照和鉴别选择的态度变化,强调更应该探讨罗马人希腊观中的"自我"反思,而不是对"他者"的认识。参见叶民:《共和国晚期至帝国初期古罗马人的希腊观》,《世界历史》2008年第4期,第35—46页。

[3] Plutarch, *Aemilius Paulus*, XXVIII.11, p.431.

说家和哲学家很受欢迎,他们到处演说讲学,激起了罗马人对希腊文化和哲学的极大兴趣。就是在这个时候,波利比乌斯幸运地结识了帕乌鲁斯,并成为小斯奇比奥的良师益友。此后不久,罗马就形成了以小斯奇比奥为中心的著名文化圈,不仅包括罗马将军、政治家和雄辩家,还有来自国外的哲学家,如斯多噶哲学家克拉特斯、鲁德斯的潘那提乌斯和波利比乌斯。格拉古的母亲科涅利娅也从希腊人中为儿子们找到了优秀的家庭教师。狄奥法奈斯(Diophanes)是来自米提来恩(Mitylene)的政治流亡者,一位才华横溢的演说家,后来成为提比略的演说术教师,库迈的伯劳修斯(Blossius of Cumae)成为他的哲学教师。① 科涅利娅本人受过良好的教育,懂得哲学,擅长演说。在她的精心培养下,两个儿子都成为当时一流的演说家和政治改革家,对罗马共和后期的政局产生了巨大的影响。可以说,罗马这一时期真正有知识、有修养的知识分子都是在希腊文化的熏陶下成长起来的。从这种意义上说,希腊学者可以说是充当了罗马人的导师。

罗马贵族家庭的父母不仅为儿子,有时也为女儿聘请家庭教师。例如大庞培为儿子格奈乌斯(Gnaeus)和塞克图斯(Sextus)聘请了来自卡利亚(Caria)地区名叫阿里斯特代姆斯(Aristodemus)的希腊学者做教师(他曾经做过斯特拉波的老师),也为女儿庞培娅聘请了一名家庭教师。据说,当庞培于公元前61年从东方作战返回时,这位家庭教师特地挑选了《荷马史诗》中的一章让庞培娅大声朗读给她的父亲听。庞培的最后一任妻子考尼利娅(Cornelia Metalla)不仅年轻漂亮而且学识惊人。普鲁塔克曾赞扬她的魅力:"她多才多艺,精通文学,会弹竖琴,懂得地理学,经常听哲学家演说。"接着,他还带有歧视女性的口吻评论说:"除此以外,她没有摆脱令人不愉快的民间活动,还将这种成就传授给年轻的女性!"②聪慧伶俐、富有见地的考尼利娅,应该接受过希腊家庭教师的精心培养。

---

① Cicero, *Brutus*, xvii.104, p.95; Plutarch, *Tiberius Gracchus*, 8.4, p.161.

② Plutarch, *Pompey*, IV.1-2.p.333.

共和后期,不少上层女性精通文学和阅读,能歌善舞,并取得了很高的文学造诣。她们经常聚集一堂,热烈地讨论希腊的拉丁文学、诗歌,甚至哲学等。当时,这些有文化修养的女性被称为女学者(docta puella)。身为女性,她们不大可能有机会到学校里接受希腊和拉丁文法、演说术和哲学的教育。这意味着,她们必定在家里接受过良好的家庭教育。①

二、帝国时期的家庭教师

雇用家庭教师的做法在帝国贵族家庭中一直持续不衰。一是因为罗马人,尤其一些老贵族家庭对家庭教育情有独钟;二是因为许多帝国时期的学校名声不佳。帝国时期的一些学校里,不仅有些学生行为不端,而且一些教师也声名狼藉。即便是罗马最卓越的文法家巴勒蒙也是臭名昭著,以至于皇帝提比略和克劳狄公开宣称,把孩子托付给他教育是最让人放心不下的。② 这些问题使家长们对学校教育产生了极大的不信任,因而尽可能地雇用家庭教师,让孩子在家里接受教育。

著名教育学家昆体良意识到,家庭教育与学校教育相比存在很多弊端。因此,他呼吁家长让孩子走出封闭的家门,到学校里接受集体教育。他还对当时社会上对学校教育的偏见进行了驳斥。首先,他反对那种认为孩子在学校集体中会沾染坏习气的说法。他认为,部分原因在于孩子自小受到家庭恶习的熏染,部分原因在于教仆和家庭教师的恶劣品行带坏了孩子。③ 其次,他不

---

① 这些女性学者也出现在一些男性诗人和作家的作品中。例如,罗马诗人卡图卢斯曾说,他特别欣赏他的一位年轻女性朋友创作的新亚历山大里亚(neo-Alexandrian)文体的一首诗歌。女诗人苏皮西娅(Sulpicia)创作的短挽歌体被收录在提布鲁斯(Tibullus,前55—前19)的文集中。奥维德评论说,女孩们熟悉从萨福和阿那克里翁(公元前6世纪末5世纪初的希腊宫廷诗人,所作诗歌多以醇酒和爱情为主题,其诗歌被称为"阿那克里翁体")到卡尔马库斯(Callmachus)和费来塔斯(Philetas)的所有希腊竖琴和哀歌诗、米南德戏剧以及罗马奥古斯都时期的诗人作品。

② [古罗马]苏维托尼乌斯:《罗马十二帝王传》,张竹明等译,商务印书馆1995年版,第357页。

③ Quintilian, *The Orator's Education*, 1.2.4, p.85.

赞成家庭教师把更多的时间花在一个学生身上的说法①,认为学识很好的家庭教师正在写作或用心思考时,任何人站在他身边对他来说都是一种妨碍,更不要指望此时他对学生进行指导和教育了。② 最后,他认为真正优秀的教师愿意招收更多的学生,建立起自己的学校。只有拙劣的教师才满足于与一个学生打交道,宁肯充当一名教仆的角色。③ 然而,昆体良的呼吁和多年教学的声望并不能消除家长们对学校的成见,雇用家庭教师的做法依然流行。

雇用私人教师的做法多见于皇室宫廷。帝王们当然知道教育皇室后代的重要性,往往挑选帝国内最优秀的教师来教育他们的子孙。奥古斯都任命著名文法家马尔库斯·维里乌斯·弗拉库斯(Markus Verius Flacus)为宫廷教师,并把他的学校搬进宫廷,开创了培养未来统治者的宫廷学校;哲学家小塞涅卡被任命为少年尼禄的老师;演说家昆体良先后被韦伯芗和图密善任命为宫廷教师。皇室后代学习的课程之多、领域之广可以从提图斯和马可·奥利略所受的教育中得知。提图斯在少年时代天资聪颖、兴趣广泛。在众多宫廷教师的悉心培养之下,他娴熟于武器与马术;精通希腊语和拉丁语,擅长演说和作诗,还精通音律;擅长速记,可以与速记官一竞高低;能模仿过目的任何笔迹,甚至宣称自己可以成为赫赫有名的伪造专家!④

这种广博而传统的宫廷教育在马可·奥利略的身上达到了顶点。他的曾祖父卡提里乌斯(在哈德良统治时期身居高官)曾这样建议:学校教育应当彻底避免,最好在家里雇用好的私人教师教育孩子,为找到好的教师应不惜重金。⑤ 奥利略的身边有 17 位教师,4 个文法教师,4 个演说术教师,1 个法律教师,8 个哲学教师。其中,以拉丁演说术教师科尼利乌斯·弗龙托最为有名

---

① Quintilian, *The Orator's Education*, 1.2.1, p.83.

② Quintilian, *The Orator's Education*, 1.2.11, p.89.

③ Quintilian, *The Orator's Education*, 1.2.10, p.87.

④ Suetonius, II. *The Deified Titus*, III.2, p.323.

⑤ Marcus Aurelius, *Meditations*, I.5,7,10,11, pp.5-10.

气。他才华出众,忠于职守,深受奥利略的敬重。两人关系最为融洽,经常通信。至今仍有两人之间来往的信件流传于世。后来,奥利略在希腊文学、拉丁文学、修辞、哲学、法律甚至绘画方面都有很高的造诣。在《沉思录》中,他感谢了许多教师,如斯多噶哲学家第欧根尼(Diogenetus)、伊壁鸠鲁哲学家鲁斯提克乌斯(Rusticus)、文法教师亚历山大(Alexander)等。① 但是,他没有提到弗龙托的对手,著名的雅典百万富翁——他的希腊演说家教师荷罗德·阿提库斯(Herodes Atticus,101—176)。②

帝国后期,不少行伍起家的皇帝和蛮族新贵也相当尊崇古典文化,把子女的教育托付给一些著名的学者。例如,帝国后期粗鲁但有远见的瓦伦提安曾聘请著名的学者奥索尼乌斯担任其子格拉提安的私人教师。在瓦伦提安死后,奥索尼乌斯对年少的皇帝和整个帝国都产生了深远的影响。汪达尔统帅斯提里科(Stilicho)用他认为最文雅的方式——把女儿当作希腊公主来教育。后来,他把女儿嫁给了她的老师——希腊学者奥努利乌斯(Honorius)。③ 某些贵族家庭也使用家庭教师,如奥索尼乌斯就雇用希腊教师教其幼小的孙子保利努学习希腊语。公元5世纪,由于内战不断和蛮族入侵,不少学校惨遭破坏,学校教育逐渐萎缩。传统的教育方式再次回归贵族的文化生活中,一些贵族家庭单独或几个家庭共同雇用一名教师来教育他们的孩子。古典文化就这样顽强地延续下来。

三、家庭教师与主人的关系

古罗马的家庭教师通常是在文法、演说和哲学方面很有造诣的希腊奴隶或被释奴。由于各种原因,他们自愿或者被动地来到罗马,被富贵之家通过购

---

① Marcus Aurelius, *Meditations*, I.1-4, pp.3-5.

② 安东尼时代最著名的人物之一,雅典的百万富翁,罗马执政官,著名的智者或诡辩家。

③ H.I.Marrou, *A History of Education in Antiquity*, translated by Geprge Lamb, Madison: University of Wisconsin Press, 1982, p.308.

买、雇用、拉拢等方式占有。这些人一般在一段时间内，甚至长期依附于某位罗马显贵，为其教育孩子，与其讨论学术，担任阅读员和秘书等。充当家庭教师仅是他们作为被保护人的主要任务之一。当然，也有些贵族为的是附庸风雅，只是用这些希腊学者装点门面而已。

作为家庭教师，他们一般要与保护人及其孩子长期相处，甚至入住到保护人家里。这样，主仆之间难免会产生复杂而微妙的关系。其中，不少热爱学问的保护人与家庭教师因对科学和文学的共同爱好和追求，淡化了他们之间的主仆关系。西塞罗曾说他儿子小时候的家庭教师提罗（Tiro，兼职管家）受到了朋友般的礼遇，而不是家庭奴隶的待遇。① 小塞涅卡在《论恩惠》中赞美了医生和家庭教师的职业道德以及对主人的奉献精神，认为他们应该享有朋友一样的待遇：

> 无论医生还是家庭教师，我都无法做到给他一份薪水就以为对得起他了，总感觉欠了他些什么。这是为什么呢？是因为他们已经从医生或家庭教师变成了朋友，我们感谢他们，不仅因为他们用自己的技术服务于我们，而且因为他们的仁慈和友情……一个不辞劳苦教育我的老师，渴望能将其全部的知识倾倒给我，……他触动了我灵魂深处的美好情感。②

尽管西塞罗和小塞涅卡相距时间近一个世纪，但是他们都提倡用友谊和人道对待有文化的奴隶。不过，这种"友谊"和"人道"的背后必定有父权主义或家长作风和利益因素在起作用。对奴隶主来说，他们释放作为家庭教师的奴隶或者把其当作朋友看待，只是一种美德和善行，而不是一种法律义务。这主要视奴隶主个人的秉性和脾气而定。有些保护人只是把家庭教师当作一个有文化的奴隶随意处置，肆意侮辱，甚至当作赚钱的工具；而家庭教师身为奴隶或被释奴，尽管富有学识却寒酸贫穷，一旦离开保护人就可能陷入生存危机

---

① Cicero, *Letters to his Friends*, XVI, XVI, 1.1960, p.353.

② Seneca the Younger, *On Benefits*, VI.xvi.1–5, p.397.

之中。因此,家庭教师与其主人之间本质上是一种相互利用和阶级对立的关系。

总体来看,罗马人对家庭教师这一职业的看法是模棱两可的。一些人认为,他们从事的职业是与"自由艺术"联系在一起的文化活动,可以有自己的思想,是一种可以与自由人身份相符的职业。西塞罗、小塞涅卡和小普林尼等人也认为,尽管付给那些值得尊敬的家庭老师薪水,但可以把他们看作主人的"朋友"。小塞涅卡在给卢奇利乌斯的信中提到某个令人尊敬的家庭教师时说:"尽管他是奴隶,但或许有一个自由的灵魂"。① 也有些人认为,他们就是一些"穷鬼",迫于生计,过着一种实属奴隶的生活:他们在富人的家里,如其他家奴一般,每天早晚摇铃一次,标志着一个工作日的开始和结束。他们的时间并不属于自己,没有自由的思想,也不能自由地创作。即使他获得某位保护人的赏识,得到薪水和奖赏,也仅够勉强糊口,并无积蓄。琉善将这称为"一种奇怪的友谊关系,充满着如此之多的辛酸与疲劳"。② 对主人而言,家庭教师是其朋友,还是奴仆呢? 对其尊敬,还是鄙视呢? 家庭教师是自由的职业,还是依附性的劳动形式? 所有这些问题都没有明确的答案。因为在罗马的等级社会中,所有的社会关系都根据人自身的根本利益而定。当他们之间的利益发生冲突时,温情和道义的面纱会被轻易地撕得粉碎,即便深厚的友谊也无法改变本质上的主仆关系。

从西塞罗的大量私人信件中,我们可以看到家庭教师与主人之间的友谊与金钱、情感与利益交织的微妙关系。由于公务繁忙,西塞罗为自己的儿子马可乌斯和寄养在自己家中的侄子小昆图乌斯聘请了家庭教师。他聘请的第一位教师是提安尼奥(Tyrannio),他对此人的服务很满意。公元前56年,他在给弟弟的信中写道:"你优秀的儿子,小昆图乌斯正在接受良好的教育,他的

---

① Seneca the Younger, *Epistle*. XLVII. 17, p. 311.

② Lucian, *On Salaried Posts in Great House*, 5, p. 455.

进步很大,如今提安尼奥正在我家里任教。"①西塞罗不仅让他教育马可乌斯和小昆图乌斯,而且安排他到自己的安提姆别墅图书馆对图书进行整理与分类。公元前56年夏,他在给朋友阿提库斯的信中赞赏了提安尼奥在图书馆的工作:"如果你能来就太好了,你会看到提安尼奥把我的图书整理得多么完美!自从他来到我家后,我的家似乎获得了灵魂。"②两年后的夏天,不知何种原因,提安尼奥不再为西塞罗服务了。虽然对这位学者型教师恋恋不舍,但也只能另寻其他的家庭教师。后来,西塞罗对另一名家庭教师帕奥尼乌斯(Paeonius)也相当满意。此人经验丰富、为人热情,深得西塞罗和他侄子的喜爱。西塞罗在信件中说:"我们的小西塞罗(西塞罗对侄子的昵称)对他的演说术教师是最为热爱的,帕奥尼乌斯是一个极为有经验又可靠的教师。"

西塞罗与他雇用的家庭教师狄奥尼修斯(M.Pomponius Dionysius)③的关系出现过有趣的波折。后者是其朋友阿提库斯的一个很有学问的被释奴,不仅精通语言和文学,而且通晓地理等许多领域的知识,被西塞罗称为挖之不尽的"宝藏"。在公元前56年至前54年的夏天,西塞罗几次写信给阿提库斯敦促狄奥尼修斯尽快来他家,"他可以教我的儿子马可乌斯,还有我。"④此后几年,狄奥尼修斯一直做两个男孩的家庭教师,西塞罗还特地为他盖了一间很大的客室。到公元前50年,男孩们、西塞罗与狄奥尼修斯之间的矛盾开始出现

---

① Cicero,*Letters to his Brother Quintus*,II.IV.2,in Cicero,*Letters to Quintus*,*Brutus*,*and Others*, translated by E.H.Warmington,the Loeb Classical Library,Cambridge MA.:Harvard University Press, 1972,p.497. 提安尼奥曾经在黑海沿岸的阿米苏斯(Amisus)当老师,一直名气不大。公元前70年阿米苏斯被卢库鲁斯攻占后,他被捕入狱。随后,他受到卢库鲁斯的器重,让他多年做穆热那(Murena)城的使节,并在那里获得了公民权。到罗马后,他积累了不少财富,并拥有了一个自己的图书馆。他成为地理学、荷马史诗等领域的作家,出版了多种学术著作。此外,他还致力于鉴别与整理苏拉于公元前86年从希腊带回的亚里士多德、泰奥弗拉斯托斯(Theophrastus,古希腊逍遥派哲学家,提出物质自己运动的观点,在植物学和逻辑学方面作出贡献,著有《植物研究》和《品格论》等)等人的手稿,并存放于阿培里克恩(Apellicon)图书馆。

② Cicero,*Letters to Atticus*,I.78(IV.4a),p.309.

③ 严格说来,狄奥尼修斯是一个家生奴隶,他的父母是希腊奴隶,或者至少会说希腊语。

④ Cicero,*Letters to Atticus*,I.86(IV.11),p.329.

了。小昆图乌斯已经十六岁,越发地任性难管;马可乌斯则越发懈怠。西塞罗说,用伊索克拉底有名的比喻来形容两个年轻人最为合适,其中一个需要上笼头,另一个需要上马刺。狄奥尼修斯与学生之间开始摩擦不断,经常大发脾气。西塞罗写信给阿提库斯说:"对我来说,我很喜欢狄奥尼修斯;男孩们说,他发怒时像个疯子一样,但你不能找到一个比他更让人尊敬和更忠于你和我的人了。"①

公元前50年末,西塞罗和狄奥尼修斯的关系彻底破裂。西塞罗变得忧心忡忡,脾气暴躁,大概很希望这位朋友式的家庭教师继续陪在自己身边。但是,他的多次请求都遭到后者的拒绝。最后,他被这个曾经受到过他礼遇和欣赏的被释奴激怒了。在公元前49年2月的一封信中,他语气刻薄地批评后者是"一个纯粹喋喋不休的人,一点儿也不适合教学!"②并且,他扬言说要取消后者的公民身份(他似乎忘记了狄奥尼修斯并不是他的被释奴),而后者明确表示不愿意再为他服务了,因为自己在罗马有更多的事情要做。于是,西塞罗便愤然辞掉了这个"忘恩负义"的家庭教师。此后很长一段时间,西塞罗一再表示不愿意失去狄奥尼修斯。这段有趣的轶事表明,即使被保护人已经获得自由,原来的保护人或主人还希望他唯命是从。而这些家庭教师则希望与外界保持更多接触,以寻找其他提高自己经济和社会地位的途径,而不是完全献身于某一个权贵。

而另一位来自哈利卡纳苏斯(Halicarnassus)的狄奥尼修斯不仅学识渊博而且尽心尽职,与学生麦提利·鲁弗斯及其家长的关系都非常融洽。他每天都给他的学生上课,还把自己研究的成果——《论语言的安排》作为生日礼物送给即将成年的学生。③ 麦提利·鲁弗斯一家也为拥有这样一个优秀的家庭

---

① Cicero, *Letters to Atticus*, II.115(VI.1), p.117.

② Cicero, *Letters to Atticus*, II.156(VIII.4), p.293.

③ Stanley F.Bonner, *Education in Ancient Rome: From the Elder Cato to the Younger Pliny*, London: Methuen, 1977, p.32.

教师而感到非常幸运。不过,很多的家庭教师不会得到狄奥尼修斯那样的礼遇,甚至根本得不到保护人起码的尊重。

根据琉善的说法,细心的父母在招募家庭教师时很谨慎,因为他们雇用的大都是不怎么值得信任的希腊人。首先,他们要在谈话的过程中考察应聘者的知识水平与外貌体态,接着还要花些时间打听他的品性及其以前的生活状况。如果满意,他会安排一次会面,洽谈服务的期限及费用。① 一名优秀的家庭教师不仅希望能挣到维持生计的钱,而且希望得到一些额外的报酬或实物。如果他名气很大,则会要求很高的薪水,②但是一切皆取决于主人或保护人的慷慨程度。许多富有的人却很吝啬,如公元189年恩尼乌斯曾经陪同主人努比利奥远征埃托利亚(Aetolian),但在取得胜利后,后者仅从战利品中挑了一件斗篷给他作为奖赏。③ 尤维纳尔用一贯辛辣的手法讽刺说:"富有的纽米托尔(Numitor),可怜的人,没钱给贫穷的门客朋友,却给情人送贵重的礼物,还花钱买了一头需要喂很多肉的驯狮。无疑,养一头狮子比养一个诗人花费更少。因为诗人的胃口更大!"④琉善说,最让人气愤的是一些庸俗的富人把家中的文法教师、演说家或哲学家当作只为赚钱而工作的人对待,这使很多文人深感屈辱。甚至有些虚伪粗俗的大人物假装对哲学感兴趣,以至于让哲学家在旅途中照顾女主人怀孕的母狗。⑤ 由此可见,家庭教师在社会和家庭中的地位相当尴尬,看似因拥有知识而风光,实际上无法与贫穷相抗衡,不得不委身于权贵们。正如琉善所言:"哲学家、音乐家和文法学家,所有这些人必须

---

① Lucian, Vol.III, *De Mercede Conductis Potentium Familiaribus* (*On Salaried in Great Houses*) , 13.23, p.435, p.451, p.473.

② Quintilian, *The Orator's Education*, 2.3.4, p.277.

③ Symmachus, *Letters* I.20.2, translated by Michele Renee Salzman and Michel Roberts, Atlanta: Society of Biblical Literature, 2011, p.56.

④ Juvenal, *Satires*, VII.77-78, p.143.

⑤ Lucian, *On Salaried Posts in Great Houses*, 25, 1969, p.453. 在这篇文章中,琉善使用了一贯的辛辣讽刺的风格,表明了生活于罗马帝国时期依附于贵族家庭的知识分子的屈辱与无奈。

在一个家庭里接受一个职位,并因授课得到一份薪水才有安全感,这是因为他们穷。"①

豪门望族的子弟对身份低下的家庭教师经常会放肆无礼,恼羞成怒的教师则会惩罚他们,结果也许会带来更大的难堪和侮辱。普劳图斯曾这样描写贵族孩子对家庭教师的恶劣行为,家长对孩子的纵容以及对教师的羞辱:

> 但是如今,有一个不到七岁的小男孩,如果有人用指尖碰他一下,他立马就会用写字板砸向家庭教师的脑袋。当你向孩子父亲诉苦时,父亲一定会对他儿子严肃地说:"只要你懂得对抗辱骂,你就一直是我们家族的人。"而且,父亲传唤家庭教师到跟前说:"听着,一无所有的老混蛋,不要碰这个机灵的小家伙!"如果家庭教师自己先挨揍的话,在这种情况下家庭教师能够使用权威吗?②

当然,师生关系的好坏还取决于家庭教师的脾性、学识和教育方法,以及孩子的个性和品行等。在庞贝城,一个名叫 L.阿尔比西乌斯·塞尔休斯的显贵为儿子们雇用了一位名叫 C.尤利乌斯·赫勒努斯的家庭教师,还专门让他在一间很宽敞明亮的前庭给孩子们上课。大概他经常体罚调皮任性的学生,所以学生们在屋子的四壁刻满了侮辱他的话:"尤利乌斯是个小同性恋;赫勒努斯是个老同性恋、老鸡奸者、流氓"等之类的脏话。③ 这是幼小的孩子对教师惩罚自己的一种无声却恶毒的反抗。

此外,少数家庭教师做出一些不光彩的事情也会加剧与主人的紧张关系,例如,阿提库斯的经历就为许多父母敲了警钟。他任用了自己的被释奴埃皮罗塔(Q.Caecilius Epirota)教育已经嫁给阿格瑞帕(Agrippa)的小女儿阿提卡

---

① Lucian, *On Salaried Posts in Great House*, 5, 1969, p.419.

② Plautus, *The Two Bacchises*, Scene 3, 437-450. pp.371-373.

③ [法]让-皮埃尔·内罗杜:《古罗马的儿童》,张鸿、向征译,广西师范大学出版社 2005年版,第277页。

(Attica)。据说,这个家庭教师涉嫌对阿提卡图谋不轨,很快被扫地出门。因为他是一个亚历山大里亚派的哀歌体诗人考尼里乌斯·盖鲁斯①(Cornelius Gallus,前69—前26)的朋友,奥古斯都曾将此事作为盖鲁斯的重要罪名之一。盖鲁斯死后,他生活无助,只好于公元25年开办了一所学校。据说,他拒绝招收未成年人学生,认为那样会辱没自己的学问。②

综上所述,古罗马家庭教师处于一种既受尊敬又受鄙视的社会氛围之中。从文化史角度来说,共和时期与帝国时期的家庭教师为皇室和贵族家庭培养了具有雄才大略的人才,为罗马的不断扩张和巩固提供了必要的前提条件。同时,他们不仅承担着家庭教师的角色,还传播并改造了希腊先进的文化与教育模式,从而架起了希腊和罗马文化之间交流的桥梁。更重要的是,作为希腊文化和知识的载体,他们还著书立说,到处进行演说、讲学等,对罗马知识分子的培养以及罗马文学的发展起到了极大的促进作用。在推动罗马希腊化的历史进程中,学术修养很好的家庭教师比教仆起到了更大的积极作用。从这种意义上说,他们充当了罗马人导师的角色。

----

① 公元前30年,科涅乌斯·盖鲁斯因在对安东尼作战中立了战功而被奥古斯都提拔到骑士等级,并被任命为新设的埃及行省首位总督。后来,他因行为残暴和飞扬跋扈而被奥古斯都流放,最后自杀。

② [古罗马]苏维托尼乌斯:《罗马十二帝王传》,张竹明等译,商务印书馆1995年版,第354页。

第三章　古罗马学校教师

　　教师应当是德才兼备的人，既教学生如何演讲，又教学生怎样做人。

——昆体良

　　教师必须是一个好人，绝不可以是坏人；坏人绝不可以成为教师。

——奥古斯丁

　　尽管罗马人于公元前2世纪中期在武力上征服了希腊地区，但希腊先进的文化反过来征服了充满农耕气息的拉丁民族。这种征服首先开始于教育领域，而希腊人创办的"学校"为首开阵地。罗马统治者中长期存在一种反对力量，从民族主义的角度抵制希腊学校扎根于罗马。除了前面提到的老加图外，两个世纪以后的老普林尼仍然以"反对派"自称："事实上，罗马人随着占领地的不断扩张，逐渐丧失了他们古老的社会道德。我们作为征服者，轮到自己也被征服了。我们服从于外国人，而外国人却借助一种职业得以成为统治者的老师。"①

　　老普林尼提到的外国人大多来自文化相对发达的希腊化地区，从事医生、

---

①　Pliny the Elder, *Natural History*, XXVI. VI. 11, Vol. VII, translated by W. H. S. Jones, the Loeb Classical Library, Cambridge MA.: Harvard University Press, 1966, p.273.

艺术家、各级学校教师等诸多职业。很多有文化的希腊奴隶涌入罗马城,充当了罗马人的教师,建立起希腊式的各级学校。至公元前200年左右,罗马城出现了希腊式的三级教育体系:初级学校(也被称为游乐学校),主要由文化层次较低的希腊奴隶或被释奴任教师;第二级是文法学校,最初由懂文法的希腊人创办,讲课内容与方法也完全仿效希腊教学模式。至公元前3世纪中叶,拉丁文学的勃兴催生了拉丁文法学校。① 第三级学校是由演说家担任教师的演说术学校。这些学校最初由希腊人兴办,公元前1世纪出现了由罗马演说家创办的拉丁演说术学校。② 也就是说,至公元前1世纪初,古罗马人用拉丁语教学的三级教育体制已经基本确立,整个帝国时期基本没有发生过变化。

对罗马人来说,三级学校制度的确立自然重要,而学校里从事教学的教师素质问题更为重要。最先关注并研究教师群体的是昆体良。他本人是一名极为优秀的演说术教师,也是一名伟大的教育家。在其名著《论演说家的教育》中,他对从事教育的教师提出了极高的要求。这些要求成为教育家心目中的理想教师的标准,也是教师们孜孜以求的目标。而现实中的教师水平参差不齐,教学质量良莠不一,面临着执掌罗马演说术首席教授席位的昆体良从未遭遇过的各种教学压力与生活困难。

第一节　昆体良笔下的理想教师

共和时期,罗马人一直坚持认为,教育是个人的事情,政府无须干预。自

---

① 目前,学术界对拉丁文法学校出现的时间问题基本上形成了一致的看法,公元前3世纪中期,拉丁文法学校紧随拉丁文学的兴起而出现,文法家开办的文法学校体现出更多的罗马风格。参见 Lesley Adkins & Roy A. Adkins, *Handbook to Life in Ancient Rome*, New York: Facts on File, 2004, p.231。

② 关于第一所拉丁演说学校,目前学界一般认为是在公元前1世纪初由普罗提乌斯(L. Plotius Gallus)创办。参见本书第五章第一节。

从希腊式的学校引入罗马以来,学校教师的教学活动是自由而散漫的,只要他们遵纪守法,政府一般较少干预他们的办学,甚至对其办学的资质和能力也没有什么要求。当然,这与罗马教育的水平相对落后有关。到帝国时期,社会的发展和政府机构的扩大,急需大量有文化的行政管理人员。罗马教育的规模随之急剧地扩大,教育制度和思想观念也取得了较大的进步。教育的最高目标在共和后期业已形成,即培养道德高尚且能言善辩的演说家。如果想达到这个目标,就需要与之相配的优秀教师。但是,凡自认为拥有知识的各色人员涌进了教师队伍,其中大多是来自希腊化世界的奴隶或被释奴。到昆体良时期,这种局面似乎都没怎么改观。

昆体良作为帝国初期著名的演说家①和教育家,也是公元 78 年罗马首位执掌拉丁演说术教授席位的教师。他根据自己几十年的教学实践,写成了传世之作《论演说家的教育》。其中,他对所有与儿童教育有关的教育者提出了近乎苛刻的要求,确立了罗马教师追求的理想标准。不过,需要指出的是,他一直是当时罗马教育界的成功人士,一度被图密善皇帝(Titus Flavius Domitia-

---

① 国内学界对"rhetor"和"rhetorica"的译法各异,比如"雄辩家"和"雄辩术"、"演说家"和"演说术"、"修词学"和"修词学家"或者"修辞学"和"修辞学家"等。对这两个词的翻译问题,王焕生先生在西塞罗的《论演说家》(*De Oratore*)的译后记中阐明了他的观点。他从中文的"修辞"和希腊文的"rhetorica"、拉丁文"eloquentia"的词源学进行论证,认为"rhetorica"是指研究关于演说辞的诸多方面的科学和论述,其含义要比中文"修辞学"涵盖的意思广得多,因此不能译成"修辞学"和"修辞学家",而应该译成"演说家"和"演说术"。所以,他把西塞罗的著作 *De Oratore* 译成《论演说家》。(参见[古罗马]西塞罗:《论演说家》,王焕生译,中国政法大学出版社 2003 年版,第 707 页。)葛怀恩也指出,自西塞罗时代以来,"orator"和"oratory"的意思发生了变化。昆体良的同时代人塔西佗在《关于演说家的对话》中意识到了这个问题:"我们这个时代缺乏演说家。我们失去了雄辩的荣耀,我们徒有虚名。现代的演说中只能被称为讼师(causidici)、辩护人(advocati)、保护人(patroni),除了演说家(orator)之外的词都可以。"参见 Tacitus, *A Dialogue on Oratory*, 1, p.231。昆体良对理想的演说家与讼师进行了区别和分析。他多次使用 orator 以及同源词等带有庄严意味的词(Quintilian, *The Orator's Education*, III.1.20, Vol.I, p.379; XII.1.25. Vol.III, p.17.),自觉呼吁回到对西塞罗的记忆中去。虽然政治的演说术已经死去,但他故意选择了上一代的演说术作为他的教育理想,对当代的读者造成一个直接的挑战。参见[英]葛怀恩:《古罗马的教育——从西塞罗到昆体良》,黄汉林译,华夏出版社 2015 年版,第 153—154 页。故而,王焕生先生的翻译更为贴切。如果想对"rhetor"和"rhetorica"两词有更好的理解,可参见刘小枫:《古希腊的演说术和修辞术之辨》(上、下篇),《外国语文》2019 年第 3、4 期。

nus,81—96 年在位)任命为宫廷教师,被授予执政官的荣誉称号。① 因此,他的教育理论既有来自实践的经验总结,也包含着罗马精英教师的教育理想。对普通教师而言,他们可以学习其中的部分经验,但对于学识广博的苛求和具有超前意识的教育理念,却是可望而不可即的。

昆体良继承并超越了希腊智者伊索克拉底和西塞罗的教育理想,把未来演说家的培养目标提升到更高与更神圣的层次:

> 我所要培养的人是具有天赋才能、在全部自由学科上都受过良好教育的人,是天神派遣下凡来为世界争光的人,是前无古人的人,是各方面都超群出众、完美无缺的人,是思想和言论都崇高圣洁的人。②

昆体良理想中的、具有神性特质的完美演说家,具体来说具备以下能力:

> 我的目标是完美的演说家的教育。这样一种演说家的首要因素是他应当是一个善良的人,因此,我要求他不仅具有非凡的演说天才,而且同时要具有一切优良的品格。……一个真正名副其实的公民并能履行其公私职责的人,一个能够用自己的意见指导国家、用他的立法奠定国家根基、用他以法官身份的判决消除邪恶的人,无疑只能是我们所要求的那种演说家。③

如果实现以上伟大的目标,孩子自小到大的教育者无疑起着关键性的作用。很明显,昆体良的书是写给精英阶层的读者。因为他所说的少年(Adulescentes)学生都是在家已完成了初级教育的贵族孩子。④ 他提到了孩子幼年的教育者,比如父母、乳母、教仆,甚至祖父母以及围绕身边的各色佣人等都

---

① Pliny the Younger, *Letters*, II.XIV.10, p.127.

② Quintilian, *The Orator's Education*, XII.I.25, 1922, p.369.

③ Quintilian, *The Orator's Education*, I.preface, 9—10, 1922, pp.9—11.

④ 昆体良在《论演说家的教育》中用"孩童"(Pueri)、"少年"(adulescentes)和"青年"(iuvenes)来描述受教育的孩子。

对他早年的培养和教育发挥着不可忽视的作用。然后，他们离开乳母或教仆后就要接受家庭教师的指导。① 昆体良主张儿童接受学校的集体教育，主要是因为大课堂比私人教师更能激发学生竞争的兴趣。② 他对文法、演说等学校教师如何培养演说家提出了具体的要求，明确了他心目中理想教师的标准，即"教师应当是德才兼备的人，他应该像《荷马史诗》中的菲尼斯（Phoenis）一样，既教学生如何演讲，又教学生怎样做人"③。

我们可以从以下几个方面分析昆体良提出的理想教师的标准。

首先，教师要德才兼备。昆体良在老加图和西塞罗④对演说家的道德要求基础上，再次把德行提高到完美演说家所具备的首要素质的高度。他认为自己应该"在前辈的足迹后继续航行一段路程。"⑤其原因是前辈们对演说家的道德修养问题强调得不够。他多次明确提出的德行的重要性体现在他对完美演说家的定义中，即完美演说家＝品德+知识+口才⑥，进而从理论上论述了德育和智育之间的关系，阐明了个人德行与才能之间的关系。他在西方教育史上首次将德行提高到理论的高度，成为其演说术教育思想的亮点。

昆体良既然对未来的演说家提出了如此之高的道德要求，自然对教师的德行问题极为重视。他在书中曾多次提醒家长务必为孩子选择品行高尚的老师："如果孩子天赋异禀，如果父母没有疏忽怠懒，闭目塞听，他们就有可能找到德行良好的教师。这是明智的父母首要考虑之事。"⑦"务必要以教师纯正的德行保持学生在未成熟的年龄免遭污损，并以教师的威信防止学生在这个

---

① 参见本书第二章的相关内容。

② Quintilian, *The Orator's Education*, I.2.4, p.85.

③ Quintilian, *The Orator's Education*, II.3.12, p.281.

④ 西塞罗也是看重演说家品性的，只不过没有昆体良要求得那么高。他先是强调演说的天资，曾说："有能力把最重要的题目演说得舌灿莲花且广征博引，就是最完美的演说家。"尔后又强调了高尚道德的重要性。参见 Cicero, *De Oratore*, II.85. p.261。

⑤ Quintilian, *The Orator's Education*, Praf.4, p.53.

⑥ Quintilian, *The Orator's Education*, Praf.9.18；II.20.4, p.11, p.351.

⑦ Quintilian, *The Orator's Education*, I.2.5, p.85.

孟浪的年龄流于放荡"。① 奥古斯丁对教师的德行也有很高的要求,他说:"教师必须是一个好人,绝不可以是坏人;坏人绝不可以成为教师。"②因为这个成长的阶段是学生人格形成的最重要时期,教师能否做到身正为范,德高为师,对学生的身心成长极为关键。

昆体良慎重择师的观点,得到了小普林尼和普鲁塔克的赞同。小普林尼为朋友科涅利娅·希斯普拉的儿子选择教师给出了建议:"孩子应该受到严格的正规教育,第一重要的是要有一位合适的拉丁演说术教师。他的学校教育应该把严格的教育与良好的礼仪紧密结合起来,首先是道德高尚……"③普鲁塔克也强调,孩子的幼年除了要有好的教仆和家庭教师之外,"最为重要的是,我们应该为孩子选择好的学校教师,即一定要有毫无瑕疵的人生、纯洁的人格和丰富的经验。因为良好的教育是言行儒雅的不竭源泉……"④他们几人都是秉持罗马旧风尚的精英人物,非常重视教师对孩子人格和德行的培养,进而对教师提出了为人正直且受人尊重的品行要求。

在昆体良看来,教师不仅要"德行良好",还应该是"公认的有学问的人"。因为培养一名优秀的演说家需要广博的各科学问,这就要求教师必须精通博雅之艺。道理如同想给学生一杯水,教师必须拥有一桶水。也只有这样,他们才能具备明察秋毫、慧眼识珠的能力。"如果一个学童没有演说的天赋,就让他回家;但那些注定为法庭、广场而准备的孩子必须努力学习,因为演说术要求拥有或能够获得的每一种天赋。"⑤他警告说,如果把演说术教给一个心地邪恶的人,就无异于教唆犯罪、陷害无辜、与真理为敌,"不是给战士以武器,而是给强盗以武器"。教师挑选合适的人才,用心培养,加之学生自身的努

① Quintilian, *The Orator's Education*, II.2.3, p.84.

② St. Augustine, *The Free Choice of the Will*, I.3, translated by Robert P. Russell, Washington: The Catholic University Press, 1968, p.74.

③ Pliny the Younger, *letters*, III.III.3, p.167.

④ Plutarch, *The Education of Children*, 6, pp.19-20.

⑤ Quintilian, *The Orator's Education*, II.VIII, 13; X.2.19-21, p.269, p.85.

力,完美的演说家就会诞生:他伟大而不过度,崇高而不暴烈,勇敢而不鲁莽,稳重而不沮丧,有力而不懒散,蓬勃而不放荡,悦人而不放肆,端庄而不造作。同样的原则也可以适用于其他品质。总之,安全在于中道,因为任何一方面的极端都是错误的。① 这样,教师培养出来的完美雄辩家将是匡救世弊、于国于民有益的人。

其次,教师要成为严师慈父。尚未成年的学生脱离父母和家奴的照顾后,独立走进校门,急需得到老师的关心与爱护。昆体良提出,这时"最要紧的是,教师要像慈父一样对待学生。他应当想到,父亲把孩子托付给他,就是要他代行父亲之职责。"②好的教师不仅会用父亲般的慈爱温暖学生,而且能熟练运用父权的威严约束他们的不良行为。那么,如何做到既能让学生没有被娇宠惯坏,又能不让他们因受到约束而倍感压抑呢? 昆体良为教师开出了一剂"良方":

> 教师应当严峻而不冷酷,和蔼而不纵容。否则,冷酷会引起厌憎,纵容会招致轻视;经常给学生讲解,何谓荣誉与善良。因为越是经常告诫,就越少需用惩罚;他应当控制情绪,保持性情温和,少发脾气,但对该纠正的错误不能视而不见;他的教学应当简明扼要,循循善诱,对学生的要求不可松懈,但又不要过分苛求。③

中国古代也有与之异曲同工的教育思想。例如,孔子曾要求教师,"温而厉、威而不猛、恭而安"④。昆体良要求教师对学生要坚持亦父亦友、威和并至的观念,是老派罗马人对"父亲即教师"传统教育理念的怀念与运用。从现代教育学的观点来看,昆体良提出的慈父严师的朴素观念带有现代教育学的超前理念。正如苏联教育家苏霍姆林斯基提出的"教育爱",它是"教育的奥

---

① Quintilian,*The Orator's Education*,Ⅱ.10.8,p.275.这里的"中道"与中国古代哲学中的"中庸"之意相同。

② Quintilian,*The Orator's Education*,Ⅱ,2,5,p.85.

③ Quintilian,*The Orator's Education*,Ⅱ,2,5–8,p.85.

④ 《论语·述而》。

秘"。爱是教育的出发点,是教育的灵魂,是教育的生命力所在。

再次,教师要学而不厌,诲人不倦,淡泊名利。昆体良认为优秀的教师应该有"学而不厌"的治学态度,应该博采众长而不囿于一门一派之见,且有不盲从的见地,才能形成健全渊博的知识体系,形成具有自己风格的学识。"诲人不倦"则是教师热爱学生和教学的最高精神境界。传道授业解惑不仅是教师职业的基本要求,而且教师应当对此充满乐趣与热情。昆体良对希腊智者伊索克拉底终身从事研究和教学的精神钦佩不已,他曾借用亚里士多德经常引用的诗句直抒胸臆,并以之明志:"伊翁年事已高,尚且舌耕不已。我若默然闲坐,焉能不感羞愧。"①他自己也是身体力行,躬耕于讲坛二十余年,退休后仍笔耕不辍,为古典文坛留下了古代教育集大成之作——《论演说家的教育》。

既然教师热爱自己的教学事业,那么他们应该淡泊名利,心怀崇高目标,赢得学生的尊重。他强调教师赢得学生的尊重不亚于传道,无形中会达到教学的良好效果:"学生不仅能愉快地听讲,而且愿意仿效教师的言行。他们的错误被纠正时不会生气,受到称赞时会倍受鼓舞;他们会努力学习,争取教师的喜爱和认可。"②昆体良之所以就此问题专门讨论,主要是针砭当时某些教师沽名钓誉、唯利是图的做法。他曾气愤地指责某些教师的可耻行为:"错误首先在于我们的教师热衷于把弄到手的学生留住,部分是由于想多收取学费而延长他们在学校的时间,部分是由于虚荣心,想提高他们所擅长学科的难度,部分也是因为对教学方法的无知或漫不经心。"③当然,昆体良是无需受谋稻粮之苦的皇家御用教师,大概难以体会普通教师现实的艰辛与尴尬。

复次,昆体良认为教师应该"善教",就是教师要善于研究,掌握教学艺术,才能很好地进行传道授业解惑。这也是昆体良经典不衰的教育方法和教

---

① Quintilian, *The Orator's Education*, Ⅲ,1,14,p.15.

② Quintilian, *The Orator's Education*, Ⅱ,9,2,p.271.

③ Quintilian, *The Orator's Education*, Ⅻ,11,14,2001,p.331.

师教育说,具体来说有以下几个方面:

(1)"教是为了不教"。在他看来,教学的主要任务不仅是传授知识,更在于教给学生有效的学习方法,使之养成独立思考与自主学习的习惯。"演说术教师不仅要亲自给学生讲授功课的各种知识,还要经常提问学生,以测验学生对文学的接受和鉴别能力。"因为即时的课堂提问,与学生的互动,可以防止学生对讲课内容听而不闻。"更为重要的是,这样做可以引导学生自己发现问题,运用他们的智力解决自己的疑惑,而这正是教学的最终目的。"①

昆体良重视课堂提问与讨论,认为能激发学生的主观能动性,最终可以使学生学会独立思考。难能可贵的是,他还意识到要保持学生的好奇心与求知欲。他的教育思想应该是继承了亚里士多德所提出的哲学与科学诞生的重要条件之一——人类天生对自然和社会具有好奇心和求知欲的惊异之感。他将这种思考用于教学实践,并用之于指导罗马教师。如何才能做到呢? 那就是,教师不能一味地灌输知识,从而束缚尚处于懵懂期但充满活力的学生头脑,而应引导他们运用自己的能力展翅翱翔。他用形象的譬喻解释说:

> 我们可以向空中的飞鸟学习。它们衔来食物,分给幼弱而羽毛
> 未干的小雏鸟。但是,当小雏鸟长大以后,父母就在它们面前飞翔,
> 教它们离开温暖的鸟巢,在近处享受飞翔的快乐。最后,当父母发现
> 它们具有足够的力量时,就让它们自由地飞向天空。②

(2)教师要尊重学生天性,因材施教,长善救失。昆体良继承了希腊先哲关于孩童的天性差异的思想,并结合自己多年的实践与观察,对教师做出了详细的指导。教师首先应认清学生的天赋能力与兴趣所在。③ 比如,"有的学生适合学习历史,有的则具有学习诗歌的天赋,某些学生更宜于学习法律,有些人也许只能送去干庄稼活"。"聪明的教师将辨识他们不同天赋才能的特点,

---

① Quintilian, *The Orator's Education*, Ⅱ,5,13,p.307.

② Quintilian, *The Orator's Education*, Ⅱ,7,7,p.315.

③ Quintilian, *The Orator's Education*, Ⅰ,3,1,p.315.

选择适合他们的学科,进行专门的培养。对那些能力相对低下的学生,甚至需要调节教学难度与进度,依顺其天性进行训练。"①另外,学生性情与脾性不同,也需要教师采用不同的教育方式。他建议教师,对懒散的学生,要严加督促;对性子急躁的学生需要耐心说服;多加约束顽劣的学生,而鼓励胆小怕事的学生;要不断向好奇的学生提出新问题和新要求。

昆体良还倡导教师在教学中对学生要奉行量力而行的原则。他强调"在教育头脑尚未发育成熟的学生时,教师不要使他们负担过重,适当调节自己的力量,俯就学生的能力,让他们力所能及,发挥优势。"②"正如紧口瓶子不能一下子倒进大量的液体,只能一滴一滴地灌进去,才能慢慢装满。因此,我们也必须仔细考察不同年龄段学生的接受能力。他们远不能理解的东西是不能填进他们头脑中去的,因为心智还没有成熟到能容受它们。"③

(3)教师要让学生劳逸结合,避免厌学。昆体良意识到,教师只是重视学生良好品德和知识才能的培养是不够的,还应关注其身心健康。孩子天性活泼好动,热衷游戏。教师对此不能一味反对,应因势利导,寓教于乐。他认为,爱好游戏的学生,说明他天性活泼可爱。教师应当感到高兴,这种学生更是可塑之才。那种整天迟钝麻木、无精打采的学生,对所有事情都无动于衷,是没有指望能热心枯燥的学习的。④ 在游戏中,学生的道德品质也能毫无保留地按照本来面目呈现出来。在他们幼稚无知,尚不会弄虚作假时,他们是最愿意听从教师教导的。教师应趁机纠正他们的缺点,对之及时加以补救,养成良好的人格和好的学习习惯。⑤ 当然,教师也不能让学生长时间地沉溺于娱乐和游戏,"应当给休息规定一个限度,如果你不让孩子休息,可能造成他厌恶学

---

① Quintilian, *The Orator's Education*, II,8,7,p.319.

② Quintilian, *The Orator's Education*, I,2,27,p.95.

③ Quintilian, *The Orator's Education*, I,2,28,p.95.

④ Quintilian, *The Orator's Education*, I.3.11,p.99.

⑤ Quintilian, *The Orator's Education*, I.3.12-13,p.101.

习,而过度放纵的玩乐则容易滋生懒散的习惯。"①

为了让学生劳逸结合,除了让他们适当游戏外,教师还可以使用多种学科交叉的学习法。昆体良从学生身心发展的实际需要出发,颇为同情地说:"如果一整天只听某一学科的一个教师讲课,不论是什么学科或哪个优秀的教师,谁又能不被搞得头昏脑涨? 如果按时变换课业,学生的精力就可以得到恢复。正如吃东西,如食物多种多样,食欲就旺盛,吃起来香甜可口,比单吃一种食物更为惬意。"②因而,他主张教师合理安排一天的时间,使不同的科目交替进行,在最大程度上让学生恢复精力,避免其过度劳累,影响学习效果。

最后,但也是一个极为重要且敏感的话题。那就是,教师要不要惩罚学生。昆体良坚决反对滥用体罚,主张对学生使用激励原则。需要指出的是,昆体良反对的是对自由出身的学生滥用体罚。因为罗马大多数教师是奴隶或被释奴。地位卑下的他们对出身公民的学生进行肉体惩罚会带来双重伤害,即公民身份被侵犯以及身心的创伤。他明确地表示,体罚是:

> 一种不光彩的惩罚,它只适用于对奴隶的惩罚,事实上它无疑是一种凌辱;如果孩子的倾向卑劣到不能以申斥矫正,他就如同最坏的奴隶,对鞭笞习以为常。体罚对孩子身心的伤害流毒深远。当孩子受到鞭打时,由于痛楚和恐惧,他禁不住要发出令其感到羞耻的不体面的哭叫。这种羞耻心使他心情沮丧、压抑,使他不敢见人,经常感到抑郁和烦闷。③

教师如何避免体罚自由出身的学生呢? 在昆体良看来,教师在教育中应尽可能地鼓励学生,给他们创造竞争和表现自己的机会,让每个人在集体中都有存在感和成就感,减少犯错误或者叛逆的概率。他建议,教师要经常对班上的学生进行成绩排名,给失败的学生洗刷差生挫败感的机会,激发他们争取荣

---

① Quintilian, *The Orator's Education*, I.3.11, p.99.

② Quintilian, *The Orator's Education*, I.12.5, p.6.

③ Quintilian, *The Orator's Education*, I.3.14—17, pp.101—103.

誉和成功的斗志。① 不过,鼓励学生也需要掌握尺度,"既不可吝啬,也不可铺张,因为吝啬使学生产生厌学情绪,铺张则容易产生自满。"②

再就是,昆体良赞同教师制定严格的学校纪律,对怠惰以及捣乱的学生加以管理。如果有人经常伴随学生,监督他勤奋学习,惩罚就完全没有必要。③ 教师要及时提醒和纠正学生的错误,态度要和蔼。不论错误多么严重,教师务必以温和而严厉的方式加以纠正,而不能进行肉体鞭打。对于学生做得好的部分,教师定要加以表扬。学生做得不好但又不重要的内容,可以模糊处理;如果确实需要重做,加以警示的话,教师定要说明理由。④ 在昆体良看来,即便是为了纠正学生做人和学习上的错误,有些教师对学生体罚的行为也是可耻的,是没有对学生合理管理造成的。而且这样做,从长远来看,也是无效的。他忧虑地说:"当你用鞭子强迫儿童以后,待他到了青年时期,这种恐吓手段已不能再用,而他又有更困难的功课要学习的时候,你又如何对付他呢?"⑤

抛开对学生出身和等级方面的偏见和歧视不说,昆体良以朴素的教育心理学认识到,成年人的体罚不仅会伤害学生柔弱的身体,而且会摧残其脆弱的心灵,对学生的身心健康造成终身的创伤。他是古代西方较早明确反对体罚的教育家,而且将之上升到教育学理论的高度,不但论述了体罚的危害,而且给出了避免这种不良做法的可行建议。体罚问题至今仍然是教育领域中敏感且无法解决的顽疾,我们还是需要到两千年前的这位前辈这里取经。仅凭这一点,他就足以赢得世人的永久尊敬。

的确,昆体良赢得了后世诸如彼特拉克、马丁·路德、约翰·斯图尔特等

---

① Quintilian, *The Orator's Education*, I.2.24, p.93.

② Quintilian, *The Orator's Education*, I.2.25, p.93.

③ Quintilian, *The Orator's Education*, I.3.14–17, pp.101–103.

④ Quintilian, *The Orator's Education*, I.3.12–13, p.101.

⑤ Quintilian, *The Orator's Education*, I.3.14–17, pp.101–103.

著名人物高度的赞美。① 不过,他们主要关注昆体良在教育理论和实践方面的杰出贡献,较少关注他在教师教育方面的开创之功。他的名作《论演说家的教育》不但是希腊罗马教育理论与实践的集大成之作,也是一部关于教师理论研究的著作,为当时和后世的教师教育奠定了理论基础。在这一点上,昆体良突破了西塞罗只关注精英儿童成为演说家教育的思想。他清楚意识到,在培养未来演说家的漫长过程中,除了孩子的天赋外,起主导作用的是教师。因此,他对教师提出了极高的要求,首先要道德高尚、仪表优雅、淡泊名利,其次要学富五车、熟谙教学艺术等。从这种意义上说,昆体良是西方古代教师的教育者,也是后世教师教育理论的奠基者。

我们也应当看到,昆体良提出的上述教师要求,可以说近乎苛刻,在古罗马教育的实践中,实现起来比较困难。由于历史条件所限,很多中等文法教师和演说术教师基本未经过正规的师资培训,大多数教师的社会地位普遍较低,经济收入没有稳定的保障,难以达到他所期望的良好教学效果,甚至有时只能用体罚维持正常的教学秩序。对大多数学校教师来说,昆体良超前的教育思想犹如海市蜃楼,可望而不可即。不过,昆体良的理想犹如指路明灯,有着极大的引领作用,肯定对当时的教育产生了积极的影响。更重要的是,他的教师理论及其所包含的古典人文主义精神为后世的教育家提供了参考和借鉴,至今仍有着现实的指导意义。

---

① 参见[古罗马]昆体良:《昆体良教育论著选》,任钟印选译,人民教育出版社 2001 年版,前言。

"你(昆体良)所完成的不是一把刀子的职责,而是一块磨刀石的职责,你在培养雄辩家方面所取得的成功,较之培养他在法庭上取胜更加伟大。我承认,你是一位伟大的人物,但你的最伟大的卓越之处是你给伟大人物以基础训练和塑造伟大人物的能力。"——彼特拉克(Francesco Petrarch)

"我喜爱昆体良更甚于几乎所有其他教育权威,因为他既是教师,也是模范的雄辩家,即是说,他是以理论和实践的最巧妙的结合进行教育的。"——马丁·路德(Martin Luther)

"他(昆体良)的著作是整个文化教育领域中古代思想的百科全书。我终身服膺的许多有价值的见解都可以溯源于少年时代阅读昆体良的著作。"——约翰·斯图尔特·密尔(John Stuart Mill)

第二节　学校教师的工作环境

昆体良在《论演说家的教育》中对学校教师的德行、学识、乐教与善教、爱学生、重荣誉、轻名利等诸多方面提出了严苛的要求和标准。这些都是昆体良身居教席高位，衣食无忧，不为现实所困的状态下，提出的理想化要求。大多数普通教师的教学与生活状态是怎么样的？根据古典文学作品和考古资料，我们试图走进他们的真实生活。不过，我们首先需要了解，古罗马何时出现了第一所真正意义上的学校？

一、古罗马第一所学校的出现

古罗马最早的学校始于何时？学界争论已久，尚无定论，却饶有趣味。[①]考古资料表明，罗马的小学[②]早在普劳图斯时代就已普遍存在了。普鲁塔克在

[①] 关于这个问题，目前学界有三种观点。第一，根据普鲁塔克的说法，在罗马建城前就有学校了。他提到了罗慕路斯和雷姆斯被送到在伽比伊（Gabii）的学校学习配得上其高贵出身的知识。第二，据提图斯·李维记载，罗马最早的学校出现在公元前5世纪。他提到公元前449年在罗马广场附近就有了小学。维吉尼亚（Viginia）放学经过广场。哈利卡纳苏斯的狄奥尼修斯也说，那时的维吉尼亚已经在学习文法，还有女教仆陪伴。然而，詹姆斯·鲍恩认为，这是明显的年代错误。因为，在那时，《十二铜表法》还没有制订，出现小学是不可能的。正如《荷马史诗》是最古老的希腊典籍，《十二铜表法》是最古老的罗马典籍，两者在各自文化体系中都是教学的基础。这些传说故事很可能没有反映历史的真实情况，或者这可能仅是历史较晚时代的社会情况。第三就是本书中论述的公元前3世纪中后期。

[②] "小学"的拉丁文是"Ludus"，其希腊文原意是"游戏、玩耍"。这个词最早主要是指培训孩子们参加节日仪式和演出的活动场所。他们会围成一个圆圈被教唱同一首歌，也就是round circle的原意，即合唱队表演或排练的地方。有学者认为这应该是"全面教育"（all-around education）的最初方式，且有民主的意味。孩子们参加的这些活动与希腊的休闲 leisur（scholé）类似。到亚里士多德时代，scholé才逐渐成为教学的场所。因此，"school"的本意是与严肃的生活和教育相对的。（参见 James Bowen, *A History of Western Education*: 1000 B.C. ~ A.D. 1054, Vol. 1, London: Methuen, 1972, p. 184; Thomas Wiedemann, *Adults and Children in the Roman Empire*, London: Routledge, 1989, p. 163.）据学者们研究，中国古代最早的教育场所"庠"的含义也经历了非常有趣的演变。一种说法是，"庠"的最初含义是指饲养牛羊的地方。饲养牛羊的工作一般由老年人担任。他们一边管理牛羊，一边照料年幼的孩子们。于是，"庠"就慢慢地变成了教育儿童的场所。

《罗马趣闻轶事录》中证实,之前的教师不收费且受人尊敬,"直到后来,他们才为赚钱而教学。第一所小学或字母学校由普瑞乌斯·卡尔维利乌斯(Spurius Carvilius)开办,他就是第一个与老婆离婚的卡尔维利乌斯。"①这句话通常被视为古罗马社会第一所收费学校出现于约公元前234年的有力证据。

德国特里尔的努玛根(Neumagen)学校浮雕

不过,这则史料存在两个问题:一是卡尔维利乌斯的学校虽然被认为是罗马的第一所收费小学,但不能由此断言它就是罗马出现的第一所小学;二是开办这所收费小学的普瑞乌斯·卡尔维利乌斯与"第一个与老婆离婚"的卡尔维利乌斯并非同一个人。② 据考证,前一位卡尔维利乌斯是公元前234年获

(参见南京师范大学教育系编:《教育学》,人民教育出版社1984年版,第42页。)第二种说法是,《说文》指出,庠"从广羊声",是饲养者居住的地方。在原始社会,羊肉为美味,一般只有氏族长老才能有资格享用。而长老对氏族成员具有管理和教育的职责。因此长老居住的地方逐渐演变成为教育的场所。(参见毛礼锐、沈灌群主编:《中国教育通史》,山东教育出版社1985年版,第49页。)中国正规的学校出现于夏代,除了"庠"之外,还设有"序""校"等具有军事性的教育机构。商代的"学""瞽宗"是传授礼乐、造就士子的学校。从东西方最早学校的演变来看,学校起初都源于实际生活需要的场所,经过长期的演变,才成为了专门用于教育的场所。

① Plutarch, *Moralia*, Vol.IV, *The Roman Quesitions*, 59, p.95.

② 普鲁塔克说,普瑞乌斯·卡尔维利乌斯"是第一个与老婆离婚的人"存在两点错误:首先,普鲁塔克把那个跟老婆离婚的普瑞乌斯·卡尔维利乌斯,与开办小学的普瑞乌斯·卡尔维利乌斯·马克西姆斯·卢伽(Spurius Carvilius Maximus Ruga)混淆了。前者于公元前234年和前228年两度出任执政官。当然,普鲁塔克的错误情有可原,因为古罗马人的名字有不少类似或相同的情况。盖里乌斯就该问题进行过考证,指出这位前执政官喜欢性格坚强但无法生育的妻子,

得自由的希腊奴隶,后者在这一年任执政官,的确有与老婆离婚这件事。我们只能大体推断,普鲁塔克举这个例子估计只是表明,在公元前3世纪后期,罗马的小学收取学费的做法已相当普遍了。那么,如果我们不考虑收费问题,罗马的初级学校究竟出现于何时呢?法国古典教育史学家马鲁提出,根据伊特鲁里亚关于学习希腊教学方法的考古资料推断,公元前7世纪到公元前6世纪深受伊特鲁里亚文化影响的拉丁地区,应该也采用了这种初级学校教育制度。① 按照马鲁的说法,拉丁地区的初级学校这么早出现的话,究竟使用哪种文字,是伊特鲁里亚语,还是拉丁人据此发展而来的拉丁语?他没有给出回答,因此其说法也只能算是推测,尚不足以证明拉丁地区教孩子读写的正规学校已经出现。也许这期间存在一些非正规的教育形式,例如老加图让他的希腊奴隶基洛教家中的小家奴和邻家的孩子读书。邻居则会送给老加图一些实物作为报酬。古代教育史家邦纳提出,这也许是在普瑞乌斯·卡尔维利乌斯建立正规的收费小学之前,罗马存在的最早形式的"学校"。②

　　尽管无法确证罗马第一所正规初级学校出现于何时,但可以明确的是,罗马的初级学校早在公元前3世纪中后期就已经普遍存在了。喜剧作家普劳图斯在作品中多次提到自己熟悉的学校场景。在名作《娼妓姐妹巴齐斯》中,他描绘了一个叫李德斯(Lydus,也许是ludus的谐音)的教仆。他不断地提醒自己放荡的小主人:必须在太阳升起前到达体操学校,否则将受到严厉的惩罚。剧本还提到,体操学校里有跑步、拳击、摔跤、跳高、投标枪与掷铁饼等训练项目。在体育训练结束后,学生们必须身穿长袍,安静地坐在凳子上,跟教师朗

决心坚守结婚誓言,不再另娶。但在位执政官强迫他再娶一个能生孩子的女人。他不得已才离婚。需要补充说明的是,普瑞乌斯·卡尔维利乌斯并不是罗马第一个离婚的人,最早的离婚案件上溯至公元前307年或306年。参见 Aulus Gellius, *The Attic Nights*, IV, iii, 2, translated by John C. Rolfe, the Loeb Classical Library, Cambridge MA.: Harvard University Press, 1968, p.323。

　　① ［法］亨利-伊雷内·马鲁:《古典教育史》,王晓侠等译,华东师范大学出版社2017年版,第41—42页。

　　② Stanley F. Bonner, *Education in Ancient Rome: From the Elder Cato to the Younger Pliny*, London: Methuen, 1977, p.34.

读,不能漏掉一个音节,否则会受皮肉之苦。体罚之重,以至于小主人的衣服如同保姆全身斑驳的围裙一样。① 这种场景描述再现了当时罗马学校里的教学生活,也可以看出罗马借鉴了希腊的学校教育模式。

对于收取学费的问题,普劳图斯则诙谐地表示:爱(拉丁文为 amore)的艺术是必学的一门"课程";一个人学习这门艺术的场所是"学校",情妇就是"教师";若是一名职业教师,她就会收取学生的"学费"。② 从普劳图斯谐谑的譬喻可知,在他那个时代,学校教师收取学费的现象已经很普遍了,而这与普鲁塔克提到的普瑞乌斯·卡尔维利乌斯开办收费学校的时间基本吻合(即公元前 3 世纪中后期)。教育史家詹姆斯·鲍恩也佐证说,普瑞乌斯·卡尔维利乌斯是李维乌斯·安德罗尼库斯、恩尼乌斯之后有些传奇色彩的被释奴。他是罗马第一个从事学校教育,且仿照希腊模式收取学费,而不按天赋招收学生的人。③

二、教学阶段的划分

像普瑞乌斯·卡尔维利乌斯这样有文化的希腊奴隶或被释奴涌入罗马城,为了谋生而开始建立希腊式的各级学校。至公元前 200 年左右,罗马城出现了希腊式的三级教育体系。以马鲁为代表的传统观点认为,罗马照搬了希腊的三级教学制度,与之对应的是出现了三类由专门教师负责的学校:7 岁以上的孩童在初级教师开办的初级学校里接受教育;11 岁至 12 岁在文法家开办的文法学校里学习;15 岁左右开始跟随演说术教师学习修辞与演说;有的

---

① Plautus, *The Two Bacchises*, scene 3, 420−435, p.371.

② Plautus, *The Merchcant*, 292; 305−310, in Plautus, Vol.III, translated by Paul Nixon, London: William Heinemann, 1924, pp.35−37.

③ James Bowen, *A History of Western Education*: 1000B.C. ~A.D.1054, Vol.1, London: Methuen, 1977, p.172.

可能还要接受更高一级的哲学教育,年龄持续到 20 岁或更长。① 布斯(Booth)对上述观点提出异议,认为学校教育是双轨制的:一是奴隶、贫穷学生一般只能在初级教师开办的游乐学校接受"三会"(即读写算)教育;二是贵族学生接受的系统教育,基础教育和文法知识由文法家作为家庭教师提供,然后到演说术教师开办的学校里继续学习。② 罗伯特·卡斯特对布斯的观点进行了修正,认为根据受教育的社会等级与教育目的不同,可以把教育分为"自由教育"和"粗俗教育"。贵族子弟通常在家接受家庭教师的基础知识教育,第一位学校教师是文法家教师,目的是将来接受更高阶段的"自由教育"。中下层家庭的孩子在初级学校接受简单教育,目的是满足将来谋生之需。他还补充说,此种教育模式一般仅适用于罗马这种大城市,实际上帝国并没有推广统一的教育模式。③

　　学界之所以出现了关于古罗马究竟是否存在三级学校制度的争议,主要是因为古罗马精英认为,"字母教师"的"读写算"教学,不算是"自由"或"博雅"教育的组成部分。教育家昆体良就明确地指出,"ludus litterarius"并非"初级(primary)"学校,"trivialis"亦非"基础的或初级的"(rudimentary),而是指"粗俗的或一般"(vulagaris 或 common)的教学活动。④ 这些学校与"字母学校"(school of letters)类似,只教低级的或实用的知识,而文法学校则教授"通识"在内的完整的、高雅的学问。也就是说,昆体良所说的初级教育是指文法阶段的早期,而不是字母学习的阶段。因此,"magister ludi litterarii(字母教师)"开办的学校教育不属于"自由教育"或"文雅教育"的组成部分,与精英

---

　　① ［法］亨利-伊雷内·马鲁:《古典教育史》,王晓侠等译,华东师范大学出版社 2017 年版,第 83 页。

　　② A.Booth,"Elementary and Secondary Education in the Roman Empire", *Florilegium*, Vol.1, 1979, pp.1-14;A.Booth,"Litterator", *Hermes*, Vol.109, 1981, pp.371-378.

　　③ Robert A.Kaster,"Notes on 'Primary' and 'Secondary' schools in Late Antiquity", *Transaction of the American Philological Association*, Vol.113, 1983, pp.323-346.

　　④ Quintilian, *The Orator's Education*, I.4.27, p.119.

教育无关。他在论证学校教育优于贵族的家庭教育时,提到的学校教育不包括字母学习阶段,而是指文法学校的文法教育。只有孩子在家里掌握基础知识后,文法教师才会对其进行评价,然后决定是否接受他们作为自己的学生。① 换言之,贵族之家男孩的第一位学校教师一般是文法教师。小普林尼在自己家乡科莫办学时,也只考虑开设文法与演说术教学。②

不过,罗马的一些城市当时确实存在相对完整的三级学校教育。例如,贺拉斯在故乡弗拉维乌斯(Flavius)接受初级教育后,在父亲陪伴下到罗马城接受了文法与演说术教育。③ 奥古斯丁在《忏悔录》中也讲过自己在家乡塔加斯特城接受初级教育,在附近的马都拉城学习文法与修辞,后到迦太基继续学习演说术。④ 在此基础上,莱斯提出折中的观点:在一种政府几乎不干预的教育体系中,学校教育的三级制度应该存在,这也许不是罗马教育组织的常规形式。双轨制的学校教育也存在。各地根据需要,进行变化与调整,可能有若干不同的教育系统和形式共存。⑤ 哈里斯甚至认为,直到公元 2 世纪,字母—文法—演说的教育顺序才变得明显。⑥ 这也说明了学校教育具有因时间而动与随形势而调适的特点。不管罗马是否存在三级学校,但其教学环境、设施和组织方式基本类似。

三、教学设施

古希腊罗马时期的学校,通常没有现代意义上的专门校舍。古希腊教师

---

① Quintilian, *The Orator's Education*, I.3.1−4, p.55.

② Pliny the Younger, *letters*, IV.XIII, pp.277−283.

③ Horace, *Epistles*, I.xx.18−19, p.391.

④ Augustine, *Confession*, II.III.5, in Augustine, *Confession*, Vol.I, translated by William Watts, the Loeb Classical Library, London: Wiliiam Heinemann, 1924, p.71.

⑤ Christian Laes, "School-teachers in the Roman Empire: A Survey of the Epigraphical Evidence", *Acta Classical*, Vol.50, No.1, 2007, p.120.

⑥ William V. Harris, *Ancient Literary*, Cambridge & London: Harvard University Press, 1989, p.85.

一般选择在祭祀缪斯的神庙中教学,这种教学场所通常称为 Museum。希腊化时期,体育馆与角力学校也没有上课或讲演专用的教学场所。古罗马学校在多数情况下也是如此。对大多数普通教师来说,他们不得不根据自己的经济状况、招收的学生数量等因素,随时变更教学场所。较为富有的文法或演说术教师,若有敞亮住所,一般会以家为校,可省下租房费用,但会限制学生的数量。为招揽更多的学生,多数普通教师会在一些神庙、广场或体育馆等公共建筑附近进行授课。经济状况稍好的教师可以租赁沿街的房屋作为教室,而贫穷教师只能选择更便宜,甚至免费的公共场所教学。下面介绍几种当时常见的教学场所。

第一种,大街的十字路口(quadrivium)或三岔路口(trivium)。亚平宁半岛属于地中海气候,大部分时间温暖少雨。这为人们户外活动提供了便利。一些贫穷教师通常会选择在露天场所施教,因此被罗马人戏称为"街道教师"(street-teacher)。由于罗马城街道一般较为狭窄,他们通常会把教学场所选在三道街或四道街的交汇处,即三岔路口或十字路口。这种做法在希腊罗马时期较为流行,成为人们生活中常见的一道风景线。那里的教师一般是略懂文化的希腊奴隶或被释奴,主要教读、写、算等基本知识,学生绝大多数来自贫寒阶层。这种学校的教学方式也是原始的:一名教师、一个高凳、几个孩子、一条长凳和一本书。① 小狄奥尼修斯在被流放到科林斯时,曾因穷困潦倒而被迫在一个三岔路口教学。② 昆体良批评一些水平不高的文法教师时,曾轻蔑地说,他们就像在三岔路口或街道拐角处的教师一样。③

---

① Stanley F.Bonner, *Education In Ancient Rome*: *From the Elder Cato to the Younger Pliny*, London: Methuen, 1977, p.115.

② Lucian, Vol.I. *Dionysus*, p.65.

③ Quintilian, *The Orator's Education*, 2.3.11, p.279。邦纳认为,古代晚期和中世纪把自由学科称为三艺(Triviumh)和四艺(Quadrivium),也许与古希腊罗马时期在三岔路口和十字路口的原始教学有关。当然,三艺和四艺的内容远远超过了这种原始教学的内容,人们这样称呼自由学科也许是有意让后人记住交叉路口与学问之间的古老关系。参见 Stanley F.Bonner, *Education In Ancient Rome*: *From the Elder Cato to the Younger Pliny*, London: Methuen, 1977, p.117。

　　街道口通常人群拥挤嘈杂，难以保证教学质量。这里往往是下层人聚集之处，如乞丐、无助的食客、流浪艺人、赤脚医生、术士，甚至地痞等。① 幼小的学生总会受到过往人群、突发事件及天气变化的影响。教师不得不付出极大的耐心，才能维持教学秩序。不过，这种场所的教学活动一般有着较好的宣传效果。狄奥·克瑞索斯特姆（Dio Chrysostom，40—115，有时被称为金口狄奥）在《论退休》一文中说，罗马人爱吵闹、喧嚣，但致力于教育和哲学的从业者值得赞美，并提到了初级教师：“即便在这样的人群嘈杂声中，教字母的教师与学生端坐于大街旁，似乎没什么能妨碍他们教与学的热情。”②当然，教师的耐心与精力毕竟有限，热情并不总能保持高涨状态。讽刺诗人贺拉斯曾心酸地谈到，在街道教男孩 ABC 的耄耋之年教师，只有在行人驻足观看时，才会起劲且耐心地教导学生，谈论自己的诗作。③

G.埃尔波里尼（G.Alberini）绘制的庞贝古城广场柱廊下的学校

　　① Horace，*The Art of Poetry*，245-250，p.471.

　　② Dio Chrysostom，*On Retirement*，9，in Dio Chrysostom，Vol.Ⅱ，ⅩⅩ，translated by J.W.Cohoon，the Loeb Classical Library，Cambridge MA.：Harvard University Press，1939，pp.253-255.

　　③ Horace，*Epistles*，I.xx.18-19，p.391.

第二种，神庙、广场等公共建筑物的柱廊下或租赁房子。在庞贝古城发掘的壁画中，可看到一种在阿波罗神庙柱廊下的教学场景：三个孩子端坐在长凳上，面对一位神情严肃的教师，行人则斜倚柱廊低头看着学生置于膝上的课本。据苏维托尼乌斯记载，文法家勒纳乌斯（Lenaeus）在罗马城卡里纳区的大地女神庙附近有一所自己的学校。① 经济状况稍好的教师则会选择在广场附近租赁一处店铺上的阁楼作为教室。在庞贝壁画中，也可找到店铺前面为商店，后面阳台上的小阁楼（Pergula）作为教室的证据。② 在公元 3 世纪学童的写作练习中，也发现学生爬楼梯的说法。上述教师一般被称为"阁楼教师"。此外，还有"戏院楼厅"用于教学的例子。例如，帝国时期高卢的奥顿有所名校——Maeniana（意为 Balconies，即"戏院的楼厅"），那是马塞勒斯一处最古老的建筑，位于奥顿城的中心。公元 3 世纪末，新校长尤曼尼乌斯（Eumenius，230？—？）③曾慷慨地捐资重建了这处建筑。教室柱廊一侧的墙壁可以悬挂教学地图。据记载，这里竟然曾悬挂过奥古斯都的女婿、伟大的地理学家阿格里帕（Marcus Vipsanius Agrippa，前 63—前 12）④绘制的一幅

① ［古罗马］苏维托尼乌斯：《罗马十二帝王传》，张竹明等译，商务印书馆 1995 年版，第 353 页。

② 不少学者都认为 Pergula 是商铺向街道延伸的一部分，在门口拉上一块布帘即可用作教室。参见 H.I.Marrou，*A History of Education in Antiquity*，translated by Geprge Lamb，Madison：University of Wisconsin Press，1982，p.267。其实，拉丁文 Pergula 的词义是"向上延伸的部分"，是商铺上面的小阁楼，不接触地面。参见 Stanley F.Bonner，*Education In Ancient Rome：From the Elder Cato to the Younger Pliny*，London：Methuen，1977，p.116。帝国时期，有些在柱廊上方修建专门用来教学的房间也被称为 Pergula。帝国晚期的一份法令把这些 Pergula 作为公共建筑，曾允许绘画教师免费使用。参见 *The Theodosian Code and The Sirmondian Constitutions*，XIII.4.4，translated by Clayde Pharr，New Jersey：Princeton University Press，1952，p.391。

③ 尤曼尼乌斯因其为皇帝君士坦提乌斯（Constantius Chlorus）及其同僚写作颂词（Pro restaurandis scholis），请求重建高卢著名的奥顿学校而闻名。他被任命为该学校校长，且被授予该地的官方教授席位，领双倍的薪水。不过，他是异教徒，这点与来自高卢地区的奥索尼乌斯和西顿尼乌斯（Sidonius Apollinaris）不同。

④ 古罗马政治家，屋大维的密友、女婿和大臣。公元前 37 年、前 27 年，他曾两次任执政官。为纪念亚克兴海战的胜利建造了被称为万神庙（Pantheon）的建筑，后来被毁。哈德良皇帝设计并建造了至今还存在的万神庙，并在铭文中纪念了他的贡献。文中提到的"世界"地图是屋大维交给阿格里帕的任务，要他绘制公元前 20 年罗马帝国的疆域地图。老普林尼和小普林尼都曾说亲眼见过这幅完整的地图。这幅地图对后世的制图影响很大。

"世界"地图。①

上述教学场所的条件虽然简陋,但因位于城市人口众多的重要区域,道路相接,具有较大的宣传效应。因而,一些教师会选择这样的地方开展教学,以吸引更多的学生。例如,帝国后期的圣·奥古斯丁早年为招揽更多学生,曾把他的文法学校设在迦太基的广场附近。② 李巴尼乌斯在落魄返乡后,起初在安条克的家里开办学校,因招生困难而极度沮丧。后来,他听取了一位老者的建议,在安条克广场附近租房用作教室,情况才逐渐好转。他在自传中承认:"这处地方于我大有好处,因为我的学生数量增加了一倍还多。"③从上述两人的经历中可推知,部分教师会把教学地点设在公众场所,以便引起人们的注意并招到更多的学生。

第三种,宽敞的住所和专门别墅。少数富有的文法学家与演说家在自己家里就可以办学,无需到处租房,更不必受露天教学之苦。例如,共和后期的埃利乌斯(Aelius Stilo)就在自己的住所开办了学校,吸引了西塞罗、瓦罗等一批优秀的青年人来此求学。④ 恺撒的家庭教师格尼佛也曾在自己家讲授文法与演说知识。⑤ 还有一些有权势的或财大气粗的庇护人为个别著名文法家、演说家提供敞亮的别墅,用作教育其子女的场所。他们若有幸被任命为宫廷教师,教学场所可设于宫廷中。例如,皇帝奥古斯都任命弗拉库斯为其孙子们的教师后,就把学校设在了巴拉丁宫,课堂直接设在卡图卢斯大厅。⑥

---

① Eumenius, *Pro Instaur, Schol.* (*For the Restoration of the Schools*), 20. in C. E. V. Nixon and Barbara Saylor Rodgers, *In Praise of Later Roman Emperors, The Panegyrici Latini: Introduction, Translation and Historical Commentary*, Berkeley: University of California Press, 1994, p.171.

② Augustine, *Confessions*, I.22, p.41.

③ Libanius, *Autobiography*, 102, in Libanius, *Autobiography and Selected Letters*, Vol.I, p.167.

④ Cicero, *Brutus*, lvii, 207, p.207.

⑤ [古罗马]苏维托尼乌斯:《罗马十二帝王传》,张竹明等译,商务印书馆1995年版,第348页。

⑥ [古罗马]苏维托尼乌斯:《罗马十二帝王传》,张竹明等译,商务印书馆1995年版,第354年。

此外,一些城市的公共建筑,如希腊体育馆、罗马公共剧院等有时也被用作学术演讲、诗歌朗诵或学术讨论等活动的场所。公元 125 年,素有"希腊迷"之称的皇帝哈德良为支持文化教育,曾专门修建了著名的雅典娜姆(Athenaeum)①学术活动中心。当然,能够在这些重要场所讲课或演讲的只有那些最著名的或获得国家任命的文法家、演说家和哲学家,普通教师则不得不另寻各自的"教室"。

学校的主要教学用具无外乎以下几种:

一是教材。通常用较为便宜且易于携带的埃及莎草纸做成,把上下页的一端缝或黏合在一起做成书卷,长度可达几英尺。有时两端加上轴。由于纸草的韧性较差,易破损,打开时要格外小心,加之当时普遍没有书桌,如需要抄写,操作起来尤其麻烦。富家子弟一般有自己的教材,而在较差的学校里,或许只有教师有一本教材,学生们只能抄写或轮流使用。一幅当时的瓶画曾这样描绘教材缺乏的状况:学生手端着课本,坐在较低的凳上,背对教师朗读课文,而教师则坐于高椅上,从学生头部上方监督其所读的课本内容。由于师生共用的教材使用率高,不久后就会又脏又破,贺拉斯幽默地将之比作"一位又老又脏、步履蹒跚的老人"。

二是"黑板"。在教学过程中,教师通过书写向学生演示是必要的。为此,他们通常会准备一块平整的木板,并悬挂于教室前方,用尖笔蘸墨水在上面书写学生需要识记与仿写的内容。

三是地图。一些教师还在教室里摆放简单的地图,甚至还有少数学校把地图绘制在墙上,以便学生随时学习相关的地理知识。帝国后期,高卢的颂词作家和著名教师尤曼尼乌斯曾对这样的地图印象深刻,"听老师讲课过程中,如果有很难想象的内容就可以更清楚地通过地图领悟;因为上面可以看到所有

---

① 雅典娜姆被认为是罗马城最早的大学,据说它仿造亚历山大里亚图书馆而建,既是图书馆又是学术研究中心。学校聘请希腊罗马著名的文学家、演说家和哲学家负责教授和研究工作,各行省的青年纷纷负笈前往求学。

地名与城市名,每条河流的源头与流程,还有弯曲的海岸线和环绕的海洋。"①

学生们的学习用具也很简单。他们普遍使用涂蜡板和尖笔书写。涂蜡板为长方形木板(或象牙板),上涂一层黑色的蜡以使字迹清楚,且可以随时擦掉字迹,抹出新的平面。这种蜡板价格便宜,可反复使用,因而使用非常广泛。当然,写于蜡板上的字因摩擦等原因,容易变得模糊,不易辨认,也难以长久保存。书写笔一般用金属、木头或骨头制作,写字一端为尖头,另一端扁平以便随时刮平写错的字,便于修改。在纸草上写字时,他们需要用蘸水笔。这种笔一般用芦苇秆做成,也有铜质的,笔尖中间留出一条缝,类似于现在的钢笔。在教学过程中,脾气暴躁的教师有时会用尖笔戳扎不守纪律、分神学生的耳朵或手指,而长期受压抑的学生偶尔也会把自己的写字板、尖笔作为反击教师的武器。②

书写纸张主要包括两种:动物皮纸与莎草纸。前者由牛、山羊、绵羊、鹿等动物的细密表皮制作而成,材质薄而顺滑,适宜书写,可长久保存。尤其当土耳其的帕加玛被纳入帝国版图后,这里成为帝国各地羊皮纸的主要供应地。③富裕家庭的孩子有时会用羊皮纸抄写。昆体良也建议学生携带一些空白羊皮纸以备不时之需。④ 由于羊皮纸太贵,一般家境的孩子通常使用不起。莎草纸主要用埃及莎草制作而成,价廉、轻便、柔软、易于书写。当然,这种纸张的原料产地主要在尼罗河三角洲地区,且质地薄脆易碎,在潮湿的环境中容易被霉菌毁坏。墨水一般用乌贼的汁液或把黑色颜料磨成粉兑水研磨而成。老普林尼曾写道,老鼠不会吃用茴蒿(或芦艾)浸剂与墨水写字的纸张。⑤ 墨水瓶一般用金属制成,有的瓶盖还配有铰链之类的饰物。这些书写用具一般要放进一个便于携带的小书箱。这种小书箱经常出现在一些石棺画里的学童或教仆手中。

---

① Stanley F.Bonner, *Education In Ancient Rome: From the Elder Cato to the Younger Pliny*, London: Methuen, 1977, p.170.

② 参见本章第四节。

③ 罗马人称之为"帕加玛纸"(Carta Pergamena)。

④ Quintilian, *The Orator's Education*, X.3.31, p.351.

⑤ Pliny the Elder, *Natural History*, Vol. VII. XXVII.52, p.421.

四、组织教学

一般情况下,罗马学校在夏天大约早上 6 点、冬天大约 7 点开始上课。教师不得不很早就赶到教室,等候学生的到来。尤维纳尔曾在一首诗中不无同情地说,教师"如果想赚钱,就得半夜里在教室里等着学生。那时候还没有一个苦力或羊毛工人开始工作"[1]。学生们也必须在公鸡报晓前极不情愿地起床,在上学途中的小吃摊随便吃点面包、油饼之类的早点。[2] 如果起晚了,学生们会将反面没写字的莎草纸或一些没人读的书撕开包裹这些油腻的早点,匆匆赶往学校。冬天天亮得晚,教仆担心小主人路黑摔跤,一般会提着灯笼走在前面,有时还会扛起不愿上学的小学童前往学校。奥维德曾同情地说,"白昼女神剥夺了儿童的睡意,并将他们交给老师,让他们的手遭受荆条的残酷鞭打!"[3]

抵达学校后,学生要依次走入教室并向等待他们的老师问好。这时,教师会挺直腰背,严肃地坐在非常起眼的高背椅上(只有在家里教学或家庭教师才能坐上舒适的圆背椅),把脚放在脚蹬上。他们通常身着表明身份的标志性服装——宽大的托加或希腊式的斗篷,身边则是装满莎草纸卷的书箱,还有触手可及的体罚用具——伏如拉(ferule)。[4] 上课开始后,学生需要笔直地坐在无背椅或长凳上,有时也会像希腊学校那样呈半圆状围着老师而坐。由于没有课桌,学生必须把书、写字板或算盘等用具放在膝盖上。据说,这种传统在英格兰一直持续到伊丽莎白(1558—1603 年在位)时代。[5]

---

① Juvenal, *Satires*, VII, 221–224. p. 157.

② Martial, *Epigrams*, XIV. 223, p. 315.

③ Ovid, *The Amores*, I. XIII. 17–18, in Ovid, Vol. I, translated by Grant Showerman, the Loeb Classical Library, Cambridge MA.: Harvard University Press, 1996, p. 369.

④ 关于伏如拉,参见下文体罚工具部分。

⑤ Stanley F. Bonner, *Education In Ancient Rome: From the Elder Cato to the Younger Pliny*, London: Methuen, 1977, p. 126.

冬日清晨的课开始时，太阳一般还没有升起，光线很差，只能靠学生自带的油灯照明。油灯冒出浓烟，气味刺鼻，学生的鼻子和眼睛自然被熏得很不舒服，烟灰甚至"熏黑了贺拉斯和维吉尔"的课本。① 在这种环境下，常年从事教学工作的教师自然深受其苦。那些在露天教学的教师，在阳光明媚、空气清新的春秋天，则没有这种烦恼。若在炎热的夏天，学生使用的涂蜡板上的蜡会融化，尖笔在上面写出的字难以辨认。由于街道行人增多，或因学习内容枯燥，加上学习时间过长，学生们往往会躁动不安，交头接耳、东张西望，上课秩序难以维持，教师也只有依靠训斥或体罚了。更麻烦的是，赶上阴天下雨，露天教学的教师不得不停课或更换教学场所。

古罗马时期的"学校"②规模差异很大。有些学校学生很少，甚至只有一两个学生。马提雅尔曾辛辣地讽刺一个学生很少的可怜教师穆纳（Munna），说他曾为三个学生的事情，向恺撒请示，因为他已经习惯于教两个学生了。③ 露天学校的学生一般数量较少，如庞贝壁画中的柱廊学校出现了六个学生，其中三个坐着，一个接受体罚，另外两个将受罚者架成"马"状。著名教师学校的学生数量则较多，如昆体良多次模糊地提到自己的学生"人数众多""一大群"或"一大厅"。据李巴尼乌斯说，到君士坦丁堡开办学校后，他的学生多达80余名。如果时局动荡，城市里学校的学生数量也会减少。李巴尼乌斯在安条克出现混乱时，学校的学生因此减少到 15 个，不久仅剩下 7 个。④ 据目前的资料显示，老塞涅卡的学生数量最多，他曾在西班牙创办过一所多达 200 余人的学校。⑤ 在罗马城，仅有著名的文法教师巴勒蒙能与之相提并论。在学

① Juvenal, *Satire*, VII, 225, p.157. 这里的贺拉斯和维吉尔有可能指的是画有他们头像的课本，也有可能指的是包含两人诗词的课本。

② 事实上，能称得上"学校"的数量不是太多。为论述方便，姑且把有教师教学的地方都称之为"学校"。

③ Martial, *Epigrams*, X.60, p.381.

④ Stanley F.Bonner, *Education In Ancient Rome: From the Elder Cato to the Younger Pliny*, London: Methuen, 1977, p.132.

⑤ Seneca the Elder, *Controversiae*, I.Preface.2, p.5.

生数量众多时,教师则需要助手做一些辅助性的教学工作。例如,李巴尼乌斯在君士坦丁堡曾有来自外地的四位助手。他们一般由年长的或已毕业尚未找到工作的学生担任。若能获得官方的任命,则由市政公共资金拨付给他们相应的薪酬。

在通常情况下,大额班级主要是指著名的文法学校与演说术学校。在人数众多的班级里,学生的年龄、知识层次必定大相径庭,往往既有学习文法的学生,也有学习修辞、演说的学生。教师必须紧张地工作,才能维持正常的教学秩序,顺利完成教学任务。为此,教师要在同一个教室把学生分成几个小班,分别教授不同的内容。低年级学生往往由高年级学生协助完成学习任务,例如检查字母、音节的发音与单词仿写等。李巴尼乌斯在安条克开办的演说术学校,就把自己仅有的一处大房子分成四到五个部分,中间用窗帘或隔板分开,以免里边的学生互相影响。学生也相应被分成 4 到 5 个年级,每级约 10 人。① 不难想象,这种简单的教室分割很难做到互不影响。一些教师嗓门大或学生的鼓掌声很容易影响到其他班级。尽管如此,当时的学校能有这样的条件已算是不错了。

一般认为,古罗马学校没有类似现在通行的考试制度。正如著名学者摩尔根所说:"长达几个世纪的时间里,从近东到不列颠的广阔地域,罗马教育内容的标准化与一致性是最显著的特征之一。然而,它却出人意料地缺乏评估制度与机构。"②教师在招收学生时一般不会测试他们的智力水平、接受能力等,只需缴纳学费就能收入门下。平时,学生除了在课堂上当场朗读自己的作品外,也没有期中或年终测评或考试。罗马学校未形成评测制度很可能与国家从未要求公民的孩子必须接受教育有关,接受教育是个人的私事,更不用说对学校的具体运作做出规定了。斯多噶派的一些哲学家倡导孩子识字从 3

① Libanius, *Oration*, 36, 10, in Libanius, *Antioch as a Centre of Hellenic Culture as Observed by Libanius*, Translated with an Introduction by A. F. Norman, Liverpool: Liverpool University Press, 2000, p.125.

② Teresa Morgan, "Assessment in Roman Education", *Assessment in Education*, Vol. 8, No. 1 (March 2001), pp.11-24.

岁开始,昆体良建议 7 岁为佳,也有人认为可晚至 10 岁。学生离校时的年纪也无明确规定。不过,由于帝国政府从 14 岁开始征收成人税,可视为学生结束初级教育的大体年龄。

难道罗马学校没有评估学生的方法吗? 答案自然是否定的。教师普遍采用的方法是鼓励学生之间相互竞争,其关键之处在于根据他们掌握知识的快慢与程度有差别地对待。教师通常在讲授一堂课后,根据学生的掌握状况分成快组与慢组,施以不同程度的辅导。在文法学校与演说术学校,昆体良提倡每月根据学生的学习情况调整座次,以在班级中形成竞争的氛围。这样,为博取教师的赞赏以及获得较好的座次,学生之间会展开激烈的竞争。① 文法教师马尔库斯·弗拉库斯要求学生写作命题作文,以激发他们的学习热情与竞争意识。优胜者可获得一些经典书之类的奖品。② 这种教学方式使他声名大噪,后被奥古斯都任命为其孙子们的宫廷教师。

在课堂之外,学生也可以参加类似考试的竞争活动。塞多留(Sertorius,前 122—前 72)统治西班牙时,③为确保本地区首领忠顺,出资为其子孙雇拉丁文与希腊文教师。后来,他还经常为这些孩子举办各种比赛活动,并为获胜者戴上罗马孩子的一种金项链——“布拉”作为奖品。孩子的父母一般也会应邀参加。④ 到帝国时期,皇帝或当地富人还会资助一些大型的文学、音乐和体育等比赛活动,获胜者将赢得奖金,其教师也会因此获得一定的奖励。利西亚(Lycia)北部小镇奥努纳达(Oenonanda)发现了一块保存完好的比赛铭文,记载着公元 124 年举行文学与音乐比赛次序的时间表:在阿尔忒弥斯节(月神与狩

---

① Quintilian, *The Orator's Education*, I.2.23–24, p.93.

② [古罗马]苏维托尼乌斯:《罗马十二帝王传》,张竹明等译,商务印书馆 1995 年版,第354 页。

③ 古罗马的统帅,马略的支持者。公元前 83 年任西班牙总督,后遭苏拉迫害,逃亡非洲。公元前 81 年联合伊比利亚人与马略残余分子建立政权,开办学校,建立军队,后被格乃乌斯·庞培镇压。

④ Plutarch, *Sertorius*, XIV, 2–3, p.39.

猎节,即6月1日)举行吹鼓手和传令官比赛,胜者将赢得55第纳尔奖金;在5日集会上,演说家比赛的赢家将获得75第纳尔奖金;6日是集市,不能举办任何比赛;7日的诗人比赛将由40人分别赢得70第纳尔奖金;18日的比赛对所有人公开。① 这些比赛是学生与教师展示自己才能的绝佳机会,尤其对即将完成学业的演说术学生意义重大。他们若能在演说比赛中脱颖而出,不仅可以名声远扬,也可能得到国家的任命,成为拥有文法和演说席位的教授或拥有实权的行政官员。

对各地的教师而言,安排学生的上课时间及课间活动并不一致,通常可以根据实际情况进行安排。一般情况下,孩子到了7岁左右就要开始初级阶段的学习,上午与下午都要上课。老普林尼在讲述一个小男孩与海豚的故事时,明确了初级阶段下午仍要上课的事实。② 除学习读写算等基础知识外,教师应该也会要求学生进行一些体育活动,但目前尚未发现这方面的证据。③ 中午放学后,离家不远的学童回家吃午饭,下午返回上一节课,然后到澡堂享受沐浴之乐。家远的孩子中午放学后无法回家,只能把午餐带到学校吃。

据一些古典作家记载,文法与演说术阶段的课一般在上午进行。奥古斯丁曾表示,他的演说术教学在正午前完成。④ 李巴尼乌斯也提到,安条克的教师经常希望在正午后能有自由时间,但他似乎还有教学工作要做。⑤ 当然,这

---

① Teresa Morgan, "Assessment in Roman Education", *Assessment in Education*, Vol. 8, No. 1 (March 2001), pp.11–24.

② 这个故事大体意思为:在奥古斯都时代,一个小男孩家在百阿俄(Baiae),他的学校离家较远。他每天上学都要经过卢克里尼湖(Lucrine)。由于他经常拿出午餐喂湖里的海豚,他们成了好朋友。海豚经常驮他过湖上学。两者的友谊维持了好几年。不幸的是,小男孩因病夭折,但忠诚的海豚仍然每天来湖边等待小男孩,像个哀悼者。不久,它也悲伤而死。尽管这个故事可能被多次加工,不过,至少说明那不勒斯地区,接受初级教育的学童下午要上学的事实。参见 Pliny the Elder, *Natural History*, IX.VIII.25, Vol.II, pp.197–183。

③ 帝国东部流行希腊模式,初级阶段的学生上午先上文学和音乐课,然后进行体育锻炼——如骑马或者标枪训练,中午快速沐浴和中餐后,再上一下午的课。

④ Augusitne, *Confessions*, VI,7(11), p.259.

⑤ Libanius, *The Autobiogrphy*, 108, in Libanius, *Autobiography and Selected Letters*, Vol.I, p.143.

些具体的教学安排很大程度上取决于学生的人数。若同一个班级既有学习文法,也有学习演说术的学生,那么教师可能上午完不成授课任务,需在下午继续。例如,李巴尼乌斯经常忙碌至黄昏时分。一般而言,教师主持的演说课会在下午进行。苏维托尼乌斯回忆说,一位名叫普林西普斯的教师有时上午讲授文法课,下午挪开桌椅演说。① 在一天的学习任务完成后,教师也会布置一些家庭作业,通常要求学生背诵某些文章或诗歌。

罗马学校一年一般有三个假期。第一个假期是罗马最重要的节日——米涅娃节(Minerva),②时间是从 3 月 15 日到 23 日。节日期间,各行业手工业者都要歇市,学校也放假。这段时期是罗马孩童非常快乐的时光,也有人将之称为儿童节。③ 第二个假期为暑假,从约 6 月末或 7 月末至 10 月中旬。马提雅尔曾证实,初级教师在 7 月的三伏天或酷热期仍在给学生上课。他当然强烈反对这样做,因为 7 月是"热火朝天丰收的季节"④;在此期间上课,教学效果会很差,教师经常鞭打幼小的学生,会损伤他们的身体。他建议教师把"象征着他权威——那带着呼啸声的塞西亚(Scythian)皮鞭(用鳄鱼皮制成)闲置到 10 月 15 日(收学费的日子)"。⑤ 第三个假期是 12 月的农神节(Saturnus),时间是从 12 月 7 日至 13 日,一般为期一周。在此期间,罗马人停止一切劳作(不打仗、不工作、不上课),孩子可以纵情玩乐,赌博或掷骰子一般也不会受到限制。⑥

① [古罗马]苏维托尼乌斯:《罗马十二帝王传》,张竹明等译,商务印书馆 1995 年版,第 347 页。

② Minerva 是罗马神职中司智慧、工艺、发明的女神,相当于希腊神话中的雅典娜。

③ Ovid, *Fasti*, III.809–834, in Ovid, Vol. V, translated by James George, the Loeb Classical Library, Cambridge MA.: Harvard University Press, 1959, pp.181–183; Horace, *Ars. Poetica* (*The Art of Poetry*), 385–390, p.483.

④ 罗马帝国的丰收节是从每年的 6 月 1 日到 8 月 1 日。

⑤ Martial, *Epigrams*, X.62, p.318.

⑥ 在共和时期,这个假期仅有一天,到恺撒时改为五天,图密善时正式规定为七天。12 月 7 日开始到 13 日的拉伦提娅节结束,被贺拉斯称为"自由 12 月"。参见 Horace, *Satire*, III.5–10, p.158。公元 2 世纪,农神节曾经被禁止,但禁而不止,反倒变成了罗马的大年初一。到基督教时代,它是唯一被允许庆祝的节日。参见[法]让-诺埃尔·罗伯特:《古罗马人的欢娱》,王长明等译,广西师范大学出版社 2005 年版,第 59—63 页。

昆体良、奥维德等有识之士认为这些假期过于浪费孩子的时间,且对他们的身心发展不利,建议他们做一些对智识、美德、健康有益的事,如学习哲学和音乐,猜谜语或踢球等。除这些较长的假期外,帝国还有许多其他节日。不过,学校一般不会因这些节日而停课,如在李巴尼乌斯时代,演说术教师经常要在法定节日上课。罗马城每 8 天一次的集市则是教师与学生休息的时间。

五、教学纪律

目前所见的文献表明,古罗马学校里的纪律一般较差。早在老加图时期,就有学生行为不端的记载。例如,一个男孩曾偷了同学的尖笔或小钱包,造成后者在课堂上大闹不休。据老塞涅卡说,教师有时不得不开除班里的一些"害群之马","因为一个嬉闹淫乱之人,经常会带坏一群孩子。"[①]马提雅尔也曾抱怨:天还没亮,附近学校里教师的吼声及学生的吵闹声严重影响了自己的睡眠。[②] 此外,政治局势的变动有时也会影响到学校纪律。例如,内战期间,学校的男孩分成小庞培派与小恺撒派,列队在街上对战,取胜一方用恺撒的名字命名。[③]

即便在演说术与哲学学校里,课堂也并不总是秩序井然。普鲁塔克曾形象地描写过学生在演讲厅内不成体统的行为,例如学生为演讲者激动人心的演讲所陶醉,他们会跺脚,从座子上跳起,欢呼鼓掌,用希腊语大喊:"精彩""无与伦比""一流的""太棒了"等。若不喜欢某位教授的演说或授课,就会"有一些皱着眉头的人,眼睛游移不定、懒散地半躺或半坐、跷起二郎腿、交头接耳地说话、嬉笑、打哈欠、磕头打盹","当听别人演讲有不同意见时,他们会忽地站起来大加指责;当内容乏味时,他们会打盹;有的皱眉,有的烦躁,有的

---

① Stanley F.Bonner, *Education In Ancient Rome：From the Elder Cato to the Younger Pliny*, London：Methuen, 1977, pp.141-142.

② Martial, *Epigrams*, IX, 68.4-10, p.293.

③ Dio Cassius, Roman History, XLI. 39. 4, Translated by Earnest Cary, the Loeb Classical Library, Cambridge MA.：Harvard University Press, 1969, p.69.

挤眉弄眼,有的在座位上不舒服时扭来扭去,有的交头接耳,有的伸懒腰打哈欠。"①

　　一代名师李巴尼乌斯在一些信件中也描写过学生不守纪律的行为。他办学之地是安条克、君士坦丁堡这类大城市。青年学生,尤其是来自小地方的年轻人,面对大城市里的花红酒绿,以及名目繁多的娱乐活动,自然难以抵制住形色各异的诱惑。于是,他们频繁地出入角斗场、戏院、赛马场,甚至妓院等场所,有的学生甚至把学费挥霍殆尽。这些学生在他的演说课上,无心学习,违反课堂纪律亦是家常便饭。李巴尼乌斯对此种现象抱怨道:

　　　　当我开始演讲时,他们不停地就四轮马车比赛、哑剧、赛马、舞蹈演员以及过去的或将来的角斗问题交头接耳。② 更有甚者,一些学生站起来,像是双臂交叉的石像一样,面无表情;还有很多人满腔热情地站起来;另外的人则强迫那些喜欢站着的人坐下;有的用双手掀起自己的鼻子,做鬼脸;有的开始查看新来的人,还有人欣赏窗外的树叶。③

　　他在抱怨的同时,也不忘现身说法,说自己在年轻时也曾迷恋过这些,但从 14 岁便开始转向学问,并加倍努力,弥补过失。然而,很多学生并不听从他的劝告,仍沉迷于声色犬马之事。失望之余,他宣布以后不再继续举行定期的公开演讲。李巴尼乌斯是当时最著名的演说家,其课堂纪律尚且如此,我们可以想象,那些名不见经传的小学、文法与演说术教师的糟糕情形了。

　　昆体良要求教师严厉制止学生违反课堂纪律的行为:"无论(演说)是好是坏,学生们都不分青红皂白地互相喝彩。大多数教师听任学生自由地站起

---

① Plutarch, *Listening to Lectures*, 45E-F, 46D. in *Moralia*, Vol.1. pp.243-249.

② 此时,角斗比赛虽然已经被官方禁止,但是并没有因此而消失。

③ Libanius, *Oration*, 3, 12-13, in Libanius, *Antioch as a Centre of Hellenic Culture as Observed by Libanius*, translated with an introduction by A. F. Norman, Liverpool: Liverpool University Press, 2000, p.187.

来,大声喝彩,这是决不允许的;这是一种不合适的、表演式的坏习惯,与纪律严格的学校决不能相容。"①普鲁塔克也语重心长地教导年轻人:"你们应当很有礼貌地坐着,而不应懒洋洋地跷起二郎腿;你们应注视着演讲者的眼睛,显出你们有强烈的兴趣;保持镇静的表情,不要显示出烦恼或激怒的情绪,也不要看起来仿佛在想其他事情的样子。"②

不论是在敞亮的房子还是在逼仄矮小的出租店铺内,在开学的日子里,不同级别的教师们都一如既往地与学生斗智斗勇,维持着正常的教学秩序,尽力将知识灌入学童们的头脑中去。

第三节　学校教师的课程教学

英国著名的教育史家威廉·博伊德和埃德蒙·金说:"罗马教育最显著的特点(之一)就是它经过漫长的岁月和处于变化多端的条件下所保持的一致性。从公元1世纪到4或5世纪,从罗马世界的东端到西端,罗马教育保持了它的一致性而没有实质上的变化。"③这里提到的罗马教育的"一致性",应指两个方面:一是罗马人继承了成熟的希腊教育制度,并在其中揉入了尊崇旧俗、注重实用等拉丁精神,添加了拉丁文学的内容,逐渐形成了务实但僵化的教育目标。正如马鲁所言,罗马人从未对希腊教育进行根本性的革命或变革,其感性、特点和传统仅仅表现为对后者某些方面作一些细节性的雕琢、有发扬,也有拒斥,但从来无关大局。④ 二是指教育的制度和技术层面,罗马教育体系形成于公元前1世纪末期的西塞罗时代。罗马出现了三级学校,分别是

---

① Quintilian, *The Orator's Education*, II.2.9–10, p.273.

② Plutarch, *Listening to Lectures*, 45D, pp.243–245.

③ [英]威廉·博伊德、埃德蒙·金:《西方教育史》,任宝祥、吴元训译,人民教育出版社1985年版,第59页。

④ [法]亨利-伊雷内·马鲁:《古典教育史》,王晓侠等译,华东师范大学出版社2017年版,第28页。

初级读写算、中级文法和高级演说术学校。三级学校制度以及授课模式在欧洲延续数千年之久。

对于罗马三级学校里教师所授的课程及功用，古罗马作家阿普列乌斯（Lucius Apuleius Madaurensis，124—170）①曾在《弗劳瑞达》（Florida）中幽默地引用了一位希腊智者将之比作美酒功用的名言："第一杯用来解渴，第二杯用来欢笑，第三杯用来狂欢，第四杯用来疯狂。相反，缪斯女神高脚杯里的酒，纯度越高，被喝干的次数越多，就越有助于心灵的健全。第一杯喝的是阅读教师的那杯酒，带走了无知；第二杯喝的是文法家的那杯酒，教授知识；第三杯喝的是演说家的那杯酒，用雄辩武装自己。"②下面，就让我们来品尝下罗马学生饮用的这三杯酒吧。

一、初级课程

对于学生进入初级学校的年龄与性别，教育家们也没有明确的建议。一般情况下，绝大多数7至12岁的男孩和女孩③都有机会到初级学校接受"三会"（即读、写、算）的教育。这就是阿普列乌斯上面说的"这杯是带走无知的第一杯酒"。不过，有些相对保守的贵族父母会为孩子雇佣优秀的家庭教师。极少数的精英子弟甚至从未去过学校，从初级到文法、演说术阶段的学习都由家庭教师指导。根据昆体良的说法，大部分上等家庭的孩子在家接受基本的初级教育，然后到学校接受文法和演说的学习。对普通家庭的子女来说，能接受花费很少的初级学校教育就算幸运了。初级学校一般由私人开办，他们一般都是希腊奴隶或被释奴，被称为"教字母的老师"（grammatites，litterator 或

---

① 阿普列乌斯是柏拉图主义哲学家、演说家和作家，《金驴记》是其代表作。

② Apuleius，*Florida*，XX，in Tighe M.（ed.），*The Works of Apuleius：Containing the Metamorphoses，Or Golden Ass，the God of Socrates，The Florida and His Defence，Or a Discourse on Magic；a New Translation，to which are Added a Metrical Version of Cupid and Psyche and Mrs Tighe's Psyche，a Poem in Six Cantos*，London：HG Bohn，1853，p.402.

③ Martial，*Epigramas*，IXVIII.2，1978，p.125.

ludi magister)。他们的学校被称为"游乐场所"(ludi litterarius),设施极为简陋。不少教师在露天给学童上课。大多数初级教师自身没有多少知识,多半是为了糊口才从事这种被人瞧不起的职业。

古罗马初级教师教给学童学习书面语言的步骤与方法,与希腊同行一样。先从最简单的字母、音节教起,然后再到单词、句子和短小的文章。不过,与希腊同龄人相比,罗马学童的学习难度要大很多。因为希腊语作为官方语言之一,在整个罗马帝国流行。学习希腊语和拉丁语两种语言,成为学童的必修课。这就要求初级教师掌握两门语言,才能满足拉丁地区教育的需求。这也是为什么长期以来各级学校教师往往是来自希腊地区且掌握了拉丁语的希腊奴隶或被释奴。学童从学习字母到短小文章需要经历相当长的时间,一般至少五年甚至更长。教师往往根据学童的年龄和资质,把他们分为三个级别:学字母的学生(*abecedarii*)、学音节的学生(*syllabarii*)、学生词的学生(*nominarii*)。①

小学的教学方法,古今中外概莫能外,就是反复记忆与模仿。如何让学童更快地迈出学习的第一步——掌握字母?是先用耳朵听,还是先用眼睛直观地看?教师们可能大多根据自己的习惯教学,并无定法。走在古罗马大街上的人,会经常听到坐在高背椅上的老师高声领读,学生则稚声齐发,拉长音调跟读。奥古斯丁曾对这种单调的教学方法表示反感:"学童朗读的时候像唱歌,但唱得很难听。"②精心研究教学的昆体良也反对教师让学童鹦鹉学舌地跟读。他主张先让孩子认识字母的形状,可以用象牙或木头做成字母的形状,让幼童在玩耍中学习。③ 诗人贺拉斯也有类似看法,说"震动耳朵刺激大脑,不如眼睛看到的更加形象直观。"④昆体良进一步提出了更易于操作的方法:

---

① [法]让-皮埃尔·内罗杜:《古罗马的儿童》,张鸿、向征译,广西师范大学出版社2005年版,第282页。

② Augustine, Confession, I, 13(21), p.83.

③ Quintilian, *The Orator's Education*, I.1.26, p.77.

④ Horace, *The Art of Poetry*, 179, p.465.

把字母的形状在木板上刻出沟槽,让学童用笔描摹。通过反复练习,他们不仅能按照正确的顺序写出字母,还可以打乱顺序默写。[1] 帝国后期的教父哲罗姆很推崇昆体良这种寓教于乐的教学方法:学童先记住字母的形状,然后描摹教师写在写字板上的字母。[2] 至于这些精英学者推荐的这些不错的教学方法,在普通的教师那里有没有得到推广与应用,我们不得而知。无论如何,学童经过反复识记,初步学会了字母之后,便进入了音节和单词的学习阶段。

如果想很好地学会单词,就要先学会构成单词的音节。拉丁文和希腊语的音节相当复杂,每个辅音与所有的元音(希腊语有七个,拉丁文有五个)依次组合搭配,形成单音节、双音节、三音节、四音节甚至更多的音节。这对尚处于懵懂年纪的罗马学童来说,如同在迷宫漫游,极易混淆。因此,这是一个极其漫长且枯燥乏味的过程。学生在学习音节的同时,就要开始学习单音节的单词,接着学习复合音节的单词。为了让学生更容易学会,教师也会想一些办法。比如他们会按相同字母、或人名字母、或音节的多少进行分类,帮助学生记忆。教师会要求学童在写字板上写下一行拉丁语单词,在下面对应写一行希腊语单词,以方便对照记忆。埃及考古曾发现学童练习的莎草纸本上,写着希腊众神的名字、人身体的部位、鸟类和野兽的名称等按照希腊文和拉丁文对照记忆的资料。

对古罗马儿童来说,学习希腊语难度很大。例如,幼时的奥古斯丁非常痛恨学习作为外语的希腊语。他甚至同情被迫学习维吉尔的希腊儿童,认为他们一定与他讨厌荷马的痛苦类似。他认为,学习外语的艰苦给那些可爱甜美的希腊古诗涂上了苦汁。他在连一个希腊单词都不认识的情况下,在被威胁和酷刑之下被迫学习希腊语。而拉丁语,在日常生活中就能轻松自如地学会了,无须专门学习。[3] 奥古斯丁的抱怨,也反映了语言学习必须要与日常生活

---

① Quintilian, *The Orator's Education*, I.1.26, p.77.

② St.Jerome, *A Girl's Education*, in Jerome, *Selected Letters*, CVII, p.347.

③ Augustine, *Confesion*, I.14, in Augustine, *Confession*, Vol.I, p.45.

实际结合起来的原理。

像奥古斯丁一样,学童在痛恨初级教师的强迫下,慢慢学会了读写单词。接着,他们在老师的指导下,进入下一阶段的学习,阅读短语、句子、押韵诗歌和小短文等。在这个艰难的过程中,教师要先教给他们如何在句子中断词。古罗马的书写早期不仅没有标点断句,就连词语也是连续书写,彼此之间没有间隙或空格。这对刚刚学会单词的学童来说,如何找到每个单词的首字母和尾字母,再逐词阅读出来是很困难的。所以,教师首先要做的就是,把句子中的每个单词断开,教会学生阅读。然后再指导他们学会自己断词,反复训练,形成语感后才能顺利阅读一个长句。没有教师的耐心和强制性训练,学童的这种学习能力是很难培养出来的。

不过,古罗马人的书写并不是一直没有标点。保存于梵蒂冈图书馆的维吉尔诗歌的拉丁文完美抄本(约公元 200 年),其中一页的诗句是用大写字母书写,只有短句处才使用圆点断开。如果圆点被标在诗行的顶端,相当于我们现在的句号;如果标在中间,相当于逗号;如果在其底端,则相当于分号。①

在学习句子的过程中,教师会把一些短句或押韵诗句抄在"黑板"上,再让学童抄到写字板上。然后,教给他们逐词断开,让其朗读,以便及时纠正错误的发音。一开始,阅读速度很慢,教师会让他们逐渐加快速度。为了便于学童记忆,并有道德教诲的价值,罗马教师沿用了希腊同行的做法,选择名言警句居多。希腊诗人米南德的句子颇受欢迎:接受教育,会让每个人成为优雅之士;即使你腰缠万贯,如果懒惰成性,终将一贫如洗;尊敬你的父母,善待你的朋友等。还有老加图讨论死亡的名言:"抛开对死亡的恐惧吧!花时间担心死亡而丧失生活的快乐是愚蠢的",等等。很多类似的训诫语句涉及伦理道德、教育与生活、生命与死亡等各个方面。

---

① Ellwood P. Cubberley, *Readings In the History of Education*, New York: Houghton Mifflin Company, 1920, p.34.

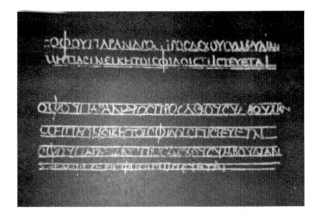

公元 2 世纪罗马学校练习抄写的涂蜡板

从公元 2 世纪罗马学校的涂蜡板可知,米南德的诗歌的确非常受欢迎。上图所示的两行抑扬格诗:"接受智者的教诲;并不是你所有的朋友都值得相信。"很明显,上面一行的笔迹熟练流畅,而下面的一行却显得笨拙稚嫩,这是学童摹写老师书写的典型例证。字母写在平行线内,应该是为了规范字体大小,避免出格,书写整齐。这与中国出土的商代甲骨文上,教师刻写范本和学生模仿抄写的天干地支的做法类似。① 它们都清晰地反映出,古代初级阶段教育的主要特征之一就是教授日常所需的内容,然后反复模仿与重复记忆。

随着学生书写和阅读熟练程度的提高,教师就不必费事地把诗句或短小的文章抄到"黑板"或写字板上给学生作示范了。他可以口述,让学生记录下来,然后解释意思,让其回家后反复记忆和默写,直到烂熟于心。有些老师图省事,不想耗时费力地精心挑选具有警醒意义的精辟语句,就会随手拿当代作家的诗句来练习。而那些学会阅读的学童不解其意地记下,书写错误很多。有些诗人觉得这种初级教师不负责任的行为亵渎了自己的作品。贺拉斯愤懑

---

① 甲骨文碎片通过拼接后,出现了三行天干地支:甲子、乙丑、丙寅、丁卯、戊辰、己巳、庚午、辛未、壬申、癸酉。中间一行精美整齐,其余则歪歪扭扭,几乎不能成字。郭沫若说这"实为饶有趣味之发现",那一行精美整齐的字是教师刻的范本,"而歪剌不能成字者乃学生之模仿也"。(参见郭家齐编著:《中国古代的学校和书院》,北京科学技术出版社 1995 年版,第 9 页。)

地发问："你愿意让你的诗句在一知半解的初级教师那里被听写吗？反正我不愿意！"①但有些二流诗人却引以为豪，佩尔西乌斯轻蔑地讽刺他们道，有人竟然为自己的诗被当作"一百多个卷发的淘气学童"的听写材料为傲！② 教师无论教给学生什么内容，都会要求他们重复背诵，生搬硬套地塞进脑袋里。贺拉斯曾讽刺谄媚者，说他们在重复庇护人的话时，就像"一个男孩重复老师的话一样"③。

　　初级教师不仅教给学童读写单词、句子，还要教给他们数学计算，以满足现实生活所需。学童学习算数最直接的方法是用手指数数，这也是古代常用的简单方法。不过，聪明务实的罗马人可能根据手指数数的形状发明了罗马数字（I、II、III、IV、V 等等）。教师有时候也就地取材，使用鹅卵石或小石子等，让学生把它们整齐地摆放在一块带有沟槽的木板上，进行计算，或者进位。这可能是算盘的雏形。④ 到帝国时期，学童学习加法变得较为容易了，因为出现了加法口诀："一加一等于二，二加二等于四，四加四等于八……"晚年的奥古斯丁仍然对加法口诀记忆犹新，但对这种死记硬背的教学方法深表反感。他将之称为"唱歌似的内容，令人生厌。"⑤如果两数相加超过十了，罗马人会使用十进位制。不过，在日常生活中，十进位制用得较少，主要用于计算利息的百分比。最经常使用的是十二进位制，比如古罗马货币单位（as）、重量单位磅（libra）⑥和尺寸单位脚距（pes porrectus）等的划分，都用十二进位制，每份被称为 uncia（盎司，即 1/12）。

　　贺拉斯曾非常直观形象地描写过罗马初级教师的一堂数学课，可以看出

① Horace, *Satire*, I.x.75, p.123.

② Persius, *Satire* I.29−30, p.319.

③ Horace, *Epistles*, I.XVIII.15, p.369.

④ James Bowen, *A History of Western Education*: 1000*B.C.* ~*A.D.*1054, Vol.1, London: Methuen, 1972, p.186.

⑤ Augustine, *Confession*, I.13(21), pp.37−38.

⑥ 1 磅等于 327.45 克

十二进位制在学童教育中的重要性。当然,诗人醉翁之意不在酒,而在于讽刺罗马人过于功利的学习态度。他说:"对希腊孩子来说,缪斯赋予了他们酣畅演说的天赋和才能。而罗马男孩通过反复的练习才能把一阿斯分成100份。"①

老师:告诉我,阿尔比努斯的儿子,如果用 5 盎司(5/12 阿斯)减去 1 盎司(1/12 阿斯),剩下多少?(停顿一下)你立即回答。

学生:三分之一。

老师:很好。你可以看守好你的钱财了。如果 5 盎司加 1 盎司,等多少呢?

学生:半个阿斯或 6 盎司。

初级教师在长达五六年甚至更长的时间里,教完学生"三会",就基本上完成了他的教学任务。这些学习内容中,诗句和短文的训练包含了道德伦理的成分,告诉学童怎么做人处事。它们与算数一样都是为满足日常生活的需要。这也是为什么像昆体良这样的教育家认为,初级阶段的教育只能属于"粗俗或世俗"的教育,而不属于"自由或博雅"教育的范畴。② 但对于普通家庭的孩子来说,这是他们所能接受的唯一正规的教育了。至于学生掌握的程度,初级教师似乎很难保证大多数人能够学会。事实证明,大多数接受过小学教育的孩子会像佩特罗尼乌斯笔下的萨蒂利孔一样,"没学过几何、文学和其他什么乱七八糟的历史,他们认识几个大字,懂得算数、斤两和尺寸就满心欢喜。"③只有个别聪慧的学童才能脱颖而出,如有足够好的经济条件,就有机会进入更高一级的文法学校继续接受教育。

二、文法教师的教学课程

相比于学识较少的初级教师,文法教师通常被认为是学术水平较高的学

---

① Horace, *The Art of Poetry*, 325–330, p.477.
② 参见本书第四章第一节。
③ Petronius, *Satyricon*. 58, pp.105–109.

者,是名副其实的教师,拉丁词汇为"grammatikos/grammaticus"。还有不少其他的术语称呼文法教师,如埃及莎草纸文献中有"grammatodidaskalos""deska-los""Kathegetes"等多种术语。此外,可能还有女文法教师"grammatike"和"deskale"。不过,这两个词也可能指文法教师的妻子。① 文法家为招生方便,一般会在中等或较大城市里开办学校。因此,像出生在较小城镇塔迦斯塔(Tagasta)的奥古斯丁,只能在家乡接受初级教育,而不得不到较大的城市马达乌鲁斯(Madaurus)学习文法。远离家乡,到较大城市里学习文法或演说术,需要较高的费用,使得文法和演说教育成为少数精英阶层的特权之一。文法学校里招收的学生,基本上是来自中上层家庭的男孩,至今只有马提雅尔提到一个女孩到文法学校学习。②

　　文法教师的授课就像阿普列乌斯上面所说的"教授知识的第二杯缪斯高脚杯里的酒"。按照昆体良的说法,拉丁文法教学与希腊化时代的语法教学并无二致,同样体现了方法性和历史性两大特征,即规范语言的理论研究和对古典诗歌的释读。③ 文法教师就是按照这两部分内容进行授课的:教授希腊和拉丁文法、希腊和拉丁作家的古典作品。

　　首先,文法教师教授拉丁文法。他们使用的文法教材,是由共和时期博学的瓦罗和帝国初期的著名学者巴勒蒙,对亚历山大里亚学派学者狄奥尼修斯·特拉科斯(Dionysius Thrax,前170—前90)所创设的希腊文法学科体系改造而来的。活跃于公元4世纪前后的文法家和演说家多纳图斯(Aelius Dona-tus,生卒年代不详)出版了两本文法研究的著作,使拉丁文法体系基本定型。

---

　　① 教师术语只有习惯性用法,并没有统一的规定。参见 Teresa Morgan, *Literate Education in the Hellenistic and Roman World*, Cambridge: Cambridge University Press, 1988, p.28。

　　② 按照罗马习俗,女孩在12岁左右就要结婚嫁人。富有家族的女孩接受文法或演说教育基本上是由家庭教师指导完成的。只有极少的女孩能到文法学校读书,马提雅尔曾提到 Grandis Virgo 是父母已经为她雇佣了几年的家庭教师以后,再把她送到较好的文法学校继续完成教育。这种情况很少。参见 Stanley F. Bonner, *Education in Ancient Rome: From the Elder Cato to the Younger Pliny*, London: Methuen, 1977, p.136。

　　③ Quintilian, *The Orator's Education*, I.4.2; I.9.2, p.63, p.157.

他编订文法教材的理由非常有趣。因为他的学生绝大多数是希腊人,教给他们拉丁语就像教一门外语一样困难。[①] 此后,它们在中世纪仍被使用。

在多纳图斯的教材出现之前,文法家基本上都在使用巴勒蒙的文法规则。他们首先把基本的文法知识,包括字母、音节、词语和演说部分的抽象解释等语言要素教给学生。尽管学生们在初级阶段学习了字母、音节、词汇等基本知识,但拉丁语是一种高度复杂的语言,因此文法教师还需要系统地给学生讲解。具体来说,文法家要长时间地给学生讲解词语的性、数、格的变化,还要教授辅音与元音的区分与搭配、送气音和爆破音的分类、长音节和短音节的划分,以及词性的分类等。以上内容都是为学生学习诗歌韵律的六韵步和三音步打好基础的。拉丁文法中共有八种词:名、动、分、感叹、代、介、副和连词。在古代的拉丁文法中,形容词被划分到与它关系最为密切的名词类。名词形容词有三个语法范畴:三个性(阴、阳、中),两个数(单、复)、六个格(主格、属格、与格、宾格、呼格和夺格)。形容词必须与所修饰的名词保持语法范畴的一致。动词更为复杂,有两大类:限定形式和非限定形式。动词限定形式有五个语法范畴:数、人称、式、语态和时态;根据动词的现在时词干结尾分四种变位法、六个时态、三种人称、三种语式、两种语态、两个数……如此复杂的语法,可以想见文法教师任务繁重。

拉丁语的变化与"丰富"加大了文法教师的教学困难。随着各地行省与罗马联系的加强,拉丁语一直处于动态变化之中。尤其是外省"蛮语"或"乡下话"等融入拉丁语所带来的"错误",让文法家们深感烦恼。这也是拉丁文法教学的一个严重缺陷,文法家们过于重视巴勒蒙等权威学者规范的拉丁文发音、拼写以及词义的准确,甚至将之神圣化,而忽视了语言是一种活的东西,应源于实际生活。

另外,还有两个问题需要文法家去面对。一个是发音问题,瓦罗曾专门总

---

① H.I.Marrou, *A History of Education in Antiquity*, translated by Geprge Lamb, Madison: University of Wisconsin Press, 1982, p.276.

结过拉丁文中发音易于犯错之处,比如元音、重音和送气音等。再就是文法错误,主要出现于名词、形容词等变位或变格中。比如形容词的性与所修饰的名词不一致等等。擅长文法和写作的西塞罗非常重视书写中的文法错误,在私人信件中多次与朋友讨论这类问题,并对儿子家信中出现的单复数方面的文法错误进行了严厉批评。①

在学生正式学习文学作品之前,他们除了要熟练掌握这些复杂的语法知识外,还要学会在阅读和写作中使用正确规范的语言与句型,这也是一项需要掌握的繁难且枯燥的基本技能。下面以公元 4 世纪的拉丁文法家狄奥米德斯(Diomedes)著作中的一个文法练习的句子为例②:

马可乌斯·波奇乌斯·加图说:文学之根是苦的,但果实是甜美的(Marcus Porcius Cato said that the roots of literature are bitter,but the Fruits pleasing);

应记住马可乌斯·波奇乌斯·加图的名言:文学之根是苦的,但果实是甜美的(The saying of Marcus Porcius Cato is remembered,that the roots of literature are bitter but the roots pleasing);

令人高兴的是,马可乌斯·波奇乌斯·加图如是说,文学之根是苦的,但果实是甜美的(It pleased Marcus Porcius Cato to say that the roots of literature are bitter but the fruits pleasing);

他们说,马可乌斯·波奇乌斯·加图如是说,文学之根是苦的,但果实是甜美的(They say that Marcus Porcius Cato said that the roots of literature are bitter,but the fruits pleasing)。

以上四个句子都以"the Marci Porcii Catones said that"为主题,各种句型的转换,反复练习。这种练习不需要学生有任何的质疑与主动性,只要记忆与反复运用即可。

---

① Quintilian,*The Orator's Education*,I.7.34,p.199.

② Diomedes,*Grammtica Latin*,1.130.

　　其次,文法教师对经典作家作品的释读。文法家尽管花费了很长时间教给学生大量文法知识,但更重要的是教给他们如何阅读、阐释和理解少数几位希腊和罗马的作家和诗人的作品。罗马文法学校最早讲授的作品,是以公元前3世纪的诗人李维乌斯·安德鲁和公元前2世纪恩尼乌斯编写的教材为主,主要内容是《荷马史诗》和公元前5世纪的悲剧作品。公元前4世纪的米南德作品后来也被引入其中。随着拉丁文学的发展与成熟,罗马人对之做出了巨大的革新,将著名的拉丁作品引入了文法教学中。公元前26年,罗马骑士阿提库斯的一名被释奴埃皮罗塔,首次让维吉尔的作品进入课堂,被同行誉为"新苗诗人的培育者"①。后来,泰伦斯、西塞罗、贺拉斯、奥维德以及撒路斯特等人的作品纷纷进入课堂。文法课程的变革也奠定了维吉尔和西塞罗作为拉丁文学大师的崇高地位。维吉尔在罗马犹如荷马在希腊受到的推崇。西塞罗是受人敬仰的大师,李维与昆体良也都对之极度推崇:"西塞罗之外的作家是否值得学习,就看他与西塞罗的相似度如何。"②然而,无论拉丁作品如何风云变化,《荷马史诗》的权威地位从未动摇。贺拉斯明确表示,自己在罗马能够学习"阿喀琉斯的狂怒是如何给希腊人带来灾难的",是幸运的。③ 昆体良也说,《荷马史诗》不但是"希腊人的导师",也是"人类的智慧源头"。④ 这点更清晰地体现在11岁早逝的罗马男孩Q.S.马克西姆斯(Q.Sulpicius Maximus)的习作中。经研究发现,在他的一首诗中的28个修饰词中,只有7个与《荷马史诗》无关;55个实词中,只有12个与《荷马史诗》无关;45个动词中的10个词,有4个明确与《荷马史诗》有关;上述类别中不包含的3个词中,有1个与

---

　　① [古罗马]苏维托尼乌斯:《罗马十二帝王传》,张竹明等译,商务印书馆1995年版,第354页。

　　② Quintilian, *The Orator's Education*, II.5.21, p.309.

　　③ Horace, *Epistles*, II.II.41-42, p.427.

　　④ Quintilian, *The Orator's Education*, X.1.46, p.275.

《荷马史诗》有关。换言之,96 个词语中的 68 个,有 2/3 完全是荷马式的。[1]

在学生学习这些作品时,教师一般先要选一篇事先校注过的作品。因为校注非常重要,流行的版本中词与词之间往往缺少标点与分割。教师一般会先有感情地大声朗读这篇作品。狄奥尼修斯要求教师要根据不同类型的作品用不同的语调和情绪:悲剧需要慷慨英雄的气势朗读,喜剧则以日常欢快的语调,挽歌却以高朗又清晰甜美的语气,史诗要用阳刚旺盛之势朗读。[2] 教师通常一边朗读一边逐句解释。他会告诉学生,哪里需要标点、重音和停顿,解释陌生的人名是谁,没见过的地名大体位于何处,以及为什么使用隐喻等。我们可以拿多纳图斯的文法书中的一句话作为例子。这本厚厚的文法著作竟然只是用来解释《埃涅阿斯纪》十二卷中每卷的第一行诗句的。教师会这样问学生如下的问题:[3]

> Arma vi/rumque ca/no Tro/iae qui primus ab/oris
>
> 这句诗里有几个停顿?
>
> 两个。
>
> 它们是什么?
>
> The penthemimera(五音节)and the hephthemimera(七音节)
>
> Which is which? 哪个是五音节,哪个是七音节?
>
> The penthemimera 是 Arma virumque cano,the hephthemimera 是

Arma virumque cano Troiae。

> 有几个格?
>
> 十个。

---

[1] J.Raleigh Nelson,"The Boy Poet Sulpicius—A Tragedy of Roman Education",*The School Review*,Vol.11,No.5,1903,p.392.

[2] Dionysius Thrax,*8ff*,转引自 Stanley F.Bonner,*Education in Ancient Rome:From the Elder Cato to the Younger Pliny*,London:Methuen,1977,p.223。

[3] 参见 H.I.Marrou,*A History of Education in Antiquity*,translated by Geprge Lamb,Madison:University of Wisconsin Press,1982,pp.279-280。

为什么是十个?

因为它有三个强弱弱格和两个强强格组成。(普利斯安没注意到最后一个强强格)

有几个词组成?

九个。

几个名词?

六个:Arma,virum,Troiae,qui,primus,oris。

几个动词?

一个 cano。

几个介词?

一个 ab。

几个连词?

一个 que。

让我们依次学习每一个词,首先看 Arma,它是句子的什么成分?

一个名词做主语。

它的 quality 是什么?

称呼。

它的性是什么?

中性。

你们怎么知道的?

所有名词在复数中以 -a 结尾的都是中性词。

为什么 Arma 不使用单数呢?

因为它表示有很多……

如此枝蔓细节,可以想见,罗马文法教师与学生教与学的艰涩过程。

文法家为了吸引生源,必须展现出自己博学强记的本领。上知天文,下知地理,博古通今,似乎才是一名好的文法家的标准。首先,神话和传说知识固不可少,如"阿喀琉斯的保姆是谁? 她来自哪个城邦? 安克摩鲁斯(Anchemol-us)①的继母叫什么,她的家乡叫什么名字? 地理与历史等知识也不可或缺,如阿彻劳斯河发源于哪里? 流入什么海? 是地球上的第一条河吗?"等诸如此类的问题。② 难怪尤维纳尔不无同情地说:"做文法教师真是一门苦差事!"③

理想的文法学家被期望拥有完善的知识体系,这与罗马人继承希腊人"通识教育"的教育理想有关。西塞罗将其命名为"自由技艺(artes liber-ales)"。④ 他与昆体良几乎把柏拉图以及伊索克拉底的自由学科都移植到他们的教育理论中,数学、几何、音乐等学科都与文法、演说术有着不可分割的联系。他们都强调演说术的学习必须要以广博的知识作为基础,因此又增加了历史和法律。但在实践中并非如此。就连昆体良都说,人生时光有限,文法学习重要,学生只能学点零散的数学知识而已。⑤ 可见,罗马文法学校对文学知识过分重视,以至于科学、数学、天文学等科目都沦为解释文学作品的辅助性知识和学者炫耀的资本。不过,这些课程仍然完整地保留着,成为"七艺"的前身,而"七艺"又是中世纪教育的标准课程。

对于音乐、舞蹈、唱歌和体育等原本在古典希腊都比较重视的艺术科目,务实的罗马人一直难以调和艺术的审美与实用之间的矛盾。上流人士认为,它们可以用来修身养性,观看欣赏,但若以此为职业则会有辱身份。暴君尼禄就酷爱音乐,并相信音乐可以缓和人们对政治和战争的狂热。⑥ 当然,对于有

---

① 安克摩鲁斯是被帕拉斯(Pallas)杀死的对手之一。据说他出身古老的罗厄图斯家族,胆大妄为,曾与继母通奸,因害怕父亲惩罚,逃到图尔努斯阵营,而被帕拉斯杀死。参见[古罗马]维吉尔:《埃涅阿斯纪》,杨周翰译,译林出版社1999年版,第273页。

② Juvenal, *Satires*, VII.228-236, p.157.

③ Juvenal, *Satire*, VII.215, p.175.

④ Cicero, *De Orates*, I.73, p.55.

⑤ Quintilian, *The Orator's Education*, I.xII.18, p.199.

⑥ [古罗马]苏维托尼乌斯:《罗马十二帝王传》,张竹明等译,商务印书馆1995年版,第254页。

助于激发爱国情怀的音乐,昆体良提倡学生学习,因为它会对演说产生积极的效果。靡靡之音则遭到罗马人的极力排斥。自然,容易滋生同性恋倾向的体育馆健身活动,在罗马更是没有容身之处。摔跤、马术、狩猎、游泳等原本服务于战争与军事目的的体育活动则很受欢迎。但上述艺术与体育等都不在文法教育之列,这也决定了罗马的文法和演说学校教育几乎就是语言和文学的同义语。

三、演说术教师的教学课程

演说术教师是指精通修辞学和演说术的教师,对应的拉丁文为 rethor,有时也被称为 orator。后者泛指演说家、雄辩家、辩护人或者律师等。① 与文法家教师相比,演说术教师的社会声望更高,得到官方任命,获得升迁的机会也多。罗马教育延续了希腊化时期业已形成注重语言和文学的特征,培养优秀的演说家为其目标。演说术教师自然也就位于罗马教育体制的金字塔端。他们的学生大都来自精英家庭。对贵族青年来说,如果日后想步入政坛,跻身权贵,掌握演说术是一项必备技艺。不论共和中后期在元老院和广场上发表演说、宣扬政见、争取选票、打败政敌和展现才华,还是帝国时期从事律师、法庭辩护以及广场朗诵、沙龙表演等活动,雄辩才能都是体现权贵阶层身份、地位和个人魅力的标志。

演说术源于希腊城邦公民政治活动的长期实践,经智者派教师的公开教授与理论总结而成。从伊索克拉底到希腊化时期,它历经几个世纪的发展,逐渐形成了一套传统的技艺、复杂的规则和程序的教育体系,形式化日渐严重。当演说术传到罗马后,务实严肃的罗马精英就致力于把希腊优秀的文化成果转化为具有罗马特色的东西。老加图把演说家定义为"精于言辞的好人",这成为古罗马若干个世纪里的教育理想。西塞罗试图克服演说术流于教条且纯粹实用的弊端,复兴了伊索克拉底的演说术理论,并结合罗马现实的需要,把

---

① Seneca the Elder, *Controversiae*, 7.1.20, p.39.

希腊的"paideia（教化）"发展为罗马的"humanitas（人文主义）"理想。具体来说，他主张把演说家培养成既熟谙希腊文化与哲学，又具有罗马传统道德；既领略哲学和演说艺术的魅力，又精通法律和历史；既举止优雅，又拥有治国才能的通识人才。

帝国时期的昆体良在老加图和西塞罗的教育理论基础上，更进一步提出培养的演说家应为"善良且精于雄辩的人"，把道德视为演说家的首要素质。他的培养方案中，除了对哲学的要求不高外，其他内容与西塞罗的要求类似，强调用广博的知识体系训练未来优秀的演说家。但在现实的演说术教育中，昆体良的教育理念过于高远博深，很大程度上流于理论层面，无法真正落到实处。罗马帝制也决定了演说术已经没有现实的政治需要，在高等教育中沦为形式主义的文学教学，也是必然之事。昆体良的理想不过是带着怀旧情绪对现实的一次反动而已。在他那个时代，学习法律才是通往有前途职业的务实做法，哲学只是一种穿着破旧大氅的华丽虚饰。历史、地理等也只是用来阐释神话典故的杂烩知识。故而，从严格意义上讲，罗马高等教育就只剩下修辞学和演说术了。

罗马演说术教师的教学理论、教学内容与方法，基本上是对希腊演说术教育的亦步亦趋。即便到公元前92年，普罗提乌斯建立了第一所拉丁演说学校，这种局面仍无改观。首先，教师要把演说术的规则教给学生，让其熟练记忆。然后，让学生背诵演说中常用的警句格言、神话传说、诗歌和散文等，以防书到用时方恨少。其次，对于经典的演说辞，教师必定要求学生熟谙于心，有时还要求他们对之进行扩写或缩写，并学着用自己的话进行口头表述。有些教法灵活的老师还启发学生的想象力，对耳熟能详的神话传说、历史事件进行思考或编写剧本梗概。对于那些有天赋的学生，教师则提出主题和规则，让其尝试撰写演说辞。在整个过程中，教师会在写作手法、措辞运用以及节奏韵律等具体问题上进行指点。如果写得不错，教师会让学生背熟并预先排练，提醒注意语调、站姿、手势等问题。一切准备就绪后，他就会让他们在同学、老师、父母和亲戚朋友面前发表演说,展示其长期学习的成果。①

一般来说,学校演说主要有两种体裁: 是劝诫型(suasio),属于商讨性题目,多与历史主题有关;二是论辩型(controversia),多以历史或现实中的法律案件为主。下面略举数例,加以说明。

劝说型题目:

(1)汉尼拔在抵达坎尼(Cannae)阵地的第二天是否应该考虑直接进军罗马? 说出汉尼拔进军或不进军罗马的理由。②

(2)公元前43年,安东尼发布了一条"要处死西塞罗"的命令。此时,西塞罗正在犹豫,是否应该恳求安东尼的宽恕?③

学生可以根据自己的观点,写清楚理由即可。当然还可以再进一步延伸,比如说,如果西塞罗做出了恳请安东尼宽恕的决定后,他反复思量:如果后者答应了自己的请求,那么烧毁攻击他的文稿后,自己是否就会平安无恙了呢? 那么学生要考虑,他是否应该焚毁文稿?

辩论型题目:

(1)女祭司-妓女

法律规定,献身神灵的女祭司必须保持贞洁:

一名处女被强盗抓走,卖给了一家妓院。她要求顾客付钱并尊重她的贞洁。可一名士兵拒绝这样做,并企图强暴她。她情急之下杀了这名士兵。她被起诉谋杀罪,结果被无罪释放。后来,她申请女祭司的职位。④

请就女孩是否可以申请女祭司的职位,加以辩论。

(2)强奸案件

假设法律规定,一个被男人诱奸的女性可以选择让这个男人被判死刑或

---

① Quintilian, *The Orator's Education*, II.2.9–12, p.215; Pliny the Younger, *Letters*, II.XVIII, 1–5, p.145.

② Juvenal, *Satire*, VII, 160–164, p.151.

③ Seneca the Elder, *Suasoriae*, 6,7, p.567.

④ Seneca the Elder, *Controversiae*, I.2.2, p.61.

者不带任何嫁妆的嫁给她。

一个男人强奸了两个女人。一个要求处死他,另一个要求嫁给他。①

请为请求法官处死男人的女人或者为愿意嫁给他的女人辩护或反对其做法。

(3)通奸题材

在战争中失去双臂的英雄回到家,竟然发现妻子与别的男人通奸:

我的出现,并没有让他们感到难堪……啊!我过去的荣耀多么具有讽刺性!啊,我的胜利是多么令人伤心的回忆!……在所有被欺骗的丈夫中,我是第一个既不能把他们驱逐出我家,也无法杀死他们的人!"噢,你们在笑我,是吗?"我对他们说,"我有手!"我叫来我儿子……②

(4)父子关系与继承权问题

法律规定,孩子应该赡养父亲或养父,否则,他将面临被判入狱的惩罚。

第一则案例:两个兄弟不和,争吵不休。其中一个生有儿子,另一个穷困潦倒。尽管有儿子的那个兄/弟不允许儿子赡养叔/伯,可儿子不听;父亲为此与之解除了父子关系。他的叔/伯收养了他。后来天赐良机,叔/伯继承了一份数目不小的遗产,变得富有。而父亲却贫困不堪,儿子违背叔/伯之命,又赡养了父亲,结果叔/伯又与他解除了收养关系。

请为父亲和叔/伯做法的对与错进行辩护。不过,需要记住,根据父权法,父亲对儿子拥有生杀予夺的权力。通过增加这项法律的限制条件,又增加了学生辩论的难度。

第二则案例:一名男子不幸被海盗劫走,他写信请求父亲出钱给自己赎身。而父亲因吝啬并没有这样做。幸运的是,海盗的女儿喜欢上了这名男子,她答应帮助他逃跑,前提条件是男子要发誓娶她为妻。结果二人成功逃跑,回家后结婚。但是,爱财的父亲却强迫二人离婚,目的是让儿子娶一个有钱的寡

---

① Seneca the Elder, *Controversiae*, I.5.1, p.121.

② Seneca the Elder, *Controversiae*, I.4.1, p.107.

妇。儿子坚决拒绝,父亲一气之下与他解除了父子关系。后来,懂得医术的儿子治好了病重的父亲。父亲则重立遗嘱,让儿子成为继承人。再后来,父亲让儿子为其生病的继母治病,遭到儿子拒绝。于是,父亲再次与其解除了父子关系,取消了他的继承权。儿子为之把父亲告上法庭。①

要求每个学生为父亲与儿子行为的对与错进行辩护。

这种演说题目很多,大约有二十五种题材,其中强奸案件居多。② 除了当时的真实案件,演说术学校里的练习热衷于与现实背离的假象事件,离不开暴君、海盗、强奸、继母和剥夺继承权等话题,大都是危机重重,险象环生,充满悖论。

不少罗马文人名流对这种脱离现实、内容空洞的演说术教育提出了严厉批评。首先,他们认为,演说术学校里的练习,题材陈旧重复、教学方法严重僵化,很难培养出优秀的演说家。的确,从老塞涅卡、昆体良、弗拉库斯(Flaccus)和恩诺蒂乌斯(Ennodius)等人整理的罗马学校的演说练习材料来看,它们与希腊学校的练习题目大多类似,且反复出现,并无创新。而且,演说术教师的教学规则,如演讲语言的节奏、适时的顿呼等严格的规则与技巧,一直陈因相袭,从未发生过变化。难怪讽刺诗人尤维纳尔对成天耐着性子听学生演说的演说术教师,深表同情:

> 我们必须要听多少次学生对汉尼拔的建议?那些教演说的人必定有钢铁般的意志,听好多个男孩在课堂上谴责残暴的独裁者。他们每个人站起来后,都会长篇大论地重复一遍,直到讲完演说辞。每个男孩用同样单调的节奏、同样的语调和姿势,讲同样的内容。这些换汤不换药的、老朽的演说足以使可怜的教师丧命!③

---

① Seneca the Elder, *Controversiae*.1.6.2, p.137.

② Yun Lee Too(ed.), *Education in Greek and Roman Antiquity*, Boston: Brill, 2001, p.326.

③ Juvenal, *Satires*, Ⅶ, 150–154, pp.149–150.

其次,演说术教师的另一罪状,是他们设计的演说练习远离现实生活。帝国时代的演说练习形式主义严重,主题虚构离奇,充满悖论,与现实生活严重脱节,例如"混账的儿子激怒了父亲,儿子却把父亲送上法庭,说他有精神病。"这种表演似的虚构题目和设想的法律案件,被学生反复演说,却从未在现实的法庭上出现过。尤维纳尔将此类演说称为"演说术学校不散的虚幻幽灵"[1]。教室里正在演说的学生不会像在真实的法庭上那样,不时地被打断或受到质疑,更不会有法官的诘难,或听众反对的嘘声。塔西佗认为这种表演式的演说背离了祖先们倡导的"生活即教育"的原则,痛心地批评道:"多么差的教学质量! 内容如此之多,荒诞得难以置信,主题多与现实无关。各色题材的演说纯粹为了台上表演,而不是面向公众。最严重的是,那些主题很少或从未在法庭上被辩论过,也从未发生过,如'对刺杀暴君者的奖励'、'被强奸妇女的选择'、'瘟疫的治疗'或'一名母亲的乱伦'。它们每天在学校里被学生用华而不实的语言进行讨论或辩论。"[2]小塞涅卡对演说术教师的抨击言辞更为犀利,"我们受教育不是为了生活而是为了学习","看到为罗马的年轻一代准备的自由主义教育了吗? 老一代的罗马人训练他们投掷标枪,用木棍学习击剑,驾驭马匹,操练兵器。现在的人除了教些可以躺着就能学会的那点东西之外,什么都没有教给学生。"[3]

最后,古罗马作家批评帝国时期的演说术追求辞藻华丽,内容却空洞无物。与现实脱节的练习题目,必然决定了内容无物,只能追求外在言辞的虚饰。这方面的问题早在希腊化时期就出现了,并不是罗马时期才有的现象。"东方希腊式"演说艺术的特点就是以言辞优雅精美、引章据典取胜。小说家佩特罗尼乌斯曾嘲笑演说辞藻的夸张和低俗:"年轻人在学校里成了傻瓜,正如人们把这些东西塞进罐子里,每个人只能闻到很好的气味一样。"作为演说

---

① Juvenal, *Satires*, VII, 170, p151.

② Tacitus, *A Dilogue on Oratory*, 35.1-5, p.327-9.

③ Seneca the Younger, *Epistle*, LXXXVIII.2, p.349.

的领袖人物,昆体良更是对当代的矫揉造作"新风格"①痛心疾首。他哀叹那些演说家把更多的精力用于堆砌光鲜辞藻,而非致力于思想内涵的追求:

> 过度追求文采华丽通常是我们演说艺术退化的表现,因为最好的表达不是刻意追求用词富丽,而是以源于事实本身的自然简洁为美。因为那些违背了艺术本身而竭力追求精雕细琢的表达难以产生愉悦的效果,且无法赢得信任。……那些认为演说"新风格"会吸引公众且有说服力的人,很大程度上被它的缺陷和腐朽蒙蔽了。他们为奔放的措辞洋洋得意,为幼稚的警句暗喜不已。或者运用陈腐的谚语肆意润色,堆砌华丽词藻为之增色,误以为这样就可以与卓越的文体相媲美。实际上,它是以疯子般的吼叫取代了演说的自由。②

演说术教育的陈腐僵化,也引起了某些年轻学生的厌恶。他们因不敢对抗教师,不敢违背家长的意愿,只能采取消极的方式——逃避学习。讽刺诗人佩尔西乌斯小时候讨厌背诵"深得傻瓜老师欣赏的老加图的浮夸文章",于是就用几滴橄榄油涂在眼睛上,撒谎说患了眼疾而无法背诵演说辞。这样,他就逃避了在父亲及其朋友们面前发表炫耀式的演说了。③ 关于学生对枯燥的学习内容和僵化的教学方法表示反感的文学和考古资料还有不少,将在本章下一节"学校里的师生关系"中论及。

以上罗马作家对演说学校的批评主要集中于演说练习内容与现实脱节,教学方法墨守成规,形式主义严重,追求固定的文体,语言的浮夸等问题。事实上,教育中呈现出来的问题只是深层社会问题的表征。从共和过渡到帝制,

---

① "新风格"指的是"阿提卡式"的演说。参见第五章第一节中关于这个问题的论述。本书认为,罗马精英对某些希腊和拉丁演说家对演说术进行适应新时期"新风格"的革新持反感态度,始终用带有传统罗马人的实用主义怀旧的情绪来解读"新事物"。

② Quintilian, *The Orator's Education*, 8, 22—26, p.319;12.10.73, p.321.

③ Persius, *Satire*, III.44, p.349.

演说术在现实政治中已无用武之地,只是文教领域里的专属活动,是文人雅士的学术追求。到昆体良时代,更是如此。他怀着知识分子的特殊使命感对现实教育进行批判,企图复兴伊索克拉底和西塞罗的演说术理想。其实,他的这种努力,是对演说术自身从古典希腊到希腊化时代,再到罗马若干个世纪发展的必然结果的否定,也是对他那个时代演说术现状的"反动"。

现当代的古典学者或教育史家往往以塔西佗、昆体良等人对罗马帝制时期演说术的批评为根据,对演说术教师的教学进行类似的评论和指责,极端者甚至认为,罗马的教育"没有意义,毫无用处"。不得不说,罗马时期的作家和讽刺诗人对现实的辛辣鞭挞的确存在夸张之处,使用其材料时需要谨慎。一种在近九个世纪里为贵族精英所推崇的教育形式,必定有其存在的合理性和时代价值。

首先,古罗马演说家的学校在某种程度上满足了当时社会的现实需要。作为高等教育的代表,演说术教师通过辛勤的教学为偌大帝国的官僚机构输送了各种级别的文化人才。以培养演说家为目标的高等教育培养了诸如大小塞涅卡、贺拉斯、塔西佗、昆体良、大小普林尼、奥古斯丁等各领域的杰出人才。再则,演说学校输送了庞大帝国法律急需的大量法学家和合格的律师。尽管昆体良提倡用广博通识的学问培养演说家,但他也意识到实际的需要。他曾说,如果学生的演讲练习不是为法庭上的实际辩论做预演,他不过是演员的激昂慷慨和疯子的胡言乱语。无数活跃于法庭辩护的律师也都是在演说术学校里练就了精明思辨和雄辩口才,运用到现实中的刑事和民事等案件中来,并进行深刻的思考和归纳,才使得罗马的公法、私法体系如此完备。

其次,罗马演说学校里大量看似与现实背离、荒诞离奇的演说题材,具有较强的艺术创作和美学欣赏价值,成为日后欧洲戏剧、小说等文学创作者的灵感与源头。整个帝国时期,所谓的演说术都是远离政治,专注于其审美性与艺术性的追求。罗马学者们的文学品味愈发倾向于希腊修辞和演说的审美旨趣,原有的拉丁精神逐渐消失。他们浪漫的文学想象与艺术创作秉承着西塞罗开创的人文主义理想。这些看起来与现实无关的荒诞题材,成为中世纪拉丁文学或方言创作的传奇故事的原型,进而成为近现代欧洲文学浪漫主义传统的主要源头之一。①

最后,看似表演的罗马学校或公众演说具有娱乐和教化大众的社会功能,并保证了罗马特权阶层的再生产。仔细琢磨演说学校的很多练习内容,就不难发现好多题目是教师们在收集现实社会中的题材或案例的基础上,揉入某些罗马法律条文,进行精心再创造的作品。原本残酷的真实案件,如今变得像是虚构加工而又轻松愉快的闹剧。除了角斗、赛马等血腥的娱乐之外,罗马社会也需要一些精神层面的高级放松方式。学校和公共演说就满足了人们的这种需求。这些与强奸、谋杀、虐待、强盗、卖淫和下毒等相关的主题,充满了等级、尊卑、浪漫、色情、金钱与利益等相互交织的故事,满足了人们劳作辛苦又乏味之余的娱乐需要,也让他们在笑声中接受了善恶报应和社会家庭伦理的道德教化。同时,这些故事也让不同的人群明白了自己的高低贵贱、长幼尊卑的地位。那些尚未成年的学生正是在对演说的反复练习中,学会了明辨是非、区分假恶美丑,懂得规范自己的行为,预演了自己未来的社会角色。高等演说术教育传递着罗马传统的伦理道德,塑造并生产了一代又一代的罗马精英,在很大程度上成为罗马特权阶层的孵化器。

因此,在某种意义上,罗马演说术教师充当了向有野心的青年和贵族子弟布道艺术的祭司,为他们灌输了统治阶层统一的文化认同和精英主义理想。这正是罗马教育的精英化和排他性的特征。演说术教育就是要塑造罗马社会的"特别之人",掌握繁琐的文法规则,进行严格的遣词造句,书写深奥的演说辞,举止优雅地发表演说。所有这些都是必须有钱有闲暇才能训练出来的"技艺",是普通人所无缘的"学识"与"智慧"。不过,有些演说术教师会依附显贵,成为沙龙和宴会上附庸风雅、助兴演说的虚荣点缀。有的甚至靠演说才

---

① H.I.Marrou, *A History of Education in Antiquity*, translated by Geprge Lamb, Madison: University of Wisconsin Press, 1982, p.288.

能和谄媚攀附上流社会。客观而论，大多数演说术教师仍然坚持在讲台上授课育才，学校才是他们安身立命、施展才华、行使权威、捍卫文学的"小王国"。

以上三级课程，就是阿普列乌斯所说的："到目前为止，这是大多数人都喝的酒。"但在他看来，只喝以上三杯酒还是不够的，应该像他一样，才算是接受了真正的教育：

> 我还在雅典品尝过其他酒杯里的美酒：诗歌之杯的创造力；几何之杯的明了（limpid）；音乐之杯的美妙；辩证法之杯的汹涌（roughish）；宇宙哲学之杯的蜜汁般醇美。因为恩佩多克勒（Empedocles）教给我们诗歌；柏拉图教给我们对话；苏格拉底教给我们赞美诗；伊壁鸠鲁教给我们调谐（modulations）；色诺芬教给我们历史；色诺克拉底教给我们讽刺诗：你的阿普列乌斯把这一切加在一起；他以同样的勤奋结交了九位缪斯。①

不过，阿普列乌斯这里所说的"真正的教育"仍是柏拉图、伊索克拉底、西塞罗和昆体良等教育家的教育理想。对大多数人而言，这是可望而不可即的海市蜃楼。

第四节　学校里的师生关系

师生关系是教师与学生在教育教学活动中形成的一种特殊的人际关系，包括彼此所处的地位、作用以及相互对待的态度等。双方以各自独特的身份与地位通过教与学的直接交流活动，形成多性质、多层次的关系体系，主要包括正式的教育关系、心理关系和伦理关系。师生关系是古罗马教师社会关系网络中首要的、根本性的社会关系之一。只有建立良好的师生关系，教师的教

---

① Apuleius, *Florida*, XX, p.402. 王焕生先生曾这样翻译这段中的前两句话：自称吮吸过"优美的诗歌之杯，纯净的几何之杯，优雅的音乐之爵，苦涩的雄辩术之钵，以及永远不会使人感到满足的广博的哲学之樽。"参见王焕生：《古罗马文学史》，中央编译出版社 2008 年版，第 450 页。

学才能取得较好的效果,家长与学生才愿意缴纳学费。与学生关系融洽,教师才能快乐教学且有成就感。因此,良好的师生关系是提高教师威信,益于学生心理健康,保障教学成功的基础。

在古罗马奴隶制社会中,师生关系的好坏不只是一个简单的教育问题,还掺杂着许多社会因素,如社会性质、民族气质、习俗传统、政治导向和宗教信仰等。当然,古罗马学校里的师生关系是以教师为主导的不平等关系,需要学生信而不疑,绝对服从教师的权威。然而,这并不意味着学生总是被动地屈从于教师的意志。他们在学习过程中也会积极或消极地反抗教师,或者拥戴热爱教师,因此也在师生关系中扮演着重要角色。本节把师生关系大致分为紧张敌对和亲密友好两种,相对应的则是挥舞鞭子和爱生乐教的两种教师形象。

一、挥舞鞭子的教师

古罗马是一个父权制的奴隶制等级社会。这种社会等级观念移植到家庭和学校中,主要表现为专制型的父子关系和"权威—依从型"的师生关系。从某种意义上说,古罗马教师在教学中能够对违背自己意志的学生进行体罚,是社会和家庭赋予的一种特殊权力。其实,古代世界教育中的体罚现象是东西方共有的,"古代西方,从苏格拉底到奥古斯丁甚至更久,整个地中海从埃及到波尔多,从迦太基到安条克,体罚是学校生活中一个再平常不过的特征了。"①希伯来文中的"缪萨尔"(Musar)一词兼有"教育"与"鞭打"之意;希腊化时期的亚历山大里亚学者在翻译《圣经》时,用希腊语"παιδεία"表示"Musar",几乎只剩下"惩罚"之意了。② 征服希腊后,罗马人几乎全盘移植

---

① Stanley F.Bonner, *Education In Ancient Rome：From the Elder Cato to the Younger Pliny*, London：Methuen,1977,p.143.

② H.I.Marrou, *A History of Education in Antiquity*, translated by Geprge Lamb, Madison：University of Wisconsin Press,1982,p.159.

了希腊的教育模式,在教育中惯用惩罚有过之而无不及,拉丁文(di)diseo(学)的字根就指 discipline,该词既有知识、知识体系的意思,也有权力、纪律、军纪的含义。

许多材料表明,体罚学童是罗马教育(尤其是初级教育)中不可或缺的内容。"没挨过严厉鞭笞就没有受过教育"成为了罗马人的共识①,以至于一些著名人士想到初级学校的生活时,无不心有余悸。基督教神学家奥古斯丁在72 岁谈及自己小时被逼学习时,说自己"宁愿死,也不愿意返回童年在恐惧中接受教师的鞭笞!"②甚至学童在读书时,"如果在一个音节上犯了错误,他的皮肤就会被鞭打得像接生婆的外套一样血迹斑斑。"③由此可见当时教育中体罚的残酷性。一些知名人士更是刻画了凶恶教师的形象,如文学巨匠贺拉斯的老师厄尔毕利乌斯(Orbillius)④出手狠毒,被称为"重打者"(whacker)⑤,甚至有人说"厄尔毕利乌斯对任何人都挥舞皮鞭和大棒。"⑥马提雅尔的讽刺诗写道:"教过贺拉斯的教师厄尔毕利乌斯和卑鄙的游乐教师不停地吼叫与棒打,搅乱了战神马尔斯的安静。"⑦甚至,厄尔毕利乌斯这个名字成为了西方语言中"惩罚"的代名词。

随着学校教育渐趋专业化与规范化,教师对学生的惩罚也日渐讲究起来。

---

① T.G.Tucker, *Life in the Roman World of Nero and St. Paul*, London: Macmillan, 1910, pp.325-326.

② Augustine, *City of God* 21.14, translated by William M.Green, the Loeb Classical Library, Cambridge MA.: Harvard University Press, 1972, p.81。奥古斯丁童年学校生活的惩罚遭遇,参见 Augustine, *Confessions*, I.IX.14, in Augutine, *Confession*, Vol.1, p.29.

③ Plautus, *the Bacchides* Scene 3, 420-435, p.371.

④ 厄尔毕利乌斯脾气暴躁的原因可能与年事已高却无稳定的收入有关。当贺拉斯和多米提乌斯·马苏斯(Domitius Marsus)做厄尔毕利乌斯学生的时候,他已经 68 岁了。此前,他已经没有了稳定的收入来源,可能长期地忍受任性调皮而又没有才气的学生,再加上父母的吝啬和蔑视,所有这些都使他在历史上留下了"鞭挞者"的坏名声。

⑤ Horace, *Epistles*, II.I.75, p.403.

⑥ [古罗马]苏维托尼乌斯:《罗马十二帝王传》,张竹明等译,商务印书馆 1995 年版,第349 页。

⑦ Martial, *Epigrams*, IX, 68, p.293.

在体罚用具方面,一般要求坚硬且有韧性,粗细均匀,长度一尺左右。一般来说,罗马教师的体罚用具主要有三种:一种是伏如拉(Ferula)。老普林尼认为这种用具大致相当于笞杖(cane),是从大茴香树上截下来的细枝做成的,轻巧且易于控制,可能有几个令人害怕的结。① 而奥托认为,伏如拉是一束树枝,有的用桦树枝做成,像19世纪的桦条笞鞭;有的用南方产的一种金雀花的枝条做成。② 由于年代久远,伏如拉究竟由何种材料做成已无法确知,但学界一致认为这是一种较轻的体罚用具。第二种是斯苦体(scutia),是一种打下去比较轻柔的皮鞭,由柔软的皮革做成,结实且有韧性,一般用来惩罚犯有严重错误的学生。据老普林尼说,它是由七鳃鳗的皮做成,用来打公民的儿子。③ 第三种是伏斯体(fustis),即棍棒,相当于现在的手杖。④ 上述三种体罚用具在奥索尼乌斯写给孙子的家信中都提到过。其中,第一、二种是学校常用的惩罚工具。它们不仅材质多样,制作手法各异,而且通常根据其作用分类,而不能乱用。这可以从贺拉斯的《讽刺诗集》中看得出来:"犯什么罪用什么刑罚,得有规则,该用桦条鞭的就别用皮鞭乱打,该用蝎尾鞭打的时候,就不要用细长的鞭子。"⑤

　　一些教师会把身边任何具有威慑力的工具用来体罚学生,如希腊雅典哲学家法尼阿斯(Phanias)讽刺年迈的教师卡隆(Kallon)说:

　　　　尽管卡隆的手指因为年老而变得笨拙,但他仍可以把以下这些工具作为职业教师的标志奉献给赫尔墨斯:帮助走路的拐杖(narthex)、置于右手中随时准备敲打小男孩脑袋的伏如拉、公牛尾巴做成的柔软鞭子(kerkos)、尾端分成窄条的皮鞭子、脚上的拖鞋、

---

① Pliny the Elder, *Natural History*, Vol. IV. XIII. XLI. 123, p. 171.
② [德]奥托·基弗:《古罗马风化史》,姜瑞璋译,辽宁教育出版社2000年版,第76页。
③ Pliny the Elder, *Natural History*, Vol. 3. IX. XXXIX. 77, p. 215.
④ [德]奥托·基弗:《古罗马风化史》,姜瑞璋译,辽宁教育出版社2000年版,第76页。
⑤ Horace, *Satire*, I. III. 117-123. 2005: p. 48;译文参考[德]奥托·基弗:《古罗马风化史》,姜瑞璋译,辽宁教育出版社2000年版,第77页。

秃头上的头骨帽。①

奥古斯丁在《忏悔录》中还提到过一些更为奇怪且可怕的体罚工具：一种类似马形的拷问架（eculeus）、铁钳子（ungula），以及各种各样的折磨工具。②这些惩罚用具还要置于醒目的位置，令学生望而生畏，从而达到警诫的效果。

与中国古代相似，古罗马人体罚孩子的部位主要是手与臀两处。在古人看来，手是"做"错事、违纪、犯罪的人的执行部位，"执罚"又是用手，这种对应性表明"以牙还牙"和"以恶制恶"的原始之意，还具有"以手治手"的朴素的教育性。奥维德（Ovid）对挨打的学童表示同情，说很小的男孩伸出"柔嫩的手"去挨"残忍的抽打"，以至于小手肿疼得厉害，几乎拿不住书本。③ 不只是初级学校的学童挨打，文法和演说学校里违纪的青少年学生也会受罚。尤维纳尔清楚地记得，自己在演说术学校学习时曾被教师打过，"当答条从空中落下，我退缩着并抽回自己的手。"④

根据考古和文学资料可知，罗马学童挨打较多较重的部位是臀部和背部。古人大概认为，臀部肉多，打这里不容易危及生命，又能使受罚者长时间坐卧不宁，不敢再次犯错。另外，也会出现背部与臀部一同遭罚的情况。庞贝壁画中有一幅柱廊下的一个学校场景，其中体罚的情形让人胆战心惊：一名仅在腰间缠着遮羞布条的学生正在遭受鞭打。前面一位同学将他的双臂架到双肩上，后面一位同学蹲在地上架起他的双脚，形成"马"状，他的老师或同学手挥答鞭正狠狠地朝其裸露的背部或臀部打去，挨打的男孩在哭嚎，脸都扭曲了。罗马人对体罚孩子的现象司空见惯，因此会在公共场所绘制这种体罚的壁画或将之刻画在某些容器上作为装饰。罗马艺术博物馆中有一个铜镜背面就形象地

---

① Palladas, *Greek Anthology*, VI, 294, in Vol.II, translated by W.R.Paton, the Loeb Classical Library, Cambridge MA.: Harvard University Press, 2014, p.457.

② Augustine, *Confessions*, I.9.14–15, pp.25–27.

③ Ovid, *The Amores*, I.13.17–18, 1977, p.369.

④ Juuenal, *Satires*, I, 15, p.2.

刻画了罗马学校"架马式"体罚的装饰画,与庞贝城的体罚壁画非常类似。

镀铜镜中罗马学校的"架马"式体罚场景

事实上,教师远非琉善笔下那种舒服地站在学问的山顶,手里抓着金绳子的人,只要轻松引导,学生就能凭自己的努力爬上知识的巅峰。① 恰恰相反,他们只能站在摇晃的大地上,经常在经济窘迫与地位不稳中痛苦地挣扎。同行之间的竞争、生源的缺乏、家长的鄙视与吝啬以及糟糕的课堂纪律等,都使教师在无奈中举起惩罚违纪学生的鞭子。除了教师个人面对的困境之外,我们还要注意到体罚盛行背后更深层次的民族、社会和心理等各方面的原因。

第一,奴隶制社会的阶级本质与罗马人尚武的民族气质是体罚盛行的根本原因。在古代社会里,一般都提倡野蛮的教育方法。正如博伊德所说:"古代教师体罚学生的权力决不是来自教师的个人因素,而是来源于落后的、剥削的社会制度。这种阶级社会实行野蛮的教育方法,为取得成效,依靠不断的鞭笞,一切都靠禁令的教育制度,需要不断地惩罚,以达到预期的教育效果,这是它们的共同特征。"②体罚符合奉权力为圭臬的罗马统治阶级的意志。孩子教

---

① Lucian, Vol.Ⅵ, *Hermotimus*, 5, p.247.

② [英]威廉·博伊德、埃德蒙·金:《西方教育史》,任宝祥、吴元训译,人民教育出版社1985年版,第59页。

育问题必然受权力意志和民族性格的影响,而较少考虑孩子的天性和个体差异。如果孩子不服从家长或教师的意志,在温和告诫无效的情况下,家长和教师必定施以严厉的体罚。

第二,体罚与罗马人对儿童与理性关系的理解有关。希腊人认为儿童没有理性,需要用强迫的手段才能对其进行培养和塑造。柏拉图说过:"孩子是地球上最难管理的动物,他们很难对付,要严加管教,应把他们与动物、奴隶划为一类。"①孩子在懵懂无知之时,既无品德也无理性。古罗马人深受这种观念的影响,也认为儿童没有理性,把儿童与妇女、奴隶,甚至精神病患者和野蛮人联系在一起。例如,斯多噶哲学家小塞涅卡认为有智慧的人就应该严格教训那些犯错误的儿童:"儿童缺乏理性,用肌肤之苦来强迫他们做对的事是合理的。"②这也就很好理解,为什么在推崇荣誉至上的罗马社会,精英或公民会把体罚孩子的权力交给身为奴隶或被释奴的教师。因为父亲不愿屈尊惩罚没有理性的儿童,更不愿意承担体罚的"罪名"或"恶名",而交给与孩子身份接近的奴隶教师执行,这样既不会破坏父子关系,又不会败坏自己的公民荣誉;同时又可以通过耻辱性的惩罚,让儿童在尚武的"荣誉"中获得忍耐、勇毅或刚武的美德。

第三,社会与家庭对学校体罚的认可与支持是体罚盛行的社会基础。尽管瓦罗、小塞涅卡、昆体良等有识之士强烈地反对体罚,但是社会与家庭却对此给予了普遍的认可与支持。罗马人深信"没有痛苦的代价,就没有进步","没有眼泪的教育"必然不是好的教育。③ 当然,学校并非唯一实施体罚的场所。李巴尼乌斯表示,家里战场的主角是父母、教仆、家庭教师,甚至还包括祖父母。老塞涅卡在《辩论集》中曾提到一位体罚孙子的祖父说,"如果他的孙子淘气或举止不

---

①　Plato,*Laws*,Ⅶ,808D, E, in Plato, Vol.Ⅸ,translated by R. G. Bury, the Loeb Classical Library,Cambridge MA.:Harvard University Press,1968,p.69-71.

②　Seneca the Younger,*Epistle*,CXXI.8,p.401.

③　H.I.Marrou,*A History of Education in Antiquity*,translated by Geprge Lamb,Madison:University of Wisconsin Press,1982,p.158.

当,没有人会质疑他打孙子的行为。"①帝国东部的一份纸草文献中,一个母亲认为学校对孩子的体罚力度不够大,给老师留言说,"惩罚他,因为自从他离开父亲,还没有挨过打,他喜欢被打几下——他的背对挨打已经习以为常了,每天都有大量惩罚等着他。"②据圣·奥古斯丁说,在自己抱怨体罚的痛苦时,父母只是一笑了之。挨打的儿子很可能在成年后会变成习惯于打孩子的父亲,就如曾痛恨体罚的奥古斯丁,竟然也主张父亲们要严厉对待儿子,赞成教师体罚学童。

第四,古罗马教育的落后是体罚盛行的直接原因。拉丁文比希腊文更繁琐难记,数字计算使用十二进位,幼童学起来十分困难。同时,罗马人在引进希腊教育的过程中把希腊音乐、体操等课程视为民族堕落之患而严加排斥,使得教学内容更单调枯燥,难以激起学生的学习兴趣。而且,初级学校的学童在校年限长达五年,每年从十一月到六月,学习时间从日出到日落。教师缺乏科学的教育理论与指导方法,一般采用填鸭式教学,要求学生机械地模仿与记忆,无法唤起他们对枯燥教学内容的乐趣。加之没有丰富多彩的课间娱乐活动,年幼好动的学童对教师的授课内容非常厌倦。

一幅名为"苦干吧,驴,像我一样,将对你很有益"的赤陶教学讽刺画,生动地描绘了气氛沉闷的教学场景:被绘画成大驴的教师直直地坐在高背椅上,右侧胳膊紧揽着被画成小猴的一名学童,小猴看上去十分反感地挣扎。右侧两排小猴子,三个一排,呆板地坐着,算盘置于膝上。左侧的一个小猴子斜背对着大驴老师,可能老师注意力不在他身上,才能有机会望向远方。③ 这幅画似乎暗示着古板倔强的教师与活泼爱动的学童之间存在着紧张关系。为维持教学秩序和保证教学效果,教师尤其是初级教师体罚学童是家常便饭。有学

---

① Seneca the Elder, *Controversiae*, 7.1, p.145.

② F.Gladstone Bratton, *A History of Egyptian Archaeology*, New York: Thomas Y. Crowell Co., 1967, p.253.

③ Stanley F.Bonner, *Education In Ancient Rome: From the Elder Cato to the Younger Pliny*, London: Methuen, 1977, p.124.

者认为,罗马人体罚儿童的习惯似乎是对斯巴达人的模仿,但两者的目的不同,前者是为了达到控制儿童,服从权威的目的,而后者主要是为了培养儿童吃苦耐劳的精神,以及增强自我约束的意识。①

第五,教师收费缺乏法律保障②也是体罚盛行的重要因素。教师教学的主要目的是获取用以谋生的学费,然而政府并没有法律规定教师收费数额及如何收费,对基础教育更是不闻不问,这使教师在收入方面毫无保障。虽然他们的地位在帝国时期有所提高,但只存在于法理层面,只有很少的人能享有地方政府或国家规定的工资,大多数教师的地位依旧低微,只能靠学费谋生。然而,很多家长不愿支付微薄的学费,甚至有些父母以孩子没被教好为由拒绝交学费。据记载,一名男孩由于十分懒惰而导致学习上一无是处,他妈妈就以其学习不好为由,拒绝向学校交费。③

面对遭受父母鄙视的教师,孩子更是放肆,如尤维纳尔曾提到教师与学生之间的紧张关系,处于弱势的教师经常遭学生嘲笑和攻击:"谁认为老师应该成为受人尊敬的家长?阿喀琉斯已经成年,在家乡的山丘里唱歌,因为害怕棍子而颤抖;但那个经常被戏称为'阿罗布罗吉亚人西塞罗(the Allobrogian Cicero)'的鲁弗斯和其他教师都被自己的学生鞭打。"④为保证收到学费,教师不得不更多地采取各种方法和手段,以确保学生掌握所学内容,否则可能面临学生流失的风险。可以说,担心失去生源是古代教师的主要忧虑之一。即便李巴尼乌斯地位崇高且家境殷实,当他日趋衰老并看到自己的演说术学校声望减弱时,也无奈地感叹说,即使纪律变得不好时,教师也不敢行使权力;当学生变得懒惰时,教师不敢斥责他们;当他们睡觉时,老师不敢叫醒他们;当他

---

① 　James Bowen, *A History of Western Education*: 1000 *B.C.* ~ *A.D.* 1054, Vol.1, London: Methuen, 1972, p.187.

② 　参见本书第四章第三节。

③ 　Stanley F. Bonner, *Education in Ancient Rome: From Elder Cato to the Younger Pliny*, London: Methuen, 1977, pp.141-145.

④ 　Juvenal, *Satires*, VII. 205-210, p.155.

们行为不端时,教师只能保持沉默不语;当他们表现不佳时,他们也没有任何将被挨打的危险可言。①

由此看来,教师对学生采用过度压抑人性的惩罚方式也是迫不得已。厄尔毕利乌斯曾在晚年写过一本名为《苦人》的作品,抱怨孩子家长的轻视和傲慢羞辱了教师。② 不可否认,由于遭受家长羞辱或不公正的待遇,加之学生好动爱闹,一些卑微的教师可能把体罚学生作为一种情绪发泄,有时甚至怀有恶意报复的动机。教师在教学中非理性地使用暴力,肯定会造成师生关系恶化,导致彼此反感,甚至发生肢体冲突或恶性暴力等失控的状况。当然,不同年龄段的学生反抗的方式也不同,手段多种多样。

初级阶段的学童一般没有反抗教师的能力,只能采取他们特有的方式发泄心中的不满。不过,不同阶层的学生对教师体罚的反应也有所不同。贵族孩子一般接受家庭教师或教仆的教育。他们骄奢成性,无法忍受奴隶或被释奴教师的斥责与体罚,辱骂甚至殴打后者也是常事。出身一般的孩子因为没有好的家庭背景,对教师的体罚只有默默承受。他们有时也会有自己的反抗方式,如涂鸦丑化教师,或戏弄老师、逃学等。佩尔西乌斯小时候因讨厌练习"华而不实的演说辞",为了逃学,就往眼睛里滴儿滴橄榄油,看起来就像患了眼疾。③ 有的学生用尖笔在木制写字板上刻下一些表达情绪的文字,甚至以自己的名字落款,或是在教室墙壁上胡写乱画,如庞贝城的一处墙壁上写着:"我挨打了!"等等之类发泄的文字。

对那些处于学习文法和演说阶段的青少年,教师如果再像管理幼童那样简单粗暴,通常会遭到他们多种手段的报复。他们已到了精力旺盛、逞强好斗的年龄,且大都来自权贵之家。如果遇到个别爱寻衅滋事的学生,教师忍气吞

---

① Libanius, *Oration*. 43.10, in Libanius, *Antioch as a Centre of Hellenic Culture as Observed by Libanius*, translated with an introduction by A.F.Norman, Liverpool: Liverpool University Press, 2000, p.118.

② [古罗马]苏维托尼乌斯:《罗马十二帝王传》,张竹明等译,商务印书馆1995年版,第349页。

③ Persius, *Satires*, III.44, p.349.

声则罢，否则，他们会向有权势的父母告状，或说教师的坏话，家长就会以不交学费，甚至转学相威胁。在目前的资料中，学生更为极端的做法是直接攻击教师。教父普鲁登提乌斯（Prudentius，385—?）曾记载了一件学生殴打教师致死的悲剧。故事大意为，基督徒教师卡西安（Cassian）擅长教阅读和速记，且对学生要求严格，动辄体罚，那些不爱学习的学生对他又恨又怕。后来不知什么原因，这位教师受到了审查，受到游行示众的处罚。于是，学生脱光了他的衣服，并将他捆绑起来，对其百般凌辱，群殴致死。普鲁登提乌斯渲染性地描写了他惨死的过程和细节：

> 所有长期压抑在沉默敌视中的仇恨，如今都爆发出来了，带有怨恨的怒火最终找到了发泄口。一些学生把写字板向他的脸砸去，随着重重的响声，涂蜡的写字板的碎片飞散开来，教师的脸和额上流出了血。其他人把写字用的金属尖笔掷向他。①

甚至，学生在每次攻击后，都还要嘲弄他：

> 你为什么不喊叫了？是你让我们把这些写字的尖笔变成了武器。这些让我们终日含着泪水写字的工具。你无法再因为我们的书写问题而大发雷霆。我们不再深受你的体罚之苦了。你是个吝啬的教师，假期都不让我们休息。你无法再使用你的权威了！②

此时，卡西安在学生心中已没有任何权威和地位可言，只是被憎恨和发泄的对象。这则事件反映了学校教师在政局动荡和信仰混乱时期的艰难处境，也应该是宗教斗争和政治迫害氛围下的个案之一。

---

① Prudentius, *Peristephanon liber*, IX.45-54, in Prudentius, Vol. II, translated by H. J. Thomson, the Loeb Classical Library, Cambridge MA.: Harvard University Press, 1953, p.225. 普鲁登提乌斯是一名基督教辩护士。他发现了考内里乌斯（Cornelius，今意大利北部的伊姆拉）一幅以死亡为主题的彩饰坟墓画，上面绘制了学童们在教室使用涂蜡板学习的情形。他站在基督教的立场上渲染描写了卡西安殉难的过程，为的是说明异教徒对基督徒的迫害。这件事未必真实，却反映了异教与基督教之间矛盾的尖锐，也说明了当时学校中师生关系日益受到宗教的影响。

② Prudentius, *Peristephanon liber*, IX.69-82, p.227.

事实表明,在学校、广场等场合对学童或青春期学生体罚不仅造成了受罚者的肉体痛苦,也会造成一定的心理问题和精神创伤。面对教师的暴力压制,学生通常会产生暴力倾向,将自身的痛苦施加到同学或奴隶身上,预演着自己在社会中未来的角色。在初级教育阶段,年幼的学生就已经开始与"权力"相结合,成为施暴者的共犯与同谋。他们在游戏中把施暴对象架成"马"状,像教师那样用鞭子抽打其背部。在一幅花瓶画上,一名扮演"教师"角色的学生坐在椅子上,举起鞭打的棍子。① 到学习文法和演说术阶段,学生会更清楚地意识到自己将来作为权力代理人的角色。通过练习演说词,男孩学会了如何发出命令,如何成为将来家庭的首领、奴隶的主人、权力的拥有者和财富的占有者。

更有甚者,他们长大后可能会对后代或奴隶施暴,甚至殴打父辈。心理史学家用精神分析法研究后认为,对孩子体罚表达了一种潜意识的社会死亡观,一种自身体现出的杀婴倾向,以及对未来一代的憎恨情绪。② 它会产生一种自我生产与证明的潜在机制:受虐儿童将来会成为施虐者。显然,希腊罗马的教育家也意识到,子辈对父辈施暴的社会现象后面隐藏的这种恶性机制。亚里士多德在为那些折磨父亲的男人辩护时,这样分析道:"我的父亲过去打我,就像他的父亲曾经那样打他一样。"他指着自己的孩子说,"这个小孩子长大后将会打我,这将在这个家里恶性循环下去。"③

瓦罗、小塞涅卡、昆体良等有识之士都意识到了教师体罚的危害性,并以犀利的言辞予以抨击。瓦罗认为:"惩罚造成的害怕、过度紧张与所有的精神困扰,与真正的学问是完全背道而驰的,只有精神愉悦才是进步的动力。"④小

---

①　R.Cribiore, *Gymnastics of the Mind: Greek Education in Hellenistic and Roman Egypt*, New Jersey: Princeton University Press, 2001, p.71.

②　L.DeMause, *The Evolution of Childhood*, in L.DeMause(ed.), *The History of Childhood*, New York: The Psychohistory Press, 1974, pp.51-53.

③　Aristotle, *Nicomachean Ethics*, 1149b.4-13, in Aristotle, *Nicomachean Ethics*, translated and edited by Roger Crisp, Cambridge: Cambridge University Press, 2004, p.129.

④　Paul Monree, *Source Book of the History of Education for the Greek and Roman Period*, 1915, p.299.

塞涅卡提到一名学童仅仅因为犯了一个音节错误就受到鞭打,他反问道:"哪种教师配称得上自由学科的教师,是那种因为学生犯了记忆的小错误,或者因上课走神,就会痛罚他们的教师呢? 还是那种更愿意用劝诫纠正学生错误,鼓励学生,激发其自豪感而取得进步的教师呢?"①昆体良坚持认为对自由出身的孩子体罚是卑劣的和不必要的,应该对孩子进行正面告诫,在课业上严加督促;幼年时使用体罚,长大后就更难以驾驭;体罚造成儿童心情压抑,沮丧和消沉。② 他还认为,出身奴隶或被释奴的教师对自由出身的孩子体罚具有双重的侮辱。普鲁塔克在《论儿童教育》中对体罚的看法,与昆体良类似:要重视和关心学生的个性发展与心理健康,"要让孩子学好自由学科,只能用规劝和理性的动机,而决不能通过皮鞭或者任何其他侮辱性的惩罚";还要讲究教学艺术和技巧,"必须根据各种不同的场合与情形,交替使用批评和表扬。批评对他们恶的行为加以约束,表扬对他们善的行为加以激励。"③

罗马精英虽然反对滥用体罚,但并不反对合理地使用体罚,如小塞涅卡倡导教育要遵循适度的原则,昆体良虽然反对体罚自由出身的孩子,却不反对体罚奴隶或行为过分的孩子。李巴尼乌斯认为,接受演说术教育阶段的学生不适合使用肉体暴力的惩罚方式,应让他们学会自我控制。他曾自豪地表示:"我以愉快地传授给学生文雅知识为目标,这样,他们自愿做任何事情,这就是我为什么不需要鞭打学生的原因。"④在鞭打一名权贵子弟后,他向其父母解释说:"当时,你家儿子正在炫耀他跑步的速度,因此他的腿受了惩罚,为的是让他记住另一种竞赛——学习竞赛。"⑤

---

① Seneca the Yonnger, *On Mercy*, I.XVI.3, in Seneca the Yonnger, *Moral Essays* I, translated by John W.Basore, the Loeb Classical Library, London: William Heinemann LTD., 1928, p.405.

② Quintilian, *The Orator's Education*, I.3.11, p.99.

③ Plutarch, *Moralia*, Vol.1.The Education of Children, 12, p.41.

④ Libanius, *Oration*, 2, 20, in Libanius, *Selected Works*, Vol.II, p.21.

⑤ Libanius, *Epistle*.1330.3, 转引自 R.Cribiore, *Gymnastics of the Mind: Greek Education in Hellenistic and Roman Egypt*, New Jersey: Princeton University Press, 2001, p.72。

如何尽量避免体罚,也是罗马人思考和探索的一个重要课题。学校里出现过纪律放松和较为人道的教育"运动",即"温和式"教育。教师开始更多地对学生采用寓教于乐的游戏教学法,鼓励竞争并进行适当奖励。尼禄时代的讽刺性作家佩特罗尼乌斯提到:"演说术教师为了让学生掌握演说知识,他们就像一个用很少的诱饵引诱小鱼的人那样,耐心地坐等在岩石上。"①昆体良认为猜谜语、做游戏可以使孩子的智力变得敏锐。② 哲罗姆是昆体良理论的应用者,在一封信中详细介绍了自己是如何培养小女孩帕乌拉(Paula)的学习兴趣的:"当她学习字母感到疲劳时,我就用糖果、彩色的花朵或发光的小石子吸引她的注意力,并让她玩上一段时间……接下来她就愿意学了,而没有被强迫的感觉。"③更有创意的要属荷罗德·阿提库斯。④ 为了让记忆力较差的儿子认识字母,他以 20 个字母为他的 20 个年龄相仿的男孩奴隶分别命名,让儿子一口气叫出这 20 个男孩的名字,如此反复进行。⑤ 帝国后期的奥索尼乌斯也主张宽松温和的教育方式,阐释了游戏和娱乐在儿童教育中的重要性:

> 缪斯也有她们的游戏。闲暇时,她们也有消遣。噢,快乐的孩子,严厉的老师,专横的话语对儿童的烦扰也有停止的时候……学习时间与休息时间应该交替进行……这就是为什么会有游戏,孩子游戏时会感到快乐。为了缓解繁重的功课,我们应该给孩子休息的时间。如果娱乐与严肃的事没有什么差别,节假日和上学的日子一样,儿童的热情就会冷却。⑥

---

① Petronius, *Satyricon*, 4, 1969, p.7.

② Quintilian, *The Orator's Education*, I.3.11, p.99.

③ St.Jerome, *A Girl's Education*, in Jerome, *Selected Letters*, CVII, p.345-347.

④ 荷罗德·阿提库斯是安东尼时代最著名的人物之一,是雅典的百万富翁、罗马执政官、著名的智者和诡辩家,也是皇帝奥利略的朋友和老师。

⑤ Philostratus, *Lives of the Sophists* II.558, in Vol.I, translated by Wilmer Cave Wright, the Loeb Classical Library, Cambridge MA.: Harvard University Press, 1998, p.165.荷罗德的两个女儿聪明却早夭,给他造成了极大的悲伤和打击,儿子却傻呆愚笨,不学无术,让其深感痛苦无奈。

⑥ Ausonius, *Epistles*, 22.1-10, p.73.

随着教育制度逐渐完善,教师的教学方法也日趋丰富。例如,部分学校开始采用集体教学,有些人数较多的班级则根据学生的能力分班。被释奴弗拉库斯就以这种教学方法闻名。为了激发学生的学习兴趣和积极性,他常常挑出资质相仿的学生,让他们之间进行竞赛活动。由他命题,优胜者有奖,奖品通常是一本古书,或装帧华美的稀世珍本。① 与古希腊相比,古罗马的教育已经不再仅以知识为研究对象,而是更为注重教师教育、教育对象和教学方法的研究。

二、爱护学生的教师

尽管目前发现的文献、碑铭等资料中关于教师体罚学生的记载较多,但也不乏关于师生关系友好、亲密的记述。一般而言,师生关系的好坏在很大程度上取决于教师如何对待学生。昆体良就注意到了教师在师生关系中的主导作用:"最要紧的是,教师要以慈父的态度对待学生。他应当想到,把孩子托付给他的父亲,就是让其代行父亲之责。"②他也告诫学生:"尊师不亚于重道,要视教师为慈父;这不是指身体,而是指精神。"这句话可与中国古代"一日为师,终生为父"的谚语相媲美。在这种敬师感情的作用下,学生才会"喜欢教师,乐意听从并相信教师;很快乐地来校上学,被纠正错误时也心悦诚服,被表扬时充满喜悦,并将努力学习以回报这份感情。"③昆体良关于师生关系的论述,从理论上指导了教师在实际教学中该如何处理师生关系,从情感上如何润物细无声地感化学生,达到教与学的最高境界。

如果说昆体良从理论上论述了如何处理师生关系的话,那么帝国晚期的

---

① [古罗马]苏维托尼乌斯:《罗马十二帝王传》,张竹明译,商务印书馆1995年版,第354页。

② Quintilian, *The Orator's Education*, II.2.4, p.271.

③ Quintilian, *The Orator's Education*, II.9.2, p.323.

李巴尼乌斯则是在现实中很好地建立起了与学生的良好关系。他不仅博学多识,在学术圈影响力非凡,而且记录了很多与学生之间发生的故事,给我们留下了丰富宝贵的教学生活资料。许多学生不远千里拜于他的门下,师生相处融洽。他在信笺中经常用"我的儿子"或"C"之类的亲切称呼。学生毕业后,他会为学生的好运而开心,因他们娶妻生子而喜悦;当他们英年早逝,他会捶胸顿足,"因为教师就像这些年轻人的父亲一样。当一个人有很多孩子时,不时出现的噩耗很容易把他摧垮。"①这位著名的演说术教师还用实际行动表明了自己对学生的关爱。他曾为自己喜欢的学生写出精彩的演说辞而感到自豪。但是,这个学生的父亲不知何故,长期不来看望他,也不寄钱,让他感到绝望无助。为了帮助这名学生,李巴尼乌斯连续给这位不负责任的父亲写了两封信。在第一封中,他写了孩子对父亲的思念以及缺钱的绝望,并希望与其面谈。他写道:

> 我请求一个父亲关注被他忽略已久的儿子,这也许是多管闲事。但是,当我看到狄米斯提奥斯(Themistios)哭泣时,我宁愿给你这个不好的印象,也不愿意让您犯忽略自己儿子存在这么大的错误。他没有用任何过激的言辞抱怨您什么,只说您忘记了他。如果您陷入了经济困境,我希望您从朋友那里借点钱,帮助您的孩子。如果您一切都很顺利,或许您是最富有的人。我建议您把一小部分钱投资在最有价值的地方。当然,过度的富有,对一个年轻人而言,不是一件好事情。我们还没有谈及孩子的温饱问题和年轻人的书本费问题。没有它们,您儿子就像一个学习射箭而没有弓的人一样痛苦。②

这封信既委婉地劝诫父亲关心孩子,也不失为自己讨要学费的机智策略。由于这位父亲依然没有露面,他又写了第二封信,告诉他孩子的学问进步巨

---

① Libanius, *Epistle*.1141.1,转引自 R.Cribiore, *Gymnastics of the Mind:Greek Education in Hellenistic and Roman Egypt*, New Jersey:Princeton University Press,2001, p.114。

② Libanius, *Letters*.10.1–3, in Libanius, *Autobiography and Selected Letters*, Vol.I, p.377.

大,以便引起父亲的关注。然而,这位父亲依然没有出现。最后的结果,不得而知。不过,从李巴尼乌斯的信中,我们可以看出,他对学生的情感有着细腻的觉察,对其学业进步时刻关注,在外学生对教师帮助的感激,以及教师与家长、知识与金钱交易的现实关系。李巴尼乌斯是一位尽责的优秀教师,在给许多家长的信中几乎都谈到了年轻人全面发展的问题。例如,他在某学年末给学生菲洛克斯诺斯(Philoxenos)的家长写的信中说:"菲洛克斯诺斯是你们家族的骄傲,他非常用功,学习成绩优异,也很注意自己的品行修养。"①

对学生而言,能遇到一位好的老师自然是件幸事。学生将终生难忘恩师,并找机会报答。西塞罗曾师从狄奥多图斯(Diodotus)学习地理、音乐和逻辑学。当后者年迈失明时,西塞罗便把他接到家里赡养。狄奥多图斯则把10万塞斯特提的遗产留给了西塞罗。② 埃及纸草文献中有一封信说:感恩的学生托尼斯(Thonis)马上要离家到外地求学,他舍不得自己的老师,写信说自己以后永远不会忘记老师的帮助。③ 哲学家皇帝马可·奥利略在《沉思录》中,不仅感谢了亲友,也感谢了很多位教师。在他当皇帝后,不少教师得到了他的提拔和册封。④ 皇帝格拉提安任命自己的演说术教师奥索尼乌斯为高卢行政长官,并赐予其家族无上的荣耀。演说家埃克苏佩里乌斯(Exuperius)也被后来成为皇帝的学生任命为西班牙总督。圣·奥古斯丁对此羡慕不已,说自己在米兰做演说术教师时,每天在课余时间会留意会客室里来往的政客,看看这些大人物中是否有自己曾教过的学生。⑤

综上,古罗马学校里的师生关系既复杂又微妙,很难用简单化的"二分

---

① Libanius, *Letters.* 60,转引自 R.Cribiore, *Gymnastics of the Mind: Greek Education in Hellenistic and Roman Egypt*, New Jersey: Princeton University Press, 2001, p.114。

② 这相当于骑士级别的财产,参见 Cicero, *Letters to Atticus*, I.40, p.197。

③ R.Cribiore, *Gymnastics of the Mind: Greek Education in Hellenistic and Roman Egypt*, New Jersey: Princeton University Press, 2001, p.60.

④ 参见本书第四章第四节。

⑤ Augustine, *Confessions*, VI.18-19, 2014, p.277.

法"概括。师生关系既有紧张对立,也有友好和睦,既有平淡如水,也有利益纠葛等各种情况交织相生。根据壁画和马赛克等叫视资料,我们可以简单勾勒出古罗马教师的标准形象:他们端坐在"国王宝座"般的高背椅中,身穿象征身份的大氅,手持一本卷轴,威严地看着学生。其实,这是脸谱化的教师形象。现实中的罗马教师必定与现代教师一样,呈现出丰富的性情与立体形象。比如贺拉斯的老师俄尔比里乌斯虽然学识丰富,但因穷困潦倒,脾气急躁,动辄体罚学生;像被苏维托尼乌斯称为当时最卓越的文法家的帕勒蒙记忆力惊人,才华横溢,但骄傲自大,最终因作风问题而臭名远扬,甚至遭到皇帝提比略和克劳狄的公开指责。因此,我们很难用确切的词语概括某位教师的性格特征与职业道德,而只能尽量用相对客观的史实展现古罗马学校里上演的一幕幕师生间的悲欢故事。

第四章　古罗马教师的社会地位

> 这种习俗简直让人难以接受，学习是令人尊敬的，可教学却被认
> 为是羞耻的。
>
> ——老塞涅卡

在古希腊罗马贵族眼中，凡以赚钱为目的的职业都令人不屑。靠领取薪水谋生的教师，自然也在他们的鄙视之列。在希腊哲人看来，教师是一种神圣的职业，给学生提供"精神食粮"，即是只有神才能拥有的知识、智慧。以此赚钱谋生，则被认为是可耻的。这是柏拉图等哲学派教师指责智者派教师教学收费的原因所在。色诺芬在《回忆苏格拉底》中将智者定义为"那些为了赚钱而将智慧出卖给需要它的人"。① 柏拉图将智者称为"批发或零售精神食粮的商人"②。简言之，崇尚精神自由的古希腊人反对把知识和学问世俗化，认为将之作为商品兜售应该受到指责。因此，以教学谋生的希腊学校教师的社会地位不高。古希腊社会流行这样一句谚语："如果没有医生，就没有比学校教

---

① 吴式颖、任钟印主编：《外国教育思想通史》第二卷，湖南教育出版社 2002 年版，第 116 页。

② ［古希腊］柏拉图：《智者篇》，王晓朝译，载《柏拉图全集》第三卷，人民出版社 2003 年版，第 13 页。

师更大的傻瓜了。"①

罗马人继承了希腊人的职业观。罗马精英除了对农民朴素生活方式的怀旧式赞美外，认为真正的绅士应该靠庄园的收益过日子，而非靠出卖劳动，因为劳动无法使人获得美德。有身份的人应过不劳而获和闲适的幸福生活，应拥有支配自己时间的自由(otium)。任何形式的买卖行为，都被认为是没有闲暇(negotium)且令人讨厌的活动。② 西塞罗以"自由"和"卑贱"作为划分职业的标准，认为"薪酬劳动是肮脏的，与一个绅士的身份不相符，薪酬是劳动的价格，而不是艺术技艺的价值；技能劳动也是卑贱的，零售商务也是如此。因此，对绅士而言，出卖劳动所得的金钱是鄙俗的，不可接受的……因为工资实际上是劳动者受奴役的体现。"③他在《论职业》中把建筑师与医生、学校教师一起列于自由职业之下，仅高于"利欲熏心"的行业，如厨师、跳舞者、店主及其他体力劳动行业。④ 不过，他补充说，像从事建筑师、医生和教师这种职业的人，如果符合自己身份的话，也是令人尊敬的。然而，这些职业并不适合那些上层社会的人去做，否则会遭人耻笑。

作为罗马精英的代表，西塞罗阐述的职业观适用于整个帝国时期。整个罗马时期的学校教育被认为是奴隶、被释奴和没有价值的人(obscura initia)才适合从事的职业。老塞涅卡说，在奥古斯都之前，几乎所有的演说术教师都是被释奴。不过，他对古罗马人歧视希腊人教师的做法表示不满："这种习俗简直让人难以接受，学习是令人尊敬的，可是教学却被认为是可耻的。"⑤历史学家塔西佗曾对一名以教学作为第一份职业的自由人表示蔑视，认为他做了

① Aubery Gwynn, *Roman Education from Cicero to Quintilian*, Oxford: Clarendon Press, 1926, p.136.

② [英]玛丽·比尔德：《罗马元老院与人民：一部古罗马史》，王晨译，民主与建设出版社2018年版，第449页。

③ Cicero, *De Officiis*, I, 150, translated by Wlater Miller, London: William Heinemann, 1913, p.153.

④ Cicero, *De Officiis*, I, 151, p.155.

⑤ Seneca the Elder, *Controversiae*, praef.5, p.5.

应该由奴隶从事的职业。① 马提雅尔曾这样劝告一个名叫卢普斯(Lupus)的男孩的父母,"让你儿子做拍卖商人或建筑师,也不能做文法和演说术教师!"②

在这样一种歧视教师的社会氛围中,古罗马教师的社会地位,整体上来说是较低的。一般而言,教师级别越高,社会地位也就越高。初级教师形同奴隶,文法和演说术教师的地位要好很多,有时并非完全由他们的教学才能决定,还与出身、社交人脉及机遇等因素紧密相关。随着社会转型、时局动荡和信仰变迁,他们也有地域之间的横向流动以及阶层升降的纵向流动。当然,教师的流动不但不会撼动罗马奴隶制社会的阶级性,反而一旦进入更高的社会阶层,他们通常会成为现有等级秩序的维护者和捍卫者。

第一节　初级教师的社会地位

罗马人评价个人或群体的社会地位有很多不同的标准,如公民或外邦人、庇护人或被庇护人、自由人或奴隶,是不是罗马/拉丁种族,自愿同盟军或战俘,男性或女性,已婚者或单身者等。③ 每种身份都有特定的含义和价值。其中,最基本的法律判定标准是公民还是奴隶。早期的初级教师大多数来自希腊化地区的奴隶或被释奴,决定了他们不仅处于社会等级的最底层,而且处于教师群体的最低端,几乎与奴隶无异。本节将在古典文学资料与考古资料(如石棺、马赛克及碑铭等)的基础上,深入研究长期受到忽视的初级教师,包括其低下的社会地位、为何地位卑微,及其对罗马教育的贡献,大体勾勒出他们生存艰难的社会形象。

---

① Tacitus, *Annals*, III.VI, p.531.
② Martial, *Epigrams*, V.LVI, 1990, p.335.
③ [美]杰弗斯:《古希腊—罗马文明:历史和背景》,谢芬芬译,华东师范大学出版社 2013年版,第 194 页。

必须承认,研究罗马初级教师地位的难度很大。首先,文献资料中与之相关的信息极少,且精英在记述中有意将他们"拔高",可能是为了缓和他们把孩子交给身份卑微的乳母、教仆、家庭教师和学校教师等人教育的尴尬。其次是石棺画、马赛克和碑铭等图像资料,由于残缺或时代久远而无法系统地释读。例如,莱斯曾收集了 12 份帝国东西部与初级教师(ludi magistri)相关的拉丁文和希腊文碑铭,然而相关的信息极为零碎,多数因残缺或语境不清而难以解读。① 不过,近些年来的新发现还是提供了一些一手资料。例如,克里比奥雷对罗马时期埃及地区的莎草纸文献,包括初级教师在内的所有教师进行了列表研究,使读者大体了解了埃及的初级教育状况。②

一、低下的社会地位

罗马征服希腊的重要成果之一,就是从那里带回了大批文化程度较高的战俘。他们中文化水平较低的一批,成为罗马的第一批初级教师。在不同地区,初级教师有不同的称谓,意思大同小异,但使用频率高低不同。拉丁文"litterator",即教字母的人,明显带有贬义。贺拉斯的老师厄尔毕利乌斯曾说,被主人出售的奴隶被称之为"litterator",意思是对文字一知半解,不是一个成熟的学者。③ 初级教师被称为"primus magister",使用频率较高。而最常用的则是"magister ludi"或"magister ludi litterarii",即游乐教师④。埃及莎草纸文献把他们称为"grammatodidaskalos"和"didaskalos",包括女

---

① Christian Laes, "School-teachers in the Roman Empire: A Survey of the Epigraphical Evidence", *Acta Classical*, Vol.50, No.1, 2007, pp.109-127.

② R.Cribiore, *Writing, Teachers and Students in Graeco-Roman Egypt*, Atlanta: Scholars Press, 1996, pp.161-170; R. Cribiore, *Gymnastics of the Mind: Greek Education in Hellenistic and Roman Egypt*, New Jersey: Princeton University Press, 2001.

③ [古罗马]苏维托尼乌斯:《罗马十二帝王传》,张竹明等译,商务印书馆 1995 年版,第349 页。

④ [法]亨利-伊雷内·马鲁:《古典教育史》,王晓侠等译,华东师范大学出版社 2017 年版,第83 页。

性教师。① 初级教师开办的学校被称为"ludus litterarius",其中"ludus"的希腊文原意是"游戏、玩耍",与休闲"scholé(leisure)"类似。到亚里士多德时代,"scholé"逐渐演变为教学场所,即"school"的本意并非指严肃的教育。② 罗马人使用"ludus"一词应该是继承了希腊人对年幼学童的学习与玩耍关系的认知,也没把初级教育作为"自由教育"的严肃且重要的阶段。

初级教师面对的多是来自普通或贫穷家庭的孩子,教会他们读、写、算的基本知识即可;教学内容基本一成不变,要求学生死记硬背。这种教育形式尽管被小塞涅卡轻蔑地称为纯粹模仿,没有任何创造性③,但足以满足普通人日常生活的基本需要。尽管如此,初级教师却从未得到过社会的认可与国家的重视。从公元前4世纪希腊的雄辩家德摩斯梯尼,到公元4世纪帝国东部的著名演说术教师李巴尼乌斯,都对初级教师持鄙夷态度,认为他们为挣钱而兜售那点可怜的知识,不能要求任何地位。德摩斯梯尼甚至认为,控告某个初级教师或其父亲是初级教师也被认为是一种侮辱。④ 诗人琉善对初级教师的评价更为尖刻:"当地球上的国王沦为乞丐,才不得不去卖咸鱼或教字母,像个烦人的奴隶,他们经常遭人侮辱和打脑袋。"⑤

---

① 公元前2世纪的两份托勒密莎纸草文献中,词语"grammatodidaskalos"清楚地界定了初级字母教师的职责。不过,该词也有速记员教师的意思,但不属于从事希腊"自由教育"的教育者。"Didaskalos"也指"教师",但含义尤其模糊,一般是指那些教给年轻学徒某些技术的人,一般不收取学徒的任何费用,让他们为自己工作。这说明了初级教师的部分职业教育功能。

② James Bowen, *A History of Western Education*:1000*B.C.*~*A.D.*1054, Vol.1, London: Methuen, 1972, p.184; Thomas Wiedemann, *Adults and Children in the Roman Empire*, London: Routledge, 1989, p.163.

③ Seneca the Younger, *De Tranquillitate Animi*, 9.5, in Seneca the Youngey, *Moral Essays* II, p.247.

④ Demosthenes, *De corona*. 129 and 258, translated by C.A.Vince, the Loeb Classical Library, Cambridge MA.: Harvard University Press, 1953, p.105, p.259.德摩斯梯尼辛辣地嘲讽辩论对手:"我要说你父亲Tromes是一个在Elpias家里的奴隶,在神庙Theseus附近做初级教师,他脚上戴着镣铐,脖子戴着木枷锁?"另外,他讽刺另一个对手帮助做文法教师的父亲研墨、擦板凳和打扫教室,做着奴隶才干的卑贱工作。

⑤ Lucian, Vol.IV, *Menippus*, 17, 1969, p.103.

在整个罗马历史时期,初级教师根本谈不上有什么社会地位。共和时期,教育被认为纯粹是个人的事情,与国家无关。即便在教育相对受到重视的帝国阶段,国家与政府也几乎对初级教育不闻不问。这种状况也决定了初级教师的社会地位很低,经济收入也极不稳定,没有任何保障,通常过着底层人穷困潦倒的生活。他们的收入主要来自学费、节日时收到的礼物,以及为别人代写书信等兼职活动。

首先,初级教师的主要收入来自学费。由于罗马政府从未有过明确的收费制度,大多数教师只能根据传统做法,一般是按月或按年收取学费。由于没有法律的保护,某些家长拖欠学费也就肆无忌惮了;而教师在收费上更加谨小慎微,一般要求学生按月交费,以尽量减少可能的损失。贺拉斯提到,他所在的维努西亚(Venusia)小学的男孩在每月的 Ides 付给教师八个便士学费①,即每个学生每月只需付给教师 8 个阿斯或半个第纳尔(denarius)②的学费。每年学时为八个多月,学生一学年只需交 4 个第纳尔,而当时的劳动者一天就能挣到 1 个第纳尔。③ 当然,还须考虑到贺拉斯提到的小学位于他的故乡小镇,罗马城等大城市的情况如何,以及贺拉斯记述是否客观等因素。

公元 301 年,戴克里先为抑制严重的通货膨胀而颁布了限价法令,明确规定教字母的教师每月向每位学生最高收取 50 第纳尔(denarii),文法和演说术

---

① Ides,即每月付给教师学费的时间名称,一般在三月、五月、七月和十月的第十五天和其他月份的第十三天。参见 Horace, *Satire*, I.VI.75, p.83。

② Denarii 是复数,单数为 denarius,是罗马银币的一种。古罗马货币有金币奥里(aureus)、银币第纳尔(denarius)、铜币阿斯(as)和塞斯特提(sestertius),其中以银币第纳尔最为重要,1 第纳尔合 16 阿斯铜币。罗马帝国时期的社会福利制度给政府带来了沉重负担,只能通过降低银币中银含量的办法来增加银币的发行量。据学者研究,当第纳尔在公元前 268 年首次发行时,含有 94%的银。到尼禄、图拉真、马可·奥利略、塞维鲁时期分别把第纳尔的含银量降低为 90%、85%、75%和 50%。三世纪大危机时期以及之后,第纳尔贬值更加严重。到 3 世纪中叶,第纳尔含银量只有 5%,公元 268 年时仅为 0.02%。奥里利安(Aurelian)在公元 274 年进行货币改革,将银币含银量恢复到 5%。这就好理解,为什么贺拉斯时期和戴克里先时期初级教师的工资绝对数值相差这么大了。

③ Stanley F.Bonner, *Education In Ancient Rome:From the Elder Cato to the Younger Pliny*, London:Methuen, 1977, p.150.

教师可分别收取 200、250 第纳尔。除教仆的收费与之相同外，初级教师比其他教育者的收费都要低，就连教计数、速记与图书管理等人的合法收费也比他们高（每月 75 第纳尔）。当时的手工艺人如木匠每天收入 50 第纳尔、羊毛工每天收入 50 第纳尔、墙面粉刷工每天收入 75 第纳尔并由雇主提供食宿。①由于帝国后期通货膨胀严重，这份限令形同一纸空文，无法为教师收费提供法律上的保障。不过，它却说明了初级教师在同行及社会各阶层中的地位低下。

其次，初级教师在罗马传统节日或与教师有关的节日可能会收到学生或家长的额外礼物。例如，在庆祝掌管学问和艺术的女神米涅娃节（罗马历 3 月 19日）和农神节（罗马历 12 月 17 日）都是学生向教师献上礼物的重要节日。尤维纳尔曾说，各级教师都要在节后"计算收入的总和"。② 乡村地区的初级教师一般会收到鸡、鸭、鹅、野兔和鱼等礼物。在城里，他们可能会收到面包或其他食品。李巴尼乌斯曾以轻蔑口吻谈及家长送给初级教师奥帕托斯（Optatos）两条面包及其他食品，而自己则常收到价值不菲的衣服、黄金和鸽子。③ 尽管这些节日的礼物不多且价值不大，但对收入微薄的初级教师来说，多少也是一点儿慰藉。

由于收入不高且不稳定，初级教师还可能利用假期或其他休息时间做家庭教师或抄写书信、文件等兼职工作④，以添补家用。初级教师费劳卡路斯的铭文记述了他代邻居写信或在文件上签名、写遗嘱之类，有些或许纯属帮忙也可能收到一些表示感谢的礼物，有些则应该是以增加收入为目的。在莎草纸文献中，我们发现了提供写作服务的教师。⑤

---

① *Diocletian's Price - Edict*. Vii. 66. 70. 71. 转引自 A. H. M. Jones, *The Later Roman Empire*, *284-602：A Social Economic and Administrative Survey*, Vol.1, Basil Blackwell：Norman, 1986, p.997。

② Juvenal, *Satires*, X.116, p.203.

③ Libanius, *Oration*, 42.26, in Libanius, *Antioch as a Centre of Hellenic Culture as Observed by Libanius*, translated with an introduction by A.F.Norman, Liverpool：Liverpool University Press, 2000, p.157.

④ CLE 9；CIL 2.1734, 转引自 Christian Laes, "School-teachers in the Roman Empire：A Survey of the Epigraphical Evidence", *Acta Classical*, Vol.50, No.1, 2007, p.113。

⑤ R.Cribiore, *Writing, Teachers and Students in Graeco-Roman Egypt*, Atlanta：Scholars Press, 1996, p.22, note 82.

总体来看,初级教师的收入很低且极不稳定,大多数时候应该是穷困潦倒的。在意大利赫库兰尼姆古城(Herculaneum,公元 79 年与庞贝、斯塔比亚两城被维苏威火山喷发物吞没)发现的一份初级教师的日常记录中说,他不得不去借生活所需的基本生活用品,如水罐、油灯、烛台、盥洗盆,甚至两个夜壶!细心的研究者还发现,这份资料中还出现了一些单词拼写和文法知识的错误①,说明有些初级教师的学识水平令人担忧。

二、社会地位低下的原因

初级教师之所以社会地位低,与罗马的奴隶制等级制度、教师出身卑微有关,也与罗马精英对"自由或博雅教育"的理解密不可分。

首先,古罗马是典型的奴隶制等级社会。在法律上,奴隶只是生物意义上的人,被视为主人的财物、会说话的工具。尽管他们在主人的家庭和社会生活中扮演着重要的角色,但其法律和社会地位极其低下。罗马教师大都是来自希腊地区的奴隶和被释奴,身份卑微,决定了罗马社会对教师这种职业的整体评价不高。② 他们必定是找不到更好谋生的手段,才不得已而成为初级教师。不过,初级教师地位卑微,也是古代社会的共同特点。中国唐代大诗人韩愈说得明白:"彼童子之师,授之书而习其句读者也,非吾所谓传其道,解其惑者也。"阿拉伯文学家查西兹也援引谚语说:"没有比初级教师更傻的人。莫领教初级教师、牧人和常陪妇女的人。"③

其次,初级教师在同行中的劣势地位与精英对"Paidiea""humanitas",即

---

① L.García & Y.García, *Pupils, Teachers and Schools in Pompeii：Childhood, Youth and Culture in the Roman Era*, edited by Maria Elisa Garcia Barraco, translated by Anna Maria Poli, Rome：Bardi, 2005, p.54.

② 在行省偏远地区,偶尔也能见到退伍老兵、自由民担任初级教师的例子。参见 Christian Laes, "School-teachers in the Roman Empire：A Survey of the Epigraphical Evidence", *Acta Classical*, Vol.50, No.1, 2007, p.113, 114, 117.

③ 托哈太:《回教教育史》,马坚译,商务印书馆 1946 年版,第 55 页。

所谓的"自由""博雅"或"通识"教育的理解有关。根据精英作家的观点,初级阶段读、写、算的教学,不属于"自由教育"的必经阶段,只是一种"粗俗"的教育。昆体良所说的初级教育是指文法阶段的早期,而不是字母学习的阶段。因此,"magister ludi litterarii(字母教师)"开办的学校教育不属于"自由教育"或"文雅教育"的组成部分。换言之,初级教师的教学工作与精英子弟基本无关,故而无权享受帝国为文法家与演说术教师所规定的某些优待政策。当前发现的资料中只有一份哈德良豁免初级教师税收与义务的法令,且仅针对一个偏远矿区被矿主强加税收与其他义务的初级教师。① 当然,这种情况可能是皇帝的仁慈之举,不具有普遍性。

最后,罗马人经常将初级教师与体罚、恋童癖等不良行为联系起来,对原本处于底层的初级教师更为不利。在讽刺诗人马提雅尔等人的笔下,初级教师呈现出一副穷酸、猥琐却又气急败坏的形象。他写道,"贺拉斯的老师厄尔毕利乌斯和卑鄙的初级教师不停地吼叫与棒打,搅乱了战神马尔斯的宁静。"②奥古斯丁也多次提到童年时被教师体罚的痛苦经历,并声称宁愿死去,也不愿意回到童年。③ 公元6世纪,一位匿名诗人嘲笑一位不称职的字母教师不能镇住学生,任由他们在教室里乱扔涂蜡纸,把课堂变成了真正的"游戏场"。④

更糟的是,为罗马人所不齿的恋童癖恶名经常被看作是初级教师的标志性特征之一。刚入学的学童因长相可爱,年幼懵懂,有时会成为不良教师企图猥亵的对象。尤维纳尔和马提雅尔都提到一名叫哈米鲁斯(Aamillus)的初级

① Stanley F.Bonner, *Education In Ancient Rome:From the Elder Cato to the Younger Pliny*, London:Methuen,1977,p.160.

② Martial,*Epigrams*,IX,68,p.293.

③ Augustine,*City of God*,XXI.XIV,in Saint Augustine,*The City of God Against the Pagan*,Vol.VII,translated by William M.Green,the Loeb Classical Library,Cambridge MA.:Harvard University Press,1972,p.81;Confessions I.9.14,in Augutine,*Confession*,Vol.1,p.29.

④ Anth.*Lat.*,1.96,转引自 Christian Laes,"School-teachers in the Roman Empire:A Survey of the Epigraphical Evidence",*Acta Classical*,Vol.50,No.1,2007,p.118。

教师有猥亵男学童的行为。根据前者的说法,这名教师喜欢的男童名单难以列清。① 后者描述了这个人是如何喜欢被抓住与成年人在一起,以免被指控有恋童癖。② 尽管讽刺诗人明显有夸大、辛辣讽刺之嫌,却也说明,恋童癖似乎已成为初级教师避之唯恐不及的集体性污点。

三、些许的认可与尊重

初级教师的工作有时也能得到少数精英的认可,以及偏远地区民众的尊重,甚至出现过本地人为个别人立碑塑像以作纪念的现象。他们当中的一些人也表达过对自己职业的满意与认可。

初级教师与文法教师的教学任务有时界限并不是那么清晰,在某些情况下可能出现交叉或合并的现象。在铭文中,两者术语的使用也比较模糊。伊莫尼姆(Iomonium)小镇发现的铭文(*ILS* 7762)中使用了"magistro liberalium litterarum"。该词很可能指的是一个承担着文法家任务的初级教师,估计是通过留世铭文来凸显自己的贡献,"拔高"自我的地位。③ 奥罗修斯(Paulus Orosius,375—418)④证实自己在初级教师的帮助下,全面学习了维吉尔,而讲授诗人维吉尔的作品应该是文法家的主要任务。⑤ 此外,文法家有时也承担着基础知识的教学,尤其是那些为贵族服务的文法教师。奥索尼乌斯关于高卢波尔多教授的记载,证实了拉丁文法家阿莫尼乌斯(Ammonius),以及拉丁和希腊文法家克里斯普斯(Crispus)提供了包括基础知识在内的文法教育。⑥

---

① Juvenal, *Satires*, X.224, p.211.

② Martial, *Epigrams*, VII.LXII, pp.465-467.

③ Christian Laes, "School-teachers in the Roman Empire: A Survey of the Epigraphical Evidence", *Acta Classical*, Vol.50, No.1, 2007, p.115.

④ 奥罗修斯是加拉西亚的迦勒底(Gallaecian Chalcedonian)的教父、历史学家和神学家,也是著名教父奥古斯丁的学生。

⑤ Orosius, Paulus, 1.18.1, in *Seven Books of History against the Pagans*, translated wit an introduction and notes by A.T.Fear, Liverpool: Liverpool University Press, 2010, p.67.

⑥ Ausonius, *The Professors of Bordeaux*, X.36-37, p.115; XXI.4-6, p.131.

古罗马作家阿普列乌斯认为,初级教师的教育是文学事业的基石。他曾在演讲中将自己的初级教师与父母相提并论。① 奥古斯丁提出,应当区别看待初级教师(magistri)与(pedagogues)教仆:前者值得尊敬,而后者令人恐惧。② 也有一些考古可视资料,表达了对初级教师的敬意。一幅罗马陶瓶画描绘了被一群孩子簇拥着的一名初级教师,他的斗篷像是孩子们温暖的庇护所。③ 约公元前 2 世纪到公元前 1 世纪期间的埃及伊西斯神庙里的一块铭文,内容是一位名叫考拉克斯(Korax)的男人献给自己与儿子共同的老师的祈祷语,希望健康和财富会赐予自己已经年迈的小学老师。④

初级教师获得社会与精英的认可与尊重固然重要,但他们的自我认可也许对其人生价值感更为重要。尤其是在乡村或偏远地区,他们算是当地有文化的人,为当地文化教育作出了一定贡献。有个别教师在碑文中对自己的职业表示满意并感到自豪。毛里塔尼亚的撒沃戈兹朗(Sour Ghozlan)乡村的一则铭文告诉我们,一位 25 岁的初级教师 A.维克托里科斯(Axius Victoricus)为自己立碑,对自己从事希腊文知识的教学感到自豪。⑤ 叙利亚色拉乔尼提斯的萨卡埃-马克西米尼亚波利斯(Saccaea-Maximiniapolis in Thrachonitis)的大 M.A.森提乌斯(M.Aurelius Sentius Maior)在碑铭中自豪地说,自

---

① Apuleius, *Florida*,18.18;20.2,in Tighe M.(ed.), *The Works of Apuleius: Containing the Metamorphoses, Or Golden Ass, the God of Socrates, The Florida and His Defence, Or a Discourse on Magic; a New Translation, to which are Added a Metrical Version of Cupid and Psyche and Mrs Tighe's Psyche, a Poem in Six Cantos*,London:HG Bohn,1853,p.400;p.402.

② Augustine,*De utilitate credendi*,3.9,转引自 Christian Laes, "School-teachers in the Roman Empire: A Survey of the Epigraphical Evidence",*Acta Classical*,Vol.50,No.1,2007,p.123。

③ Plate 39,D 4384,转引自 R.Cribiore, *Gymnastics of the Mind: Greek Education in Hellenistic and Roman Egypt*,New Jersey:Princeton University Press,2001,p.60。也有人认为,这幅画中的主题人物应该是教仆。笔者认为这种可能性不大,因为教仆往往被描绘为与一个孩子在一起。

④ SB I.4099,转引自 R.Cribiore,*Gymnastics of the Mind: Greek Education in Hellenistic and Roman Egypt*,New Jersey:Princeton University Press,2001,p.60。

⑤ CIL 8.9088,转引自 Christian Laes, "School-teachers in the Roman Empire: A Survey of the Epigraphical Evidence",*Acta Classical*,Vol.50,No.1,2007,p.115。

己是昔兰尼加(Cyrenaica)第三军团的老兵,是"虔诚的教师芝诺多罗斯(Ze-nodorus)之子"。① 公元1世纪的德尔菲(Delphi)荣誉敕令中,提到了雅典移民L.L.欧几里得(Leucius Likonus Eucilides)负责移民子女的教育,并承担了为年幼儿童提供基础教育的任务。② 也有初级教师为身后留名,出资建庙或向教堂捐赠。公元108年,一位初级教师出资修建了一堵勒托(Leto)神庙的墙,并刻名留念。③ 古代晚期帕里提姆(Parentium)的一对父子都是初级教师,向当地大教堂捐赠,以示作为基督徒的虔诚。④ 迄今,信息最详细的碑铭是在卡姆帕尼亚发现的一份韵律诗歌铭文,记录了公元1世纪奥伦卡的初级教师费劳卡路斯(Furius Philocalus)的事迹。铭文中说,他过着谦逊正派的生活,在学生面前行为得体,各方面都无可挑剔。当地人为他建造了一尊手拿写字板的大理石塑像,身旁分别站立着一个男孩和一个女孩。他临终还立下了对所有人都很公平的遗嘱。当他去世时,社区中的不少人参加了他的葬礼。⑤ 在教师普遍受歧视的社会中,作为初级教师能获得这样的殊荣实为不易。

当然,这些碑铭往往是有意留给后世看的,可能包含着与相关人实际言行

---

① IGRR 3.1193,转引自 Christian Laes,"School-teachers in the Roman Empire:A Survey of the Epigraphical Evidence",*Acta Classical*,Vol.50,No.1,2007,p.117。

② FD 3,4,61 1.3-5,转引自 Christian Laes,"School-teachers in the Roman Empire:A Survey of the Epigraphical Evidence",*Acta Classical*,Vol.50,No.1,2007,p.118。

③ 勒托,古希腊的神灵,她为宙斯所爱,生下了阿波罗和月神阿耳特弥斯。参见 R. Cribiore,*Gymnastics of the Mind.Greek Education in Hellenistic and Roman Egypt*,New Jersey:Princeton University Press,2001,p.63。

④ I.It.10.2.74,转引自 Christian Laes,"School-teachers in the Roman Empire:A Survey of the Epigraphical Evidence",*Acta Classical*,Vol.50,No.1,2007,p.116.

⑤ CLL.10.3969,转引自 Berly Rawson,*Children and Childhood in Roman Italy*,Oxford:Oxford University Press,2003,p.161;R.Cribiore,*Gymnastics of the Mind:Greek Education in Hellenistic and Roman Egypt*,New Jersey:Princeton University Press,2001,p.60。马鲁认为,这两个孩子并不是教师的学生,而是该教师的一个奴隶和亲戚家的小女孩。(参见 H.I.Marrou,*A History of Education in Antiquity*,translated by Geprge Lamb,Madison:University of Wisconsin Press,1982,p.268,这种说法只是根据画面猜测的结果,无法证实。)不过,这名初级教师受到较多的尊敬是不容争辩的事实。

不符的信息,或言过其实的美化。不过,在一个识字率很低的社会里①,初级
教师的教学基本上满足了普通人日常的需要。他们受到社区人们的尊重也很
正常。佩特罗尼乌斯笔下的特里马尔希翁在宴会上吹嘘说,自己从未学习过
几何、文学或者其他什么胡言乱语的东西,却可以阅读信件上的字母,知道重
量与尺寸,并懂得钱币单位磅、先令和便士加减法的任何计算! 他认为,花费
很多金钱与时间学习修辞学等纯属浪费。他还嘲笑了某位贫穷的演说家的父
亲为儿子交学费的行为。② 尽管特里马尔希翁是小说人物,但他的话也从侧
面反映了初级教师作为少量知识的拥有者与传播者,发挥着普及知识和文化
下移的重要作用。尤其是偏远地区的乡村教师的贡献更不能忽视。

第二节　中高等教师的职业声望

与初级教师相比,中等文法家教师与高等演说术教师的社会名望、经济收
入及流动的机会要好得多。前者基本上处于社会底层,而后两者算是跨入了
文化和学术精英之列。然而,即便在共和后期和帝国前期,这些身怀文法知
识、演说等技艺于一身的希腊人,仍被罗马人视为"低俗卑贱之人"。讽刺诗
人尤维纳尔在诗中塑造了他们的典型形象:聪明能干、兴趣广泛、狡诈却又
寒酸:

　　告诉我,你可知晓何为希腊人? 一位罗马名流身边总带着一个
万能的人:语法学家、雄辩术教师、几何学家、画家、按摩师、占卜师、
走钢丝的杂技演员、医生或魔术师。一个饿着肚子的希腊人却往往

---

① 哈里斯(Harris)认为估计古代的识字率是危险的,但他还是在行文中提到,罗马帝国时
期人们的识字率可能达不到10%。(参见 William V. Harris, *Ancient Literacy*, Harvard: Harvard University Press, 1989, p.22.)而摩尔根认为在15%左右。(参见 Teresa Morgan, "Assessment in Roman Education", *Assessment in Education*, Vol.8, No.1(March 2001), pp.11-24。)

② Petronius, *Satyricon*, 58, p.108.

身怀百技。①

由此可见,罗马人对希腊文化人才矛盾而又复杂的微妙情绪:羡慕与忌妒交织、仇恨与蔑视兼有。一般来说,来自希腊地区的文法家、演说家及哲学家会在罗马权贵中寻找庇护人,傍身于社会名流,寻求发展机会。他们拥有的学识成为其翻身的筹码。一旦得到重用,则会身价陡升。不过,到帝国中后期,随着罗马文化的进步、各行省地位提高、公民权开放以及"罗马身份"认同的增强,希腊教师的社会地位得到了一定程度的改善;再加上一些罗马公民也逐渐进入教育行业,早先鄙视教师出身的现象有所改变。特别在古代后期,古典文化日益受到推崇,教师群体的社会地位整体上得以提升。

一、文法教师的职业声望

文法教师的希腊文为"grammatikos",拉丁文是"grammaticus"。事实上,他们并非讽刺诗人所说的"只会卖弄学问""善于遣词造句"的酸腐之人,而是指学识较高的学者。他们开办文法学校,是精英公认的"真正"的学校教师。在文法与演说术传入罗马不久,有些文法家也讲授演说术。苏维托尼乌斯记得,自己在年轻时,有位叫普林西普斯的教师经常在不同的日子交替讲授文法与演说,或者是上午教课,下午便推开座椅开始演说。有些学生甚至从文法学校毕业后就能直接到罗马城中心广场演说,成为最出色的辩护律师。②

随着希腊式教育在罗马的持续发展,文法与演说教师的职业分工日益明确,专业界限越发明晰。文法家被誉为语言传统的捍卫者,精于评注荷马、维吉尔等权威名作,善于提炼语言文法规则。不少文法教师还在执教之余创作散文或诗歌,或研究哲学。拉丁文法家巴勒蒙编撰的文法教材在罗马学校长期被使用。苏维托尼乌斯记述过许多优秀的文法家,例如希腊被释奴鲁基乌

---

① Juvenal, *Satires*, III.74–78, p.37.

② [古罗马]苏维托尼乌斯:《罗马十二帝王传》,张竹明等译,商务印书馆1995年版,第346页。

斯·阿泰乌斯·费洛洛古斯被著名法学家阿泰乌斯·卡庇托称为"文法家中的演说家,演说家中的文法家",文法教师普布利乌斯·瓦列里乌斯·加图被誉为"罗马人的塞壬"等。① 著名文法家霍拉波隆(Horapollon)在亚历山大里亚、君士坦丁堡执教多年,还评注并创作了大量诗歌。他教子有方,家学深厚,已出土的纸草文献中多次提到他的儿子、孙子皆为5世纪精通哲学的著名文法家,称誉他们把"终生奉献给缪斯,把真正的教育传授给年轻人。"②像他家族这种祖孙三代都以文法教学为业的情况,在罗马文化教育史上确实极为罕见,可谓一则佳话。

　　文法家教师教授的文法知识相对枯燥,其抽象的研究通常无法博得热烈的掌声,较少有机会在公共场合展示才华,进入政界或得到皇帝、贵族赏识和庇护的机会相对少些。不过,他们如果学识渊博,执教有方,也会获得好运或职位升迁,尤其是在社会转型时期。例如,文法教师马尔库斯·维里乌斯·弗拉库斯是一名被释奴,以教学方法灵活有效而声名鹊起。奥古斯都选他为其子孙的皇家教师,年薪高达10万塞斯特提。他的学校也被迁入巴拉丁宫,不再招收其他学生。他死后获得了被立塑像于普赖尼斯特城市政广场高处供人瞻仰。③ 厄尔毕利乌斯虽然有鞭打学生的恶名,晚景凄凉,蜗居于阁楼,但由于他教学声望很高,死后获得一座大理石塑像立于贝尼温图姆议会大厦左侧:塑像身穿斗篷,威严端坐,旁有文法教师的标志性物件——一个书匣子。④

　　不少证据表明,得不到官方席位的文法家,生活艰难。尤维纳尔很同情普通文法教师的处境,说"当今教师不值两个铜板的四分之一"(即一

---

① "塞壬"是《奥德赛》中的人首鸟身女妖,用动听的歌声吸引航海者,然后将他们吃掉。这里形容加图文法知识丰富,教学一流。

② R.Cribiore, *Gymnastics of the Mind: Greek Education in Hellenistic and Roman Egypt*, New Jersey: Princeton University Press, 2001, p.55.

③ [古罗马]苏维托尼乌斯:《罗马十二帝王传》,张竹明等译,商务印书馆1995年版,第354页。

④ [古罗马]苏维托尼乌斯:《罗马十二帝王传》,张竹明等译,商务印书馆1995年版,第350页。

文不值）。①

> 他们（文法家）薪水很少，且不容易得到，因为学生父母对教师
> 要求苛刻。他们要求你的文法知识不仅渊博，而且稀奇古怪，什么历
> 史、文学等所有学科的知识都要信手拈来。他们会不时地挑衅你的
> 博学……当一名文法教师，真是一种苦差事！如果达到上述所有要
> 求，到学年结束时，你会得到相当于赛马师一场比赛的收入。②

帝国后期的著名演说术教师李巴尼乌斯曾形象地描写了一个落魄的文法
教师的形象：他结束一天的课程后，在教室里不停地徘徊。有可能是因为夫妻
间的不愉快，或挣不到钱发愁而不愿意或不敢回家。③ 皇帝格拉提安的老师
奥索尼乌斯曾花大量笔墨记述他的许多同事，声称他们十有八九不如意。他
多次强调文法家是不幸福的，并说似乎永远是这样：文法教师的称呼与幸福是
无法相容的。如果超越了命运与定数，只有一种可能是幸福的，那就是他不仅
仅是一名文法教师。④ 言外之意，文法教师仅靠技艺谋生是无法过上体面生
活的，他们需要命运女神的眷顾，要么攀附权贵，要么入赘豪门等机遇。

总体来看，文法教师无论是自我奋斗，还是依靠庇护人，基本上已经跨入
了文化精英之列。不论是共和后期、帝国中前期的希腊奴隶或被释奴，还是帝
国后期东西部的公民文法家，他们的学养、财富与声望等要高于普通人而受到
社会的尊重。但在精英分层的社会金字塔中，他们仍处于塔底。而且，职业性
质决定了他们向上流动的机会较少，只有极少数能在帝国政治机构中获得有
限的成功。演说家或律师、哲学家等更容易在帝国政治中崭露头角，或者得到
政要的庇佑。因此，文法家通常被称为连接社会上层与中下层的特殊群体，身

---

① Juvenal, *Satires*, III.76, p.37.

② Juvenal, *Satires*, VII, 215-43. pp.155-157.

③ Sievers, *Libanius*, p.39, 转引自 Theodore Haarhoff, *Schools of Gaul: A Study of Pagan and Christian Education in Last Century of the Western Empire*, Oxford: Oxford Universiey Press, 1920, p.132.

④ *Italorum Epigrams*, XV, 转引自 Theodore Haarhoff, *Schools of Gaul: A Study of Pagan and Christian Education in Last Century of the Western Empire*, Oxford: Oxford Universiey Press, 1920, p.132.

份有些模棱两可。

二、演说术教师的职业声望

与文法教师相比,演说术教师的社会地位总体上更高一些。培养演说家是罗马文学教育的最高目标,也是年轻人追求财富、荣誉与成就的敲门砖,因而演说术教师更受推崇。由于接受演说术教育是精英阶层的特权,演说术教师的生源基本上来自名门望族,这也是他们收入较丰厚且稳定的主要原因。而且,演说术教师结交名流的机会更多,如不时地应邀参加私人宴会、文学沙龙等活动,或者在公共文学比赛中发表演说。他们学识渊博、语言考究、逻辑严密、仪态高雅,这些都令听众为之倾倒,进而受到各界人士的追捧。有些演说家一夜成名,当地显贵会踏破门槛把孩子送进他的学校。此时,他获得举荐的几率大增,市政机构有时还会聘他为官方教师,每月领取固定薪水,还能获取不菲的学费以及许多特权。

罗马人对演说家的喜爱与狂热追捧可追溯至公元前 2 世纪中期。例如,小亚帕加玛的克拉特斯(Crates)是斯多噶哲学家、演说家,于公元前 159 年出使罗马。他在出使期间的精彩演说像风暴一样席卷了整座城市,年轻人对他竞相追捧,甚至引发了保守派的恐慌。结果,元老院下令将他驱逐出罗马城,但这并没有浇灭罗马人对演说的热情。著名演说术教师格尼佛曾为恺撒的私人教师,教过不少大人物,甚至西塞罗任大法官后还去他那里学习。[1] 小普林尼不无羡慕地说,有才华的演说家在贵族圈有着火花四射的声望,甚至某些元老也会慕名出现在他们的课堂上。[2] 当听说大演说家爱萨乌斯(Isaeus)要到罗马城演讲的消息后,小普林尼特地写信通知一位远方的乡村朋友,让他想办

---

① ［古罗马］苏维托尼乌斯:《罗马十二帝王传》,张竹明等译,商务印书馆 1995 年版,第348 页。

② Pliny the Younger, *letters*, II, XVIII.18.1–2, p.145.

法前来一睹风采。① 这些演说家一旦名声在外,就有很大机会获得市政机构或皇帝赐予的教授席位,甚至出任政府的重要官员。

帝国时期,随着疆域的扩张与行政机构的膨胀,政府急需大量专业人才,不得不一改以往对教育不闻不问的态度,开始扶植办学,重视人才培养。在这种形势下,文法教师与演说家办学相对容易,得到教授席位的机会增多,随之被豁免许多普通公民的义务,如参加市政礼拜仪式,义务担任法官、大使及服兵役等。到帝国晚期,皇帝们更重视学校教育的发展与教师待遇的提高。高卢、西班牙、埃及亚历山大里亚等著名教育中心的教授周游罗马、君士坦丁堡、雅典等大城市,巡回演讲,收徒授课。一旦得到皇帝与市政机构的任命,便能享受诸多的特权和优渥的待遇。

公元4世纪时的著名演说术教师李巴尼乌斯,曾在《演说词》第55篇中向一名学生宣扬了演说术教师的职业优势:"管理着健康的年轻人,看到他们在演说上有所进步,走上各种不同的人生道路,这是多么伟大的职业啊! 而一个因他们自身和他们的父亲、公民和外国人那里获得的荣誉,又能如何呢? 演说术教师受到所有统治者,不论大小官员,甚至是皇帝的尊敬。"②李巴尼乌斯的确是享受到了这种财富丰裕以及政治优遇。除了领取皇室或市政的薪俸外,他还凭才能、名气及人脉招收了不少富家子弟,坐拥金钱、土地、房子、马、奴隶和书籍等。他在尼克米底亚从教期间被抢劫了1500索利达(solidi),却能保持镇静,并拒绝了当地富有市民的接济。在安条克任教期间,他一度认为市政工资配不上自己"可敬的自由",并把这笔钱分给四位助手。③ 在政治上,他是"背教者"皇帝朱利安在雅典求学时的教师。在后者即位后,作为古典文

---

① Pliny the Younger, *letters*, II.III.2, p.85.

② Libanius, *Oration*, 55.23, 转引自 R.Cribiore, *The School of Libanius in Late Antique Antioch*, New Jersey: Princeton University Press, 2007, introduction, p.1。

③ Libanius, *Oration*, 31, 转引自 Robert A.Kaster, *Guardians of Language: The Grammarian and Society in Late Antiquity*, California: California University Press, 1988, p.123。

学的支持者受到皇帝的极大尊重,成功地周游于多神教徒和基督教徒的权贵名流圈,颇为风光。

得到政府任命的"官师",社会地位和经济收入一般高于"民师"。而仅靠教学为生的演说术教师若无殷实的财力,或寻不到可靠的庇护人,在现实中也常常举步维艰。尤维纳尔用讽刺诗表达了对普通演说术教师艰难处境的同情:

> 你教过演说吗?学生们依次站起来,以分毫不差的方式背诵同样的内容,老师可真需要钢铁般的坚强意志。每天都同样换汤不换药的陈词滥调,翻来又覆去,还不如让可怜的老师去死!粮食券就是以可怜教师的死亡换来的![①]

尤维纳尔对演说术教师经济窘迫、职业压力、教学痛苦、环境恶劣等[②]内容的描述如此生动细腻,以至于依迪丝·汉密尔顿怀疑其作品的可信度。[③]

当然,只靠教学谋生的普通演说家也是经常被嘲笑的对象。为了招到学生,演说家也要寻找机会公开演讲,展示自己的才华。有时,他们怕冷场,只得到处求人捧场,来听自己的演说。塔西佗曾以不屑的口吻批评"巴苏斯(Bassus)花了一整年时间写了一部作品。他还得到处卑躬屈膝地求人,终于有人愿听他朗诵作品了,但代价太大了,他得租一块地建成礼堂,还要租座椅、发讲义。"[④]根据塔西佗的描述,可以推断巴苏斯家境应该不错,必定让那些只能忍痛雇用几个"靠喝彩吃饭的人"的演说家羡慕不已。文人的穷困寒酸与清高所带来的痛苦,在佩特罗尼乌斯笔下得到了充分表达:"不知为什么,才

---

① Juvenal, *Satires*, VII, 150-154, pp.149-151.

② 与古罗马教育相关的讽刺诗中,尤维纳尔的诗作最多,也最为辛辣。不少西方学者认为,他是一位天才诗人,却异常敏感,经常鞭挞现实生活中的黑暗面,这可能与他出身低微、接受庇护人施舍的艰难生活有关。他在诗中呐喊道:"就算我全无禀赋,我的屈辱也会代我写下诗行!"除此以外,他的写作风格还与他生活的时代有关。公元 1 世纪是一个急剧转型的时代,希腊和外省的被释奴得到重用,罗马世袭贵族没落。他感到这个时期是一个职业和角色完全颠倒的社会,比如女人涉足体育、演说甚至哲学、政治等领域。所有这一切都对原来的价值观形成了挑战,让他感到前所未有的恐慌,故而他的诗歌涉及事物的真实性需要仔细鉴别。

③ [美]依迪丝·汉密尔顿:《罗马精神》,王昆译,华夏出版社 2008 年版,第 222 页。

④ Tacitus, *A Dialogue on Oratory*, 9.3.2000, p.253.

华和贫穷总是一对孪生兄弟。"①

　　不管怎样,文法与演说教师还是居于文化精英之列,那些得到官方任命的教师更是如此。但那些私人办学的"民师"仍处于精英社会等级金字塔的底部。"民师"中的文法家介于精英与民众的交界处,身份模糊且尴尬。教师的社会地位不仅与是否得到政府任命有关,还与他们的出身、时代、自身的才华和机遇等因素关系密切。无论如何,他们掌握的文学知识与舆论倾向,成为稳定古罗马社会秩序的基础:神圣的知识对精英群体产生的强大向心力,为他们提供了一种特殊的、共享的和一致的生活方式。②

第三节　中高等教师的收入与压力

　　尽管证据不太充足,但根据目前的资料还是能大体上勾勒出文法与演说术教师的收入状况。根据是否得到官方任命的标准,我们可把古罗马中高等教师分为"官师"和"民师"两种。"官师"的收入来源主要有三种:一是来自公共基金的工资;二是学生缴纳的费用;三是传统节日的礼物。他们如果教学成功、家庭出身较好、庇护人引荐,得到王室或市政任命,就能过上衣食无忧的贵族式生活。极个别教师还能兼任政府官职,可谓亦官亦师,无需为生计考虑。对他们而言,学生的"交费",只占其收入的一部分。而对于私人办学的文法与演说术教师(即"民师")而言,学费是其收入的主要来源。他们没有官方工资的保障,且无权享受政府授予公立教师的诸多特权。尽管他们在教师群体中是大多数,但与之相关的资料却很少,我们只能通过名流作家的嘲讽或同情的只言片语,略窥其清高而又辛酸的形象。

---

　　①　[法]卡特琳娜·萨雷丝:《古罗马人的阅读》,张平、韩梅译,广西师范大学出版社2005年版,第28页。

　　②　Robert A.Kaster, *Guardians of Language:The Grammarian and Society in Late Antiquity*,California:California University Press,1988,p.16.

一、公立文法教师与演说术教师的薪俸

如上所述，少数"官师"的收入来自皇室或公共市政发放的薪俸、学费及传统节日的礼物或庇护人馈赠。皇室发放的薪俸取自皇帝金库，市政基金来自城市税收，按法律规定以现金支付给市议会任命的教师。从公元 4 世纪起，由于时局动荡、通货膨胀等原因，教师薪俸有时以实物支付或核算；有时，实物薪俸也会折算成现金。也就是说，教师的工资数额或结算方式会因时因地而不同。通观罗马文教史，官方任命教师经历了从皇帝确立选拔制度到向行省中小城市推广的过程，他们工资的来源也经过了从皇帝金库支付到皇帝金库与城市公共基金共同支付的转变。甚至在帝国后期，在地方市政资金匮乏时，皇帝偶尔会补足市政教师的薪俸。

由目前的资料看，由王室和市政公共基金发放薪俸的教师凤毛麟角。第一个成为宫廷教师的是共和后期的被释奴文法家弗拉库斯。他因教学方法灵活有效而闻名，被奥古斯都任命为宫廷教师，年薪高达 10 万塞斯特提（相当于 100 奥里）。① 真正意义上获得皇室资助，且被授予拉丁演说教授席位的第一人是著名教育家昆体良。皇帝韦伯芗开创了在罗马任命一名拉丁语和希腊语教授且开设席位发放薪俸的制度。他于公元 70 年将罗马拉丁演说教授席位授予了昆体良，每年薪俸为 10 万塞斯特提。② 安东尼·庇护将韦伯芗开设教授席位的制度推广到行省，且增加了席位，但没提到薪水的数额。马可·奥利略在雅典设置了演说家与哲学家教授席位，其老师及朋友荷罗德·阿提库斯是第一位获得首席演说家席位的人，薪俸每年 4 万塞斯特提。哲学家教授

---

① ［古罗马］苏维托尼乌斯：《罗马十二帝王传》，张竹明等译，商务印书馆 1995 年版，第354 页。

② 昆体良退休以后，在从事著述的同时，还担任图密善皇帝的两个侄外孙，即弗拉维·克里门斯两个儿子的家庭教师。由于克里门斯的影响力，图密善特地封赐昆体良执政官的荣誉称号。

席位的薪俸是每年 6 万塞斯特提。① 李巴尼乌斯在君士坦丁堡任教期间,薪水也来自皇室财政,但没有数额的相关记载。②

目前,关于帝国后期与文法、演说术教师薪水相关的文件有两份:第一份是公元 376 年 5 月 23 日格拉提安颁布的敕令(也被称为"格拉提安的学校法令"),声称教育年轻人的主要力量是最好的希腊文与拉丁文文法与演说术教师,应该从国库拨款付演说家一年工资 24 安那厄(1 annonae),文法家为 12 安那厄;高卢特里尔(Trier)的拉丁文演说家为 30 安那厄,文法家为 20 安那厄。"足够好的希腊文法家"同样可以获得 20 安那厄的工资。③ 显然,文法家的收入是演说术教师的一半或一半多。不过,据教育史家卡斯特估计,即便 12 安那厄也可以过得相当体面。该工资数额大致相当于入伍新兵薪饷的 6.5 倍,大致相当于 48—60 索利达(solidus)④的黄金,差不多是人数较多的班级全年学生的交费。当时拥有大约 50 索利达的财富就算是脱贫了。⑤ 可见这个时期公立教师算是衣食无忧。

第二份文件是公元 534 年查士丁尼收复非洲后颁布的敕令,规定了包括迦太基教师在内的一系列人员的工资。两位文法家与两位演说术教师的工资相同,用实物和现金支付给两个文法家总共相当于 10 安那厄和 5 卡皮塔(1 capita=4 索利达),折算下来约为 70 索利达黄金,⑥即每位文法家的薪俸为35 索利达。尽管比格拉提安敕令中高卢教师的工资少些,但与其他市政人员

---

① Philostratus, *Lives of the Sophists* II,549,p.143.

② Libanius, *Letters*: *To Gerontius* 3,转引自 R.Cribiore, *The School of Libanius in Late Antique Antioch*, New Jersey: Princeton University Press,2007,p.270。

③ *The Theodosian Code and The Sirmondian Constitutions*, XIII. 3. 11, translated by Clayde Pharr, New Jersey: Princeton University Press,1952,p.389,这则敕令是由皇帝 Gratian Valens 和 Valentinian Augustuses 发给高卢总督奥索尼乌斯的。

④ Solidus 是一种君士坦丁以后替代 aureus 的金币。

⑤ A.Robert Kaster, *Guardians of Language*: *The Grammarian and Society in Late Antiquity*, California: California Vniversity Press,1988,p.115.

⑥ CJ 1.27.1,42,转引自 Robert A.Kaster, *Guardians of Language*: *The Grammarian and Society in Late Antiquity*, California: California University Press,1988,p.115.

的工资相当。文法家与演说家的工资相同,在一定程度上表明文法家在这一时期的地位有所提高。

市政基金发放的薪酬及其稳定性应该不如皇家基金,可从两份文献中非常清楚地看出这点。埃及文法家洛里亚努斯(Lollianus)被俄克喜林库斯(Oxyrhynchus)议会任命为公立文法教师,每年可领取 500 第纳尔的薪酬。然而,这些钱却不能按时发放,仅以发酸的酒或坏了的谷物代替。他对此深表不满,于约公元 258 年或 259 年向皇帝提交了一份请愿书,开头中说:"您神圣的宽宏大量使您的国家辉煌灿烂,整个世界文明有礼,缪斯女神光临您的身边——因为 Paideia 坐在您的王座旁边——这给予我信心向您提出合理合法的请求。"①继而,他表示自己教学繁忙,没时间与精力考虑经济问题,希望市议会把该城市的市政地产之一——一个年租金 600 第纳尔的果园作为他工资的替代品,以便自己有"充足的时间教育孩子们"。② 根据当时的物价,500 第纳尔应是一大笔钱,大体等于 2000 德拉克马银币,可购买相当于 167 阿尔塔巴(artabae)的小麦,比十个男人一年的口粮还多。他的请愿书显示,自己的实物工资要比他请求的数字少得多。③

另一则证据则来自李巴尼乌斯。他想说服安条克的议会补足他的四位助手不能按时发放的工资,希望能像他的前任演说家教师齐诺比乌斯(Zenobius)那样享有市政财产的收入,作为助手们的工资。④ 除了皇室和市政基金发放的薪水外,公立文法和演说术教师也被皇帝豁免了各种繁重的公民义务。这种特权可能比薪水有更大的经济利益。⑤ 他们还可以收取学生的学

① *The Oxyrhynchus Papyri*,XLVII.3366,translated and notes by R.A.Coles,M.W.Haslam,London:the British Academy,1980,pp.135–139.

② *The Oxyrhynchus Papyri*,XLVII.3366.C68,p.138.

③ Robert A.Kaster,*Guardians of Language:The Grammarian and Society in Late Antiquity*,California:California University Press,1988,p.116.

④ Libanius,*Oration*,31,转引自 Robert A.Kaster,*Guardians of Language:The Grammarian and Society in Late Antiquity*,California:California University Press,1988,p.123。

⑤ 参见本书第五章第二节。

费。而那些未能获得任命的文法教师,只能像奥古斯丁在家乡塔加斯特城做文法教师时那样盼望着学生能按时交纳学费了。

二、收费以及压力

学生的学费一般是用黄金或白银等政府发行的货币支付的,在某种程度上保证了教师们的经济利益,但有时也会出现以实物抵学费的情况。无论是对少数"官师"还是大多数独立办学的"民师",收取学费都是他们收入的重要部分。尤维纳尔提到一名富豪在新别墅装饰上耗资巨大,却不愿付给昆体良2000 塞斯特提(约 20 奥里)。① 这笔收入可能是普通文法和演说术教师收取的半年学费,也反映出作为名师的昆体良收取学费之高。

少数得到官方任命的文法教师与演说术教师既能领取公共资金薪酬,又能凭才华与各种庇护关系网招到较多的学生,加之教学之外的商业投资等,积累了大量财富和较高的声望,进而游走于上流社会的宴会、沙龙,结交贵族和官僚,步入精英之列。然而,大多数独立办学的普通文法和演说术教师主要靠收费营生,面临着各种压力。

长期以来,罗马缺乏关于教师如何收费的成文制度或法律规定,直至公元302 年戴克里先颁布最高限价法令,才规定了教师的类型和收费标准,希腊语和拉丁文法家或地理教师每月收取每个学生 200 第纳尔,雄辩家和哲学家教师的收费为 250 第纳尔等。② 这也是迄今所见唯一关于教师收费的明文规定。与前述埃及文法家洛里亚努斯每年 500 第纳尔的薪俸相比,可以看出戴克里先时期通货膨胀的严重程度。不过,戴克里先敕令的规定只能作为研究各级教师收费的参考,而不能视为教师的实际收费数额。根据卡斯特的研究,这份敕令规定的小麦价格(100den./1modus = 330den./artaba),几乎不到同时期莎草纸文献记录的三分之一(984den./artaba)。这种价格差距之大曾使学

---

① Juvenal, *Satires*, VII.186, p.153.
② 参见本书第五章第二节。

者怀疑它的可信性。①

由于学费没有法律保障,存在收不到的风险,教师习惯于在家长领孩子报到时,与家长达成关于学费数量及交费期限的口头协议。一般情况下,极少有教师与家长签订书面协议。当李巴尼乌斯在听说安条克的一名演说术教师与一个学生家长签订了学费交纳的正式合同后,感慨说,这真是前所未有的事情。② 收学费的时间不定,既有按月③,也有按年的情况。不过,按年收费风险更大。口头协议或纸上协议并不具有法律追溯效力,基本上根据家长与学生的诚信与满意度而定。不过,也有个别特别自信的教师,无需协议,全凭家长自愿。例如,恺撒的家庭教师格尼佛从不与学生家长签订关于学费的协议,完全靠家长主动缴纳学费或捐赠,反而能获得更多的报酬。④ 这只是个例,大多数教师面临着以下几种收不到学费的风险。

第一种,家长以教师不称职,孩子学业没有进步为由拒交学费。尤维纳尔曾形象地描述过一位家长拒交学费的情形:"老师,你确定要我们交学费吗?凭什么,我的孩子学到什么知识了吗?""这都是你的过错! 你每周六絮絮叨叨讲汉尼拔时,根本无法进入我儿子不幸的大脑中去。他一点儿也不感兴趣!"⑤"鞭挞者"厄尔毕利乌斯曾在《苦人》一书中指责一些傲慢且吝啬的家长不愿交纳学费。⑥ 即便名师李巴尼乌斯也感受到了来自学生教仆、家长、学生,甚至学生祖父辈的压力,声称教师是这些人的奴隶。面对学生的愚钝,家

---

①　*Ed. Pret.* 1. 1a；*POxy.* 24. 2421. 转引自 Robert A. Kaster, *Guardians of Language: The Grammarian and Society in Late Antiquity*, California：California University Press, 1988, p.119。

②　Libanius, *Oration*, 43, in Libanius, *Antioch as a Centre of Hellenic Culture as Observed by Libanius*, translated with an introduction by A.F.Norman, Liverpool：Liverpool University Press, 2000, p.117.

③　贺拉斯小时候的故乡小学就是每月的 Ides 那天交八便士学费。再就是戴克里先最高限价敕令显示,各级教师的最高收费也是按月计算。

④　[古罗马]苏维托尼乌斯:《罗马十二帝王传》,张竹明等译,商务印书馆 1995 年版,第348 页。

⑤　Juvenal, *Satires*, VII.158, p.51.

⑥　Suetonius, II.*Grammarians*, IX, p.409.

长却望子成龙的现象，他抱怨说："即使学生呆笨如牛（'blockheads'[λίθοι，'stones']），他们也希望要让他成为诸神的儿子。那就是教师的悲惨命运。"①"即便如此，我也要努力将学生推向学问之巅，这是我的责任。"②尤维纳尔也意识到这个问题："父母们要求教师像雕塑家那样用手指，塑造年轻人柔软的灵魂，捏出神样的蜡制脸庞。"否则，教师不得不面对教学无能、管理无方的指责，学费也会因此泡汤。

第二种，外出求学的学生可能挥霍了父母所给的学费，最后或抵赖，或转学以逃避交纳学费。到帝国后期，家长与学生拖欠学费甚至成了一种风潮。到大城市求学的年轻学生离开父母的管束，接触到各种新鲜事物的刺激和诱惑，把原该上交的学费花在吃穿或赛马，甚至嫖妓等方面。该交学费时，就以各种理由搪塞教师。李巴尼乌斯也受过这种欺骗：一名学生假装可怜，哭诉家里太穷无法交齐学费；他出于同情，同意这名学生免交本学期学费。事后得知他把钱都用来喝酒、赌博，他气愤至极，深恶痛绝地说，学生在性方面的狂欢作乐，"有时比习俗要求的更开放、更大胆"。③

为赖掉学费，一些家长在每年交学费前让孩子转学或更换教师。据奥古斯丁回忆，学生串通一气，在特定时间，集体投入另一位教师门下，以赖掉前面教师的学费。这种背信弃义，欺辱教师的恶劣行径在古罗马非常盛行，他自己就是受害者之一。④ 亚历山大里亚的文法教师帕拉达斯（Palladas of Alexandria）抱怨坏学生不用金银交学费，而用铅代替。若按年收学费，学生会为逃学费而转学。⑤ 在安条克教学时，李巴尼乌斯对此深恶痛绝，警告同事务

① Libanius, *Oration*, 25.47, in R.Cribiore, *Between City and School, Selected Orations of Libanius*, Liverpool：Liverpool University Press, 2015, p.236.

② Libanius, *Oration*, 38.2, in R.Cribiore, *Between City and School, Selected Orations of Libanius*, Liverpool：Liverpool University Press, 2000, p.236, note.17.

③ Libanius, *Oration*, 3.6, in R.Cribiore, *Gymnastics of the Mind：Greek Education in Hellenistic and Roman Egypt*, New Jersey：Princeton University Press, 2001, p.65.

④ Augustine, *Confession*, V.22, p.225.

⑤ Palladas, *Greek Anthology*, IX, 174, p.91.

必与学生及其家长保持密切的联系,否则将会遭受极大的痛苦与羞辱:

> 你要告诉我,他们不会让你很难过吗?如果昨天的学生今天变成
> 了别人的学生,你就不回家了吗?……你晚上最美好的时光是在失眠
> 中度过的?第二天,你厌恶你的椅子,憎恨你教书的地方,怀疑那些仍
> 然留在你身边的人,而那个胆大妄为、故意傲慢的潜逃学生却与他以
> 前的老师面对面,忘记了他所做的一切,从他的眼神中抹去了他对他
> 的尊重,傲慢自大,急于用他的一举一动和态度来激怒他。如果你要
> 提到一笔费用,他会大喊大叫并抗议说,他甚至把时间都花在了毫无
> 意义的事情上,他什么也没学到,什么也没听进去,离开他太迟了,他
> 早就应该这么做,而且不应该为什么都没有学到的课程而付费。①

犬儒学派哲学家比恩(Bion)应该是根据李巴尼乌斯所讲的学生逃费的现象,诙谐地把学生分为三类:金类学生既交费又学习,银类学生只交费不学习,而铜类学生既不学习也不交费。②

第三种,学生的教仆克扣部分学费。即便学生的父母能按时交纳学费,也未必能全额交到教师手中。部分贵族学生的学费由管家或教仆代交,这就难免存在他们私吞部分学费的现象。尤维纳尔曾以反讽的形式奉劝博学的文法家巴勒蒙要学会忍受,尽管他的收费比演说家教师低不少,冷酷的教仆和管家还要从中蚕食一些。③ 教仆因全职伴随学生左右,若教师不给回扣,或教师不请他们吃饭、在教室为其设长凳等要求的话,就会让小主人向家长说老师的坏话,甚至让孩子转学,趁机赖掉学费。④ 这也是为什么李巴尼乌斯呼吁家长对

---

① Libanius, *Oration*, 43.6, in Libanius, *Antioch as a Centre of Hellenic Culture as Observed by Libanius*, translated with an introduction by A.F.Norman, Liverpool: Liverpool University Press, 2000, p.116.

② Stobaeus, *Ecl.* II, 31, 97, 转引自 Stanley F.Bonner, *Education In Ancient Rome: From the Elder Cato to the Younger Pliny*, London: Methuen, 1977, p.148。

③ Juvenal, *Satires*, VII, 218–219. p.155.

④ Libanius, *Oration*, 58, 9, in Libanius, *Antioch as a Centre of Hellenic Culture as Observed by Libanius*, translated with an introduction by A.F.Norman, Liverpool: Liverpool University Press, 2000, p.173.

教仆进行必要的监督,防止他们滥用监管孩子或替其掌管财物的权力,甚至有可能会对孩子的教育造成不良影响。关于教仆对教师们的教学工作和克扣学费等问题所带来的困扰,他甚至专门写作了一篇"反对教仆的诽谤(Against the Slanders of the Pedagogue)",为教师们排忧解难提供参考。①

第四种,同行竞争生源激烈且残酷,造成教师不得已降低,甚至放弃个别学生的学费。即便是李巴尼乌斯,也遇到过同行竞争生源的情况。对那些违纪的学生,他不会轻易开除他们,因为担心他们会纠集其他学生投到对手的门下,给自己造成更大的经济损失。为招收到更多、更好的学生,教师有时会采取非正当的手段。每到开学季,教师会组织老生在街头把新生强行拉进自己的学校。李巴尼乌斯承认自己在君士坦丁堡、尼克米底亚和安条克都这样干过。在波鲁尔斯地区,这种竞争有时非常激烈,甚至出现过武斗,以至于科林斯总督不得不经常出面干预。② 有时,他们会在招生时故意降低学费。演说术教师克劳狄乌斯·萨宾(Clodius Sabinus)的竞争对手抱怨,他不仅能同时教拉丁文和希腊文演说,且"收费比其他教师要少"。③

当然,招生越多,收费越多。李巴尼乌斯在自传中表示自己因得到一个学生家长的支持而声名大振,在君士坦丁堡的班级超过 80 人,而几年后刚到安条克时班级只有 15 人。事实上,无论是私人办学还是公立教师办学,40 名学生的班级算是规模相当大的了。④ 李巴尼乌斯曾在自传中自豪地谈及君士坦提乌斯二世要求他留在君士坦丁堡教学,并赋予其教授席位和其他特权的殊

① Libanius, *Oration*, 34, in Libanius, *Antioch as a Centre of Hellenic Culture as Observed by Libanius*, translated with an introduction by A. F. Norman, Liverpool: Liverpool University Press, 2000, pp. 136–144.

② A. H. M. Jones, *The Later Roman Empire*, 284–602: *A Social Economic and Administrative Survey*, Vol. 1, Basil Blackwell: Norman, 1986, p. 1002.

③ Seneca the Elder, *Controversiae*, 9.3.14, p. 279.

④ Libanius, *Autobiography*, 1.37, 101, 31, in Libanius, *Autobiography and Selected Letters*, Vol. 1, edited and translated by A. F. Norman, the Loeb Classical Library, Cambridge MA.: Harvard University Press, 1992, pp. 98, 167, 91.

荣。但是,他却遭到了两个申请教授席位未成的教授的嫉妒与诽谤,给他扣上
"小人得志、贪得无厌,无休止破坏教育界的安静秩序"等恶名。结果,他们自
己的名声反而逐渐变臭,学生纷纷弃之而去。① 这是同行恶性竞争的一个典
型例子。不过,李巴尼乌斯回到安条克,也面临着生源缺少的情况。他的助手
有时会招揽交不起学费的学生凑数。②

　　无法及时且全额地收到学费一直是教师的焦虑所在。诗人奥维德称他们
为"收入被诈骗的一群人"③。尤维纳尔也对他们"徒劳无益地生活于无尽的
悔恨之中"表示同情。④ 不过,他们还是想方设法降低无法收到学费的风险。
有些教师为留住学生而增加学业的难度,为多收取学费而延长课时。昆体良
对此持严厉批评的态度,说这种自私的行为白白浪费了年轻学生的大好时
光。⑤ 讽刺诗人琉善还提到过另一种方法,即公开演说的教授为避免学费损
失,先收学生一大笔学费,否则不给他们有效的指导。⑥ 还有一名叫埃提乌斯
(Aetius)的文法家也采取过这种做法,招收学生时先与学生个人签订关于学
费的合同。⑦ 提前收取学费的做法确实能保证教师的利益。古希腊智者也曾
这样做过,但遭到亚里士多德的指责。理由是教学质量并非如他们所承诺的
那样好,配不上预先收取的学费。⑧ 罗马时期大部分教师基本上采取先教学
后收费的做法,也就不得不承担无法及时收到学费的风险。有的教师甚至采
取了一种有些幽默却又心酸的方式向学生家长索要学费。在庞贝古城体育场

---

① Libanius, *The Autobiography*.95, p.109.

② Libanius, *Oration*, 31.29-32,参见 R.Cribiore, *Between City and School, Selected Orations of Libanius*, Liverpool: Liverpool University Press, 2015, p.21。

③ Ovid, *Fasti*, III.829, p.183.

④ Juvenal, *Satires*, VII, 203, p.153.

⑤ Quintilian, *The Orator's Education*, XII, 11, 14, p.331.

⑥ Lucian, *A Professor of Public speaking*, 9, p.147.

⑦ Robert A.Kaster, *Guardians of Language: The Grammarian and Society in Late Antiquity*, California: California University Press, 1988, p.118.

⑧ Aristotle, *Nicomachean Ethics*, IX, 1, 6-7, translated by H.Rackham, the Loeb Classical Library, Cambridge MA.: Harvard University Press, 1947, p.521.

的遗址中,有一则教师索要学费的铭文,题名为"凡是付给我薪水的人都会有好运(*Qui mibi docendi dederit mercedem*,(*b*)*abeat quod petit a superis*)",由此可以感受到他在礼貌与圆滑背后的无奈与心酸。铭文中有明显的单词拼写错误①,也在一定程度上反映出当时教师的学识水平的确堪忧。

其实,对于限制高等教育阶段的学生转学,罗马教育界还是有一些习惯性做法。当学生穿上学术长袍时,必须首先做两件事:第一,他们必须宣誓,这是一种师生之间的合同形式,相当于现代的注册或入学仪式;第二,他们通常必须在学长的引领下,举行仪式性的沐浴和宴会。这种仪式由来已久且具有普遍性,如尤纳皮乌斯(Eunapius,生卒年代不详)提到他的老师、雅典著名演说家普罗海雷斯乌斯欢迎一个来自亚美尼亚的新生,让他沐浴,完成新生入门仪式。② 但是到了公元4世纪80年代后,这些传统仪式和同龄学长的压力无法再保证很多学生与家长对教师应有的忠诚,他们不顾羞耻地骗取老师的学费。③ 李巴尼乌斯专门针对这种不良现象,为安条克的同行写作并发表了一篇题为"论协议(*On the Agreements*)"的演说,探讨如何防止学费被骗的问题。④

第五种,家长或学生确实遇到很大的困难,无法及时交纳学费。圣·哲罗姆曾提到,某些家长因处境艰难无法支付学费,一般会给出一个理由:庄稼因冰雹或干旱歉收,或者是税收榨干了利润。⑤ 尤其是后边的理由,对教师来说肯定不是个好兆头。的确,并不是所有的家长都能轻而易举地筹到学费,即便

---

① L.García & Y.García, *Pupils, Teachers and Schools in Pompeii : Childhood, Youth and Culture in the Roman Era*, Rome : Bardi, 2005, p.54.

② Eunapius, *Lives of Philosophers and Sophists*, 485, translated by Wilmer C. Wright, the Loeb Classical Library, Cambridge MA. : Harvard University Press, 1922, p.481.

③ Libanius, *Oration*, 43, in Libanius, *Antioch as a Centre of Hellenic Culture as Observed by Libanius*, translated with an introduction by A.F.Norman, Liverpool : Liverpool University Press, 2000, p.116.

④ Libanius, *Antioch as a Centre of Hellenic Culture as Observed by Libanius*, translated with an introduction by A.F.Norman, Liverpool : Liverpool University Press, 2000, pp.114–121.

⑤ Jerome, *Comm.Galat.*, 3.6,转引自 Robert A.Kaster, *Guardians of Language : The Grammarian and Society in Late Antiquity*, California : California University Press, 1988, p.25。

他们可能是一个拥有地产的地方议员。奥古斯丁在受教育过程中也曾遇到经济困难的情况。他开始是在家乡塔加斯特附近的马都拉城一个较差的文法学校里学习,后来通过他父亲的极大努力和亲戚的及时资助才能到迦太基继续攻读演说术课程。① 一些出身较低的学生是通过亲戚或当地富人资助,才能接受文法或演说术教育。很有可能因各种原因,资助人停止或无法继续资助,教师自然也无法收到他们的学费。

除了外部压力外,还有教师自身的原因所带来的生存压力。比如某些教师虽然教学成功,却因贪图享受而债台高筑。据苏维托尼乌斯记载,瓦列乌斯·加图曾是一名优秀的教师,擅长诗歌写作,被誉为"罗马人的塞壬"。富家子弟为到其门下学习而愿意交高昂的学费。他很快富有起来,曾拥有一栋豪华别墅。不过,他由于广交朋友且出手阔绰,后来入不敷出,只能抵押别墅,栖居于小茅舍,过着"三棵白菜,半磅粮食"的日子。有诗云:"真难理解,一位无双的教师,最大的文法家,最优秀的诗人。他能解开一切学术疑问,却不能解开自己债务的羁绊。"②也有教师因学校经营不善而最终破产,例如叙利亚的伊壁鸠鲁学派学者安德罗尼库斯满腹经纶,却因过于懒散而导致学校运营不善,难敌竞争对手格尼佛。他只好以写作为生,还被迫把自己的《恩尼乌斯年代记》以1.6万塞斯特提卖给别人。③

在上述内外的压力下,普通教师有时面临朝不保夕的困境。尤维纳尔与马提雅尔都曾为普通教师收入微薄而鸣不平。尤维纳尔说,文法教师每年的收入还不如一名成功的赛车手一场比赛的奖金多。马提雅尔也惊叹道:那是一大笔奖金,是文法家做梦都想得到的收入!④ 文法教师帕拉达斯在一首长

① Augustine, *Confession*, Ⅱ.Ⅲ.5, p.71.

② [古罗马]苏维托尼乌斯:《罗马十二帝王传》,张竹明等译,商务印书馆1995年版,第352页。

③ [古罗马]苏维托尼乌斯:《罗马十二帝王传》,张竹明等译,商务印书馆1995年版,第349页。

④ Juvonal, Satires, Ⅶ.228, p157; Martial, *Epigrams*, Ⅹ.74, p.393.

诗的 169 至 175 段中,形象地讲述了自己作为文法家生存的巨大压力。① 他说自己虽然养得起"孩子、一个奴隶、一只鸟和一条狗",但常感到贫穷如影随形,于是哀叹自己生不逢时,似乎还找到了这一切不幸的根源(169 段):

> 因为学习《荷马史诗》使我成为一名文法家。愤怒的阿喀琉斯是我致命贫穷的原因。在可怕的饥饿结束我的生命前,那种狂怒与希腊人会一起杀了我。但是,所有的人让阿伽门农和布赖塞斯、帕里斯与海伦一起逃走时,我已经变成一个穷人了。

成为穷人后,他冷幽默地说(170 段):

> 我用严厉的语气训斥了我无耻的肚子,用节制控制住了令人反感的肠子。的确,与我的肚子相比,如果我的知识地位更高的话,我为什么无法战胜我的肚子呢?

于是,他在极度痛苦中想到了转行(171 段):

> 我正在出售缪斯的设备,那些让我呻吟不止的书籍,如今要换另一种职业了。再见吧,缪斯,我对你说再见,所谓的学问,再见! 因为文法就是令我死亡的原因!

然而,转行似乎行不通,帕拉达斯甚至想到一死了之(172 段):

> 我不再关心希望或未来。它们再也欺骗不了我了;我已经上了天堂,再说,我是一个穷人,但自由是我的同伴,我放弃了羞辱贫穷的财富。

在绝望之后,作者又用擅长的专业知识分析了文法对自己的诅咒(173 段):

> 文法始于五行的诅咒。第一个单词是"愤怒",第二个是"邪恶"及来自希腊人的"许多灾难"。第三个是"把灵魂带向阴间"。第四个属于"毁坏"和"狗",第五个是"恶兆之鸟"与"宙斯之怒"。你说,一个文法家如何避免五个诅咒和五次被毁后所带来的那么多悲伤呢?

---

① Palladas, *Greek Anthology*, IX, 169-175, pp.89-91.

然而,诗人又不得不回到现实的窘境之中(174 段):

教师就是死亡之神塞拉皮斯经常对着发怒的人。他们是带着"有害的愤怒"开始每天生活的。教仆代表学生家长每月带学费交给教师,但总想方设法克扣那点可怜的学费,将之兑换成铅币,同时还要扣除他自己的佣金。如果哪位教师同意学费一年一交,有些学生就会在交费的第十一个月转学,好像以抢走前任教师的钱为乐趣。

最后,诗人只好向朋友西奥(Theo)求助(175 段):

我认为卡里马库斯(Callimachus)、品达及所有文法中的人都是我自己贫穷与痛苦的根源。因为多罗赛乌斯(Dorotheus)已经断绝了给我的资助,以表达对我的不满。然而,亲爱的西奥,保佑我! 不要让我与贫穷结伴。

帕拉达斯的诗信息量很大,起承转合地再现了普通文法教师经历生活困境的心路历程:对自己的专业爱恨交加;因贫困而萌生转行之意,可百无一用是书生;又幻想死亡带来解脱,捍卫尊严与"自由";回到现实,在愤怒中生活,收费艰难,教仆克扣,学生转校逃费;庇护人切断资助,只能放下面子,向朋友求助,希望贫穷远离自己。也许,帕拉达斯的诗歌有夸张之嫌,但他所面临的困难应该是很多普通中高等教师的日常缩影,若衣食无忧,其文风怎会如此真实与辛辣呢?

相较于文法教师枯燥抽象的专业知识而言,演说术教师出头露面展现才华的机会较多,大多过着体面而殷实的生活。若得到达官贵人提携或攀附权贵,他们甚至可以飞黄腾达。当然,这样的幸运者毕竟是少数,多数人也会面临一些压力。西塞罗曾讽刺一位名叫赫拉西德斯(Asiatic Heracides)的演说术教师,说他颇有演说才能,收了不少富家子弟。然而,他肆意挥霍钱财,到处举债,甚至找学生借钱,名声不好。① 由于能力、人脉和运气及竞争激烈,一些

---

① Cicero, *Pro Flacco*, 46–47, 1959, p.417.

演说术教师选择转行,从政者居多,也有极少数人另辟蹊径,例如西塞罗的私人医生兼朋友、普吕斯人演说家阿斯雷皮亚德非常雄辩,不过认为做教师赚钱少且不易,改行从医,据说几乎都是用葡萄酒当药物给病人治疗,却在罗马捞了一大笔钱。①

普通文法与演说术教师若在执教期间不能积累一些财富,很难安度晚年。政府并不关心年老体弱却又被迫以教学谋生的教师,只有仁慈的哈德良非常同情他们,给予其中的一些人财富和荣誉,让他们不用再从事教学。② 尤维纳尔为此创作了第七首讽刺诗,颂扬哈德良对年老教师的关心,就像小普林尼赞美图拉真一样,宣称"学问的希望和前景只能依靠皇帝了"③。以教师为职业的人晚景凄凉的例子有不少。据说,欧比乌斯·卡瑞斯在无法走路、年迈失明时还在以教学为生。④ 著名文法教师厄尔毕利乌斯以近百岁高龄孤老于破败不堪的小阁楼。⑤ 希吉努斯(Hyginus)教过许多学生,曾被奥古斯都任命为帕拉丁图书馆的馆长,但在晚年不得不依靠一位奥维德的执政官朋友接济度日。

三、额外的收入

极少数的文法与演说术教师,在从教之余也通过其他行业创收。据苏维托尼乌斯记载,家奴出身的勒米乌斯·巴勒蒙不仅记忆力惊人,且口才超群,成为名噪一时的文法教师。他开办了一所规模较大的学校,每年盈利40万塞斯特提。后来,他还创办了一家织布厂,并投资60万塞斯特提买下罗马城外大片经营不善的葡萄园,专门雇了培育师管理,净赚40万塞斯特提。他的巨

---

① Cicero, *De Oratore*, 1.62, p.47.

② *Historia Augusta*, *Hadrain*, XVI.11, p.53.

③ Juvenal, *Satires*, VII, 1, p.137.

④ [古罗马]苏维托尼乌斯:《罗马十二帝王传》,张竹明等译,商务印书馆1995年版,第346页。

⑤ [古罗马]苏维托尼乌斯:《罗马十二帝王传》,张竹明等译,商务印书馆1995年版,第346页。

额财富甚至遭到当时的富豪小塞涅卡的嫉妒与憎恨。① 同时代的希腊文法教师喀罗尼亚的伊帕弗洛狄图斯(Epaphroditus)积累了大量财富,在罗马城购置了两处宅院出租,还为后人留下了一座精美的图书馆。②

著名传记作家斐洛斯特拉图斯(Lucius Flavius Philostratus,约 170—?)记录了他的一位老师——希腊智者普罗克洛斯③(Proclus of Naucratis,生卒年代不详)。据他在《智者传》中记载,普罗克洛斯因教学与经商而富有起来。他要求每位学生预交 100 德拉克马(相当于 75 第纳尔)的学费。这笔收入不仅让他拥有了气派的演说术学校和图书馆,还可以拿出部分资金从埃及贩卖香料、象牙、纸草和书籍等。他曾在雅典及外地购买了四栋宅院与多名奴隶。④除工资与学费外,学校教师偶尔会得到一些富人慷慨捐赠的钱财或礼物。智者安托利乌斯·波利穆(Antorius Polemo)曾因雄辩才能出色而博得皇帝的赏识。雅典百万富翁荷罗德·雅提库斯请教他关于演说能力的问题长达三天之久,为表达谢意,送给他 15 万德拉克马的酬金。在遭到拒绝后,他又把这笔钱增加到 25 万德拉克马,波利穆才盛情难却地接受了。⑤ "金口"狄奥的外祖父因过于慷慨地为城市捐赠而破产,后来通过教学与皇帝的赠予弥补了损失。⑥而这些机遇对于普通的文法与演说术教师而言是可遇而不可求的。

中高等教师的额外收入还包括在一些传统节日期间,常常收到的学生或私人赠送的礼物。例如在纪念与文艺有关的神灵节日,学生会向老师献礼,尽

　　① [古罗马]苏维托尼乌斯:《罗马十二帝王传》,张竹明等译,商务印书馆 1995 年版,第 357 页。

　　② Suidas, s. v. Epaphroditos, 转引自 Stanley F. Bonner, *Education In Ancient Rome: From the Elder Cato to the Younger Pliny*, London: Methuen, 1977, p.154。

　　③ 古希腊哲学家、天文学家、数学家、数学史家。

　　④ Philostratus, *Lives of the Sophists*, 604, p.268.

　　⑤ A.J.Papalas, "Herodes Atticus: An Essay on Education in the Antonius Age", *History of Education Quarterly*, Vol.21, No.2(June 1981), p.177.

　　⑥ Tenney Frank, *An Economic Survey of Ancient Rome*, Vol. V (*Rome and Italy of the Empire*), Paterson: Pageant Books, INC., 1959, p.853.

管这些礼物可能只是象征性的表示,一般不会太贵重,却也是一点慰藉。在米涅娃节上,教师会穿上最好的衣服,用鲜花装扮自己,列队走向米涅娃神庙,祈求女神的庇佑。起初,该节日只有一天,后延长到 5 天,也成为教师新学年招生的吉利日。期间,学生们都要向老师献礼,表达尊敬之意。在萨图尔努斯(Saturnus)节(即农神节,从罗马历 12 月 17 日到 12 月 24 日),学生们也会向教师献上各自的礼物。尤维纳尔曾略带嘲讽地说,这些节日尚未结束,各级教师就迫不及待地"计算收入的总和"了。①

根据现有的资料看,学生献给教师的礼物多以实物为主,且多为可食用的家禽。在农村,这些礼物的拉丁文是"nefrenditium",意思是"未反刍的"动物幼崽。在《论农业》中,瓦罗记录了这些礼物的种类,如自家饲养的家畜、鹅,或狩猎捕获的孔雀、野兔、鱼等。献礼时,新生会恭敬地对老师说:"请收下我的礼物,让我做您的学生吧!"教师回答道:"好的,你现在就是我的学生了。"②有时,家长还把肉类、乳猪、幼禽等作为学费送给老师。公元 2 世纪的一份莎草纸文献说,一位女孩的家长送给教师鸽子、幼禽及其他美味,"为的是让老师多多关心小女孩"。③

在大城市,学习文法与演说术的学生一般出身富贵之家。家长有时会送给教师一些金钱或贵重的礼物。李巴尼乌斯曾说,自己经常收到价格不菲的衣服、黄金和鸽子等礼物,但可怜的初级教师奥帕托斯只能收到两条面包之类的食品。④ 偶尔,这种节日礼物可能包括皇帝的赏赐。奥索尼乌斯在做国家

①　Juvenal, *Satires*, X.116, 1996, p.203.

②　Varro, *On Agriculture*, III. II. 18, translated by William Davis Hooper, the Loeb Classical Library, Cambridge MA. : Harvard University Press, 1960, p.439.

③　*Select Papyri*, Vol.I, No, 116, translated by Edgar and A.S.Hunt, the Loeb Classical Library, London : William Heinemann Ltd, 1932, p.311。这封信写于公元 2 世纪,女孩 Heraidous 的父亲委托别人把鸽子以及小家禽转交给女儿的老师。

④　Libanius, *Oration*, 42.26, in Libanius, *Antioch as a Centre of Hellenic Culture as Observed by Libanius*, translated with an introduction by A. F. Norman, Liverpool : Liverpool University Press, 2000, p.157.

财务主管时,建议皇帝送给了特里尔的文法家乌苏勒斯(Ursulus)6 索利达的
新年礼物。① 根据公元 6 世纪的希腊演说家考利希乌斯索(Choricius of Gaza)
记载,查士丁尼时代的加沙有一个传统,当学生成功地完成一场演说时,他至
少要送给教师 1 索利达的黄金作为酬谢。② 目前,尚不知道其他地区还有哪
些关于学生送给教师礼物的做法。但在重要的节日,学生向教师献礼的传统
在整个帝国经久不衰。

　　额外的收入并不能改变大多数文法和演说术教师的困境,如没有法律保
障;家长吝啬、教仆和管家盘剥、学生挥霍和欺骗;同行之间的激烈竞争,生源
很不稳定,收费缺乏保证。若没有固定地产或其他收入来源,他们往往会面临
温饱问题。李巴尼乌斯意识到,罗马的社会等级制度决定了教师受压迫者的
地位。他说,尽管学生是教师的奴隶,但教师也是包括皇帝、地方官、教仆、家
长等在内的主人们的奴隶。③。

第四节　古罗马教师的社会流动

　　社会流动(social mobility)是指个人或群体社会地位的变化,即从某一个
社会阶层到另一个社会阶层的变化。④ 在开放的现代社会,社会流动较为容
易发生,而且频率很高。而在相对封闭或半封闭的古代农业社会,等级壁垒森
严,社会流动的难度相对较大。古罗马是一个以农业为主的奴隶制社会,现代

---

① Ausonius, *Epistles*, XIII, in Ausonius Vol. II, translated by H.G.Evelyn White, the Loeb Classical Library, Cambridge MA.: Harvard University Press, 1967, p.41.

② *Apol.mim.* 104,转引自 Robert A.Kaster, *Guardians of Language: The Grammarian and Society in Late Antiquity*, California: California University Press, 1988, p.121。

③ R.Cribiore, *Gymnastics of the Mind: Greek Education in Hellenistic and Roman Egypt*, New Jersey: Princeton University Press, 2001, p.73.

④ 社会流动不仅指地理上的横向流动,更是指社会身份的变化,特别是社会职位的重大升降、命运的沉浮以及生活方式的改变等垂直流动。本书所指的纵向流动是指罗马教师地位的升降或交替反复,横向流动主要是指其为谋求更多发展机会在地区间的流动。当然,某个人或阶层的纵向与横向流动会相互交织、互为影响。

意义上的社会流动自然较少。但在共和向帝国转型时期及帝国中后期社会剧烈动荡期,还是出现了一定程度的流动现象。共和向帝国转型时期,来自希腊地区受过教育的希腊奴隶和被释奴,凭借个人的文化技能在帝国行政和教育等重要部门占有一席之地,实现了地理上的横向流动,以及社会阶层的纵向流动。其中,罗马教师大都来自这个受歧视的群体,成为流动最为频繁的一个知识群体。而帝国后期,社会动荡不安,来自行省的皇帝为了巩固统治,加强了对教育的干预,笼络有识之才,任命来自罗马、雅典、帕加玛、亚历山大、安条克、波尔多和君士坦丁堡等文化中心的优秀文法家、演说家和哲学家为教授,加强古典文学的教育,也促使各文化中心之间的教师流动。

国外学者基思·霍普金斯(Keith Hopkins)[1]和 P.R.C.韦弗(P.R.C. Weaver)在 20 世纪五六十年代曾对罗马帝国前后期的社会流动与帝国官僚机构人员升迁之间的关系有所研究。[2] 亚历山大·斯金纳(Alexander Skinner)认为,"社会流动"这个现代理论与古罗马社会阶层流动的基本事实和原理不符,如果硬性套用会对读者造成误导,不如使用"政治流动"(political mobility)来描述帝国后期阶层变化的社会现象更为合理。[3] 不过,以上学者都没有对古罗马教师群体的社会流动进行过专门的研究。本书通过对西塞罗的书信、苏维托尼乌斯的记录、帝国后期西部执政官奥索尼乌斯对波尔多教授们的记

---

① 根据霍普金斯的说法,任何一个复杂的社会都会有许多判断个人地位与身份的标准,如出身、财富、教育、技能、能力、成就和生活方式等。在等级森严的阶级社会中,贵族精英阶层高高在上,等级世代相袭。但在社会急剧转型的时期,社会等级之间必然会发生流动,进而模糊以往的分层标准。例如某人虽出身卑微,但可以通过自己的才能获取财富或政治资本,进而发生向上的社会流动。参见 Keith Hopkins, "Elite Mobility In the Roman Empire", *Past and Present*, No.32 (Dec.1965), pp.12-26。

② 参见 Keith Hopkins, "Elite Mobility In the Roman Empire", *Past and Present*, No.32(Dec. 1965), pp.12-26; Keith Hopkins, "Social Mobilty in the Later Roman Empire: The Evidence of Ausonius", *Classical Quarterly*, Vol.11, No.3-4(Dec.1961), pp.239-248; P.R.C.Weaver, "Social Mobilty in the Early Roman Empire: the Evidence of the Imperial Freedmen and Slaves", *Past and Present*, No.37 (July 1967), pp.3-20。

③ Alexander Skinner, "Political Mobility of Later Roman Empire", *Past and Present*, Vol.218, No.1(Feb.2013), pp.20-49.

载,以及东部优秀演说术教授李巴尼乌斯的大量文稿的研究发现,不论是共和后期还是帝国时期的中高等教师和哲学教授,既有明显的地理流动,也有少数教师因才能、机遇以及人际等原因发生了向上流动,这不仅表现在经济地位的改变,也体现于政治仕途的升迁。

一、共和后期和帝国前期的教师流动

经过长达几个世纪的东征西讨,公元前2世纪中叶,罗马由台伯河畔的一个蕞尔小邦变成了横跨欧亚非三洲的大帝国。随着共和向帝制的转变,早期的帝王们逐步削弱元老院和地方旧贵族的权力。他们需要利用有文化的希腊奴隶或被释奴和外邦人,填充到各个急需建设的部门中去。这为那些急于改变奴隶身份的希腊人创造了很好的机遇。他们各显其能,活跃于教育、商业、金融和贸易等需要专业知识和技能的领域,担任教师、速记员、秘书、管家、商人、医生、舞蹈家和律师等。希腊奴隶或被释奴在教育领域发挥着主导作用,充当了如饥似渴汲取希腊文化的罗马人的导师。苏维托尼乌斯记录的共和后期和帝国初期的24个文法家中就有14个出身奴隶,5个演说家中有一个是被释奴,其他人身份不明。有的是孤儿,有的是外邦人。有的是谋生无路,才从事了受人歧视的教师职业。① 有学者收集了所有碑铭上的文法家和演说家教师名单发现,在39位中,竟然有30位是贵族精英的奴隶或被释奴。② 被释奴在文化和教育领域中的作用如此巨大,以至于教育家昆体良担忧公民阶层特别是社会上层愈益依赖他们甚至忘记了自己的文学风格。③ 他还怨愤自己的优秀作品无法受到贵族们的重视。④

① ［古罗马］苏维托尼乌斯:《罗马十二帝王传》,张竹明等译,商务印书馆1995年版,第344—363页。

② Yun Lee Too(ed.),*Education in Greek and Roman Antiquity*,Boston:Brill,2001,p.263.

③ James Bowen,*A History of Western Education*:1000*B.C.*~*A.D.*1054,Vol.1,London:Methuen,1972,p.172.

④ Quintilian,*The Orator's Education*,I.12.19,p.253.

应当承认,无论是共和时期还是帝国时期,从事教育的希腊人在罗马城闯开一片天地都是非常艰难的,其中获得某位显贵的庇护是升迁的重要途径。如西西里的希腊语和拉丁语演说术教师塞克斯图斯·克洛狄乌斯,就因得到执政官安东尼的庇护而改变了艰难生存的现状。西塞罗还为此嘲笑安东尼说:

> 他会讲笑话的本领使你雇用他为教师,你和你同伴们投票推荐他为演说家。你允许他演讲与你有关的主题:他无疑是个机灵鬼,但是说几句话奉承你及你的同伙,这也不是一件难事。但这位演说家获得了什么报酬呢?听着,元老们,请看看我们国家遭受的损失。你们把兰奥提涅 2000 尤格的土地送给了这个演说家赛克斯图斯·克洛狄乌斯,还给他免税;花了如此大的代价,你们可能什么也没学到。①

从这段话可以看出,尽管苏维托尼乌斯没有交代塞克斯图斯·克洛狄乌斯是否是以奴隶身份来到罗马,但可以肯定的是,他一定是个来自西西里的外邦人。他凭借自己的演说才能获得了安东尼的保护,不仅得到了大片土地,还获得了许多礼物以及免税的特权。

帝国初期,教育越发受到国家和社会的重视,不少出身卑微的教师通过从教或以教学为跳板改变了低下的社会地位。例如,提比略和卡里古拉皇帝时期的家生奴隶巴勒蒙因从事文法教学而名声大噪,开办过一所规模较大的学校,每年盈利 40 万塞斯特提。后来,他还开办过织布厂,承包过葡萄园,成为罗马首富小塞涅卡的嫉妒对象。② 喀罗尼亚(Chaeronea)地区的同时代希腊文法家教师埃帕弗鲁狄图斯(Epaphroditus)在罗马非常活跃,在城里拥有两栋房子和一座规模庞大的图书馆。后来,他的被释奴为他塑了一尊刻有拉丁铭

---

① [古罗马]苏维托尼乌斯:《罗马十二帝王传》,张竹明等译,商务印书馆 1995 年版,第 361—362 页。

② [古罗马]苏维托尼乌斯:《罗马十二帝王传》,张竹明等译,商务印书馆 1995 年版,第 357 页。

文的雕像。① 当然,因从教而发迹的文法教师只是少数,大部分教师地位不高,经常受困于生计。

与文法教师相比,演说术教师更易受到公众的关注,有时一场成功的演说就能让他们名声大噪。苏维托尼乌斯甚至认为,演说家是当时最有前途的职业。由于人们对演说术怀着巨大的热情,许多教师和学者云集罗马城。其中一些人获得了巨大成功,甚至个别身份卑贱的人获得议员头衔和高级官职。② 对此,尤维纳尔曾诙谐地评论道:"如果幸运女神眷顾你,你一位执政官可以变成演说家;如果她更加青睐你,你可以从演说家变成执政官"。③ 例如尤尼乌斯·奥托起初是一名初级教师,后来成为著名演说家,最终凭非凡的演讲才能成为元老院议员。④ 图拉真时期的议员和前执政官维勒利乌斯·利奇尼阿努斯(Valerius Licinianus)曾在西西里执教演说术,他在罗马第一场演说中也感慨地说:"幸运女神,你神通广大! 你使议员成为演说术教授,演说术教授成为议员。"⑤

那些教育皇室子孙的教师,更容易得到高官厚禄和殊荣。从某种意义上说,皇帝们在教育领域里采取的政策所体现的"政治进步"并不完全是因为教授们的学识渊博,而是为表彰宫廷教师而推广开来的。文法教师马尔库斯·维里乌斯·弗拉库斯被奥古斯都选为自己子孙的家庭教师,每年领取10万塞斯特提的酬金,甚至把他的学校搬进巴拉丁宫。他死后,人们在普赖尼斯特城的市政广场高处为他塑像,并把他编制的历法刻于大理石墙上,

---

① Suida.s.v.Epaphroditos,转引自 Stanley F.Bonner, *Education in Ancient Rome: From the Elder Cato to the Younger Pliny*, London: Methuen, 1977, p.154。

② [古罗马]苏维托尼乌斯:《罗马十二帝王传》,张竹明等译,商务印书馆1995年版,第359页。

③ Juvenal, *Satires*, VII, 197-198, p.153.

④ 老塞涅卡认为,奥托是通过演说家职业成为元老院议员的,而塔西佗认为他是借助了谢亚努斯的力量。参见[古罗马]塔西佗:《塔西佗〈编年史〉》(上册),王以铸、崔妙因译,商务印书馆1981年版,第186—187页。

⑤ Pliny the Younger, *Letters*, IV.XI.2-3, p.209.

以供人们查看。① 公元 47 年,希腊被释奴索西比乌斯(Sosibius)以教师的身份向皇帝布列塔尼库斯(Britannicus)和克劳狄乌斯提过忠告,而被元老威特里乌斯(Vitellius)建议给予 100 万塞斯特提的奖赏。② 教育家昆体良不仅占据罗马的拉丁演说术教授席位 20 多年,还被图密善授予执政官头衔。他声名显赫,广置地产。尤维纳尔对其高贵的出身和命运的垂青颇为羡慕,说他是"罕见的好运气个例,幸运的人美丽而又勇敢,聪明而又高贵。自在母亲子宫里时,命运就决定了一切"。③ 雅典百万富翁荷罗德被自己的学生哈德良皇帝任命为雅典首席演说术教授,管理雅典的教育事务,后来又被授予执政官封号。④ 西里西亚的塞琉西亚(Seleucia)智者亚历山大精于辩论术,曾在皇帝安东尼·庇护期间代表塞琉西亚出使罗马。他在潘诺尼亚(Pannonia)旅行期间受到皇帝马可·奥利略召见,并被任命为希腊人的使节⑤;来自非洲的著名演说家弗龙托成为皇帝奥利略的演说术教师,后任政府高级官员,权重一时,而且他还是皇帝的密友,两人通信很多,留存至今。来自非洲的演说家普罗库鲁斯(Eutychius Proculus)也被马可·奥利略提拔为非洲总督⑥;来自纳乌克拉提斯(Naucratis)的波洛克斯(Pollux)在演说和文学批评方面很有天赋,音调甜美悦耳,深受皇帝康茂德欣赏,被授予雅典演说术教授席位。⑦

　　鉴于现存资料大多与声名显赫者相关,无法得知大多数教师的流动情况,只能大体归纳上述教师在共和后期和帝国中前期因从事教师职业,从而带来的地理流动和社会阶层的向上流动。当然,他们获得成功的途径不尽相同,可

---

①　[古罗马]苏维托尼乌斯:《罗马十二帝王传》,张竹明等译,商务印书馆 1995 年版,第 354 页。

②　Tacitus, *Annals*, XI.4, p.255.

③　Juvenal, *Satires*, VII, 195–197, p.153.

④　Philostratus, *Lives of the Sophists*, 549, p.143.

⑤　Philostratus, *Lives of the Sophists*, 571, p.193, 据作者说,亚历山大很喜欢旅行讲学,曾在安条克、罗马、塔尔苏斯(Tarsus)和埃及讲过学。

⑥　*Historia Augusta*, Marcus Antonius, II.3, p.137.

⑦　Philostratus, *Lives of the Sophists*, 593, p.241.

分为三种情况：第一种是某些社会最底层的希腊奴隶在罗马充任某个权贵的家庭教师而获释，在罗马开办学校并获得成功，如恺撒的家庭教师格尼佛等人；第二种是在某些城市获得成功后，来到罗马后一鸣惊人或办学大获成功，并得到官方任命，甚至被任命为执政官或进入元老院；第三种是个别出身学术世家的著名教师，因得到皇家垂青而成为宫廷教师，同时也开办学校，并被授予执政官等荣誉称号。

二、帝国后期的教师流动

历经两百余年的和平盛世后，帝国后期出现了全面的奴隶制大危机，社会动荡与连绵内战使政府陷入瘫痪。在戴克里先和君士坦丁统治时期，帝国再次统一，官僚机构进一步扩大。在"四帝共治"时期，每位帝王都有一套完整的官僚机构和统治体制；帝国被划分为十二大行政区，军权和行政权分别掌握在不同官吏手中。无论是中央政府，还是地方行政机构都需要补充许多文职官员。因此，帝国需要学校为政府培养大量的行政、司法等急需人才，学校教师与学校教育因而受到国家和社会的重视。

与此同时，帝国后期某些日渐形成自己文化生活特色的重要行省则出现了一股文学复兴的浪潮。某些来自边远行省的皇帝和贵族需要教授们帮助他们掌握精通阅读、发表演说等方面的技能，为自己贴上贵族绅士的标签。例如，瓦伦提尼安一世就希望儿子能在最好的学术环境中长大成人。这种需求使得文学与教育重现生机，教师地位也出现了明显的改善。他们从各个行省的小城市向省城流动，并以之为跳板向帝国几个重要的政治经济中心城市如君士坦丁堡、罗马、安条克、雅典和波尔多等流动，获得了更好的发展机遇。从留存的资料来看，少数人实现了向上的阶层流动，完成了从文法家向演说家和律师的职业转变，还有的人找到了有权势的庇护人得以平步青云。不过，他们大都有着良好的出身、不错的能力和出入名流的社交圈等。

首先看帝国后期文法和演说术教授们在地理上的流动。对教学成功、学识不错的教授们来说,从不知名的小城市到大城市谋职,是比较容易实现的。据卡斯特研究,帝国后期约有 140 个文法家教师,其中四分之一走出家乡,更换了教学的城市,或再次变换地方。① 文法家斯蒂凡努斯(Stephanus)从加沙到了安条克,后来到了亚历山大里亚教学。② 事实证明,罗马城、戴克里先时期的尼克米底亚和君士坦丁堡等最有吸引力。比如奥古斯丁从家乡小城塔加斯特城到迦太基接受修辞学教育并任教,然后到罗马办学。③ 公元 4 世纪中期,新都君士坦丁堡对有抱负的教师吸引力非常大,以至于李巴尼乌斯抱怨,优秀的教师从急需教师的故乡安条克被吸引到了教师过剩的君士坦丁堡。④ 不过,他后来也到了君士坦丁堡办学,并大获成功。他还曾辗转于雅典、尼克米底亚和尼西亚(Nicaea)等地,最后又回到安条克开办学校。⑤ 公元 4 到 6 世纪有很多来自斯巴达、利西亚(Lycia)、佛里吉亚(Phrygia),小亚和利底亚(Lydia)等行省的文法家来到君士坦丁堡教书。⑥ 从李巴尼乌斯的书信中可知,他的家乡安条克作为叙利亚的行省中心也有一定的吸引力。他自己的四个助手全是外地人。埃及、阿拉伯、腓尼基和巴勒斯坦的教授纷纷涌向这里。⑦ 非洲的迦太基和亚历山大里亚作为到罗马和君士坦丁堡的跳板也是教授向往之地。也有个别教师为追求自由,到处巡游教学或演讲。李巴尼乌斯

---

① Robert A.Kaster, *Guardians of Language : The Grammarian and Society in Late Antiquity*, Appendix 5, pp.464–478.

② Procop.Gaz.*Ep.*57,转引自 Robert A.Kaster, *Guardians of Language : The Grammarian and Society in Late Antiquity*, California : California University Press, 1988, p.126。

③ Augustine, *Confession*, IV.7, 5.7.13, in Saint Augustine, *Confession*, Vol.I, p.169, p.231.

④ Libanius, *Epistle*, 368.1, in R.Cribiore, *The School of Libanius in Late Antique Antioch*, New Jersey : Princeton University Press, 2007, p.66.

⑤ 尤纳皮乌斯在其《哲学家传》一书中记载过多个事例。参见 Eunapius, *Lives of Philosophers*, translated by Wilmer C.Wright, the Loeb Classical Library, Cambridge MA. : Harvard University Press, 1998。

⑥ Robert A.Kaster, *Guardians of Language : The Grammarian and Society in Late Antiquity*, California : California University Press, 1988, p.126.

⑦ libanius, *Oration*.31.9, in R.Cribiore, *Between City and School*, *Selected Orations of Libanius*, Liverpool : Liverpool University Press, 2015, p.6

记录了一个名叫尤达蒙(Eudaemon)的教授,他来自埃及的佩琉喜阿姆(Pelusium),在一年多的时间里,从最初教学的埃卢萨(Elusa)旅行到了亚历山大里亚和安条克,并在这里教学一段时间后,又到了君士坦丁堡,尔后又回到埃及。[1]

对教师来说,地理流动可能会为其带来更多的机会,比如更高的收入、职业的升迁,甚至是一桩好婚姻。运气极好的文法家和诗人帕普利皮斯(Paeprepius)从帕诺波利斯(Panopolis)来到雅典后,被任命为文法教授,又娶了当地贵族的女儿。两桩幸运之事使他摆脱了原来的艰难处境,步入了事业稳定、家庭美满的贵族之列。他后来又抓住机遇,到君士坦丁堡谋求发展。[2] 奥古斯丁本来在家乡小城塔加斯特城教文法,到了迦太基成为演说术教授,后又到罗马谋职,但因渴望总督职位又来到米兰寻求机会,在这里获得了教授席位,并结识了主教安布罗斯,后受后者影响,皈依基督教。[3] 他后来辞去教职,成为希波主教。文法家和智者伊索卡斯乌斯(Isocasius)从家乡西里西亚来到安条克,成为演说术教师,并获得教授席位,进而在里奥·马尔斯尔(Leo Malsl)的巴拉丁宫廷担任要职。他对当时的帝国事务产生了一定的影响。[4] 雅典人帕拉迪乌斯(Palladius)到罗马教授演说术,一举成名。公元379年,他被皇帝狄奥多西二世召到君士坦丁堡委以重任,此后的六年内两度被授予执政官一职。[5] 格拉提安皇帝的老师奥索尼乌斯因在波尔多教文法而被升格为演说术教授,很快被选拔为宫廷教师,接着在西部帝国平步青云。

---

①　Libanius, *Epistle*, 255, 632, 633, in R.Cribiore, *The School of Libanius in Late Antique Antioch*, New Jersey: Princeton University Press, 2007, p.34.

②　Robert A.Kaster, *Guardians of Language: The Grammarian and Society in Late Antiquity*, California: California University Press, 1988, p.329.

③　Augustine, *Confession*, VI.XI.19, in Saint Augustine, *Confession*, Vol.I, p.311.

④　Robert A.Kaster, *Guardians of Language: The Grammarian and Society in Late Antiquity*, California: California University Press, 1988, p.301-302.

⑤　Cuthbert Butler, *The Lausiac History of Palladius* I, Herstellung: Georc Olms Hildeshrim, 1967, p.237.

难能可贵的是,奥索尼乌斯记录了波尔多学术圈中一些同行的教学活动和个人生活等多方面的宝贵信息,为我们描绘了波尔多教师群像图,成为霍普金斯研究罗马帝国后期社会流动的重要资料。斯金纳对霍普金斯不加批判地采用奥氏的文学资料的做法提出了批评,认为这些文学资料的漏洞和疑点太多,许多地方需要重新解释。① 在斯金纳看来,在提到同行的整首长诗中,奥索尼乌斯只提及了少数人的出身,要么卑贱,要么高贵。而对其他大多数教师的出身,他采取了沉默(Silence)和暗指(allusion)的文学手法。另外,作为皇帝格拉提安的教师,奥索尼乌斯两次被授予最高官职——执政官,其家族统治着整个帝国西部。无以复加的权力和荣耀,使他担心被同时代人指责其野心过大,故而出身议员、家境富有的他,却说自己父母"不富裕,过着节俭而不粗鄙的生活"。

笔者认为,斯金纳对霍普金斯的批评不无道理,特别是对奥氏对个人出身的隐晦处理。然而,他否定了后者对其他教授的统计和分析,批评过于严厉,有失公允。因为霍普金斯的研究正是他对波尔多教授群体流动情况研究的前期基础,只不过,他使用"政治流动"代替了霍普金斯的"社会流动"概念。尽管波尔多教授的政治流动只是议员阶层和寡头统治阶层的内部流动,但也算是社会流动的一种形式。

奥索尼乌斯的父亲是地方议员,母亲是地方贵族千金,舅父 A.M.阿米里乌斯(Aemilius Magnus Arborius)是图卢斯的文法教授。舅父因受到皇帝君士坦丁的赏识,被钦定为君士坦丁堡的演说术教授,不仅娶了皇帝的妹妹,还成为皇子(康斯坦斯二世)的家庭教师。就这种家世,他说自己"出身平庸之家(ex qua mediocritate)",的确有些不可思议。奥索尼乌斯成年后成为波尔多的文法教授,与当地显贵联姻,后又得到了演说术教授席位,且数任地方要职,如

---

① Alexander Skinner,"Political Mobility of Later Roman Empire",*Past and Present*,Vol.218,No.1(Feb.2013),p.32.

波尔多财政部长、行政长官顾问和达尔马提亚①总督等职务。公元 364 年,他因才华出众被瓦伦提尼安一世召到特里尔②,做了皇子格拉提安的老师。他帮助皇帝起草帝国敕令,还担任过皇宫公库财务的度支官等重要职务。公元 375 年,年仅 17 岁的格拉提安在父亲去世后即位,授予奥氏"帝国行政长官(praetorian prefect)"的封号,其父亲和儿子也相继获得这一荣誉头衔,其女婿被提拔为非洲行省总督。公元 379 年,他还被封为执政官。奥氏家族统治帝国西部长达数十年。在权位和荣耀达到顶峰时,他给孙子的家信中说,"尽管他(格拉提安)有大红袍,有权杖,有王冠,但当还穿着红边白袍的学生服从他的老师时,当他成为奥古斯都后,还认为我的荣誉比他的还高时,我对帝国起着决定性的影响。"③

关于奥索尼乌斯诗中提到了同行们的出身和职业情况,霍普金斯进行了统计与分析,见下表:④

教师的家庭出身	老师的职业生涯
17 个情况不明,可能出身自由但没有名气	20 个以教师作为最后职业,具体情况不明
3 个被释奴	2 个以教师为最后职业,家境贫寒
4 个出身低微	2 个成为罗马或君士坦丁堡的教授
2 个来自神庙祭司家庭	※4 个娶了富贵之家的女儿
3 个是演说家和文法家的儿子	※1 个可能因工作或者妻子而富有
5 个来自市镇议员家庭	#5 个做了总督或高级行政长官
共计 34 名教师	共计 34 名教师

附:带※的没有一个出身于议员家庭;带#的其中两个出身于市镇议员家庭。其余的人在得到任命之前都是演说家。

---

① 位于今沿亚得里亚海的巴尔干半岛西部地区。
② Treves 即 Tirer,今德国西部城市。
③ Ausonius, *Epistles*, XXII, 66, p.79.
④ 此表格根据霍普金斯的研究绘制而成,参见 Keith Hopkins, "Social Mobilty in the Later Roman Empire: The Evidence of Ausonius", *Classical Quarterly*, Vol. 11, No. 3–4 (Dec. 1961), pp. 246-247。

从这份数据统计中,我们大致可以看出以下几点:

第一,在 34 名教师中只有 12 名以教学为平台而取得较大的成功。这说明多数教师过着名不见经传的平凡生活。出身于非议员家庭的 4 名教师是通过联姻而富有,2 名到首都罗马和君士坦丁堡做教授,5 名因从政而升迁。其中只有 2 名从事文法教学,其余全是演说术教授。这印证了上文一直强调的观点,即演说术教师获得声望和晋升的机会要比文法家大得多。

第二,子承父业的情况并不多。在 34 名教师中,仅有 3 名教师是演说家和文法家教授的儿子,不足总数的 1/10。我们不妨做出这样的判断:教师职业在古罗马社会中的整体地位不高;成功的教师或教授的孩子更倾向于到政府部门任职或从事其他更有利可图的职业。①

第三,教师来源广泛,升迁方式多样。他们出身大不相同,既有被释奴、贫民,也有市镇议员和祭司的后代。这种情况在一定程度上说明,在帝国后期有不少人把教师职业作为改变自己命运,提高社会地位的重要渠道之一。在 12 名成功的教师中,有 5 名明显是来自于地方议员或权贵阶层,但表中至少有 5 名来自非议员家庭却凭借从教而娶了当地显贵的女儿而过得体面,这也说明他们的出身与后来的地位之间并没有直接的联系。那些奥氏没有交代出身的教师,估计应该是属于最常见的情况,来自希腊地区的奴隶或被释奴,可能因其出身和职业没有什么特别之处,故而不做记录。

通过研究奥索尼乌斯的诗,除了上面体现出的阶层流动外,我们还可以看到教师的地理流动,可以给某些教师带来不错的机遇。在上述 34 名教师中,16 名更换过从教的城市。他们有从外地来到波尔多的,也有从波尔多到其他城市执教的。他还列举了一些令人尊敬的演说术教授为在罗马和君士坦丁堡等大城市的名气所累,索性辞去官方席位而来到波尔多,为这里的教育带来了

---

① 纸草文献记载过帝国东部的著名文法家霍拉波隆(Horapollon)祖孙三代都从事教师职业的情况。参见 R.Cribiore, *Gymnastics of the Mind: Greek Education in Hellenistic and Roman Egypt*, New Jersey: Princeton University Press, 2001, p.55。

更大的活力。如被奥氏誉为"昆体良第二"的演说家 T. V. 米涅维乌斯(Tiberius Victor Minervius)从君士坦丁堡和罗马两度回到波尔多。一流演说家 C. A. 阿格里修斯(Censorius Atticus Agricius)从被称为第二雅典的纳扎里乌斯(Nazarius)和著名的帕特拉(Patera)回到波尔多执教多年,最终叶落归根。出身高贵的演说家 A. M. 阿伯琉斯(Ameilius Magnus Arborius)从富庶的图卢兹(Toulouse)来到君士坦丁堡,尔后回归故里波尔多。① 奥氏可能是出于对波尔多的热爱,还颇为不屑地提到了两个文法家科恩考迪乌斯(Concordius)和阿纳斯塔修斯(Anastasius),说他们为追求财富和满足野心而离弃了波尔多的教职,却到了寂寂无名的两个小城市。② 他赞扬了米涅尔维乌斯,说他曾经在波尔多、君士坦丁堡和罗马城等地执教,门生中有作为者甚多,1000 个学生在法庭任职,2000 个进入元老院。③ 这可能有夸张之嫌,不过也从侧面说明该教授的影响之大,以及师出名门的学生大都从事律师职业和供职于政府部门。波尔多的埃克苏佩里乌斯(Exuperius)曾在图卢斯担任演说术教授,后在纳尔波(Narbo)被君士坦丁的堂兄达尔马提乌斯(Dalmatius)聘为家庭教师。当他的学生在公元 335 年成为恺撒时,他被任命为西班牙行省的总督。④

当然,奥氏笔下的教授们并不是都有好的结局。个别教授因参与政治叛乱,误判形势而下场悲惨。政治动乱结束后,支持者得到奖赏和提拔,反对派则遭到打击甚至丧命。比如著名教授 A.T. 阿提乌斯(Attius Tiro Delphidius)来自波尔多的阿波罗神庙祭司家庭,在教学上声望颇高,文学上很有造诣,就连著名教父哲罗姆都称赞他有创作诗歌和写作散文的不凡才华,可谓是高卢学界的闪亮人物。可是,他却为追求金钱和权力,参与了马格尼提乌斯(Magnentius,353—358)的叛乱,并被授予行省总督和执政官的荣誉称号。不过,后

---

① Ausonius, *The Professors of Bordeaux*, 1.3–4, p.97; XIV, 9, p.221; XVI.14, p.123–124.

② Ausonius, *The Professors of Bordeaux*, X.19–21, p.105.

③ Ausonius, *The Professors of Bordeaux*, I.9–10, p.97.

④ Ausonius, *The Professors of Bordeaux*, XVII.10, p.125.

者很快倒台,他也身败名裂,几乎难保性命。但是,他野心未泯,在朱利安统治期间做过告密者,并参与了调查挪用公款的案件,但均未成功。最终,他还是在父亲的周旋下才保住了性命。① 对于他的经历,奥氏表示十分惋惜,哀叹说,"如果静心教学,吟诗作赋,学术成就斐然,你日子会过得无忧自在。如果不参与诸多的诉讼案件,你就不会招致刀剑的复仇;如果没有卷入宫廷的纷争……你过于贪婪,游走于各种头衔爵位之间,得到了过多不属于你的东西。"②

可见,作为一个特殊的知识分子群体,古罗马教师凭借其文化优势和教学技能,在社会转型时期的确发生了一定程度的社会流动。其中地理流动更为容易发生,有抱负的教师从不出名的中小城市流向充满前景和机会的大城市,诸如罗马、君士坦丁堡、亚历山大里亚和安条克等几个政治文化中心。地理流动往往带来纵向的阶层流动,它们会相互带动,相互影响。教师们发生阶层流动的途径多样,最为幸运的是,凭借非凡才华被聘为皇家子弟的宫廷教师,高官厚禄往往接踵而来,如昆体良和奥索尼乌斯就是典型。其次是通过出众的能力办学成功后,得到官方任命的教授席位,同时获得权贵的庇护,担任要职。再就是到了大城市后,通过与权势家族联姻而变得富有。当然,也有人利用时局动乱,参与政变,或显赫一时,或陷入囹圄。教授们改变命运的手段不一而足,结局或喜或悲,充满未知与不确定性。

需要指出的是,教师通过地理流动或政治流动,取得成功或者改变命运的只是少数人,大多数教师还是以教学为业,著书立说,过着稳定的平静生活。从本质上看,不论是政治上得到升迁还是教职上得到提升的少数教师,不过是以教学作为跳板跨入到精英阶层的行列。他们不仅没有改变罗马社会的精英性质,反而成为维护和巩固上流社会的一支力量。

另外,少数得到官方任命的教授席位和政治上充任要职的教授们需要权

---

① St.Jerome, *Selected Letters*, CXXV, p.397.
② Ausonius, *The Professors of Bordeaux*, V.19—30, p.107.

贵和帝王的庇护,有时难以维持知识分子的独立和尊严,往往承受着巨大的压力。位极群臣的奥索尼乌斯说,"每当我想到执政官的荣耀职位,以及您把我从一个普通的职位提升到如此显赫的位置,我感觉到难以承受它的伟大,便会陷入沉默之中,不是为你的恩惠所累,而是被彻底压倒。"①当皇帝要求他为其歌功颂德时,他无奈地说,"我没有写诗的才能,但皇帝下了命令,好吧,我还是接受吧。……拒绝皇帝的要求是不明智的!"接着又痛苦地说:"这样做是可笑的耻辱,会亵渎了维吉尔!"②显然,奥索尼乌斯表达了当时想追求独立人格却又受困于现实的宫廷学者的无奈。但是,学识渊博的"官师"也有可能凭借恩赐的特权而成为帝国的舵手,在一定程度上掌控文教的话语权、社会舆论的导向,乃至帝国大政方针的制定。

---

① Ausonius, *Thanksgiving of Ausonius of Bordeaaus for his Consulship*, 1.32–36, in Ausonius, Vol.II, p.221.

② Ausonius, *Praefatory Pieces*, IV.11, in Ausonius, Vol.I, 1968, p.9.

第五章　古罗马国家与教师

邦国如果忽视教育,其政治必将毁损。

——亚里士多德

　　早在公元前4世纪,亚里士多德就曾说过,各城邦只有"采取一致的教育方案",城邦"公共团体"的稳定和安全才能有保障。① 也就是说,亚氏已经把公民的教育看作是政府的一项重要公共事务,认为教育应由法律规定,并由城邦负责实施,而不应只是私人的事情。而共和时期的罗马人一直坚持认为"教育是个人的事情","父亲即教师"是最好的教育模式,即便孩子接受学校教育,父母仍不可忽视自身教子之责任,因而不需要国家立法统一管理。当然,这并不意味着共和时期的政府对教育完全不闻不问。在公元前2和前1世纪,罗马政府曾对违背祖制、"伤风败俗"的教学活动采取过严厉的舆论监督和立法取缔等措施。

　　帝国时期,随着学校教育的快速发展,帝王们与教育家们都意识到学校教育对帝国发展和统治的重要作用,以及教育对公民日后履行公共职责和在私人生活中的预备性作用。4世纪后半期的"金口"约翰在一篇讨论关于儿童教

---

　　① [古希腊]亚里士多德:《政治学》,吴寿彭译,商务印书馆1965年版,第406页。

育的小论文中,批评父母因儿童丢失或摔坏了书写工具等小事就大发雷霆的现象。他感叹说:"我不认为,这是琐屑小事,而是我们在讨论世界的管理问题。"①帝国时期的皇帝们都非常重视教育,尤其关注培养未来官僚和律师等重要人员的中高等教育。到韦伯芽为官方任命的教师发放薪水时,人们对公共学校教育的偏见逐渐消失。帝王和地方政府在对教育加大鼓励与扶植的同时,也加强了干预和渗透。这种齐头并进的政策是,政府加强遴选公立教师,并授予其政治与经济等特权,目的是控制与利用教师,通过他们引导舆论方向,从而服务于政治。与古希腊的教师群体相比,古罗马教师的职业队伍相对稳定,整体地位有所提高,这显然得益于帝国政府采取的一系列教育政策。

第一节 共和时期的两项教师法令

在罗马共和早期,教育通常被认为是个人之事,国家很少像希腊那样颁布强制公民接受教育的法令。② 当罗马的传统教育受到希腊③文化的强大冲击时,政府曾多次采取措施,禁止对现存社会秩序造成"威胁"的教师和学者开坛讲学,创办学校,甚至将其逐出罗马城。共和中后期,政府对教育的干预主要体现为两项教师法令。第一项法令颁布于公元前 161 年,为的是驱逐常住罗马城的希腊哲学家和演说家,并禁止他们教授希腊演说术和哲学辩论方法;第二项法令颁布于公元前 92 年,禁止希腊教师开办拉丁演说术学校。如果说

① John Chrysostom, *An Address on Vainglory and for Parents to Building their Children*, 74, in M. L. W. Laistner, *Christianity and Pagan Culture in the Later Roman Empire*, Ithaca: Cornell University Press, 1951, p.117.

② 梭伦立法要求父亲至少让儿子学习一门谋生技能,否则儿子可以不赡养父亲,但没有明确规定孩子应接受怎样的教育(参见[古希腊]普鲁塔克:《希腊罗马名人传》(上),陆永庭、吴彭鹏等译,商务印书馆 1990 年版,第 190 页)。因此,该立法是否属于国家颁行的教育法令尚存有争议。就目前的资料来看,罗马共和早期并没有颁布过类似梭伦那样的法令。

③ 论题中的"希腊"一词既有国家和民族的含义,也指希腊文化和生活方式,而且更多地涉及罗马扩张时期的"希腊化"世界。参见叶民:《共和国晚期至帝国初期古罗马人的希腊观》,《世界历史》2008 年第 4 期。

前一项法令的目的是阻止希腊人侵蚀罗马的传统文化,那么后一项法令禁止希腊演说术教师在罗马城开办拉丁演说学校就不好理解了。[1] 其实,这两项法令都是特定历史时期,罗马精英阶层应对希腊人和希腊文化入侵的策略。它们体现出虽为政治军事霸主但文化相对落后的罗马人对精致的希腊文化"爱恨交织"的矛盾心态,其中充斥着紧张与忧虑、推崇与批评、反思与对照、摒弃与选择等难以说清的复杂情结。

一、公元前 161 年的教师法令

早在公元前 8 世纪伊特鲁里亚时期和意大利南部的大希腊时代,希腊文化就已经通过各种途径影响了罗马人。正如西塞罗在《论共和国》中借斯奇比奥之口说,早在塔克文之前的公元前 7 世纪中后期,"自希腊流入我们城市的就不是一条小溪,而是文化和学问的一条巨川。"[2]不过,希腊文化对罗马文化的大规模"侵略"始于罗马军事征服地中海世界的公元前 3 世纪初期。尽管罗马贵族"保守派"顽强地以传统的道德和价值观抵制来自希腊的新事物,但其文化"征服"的步伐显然势不可挡,贺拉斯也曾慨叹被征服的希腊人用优雅的艺术征服了野蛮的罗马人,以至于罗马人趋之若鹜地追逐希腊文化。很多历史学家都强调来势汹汹的希腊文化对罗马"入侵"所带来的深刻影响和

---

① 学术界对第一项教育法令没有太多的争议,但对第二项教育法令特别是其背后的动机争议颇多。马鲁认为,该法令既包含着政治派别之争,也有文化学术之争,参见 H. I. Marrou, *A History of Education in Antiquity*, translated by Geprge Lamb, Madison: University of Wisconsin Press, 1982, pp.252-253;葛怀恩认为,该法令是政治保守派以学术借口打击政敌的体现,参见 Aubery Gwynn, *Roman Education from Cicero to Quintilian*, Oxford: Clarendon Press, 1926;邦纳认为,禁令颁行主要是因为克拉苏斯等人担心普罗提乌斯的学生可能成为律师或公诉人,对无辜的人造成伤害,参见 Stanley F. Bonner, *Education in Ancient Rome: From the Elder Cato to the Yonger Pliny*, London: Methuen, 1977, pp.72-75;科尔比尔则认为,该法令表明了希腊主流派与民众派之间的一场文化斗争,参见 Anthony Corbeill, "Education in the Roman Republic: Creating Traditions", in Yun Lee Too(ed.), *Education in Greek and Roman Antiquity*, Boston: Brill, 2001, pp.261-275。

② Cicero, *De Re Publica*, II. XIX, 34, translated by Cliton Walleb Keyes, the Loeb Classical Library, Cambridge MA.: Harvard University Press, 2006, p.143.

巨大变化,在思想文化以及教育领域表现得尤其明显。这时候罗马人接触到的"希腊"文明已经不是古典时期仅限于巴尔干半岛以及附近周边地区的地区文明了,它已是希腊化时代的世界性文明,对外传播和扩张的常态。对于尚显稚嫩、急于借助外来文明的罗马人而言,希腊文明可谓轻而易举地将其征服。

这场大规模的文化"征服"首先始于教育领域,是由来自希腊的第一批奴隶教师拉开序幕的。当时,不少来自希腊的哲学家、演说家和文法家在罗马广场发表哲学演说、开办演说术学校,有的被贵族聘为家庭教师。罗马社会掀起了一股持久不衰的"希腊热",学习希腊语及希腊文化蔚然成风。社会上流人士钟情于希腊的哲学、文学和艺术,而平民则更喜欢希腊的宗教和喜剧。然而,他们又深感焦虑,担忧希腊化世界的道德堕落和浮华的社会风气会腐蚀罗马社会,尤其是年轻一代难以抵御不良影响。

这股希腊化风潮很快就引起了罗马贵族"保守派"的恐慌和抵制,政府开始强制性地驱逐常住罗马城的希腊哲学家与演说术教师。早在公元前173年执政官卢奇乌斯·保斯图姆(Lucius Postumius)时期,元老院就因为两个伊壁鸠鲁学派哲学家阿尔吉乌斯(Alcius)和菲利斯库斯(Philiscus)引进的"快乐"学说而驱逐过他们。① 公元前161年,元老院再次颁布法令,将希腊哲学家和演说家驱逐出罗马城。这项法令的内容如下:

　　盖乌斯·法尼乌斯·斯特拉波和马尔库斯·瓦列里乌斯·麦撒

拉执政时(公元前161年),大法官马尔库斯·庞波尼乌斯向元老院

---

　　① Athenaeus, *The Learned Banquets*, XII, 547A, translated by S. Douglas Olson, the Loeb Classical Library, Cambridge MA.: Harvard University Press, 2010, p.179, 阿忒那奥斯还提到了梅塞尼亚(Messenian)人同样通过法令驱逐在法尼阿斯(Phanias)的伊壁鸠鲁学派哲学家,国王安条库斯(Antiochus)驱逐了所有在他控制地区的哲学家。作者还提醒说,没有任何一个哲学家被允许待在这个城市以及周边地区。还有不少年轻人因为写信人指导不当而受到牵连,或被吊死,或者由他们的父亲交重金赎回。他要求写信人在接到"指导不当"的信件后马上通知所有与之有关的哲学家以及学生离开此城。

提出了一个建议。元老院讨论了哲学家和演说家问题之后做出决议,要求大法官马尔库斯·庞波尼乌斯提高警惕,保证为了国家的利益遵守自己的就职誓言,不许哲学家和演说家居住在罗马。①

考虑到苏氏曾担任皇帝哈德良的秘书,管理往来公函信件②,有机会看到和抄录早期罗马政府的珍贵文件,其真实性应该是较为可靠的。该文件也曾在奥鲁斯·格利乌斯(Aulus Gellius,约125—180)的《阿提卡之夜》讲到拉丁文法家时出现,可为苏氏记载的佐证。③ 目前,学术界对这份文件的真实性基本没有异议,认为它是苏维托尼乌斯为证明演说家在罗马城受到比文法家更大的阻力时援引的元老院公告。据目前所见的资料,这是罗马共和时期国家首次颁布干预高等教育的法令。④

就此后发展的形势来看,该法令如同一纸空文,没有任何实际效果。公元前159年,帕加玛的著名文法学家和演说家克拉特斯(Crates)出使罗马。他精彩的演说令羡慕希腊文化的罗马人大开眼界,继而掀起了学习希腊文化的新风潮。又过了四年,雅典为抗议罗马驱逐希腊哲学家和演说家,向罗马派出了由三大哲学派别领袖⑤组成的使团。他们在罗马的精彩演讲使罗马人对希腊文学的热情再度迸发,"就像狂风席卷了整个罗马城……人们不再谈论其

---

① Suetonius, II. *On Rhetoricians*. I, p.435.

② [古罗马]苏维托尼乌斯:《罗马十二帝王传》,张竹明等译,商务印书馆1995年版,第4页。

③ Aulus Gellius, *The Attic Nights*, XV, ii, p.63. 作者详细讲述了下面提到的雅典三位哲学家出使罗马时希望元老院免除雅典人因为奥罗波斯(Oropos)的陷落而招致的罚款。他们进入元老院发表了精彩的演说,并请一位名叫盖马斯·阿基里乌斯(Gaius Acilius)的元老做翻译。他还提到鲁提里乌斯(Rutilius)和波里比乌斯(Polybius)两人对三位哲学家演说特点的总结:"卡尔奈德斯引人入胜,克里托劳斯优雅精致,第欧根尼则是节制温和。"

④ Aubery Gwynn, *Roman Education from Cicero to Quintilian*, Oxford:Clarendon Press, 1926, p.38.

⑤ 他们分别是柏拉图学派的卡尔奈德斯(Carneades)、逍遥学派或亚里士多德学派(Peripatetic or Aristotelian)的克里托劳斯(Critolaus)和斯多噶学派的第欧根尼(Diogenes)。

他的事情。"①尤其是柏拉图学派的卡尔奈德斯口若悬河的辩才令无数罗马年轻人为之倾倒。普鲁塔克这样评论他的魅力："尤其是具有无穷魅力的卡尔奈德斯赢得了大量崇拜他的听众……，他那神奇的雄辩化解了所有的非议，……而且在罗马年轻人的心中融汇成了一股强大的狂热，结果他们摈弃了其他的兴趣和追求，而完全被哲学迷住了。"②

希腊演说术在罗马的风行引起了以监察官老加图③为代表的"保守派"的强烈敌意。这位卫道士曾斥责一切希腊学问（包括文学、哲学、医学等）都是"伤风败俗"的，劝诫儿子们不要接触。公元前154年，他在元老院严厉斥责官员竟允许这样一个使团长期留在罗马，强烈建议尽快将之遣返雅典。他还振臂高呼："我们无论如何要下定决心，投票通过这个使团所提的要求④，让这两个人（即卡尔奈德斯和第欧根尼）回到希腊学校去教育他们国家的年轻人，罗马青年要一如既往，遵守法律，倾听官员的教诲。"⑤他的呼吁在元老院获得多数支持。第二年，伊壁鸠鲁学派的哲学家因向罗马年轻人讲授自己的学说而被判有罪，接着被逐出罗马城。⑥

当然，老加图对希腊文化的"反动"并不能简单地看作是民族自尊心在作祟，对希腊文化一概排斥。据普鲁塔克记载，老加图曾为他儿子聘请过一个希

---

① Plutarch, *Marcus Cato*, XXII.5, p.369；参见［古希腊］普鲁塔克：《希腊罗马名人传》（上），陆永庭、吴彭鹏等译，商务印书馆1990年版，第369页。

② Plutarch, *Marcus Cato*, XXII.4, p.371；参见［古希腊］普鲁塔克：《希腊罗马名人传》（上），陆永庭、吴彭鹏等译，商务印书馆1990年版，第368—369页。

③ 老加图（前234—前149年）精于修辞学和演说术，被誉为"罗马的德谟斯提尼"。普鲁塔克称他的演说"既优雅又雄壮，愉悦而令人激发，滑稽之中寓有严肃，简练而富于战斗性。"参见［古希腊］普鲁塔克：《希腊罗马名人传》（上），陆永庭、吴彭鹏等译，商务印书馆1990年版，第351页。老加图对演说家的定义是"一个擅长演说的好人"，被西塞罗和昆体良奉为圭臬，参见Quintilian, *The Orator's Education*, XII.1.1, p.197。

④ 即要求撤销处罚雅典人500塔兰特的规定。

⑤ ［古希腊］普鲁塔克：《希腊罗马名人传》（上），陆永庭、吴彭鹏等译，商务印书馆1990年版，第369页。

⑥ Aubery Gwynn, *Roman Education from Cicero to Quintilian*, Oxford: Clarendon Press, 1926, p.39.

腊奴隶基洛做教仆;他自己晚年也学习希腊语,经常阅读修昔底德和德谟斯提尼的作品来提高自己的演说能力。① 但作为罗马元老,当看到希腊演说家和各派哲学家在罗马的名声日盛,怀疑主义和享乐主义日趋流行时,他还是担心这些不良风气会造成罗马年轻人希望靠雄辩博取声名,而不愿再以征战和服务国家为荣。他认为,"那些巧舌如簧的人对所有的事务都拿来评论。人们一旦听信了他们的学说,就分辨不出什么是对,什么是错。"②可见,正是担心希腊哲学家和演说家对罗马传统的社会价值观和"父亲即教师"的教育理念③构成威胁,并混淆人们的视听,误导青年人,不利于社会稳定,老加图才敦促元老院采取了上述驱逐希腊哲学家大使的举措。

实际上,"旧式"罗马人抵制外来的希腊文化也在情理之中。罗马人推崇的是古典希腊的优秀文化,但希腊化世界的道德堕落和生活腐朽的风气流入罗马,则让他们倍感担忧。它们的确产生了一些不良的影响,正如特利维尔(Trever)所言:"斯多噶主义取代了传统保守的道德,而蕴含于其中的道德力量慢慢地涌现出浅薄庸俗和强烈的个人主义;启发想象力为卖弄学问和虚伪的炫耀开辟了道路。"④这些负面的影响显然是素以严肃、保守著称的罗马贵族难以接受的,他们必然欲除之而后快。

然而,当时不少罗马贵族深受希腊演说术、宗教、哲学和文学等的强烈影响,并在罗马精英中逐渐形成了"亲希腊派",被老加图讽刺为"希腊癖"。著名的老格拉古早在公元前 164 年就在希腊的鲁德斯发表了著名的希腊语演说,他的妻子科涅利娅也通晓希腊哲学且擅长演说。老格拉古去世后,科涅利

---

① [古希腊]普鲁塔克:《希腊罗马名人传》(上),陆永庭、吴彭鹏等译,商务印书馆 1990 年版,第 346 页。

② [古希腊]普鲁塔克:《希腊罗马名人传》(上),陆永庭、吴彭鹏等译,商务印书馆 1990 年版,第 369—370 页。

③ 参见姬庆红:《父亲即教师——古罗马父亲在教育中的角色探析》,《佳木斯大学学报:社会科学版》2012 第 5 期,第 146—149 页。

④ William A.Smith, *Ancient Education*, New York: Philosophical Library, 1955, p.185.

娅还专门聘请著名的希腊哲学家和演说家教育格拉古兄弟。亲希腊主义者阿米里乌斯·帕乌鲁斯也让自己的儿子费边和小斯奇比奥接受希腊式的完整教育。总体而言,如火如荼的希腊化运动激起了罗马人对希腊学术的兴趣和热情,催生了他们参与讨论与批判公众事务的意识。由此,罗马社会上层逐渐出现了一群全新的罗马文化精英,组成了著名的"斯奇比奥文化圈"。①

对于希腊文化,斯奇比奥派已经没有了老加图的过度焦虑,更多地表现出一种新型政治家较为宽容的态度。此时,罗马已成为疆域广袤的大帝国,霸主的气魄需要容纳四海的开阔心胸,取代原有狭隘的爱国主义和虔诚敬神的家庭本位主义。当然,斯奇比奥派也并非无条件地把希腊文化奉为圭臬,而是有选择地吸收其精髓部分,同时对不符合罗马传统道德的裸体体操、音乐和跳舞等"不健康"活动加以排斥。② 实质上,他们与老加图的根本目的完全相同,即实行拿来主义,但同时也让罗马文化建设保持"门窗洞开,蚊蝇少见"的局面。③

二、公元前 92 年的教师法令

自公元前 3 世纪初始,希腊的修辞学和演说术来到罗马两个多世纪后,才最终确立了在罗马教育中的至高地位。以理性、务实闻名的罗马人虽然善于学习外来文化,但是第一所由希腊人普罗提乌斯开办的拉丁演说术学校却迟至公元前 1 世纪初期才悄然出现。照理说,新兴的拉丁演说术学校应该会受到罗马人的欢迎。然而,公元前 92 年监察官格涅乌斯·多米提乌斯·阿赫诺巴尔布斯和鲁基乌斯·李锡尼乌斯·克拉苏斯却针对拉丁演说家教师联合发

---

① 该文化圈包括罗马的将军、政治家和雄辩家,也包括国外的哲学家,如斯多噶学派哲学家克拉特斯、潘那提乌斯和历史学家波利比乌斯等。

② H.I.Marrou, *A History of Education in Antiquity*, translated by Geprge Lamb, Madison: University of Wisconsin Press, 1982, p.256.

③ 朱龙华:《罗马文化》,上海社会科学院出版社 2003 年版,第 64 页。

布了一道禁令①：

> 我们听说有一类人引进了一种新的学问，而我们的年轻人常常成群结队地去听他们讲课。这些人自封为拉丁演说家，年轻人整天与他们混在一起，不干实事。我们的祖先已为自己的子孙规定了要上的学校和要学的课程。这些违背祖先规矩和习俗的改革，既不受我们的欢迎，也不合时宜。因此，看来有必要把我们的看法告诉那些人——开办此类学校和常去听课的那些人，他们是不受我们欢迎的。②

对于上述监察官法令的真实性，有学者怀疑为苏维托尼乌斯伪造而成。③而现代史家奥波利则证明了该法令的真实性，理由是苏氏没有伪造该文件的动机；而且，在他之前曾有两人记载过这一法令。一是西塞罗在《论演说家》中提到克拉苏斯说，"我通过法令取缔这些新教师们的学校"，"作为一名监察官，制止这种危险是我的责任。"④也就是说，西塞罗让克拉苏斯独自承担了发布这个公告的责任。二是塔西佗在《演说家对话集》中提供了另一个细节，即这项法令是由克拉苏斯和多米提乌斯共同颁布的。⑤ 塔西佗的证词可佐证苏氏记载的真实性。

迄今为止，学术界对该法令的真实性已基本上达成共识，但就其颁布的动

---

① 西塞罗在《论演说家》中引用监察官克拉苏斯的话："我在任监察官期间曾经通过法令惩罚过他们。"（参见［古罗马］西塞罗：《论演说家》，王焕生译，中国政法大学出版社 2003 年版，第 573 页。）苏维托尼乌斯认为该法令是由监察官多米提乌斯和克拉苏斯联合颁布的。经考证，多数学者认为苏维托尼乌斯的记载属实。参见 Aubery Gwynn, *Roman Education from Cicero to Quintilian*, Oxford：Clarendon Press，1926，pp.61-62。

② ［古罗马］苏维托尼乌斯：《罗马十二帝王传》，张竹明等译，商务印书馆 1995 年版，第358—359 页。

③ Aubery Gwynn, *Roman Education form Cicero to Quintilian*, Oxford：Clarendon Press，1926，p.61.

④ Cicero, *De Oratore*, III.93-95, p.275.

⑤ 原话是这样的："明显的一个事实是，由监察官克拉苏斯和多米提乌斯命令掉所谓的'教授们的演说术'学校，它们被西塞罗称为'无耻之徒的学校'。"参见 Tacitus, *A Dialogue on Oratory*, 35, p.327。

因,尚存争议。以 20 世纪 50 年代奥波利为代表的学者认为,该法令背后蕴含着深刻的政治动机,即作为贵族保守派代表的克拉苏斯以曾做过马略门客的普罗提乌斯办学违背祖先传统为借口,打击以马略为首的民主派。① 这种观点遭到后来学者的质疑。例如,邦纳和布卢默反驳的理由是,在该法令颁布前不久,克拉苏斯还把女儿嫁给马略的儿子,两家的政治联姻难以解释双方政治上的敌对。② 确实,把精通希腊文化的克拉苏斯看作贵族保守派的代表人物,或是把军人出身的马略看作民主派的代表都不符合历史事实。其实,这项法令背后有着深刻的希腊罗马教育文化之争,并涉及了罗马社会道德等问题,也折射出罗马人对希腊文化的矛盾情感和复杂态度。

对于公元前 92 年法令中提到的"自称拉丁演说家的教师",目前只能确定一位叫普罗提乌斯的人。由这个名字可知他是来自大希腊世界的文化奴隶。③ 由于他在古典文献中始终是一个"失语"者、被表述者,所以只能在西塞罗的《论演说家》《布鲁图斯》、瓦罗的著作残篇,或者昆体良的片言只语以及苏维托尼乌斯带有偏见的记载中了解他的基本情况。西塞罗在《论演说家》中只把普罗提乌斯看作是完美演说家的一个粗俗的反面角色。事实上,他并非是一个傲慢自负、行为怪异、刻意求奇的"小希腊人"④,而是一位被昆体良称赞为克拉苏斯末期把当代事件作为练习演说主题的最优秀的拉丁演说术

---

① Aubery Gwynn, *Roman Education form Cicero to Quintilian*, Oxford: Clarendon Press, 1926, pp.64-65.

② Stanley F.Bonner, *Education in Ancient Rome: From the Elder Cato to the Younger Pliny*, London: Methuen, 1977, p.72; W. Martin Bloomer, *The School of Rome: Latin Studies and the Origins of Liberal Education*, Berkeley: California University Press, 2011, p.41.

③ Stanley F.Bonner, *Education in Ancient Rome: From the Elder Cato to the Younger Pliny*, London: Methuen, 1977, p.71,由于资料匮乏,关于此人的身世和出生年月不详,但可确知的是公元前 50 年他仍在世。

④ 小希腊人(Graeculi)一词包含亲昵和蔑视两种含义,最初指来自于希腊世界的家奴和被释奴或腐蚀败坏罗马社会道德的希腊人;在共和时代末期,尤其在法庭指控词中,特指痴迷于希腊文化、沾染希腊不良风气的罗马人。参见叶民:《共和国晚期至帝国初期古罗马人的希腊观》,《世界历史》2008 年第 4 期。

教师。①

　　苏维托尼乌斯根据西塞罗给马尔库斯·提提尼乌斯(M.Titinius)的一封信证实,普罗提乌斯是第一位在罗马使用拉丁语教授演说术的教师。② 他改变了以往雇佣家庭教师讲授希腊演说术的传统模式,开办了一所使用拉丁语培养全职演说家的新学校。他喜欢把现实生活中的事件作为训练主题,采用当时希腊流行的声音训练法,被西塞罗蔑称为亚洲风格训练法(Asiatic)。③这种教学方法大受青年学子的欢迎。西塞罗自己也说:"我清楚地记得,当我们还是孩子时,有位名叫普罗提乌斯的人首先开始拉丁语教学。当时,成群结队的学生上门求教,所有勤奋的学生都在他那里接受训练。"而他本人也"曾遗憾自己没能如此",因为"一些经验丰富的学者的忠告安慰了我,他们认为,希腊语的训练能更好地发展一个人的心智。"④

　　根据西塞罗自传,我们可以推测出,他入学的时间应在公元前 94 年或前 93 年,即他 13 岁或 14 岁的年纪。而当时最著名的演说家克拉苏斯就是他的导师。西塞罗把他视为是自己心目中最完美的演说家。在西塞罗的《论演说家》一书中,克拉苏斯表现出对希腊文化的矛盾心理,既对希腊演说术的很多"陈腐规则"表示蔑视,又说自己花费大量时间模仿并练习希腊演说,再将之翻译成拉丁文。⑤ 西塞罗借克拉苏斯之口,阐明了他心目中理想的演说家标准,既熟谙希腊文化又具有罗马的传统道德,既能领略哲学和演说艺术的魅力又要精通法律和历史,举止优雅庄重又具备处理国家政务的能力。那么,普罗

---

　　① Quintilian,II.IV.42,2001,p.301.

　　② [古罗马]苏维托尼乌斯:《罗马十二帝王传》,张竹明等译,商务印书馆 1995 年版,第 361 页。

　　③ 最初是指希腊化时期发源于小亚细亚的演说风格,特点是情绪激昂、语速很快、辞藻华丽,西塞罗批评其"臃肿且腻歪"。参见 Cicero,*Brutus*.Xiii,51,p.53。

　　④ [古罗马]苏维托尼乌斯:《罗马十二帝王传》,张竹明等译,商务印书馆 1995 年版,第 360—361 页。

　　⑤ [古罗马]西塞罗:《论演说家》,王焕生译,中国政法大学出版社 2003 年版,第 93—99,103—105 页。

提乌斯的拉丁演说学校能否培养出这种高素质的演说家呢？克拉苏斯和西塞罗的答案无疑是否定的。

首先，普罗提乌斯开办学校、使用拉丁语培养演说家不符合古罗马的传统教育模式。共和中后期，罗马贵族秉承"父亲即教师"的教育理念，仍以父亲自己的方式教育孩子，要求他们虔诚敬祖、遵纪守法、尊父为师，在生活中接受教育。他们对希腊理论式的空谈教育长期持排斥态度，却对希腊演说术情有独钟，聘请优秀的希腊学者为孩子的家庭教师。但是，希腊演说术经过一个多世纪的发展已在罗马落地生根，成为大多数青年人追求的目标。创办拉丁演说学校似乎成为教育发展的必然趋势。然而，当它应运而生时却遭到了关闭学校的法令。主要原因就是新学校的出现违背了贵族家庭的传统教育模式，也就是公元前 92 年法令中提到的传统惯例。

罗马人当时并不赞成希腊人在罗马城开办拉丁演说学校，一是因为开办者是希腊奴隶或被释奴，罗马人瞧不起他们的出身和能力；二是认为希腊式学校教育脱离了现实生活和实践训练。西塞罗强调实践经验和演说家基本素质的培养，应优先于对希腊演说术教材中规定的枯燥辩术规则的掌握。演说能力并非来源于演说术，而是演说术产生于演说能力，演说术理论建立在演说训练经验的基础之上。[①] 贵族家庭往往雇用希腊学者为家庭教师，对孩子进行系统的希腊文法、修辞、哲学等知识的教育，以及长期的艰苦训练，然后跟随经验丰富的演说家到元老院、法庭或广场做学徒。例如，西塞罗曾被送到希腊学习，回罗马后跟随经验丰富的政坛人物——著名法学家斯卡沃拉（Scaevola），观察并模仿其在广场、法庭、元老院的政治活动。学徒期满，他才有机会登坛演说，进入社会名流的行列。这是一个长期的、耗资甚巨的训练过程，多数情况下还需要借助私人或亲戚关系才能完成。

普罗提乌斯侧重于青年人演说术后期阶段的教育，且用拉丁语讲授希腊

---

① Cicero,*De Oratore*,I.xxxii.146,p.101.

演说术的理论和知识,其教学方式带有职业培训的性质。这种学校教育打破了传统的教育观念和人脉关系的链条,或多或少地为那些不是名门望族却想成为演说家的人提供了相对平等的机会。在克拉苏斯看来,普罗提乌斯提供的是一条学习希腊传统课程和训练的捷径,培养的演说家是"速成"的和不健康的。而这样的年轻学子很可能会成为沽名钓誉之辈,会在法庭、广场、元老院夸夸其谈、好斗争狠。因此,"那些自称为拉丁演说术教师的人教授的东西并不比广场上民众性的武器好多少"。① 这种教育背离了他们要求演说家文德兼备的理想目标,也违背了以往贵族培养未来演说家的传统模式。

乍看起来,该法令抵制拉丁演说学校的理由让人感到奇怪,特别是把希腊演说术教育制度看作是罗马教育传统的说辞。其实,这并非罗马精英对希腊文化的"谄媚",而是对业已成为传统的希腊演说术教育的认可。尽管面临着这样的尴尬:希腊被释奴掌握着罗马自由公民孩子的教育,但希腊文化已成为他们追求的学问和荣耀的徽章。故而,对试图取代希腊演说术而去开创一种完全拉丁式教育模式的做法,罗马精英持厌恶和抵制的态度。

其次,他们认为普罗提乌斯的学校采用希腊流行的"声音训练法",培养的学生很可能是傲慢自负、欺瞒狡诈和恃强凌弱之徒。共和中后期,尽责的罗马教师都以维护演说术既有的规则为己任,避免风格过于华丽。而普罗提乌斯的教学风格兼具东方式的快速演说、辞藻华丽和希腊式口若悬河的特点,让学生像在法庭和公共集会上那样就当代政治事件大声地练习演说或进行现场排练。克拉苏斯虽然赞成采用希腊演说术的理论,但对希腊教师使用东方式的演说风格提出了严厉的批评。在他看来,普罗提乌斯用这种方式训练学生是不道德之举,"绝大多数学生,仅是使用不正当的方法练习他们的声音,加快他们演说的速度,陶醉于一连串的华丽用语中"②,"我们的语言所表达事物的本性完全允许把希腊人的这种古老而杰出的智慧移植进我们的日常生活和

---

① Cicero, *De Oratore*, III.92, p.75.
② Cicero, *De Oratore*, I.149, p.108.

实践。但是,这需要富有教养的人,而能够做到这样的且富有教养的人还没有出现,如果他们什么时候能够出现,那他们应该受到比希腊人更大的尊重。"

西塞罗让克拉苏斯在《论演说家》中为自己取缔普罗提乌斯学校的做法进行辩护:"不想让年轻人变得愚钝,激发他们的厚颜无耻。在希腊教师那里,不管他们怎么样,除了这种语言练习之外,我也看到存在某种学术理论和值得研究的知识。至于这些新的教师,我认为他们不可能教什么,除了狂妄无耻之外。"①克拉苏斯还认为,普罗提乌斯让学生对现实问题进行大声抨击和激情演讲的做法破坏了演说术本该有的优雅。真正的演说家在演说时,应该声调抑扬顿挫、姿态优雅,情感饱满,"具有论辩家的敏锐,哲学家的思想,如诗人般的语言,法学家的记忆,悲剧演员的嗓音,几乎是最杰出演员的表演"②,而不是像普罗提乌斯那样要求学生很没修养地对公众声嘶力竭、喊叫攻击。就此而言,克拉苏斯反对的不是普罗提乌斯利用罗马当代事件的教学方法,而是反对那种没准备好文稿就快速且大声发表演说的不健康做法。③

其他的罗马精英作家对普罗提乌斯也有很多批评,且言辞犀利,甚至有些刻薄恶毒。瓦罗用双关语嘲笑他"这个公鸡(拉丁文 *Gallus*,有公鸡的意思)唤醒了一群粗鲁无礼、吵闹不休的家伙"④,"他叫得像赶公牛的人",这样的教育只会生产疯狗而不是自由的人。⑤ 西塞罗也强烈地谴责普罗提乌斯的学生

① 　[古罗马]西塞罗:《论演说家》,王焕生译,中国政法大学出版社 2003 年版,第 573—575 页。

② 　Cicero, *De Oratore*, I.128, p.91.

③ 　W.Martin Bloomer, *The School of Rome: Latin Studies and the Origins of Liberal Education*, Berkeley: California University Press, 2011, p.48.

④ 　M.Terentivs Varrò, *Satvrarvm Menippearvm Fragmenta*, edited by Raymond Astbury, Aedibvs K.G.Saur Mmii: Monachii Et Lipsiae, 2002, p.59.原文为"Phonascia sum, uocis suscitabulum cantantiumque gallus gallinaceus",意思为"我是一只令人感到兴奋的鸟儿和公鸡"。参见 Stanley F. Bonner, *Education in Ancient Rome: From the Elder Cato to the Younger Pliny*, London: Methuen, 1977, p.73。"brawler"一词带有极度的贬义,通常用于描述那些不仅大声喊叫、粗俗,而且言语具有攻击性的辩护人。

⑤ 　W.Martin Bloomer, *The School of Rome: Latin Studies and the Origins of Liberal Education*, Berkeley: California University Press, 2011, p.48.

是"来自广场的无名的辩护人、喊叫者和疯狗式的演讲者",与那些真正有文化修养的演说家形成了鲜明的对照。① 马尔库斯·卡利乌斯讽刺他是一个"大麦做的演说家",并嘲笑他"文体夸张、内容空洞、语言粗俗"。② 昆体良也公开指责过普罗提乌斯情绪高亢和即兴演说的训练法,说在他那里,即席演说受到过度的推崇,而笔头书写和理论训练反倒相应地受到轻视。③ 上述罗马名流的批评都可以在西塞罗的《论演说家》中找到源头,即具有高尚的道德是演说家最重要的素质:"如果我们把丰富的语言表达手段给予了不具备公正和明智美德的人,那么我们将不是把他们培养成为演说家,而是把武器交给了狂徒。"④

共和后期政局动荡,政敌谋杀等案件急剧增加,而苏拉时期没有政府公诉人,这种局面为很多年轻人提供了参与刑事诉讼案件的大好机会。⑤ 普罗提乌斯的学生很可能会成为罗马法庭上的辩护人,因为他晚至公元前 56 年还在为年轻的阿特拉提姆斯(Atratimus)代写辩护词反对西塞罗的学生马尔库斯·卡利乌斯(M.Caelius)。⑥ 马可·奥利略的老师弗龙托也是一名古书爱好者,他说曾亲眼见过一本出自普罗提乌斯之手的格拉古演说词的手稿。⑦ 因此,西塞罗主义者们认为,普罗提乌斯培养的学生将会成为法庭上的"讼棍""饶舌者",他们暴怒且恃强凌弱的演说则将会伤及无辜。⑧ 至此,我们基本理解了

---

① Cicero, *De Oratore*, I.202, p.143.

② [古罗马]苏维托尼乌斯:《罗马十二帝王传》,张竹明等译,商务印书馆 1995 年版,第361 页。

③ Quintilian, *The Orator's Education*, II.4.41-42. p.301.

④ Cicero, *De Oratore*, III.55, p.45.

⑤ 克拉苏、卢库勒斯(Lucullus)、恺撒、盖利乌斯·卢弗斯(Gaelius Rufus)等都是通过这种方式开始自己的政治生涯的。

⑥ [古罗马]苏维托尼乌斯:《罗马十二帝王传》,张竹明等译,商务印书馆 1995 年版,第361 页。

⑦ Fronto, *Ad M.Caes.*, 1.7.4, in *The Correspondence of Marcus Cornelius Fronto*, Vol.1, p.167.

⑧ Stanley F.Bonner, *Education in Ancient Rome: From the Elder Cato to the Younger Pliny*, London: Methuen, 1977, p.74.

监察官克拉苏斯解决这个问题的路径:禁止招收那些将成为罗马法庭危险因素的年轻演说者,因为如果让他们较为快速地掌握了拉丁语演说,那么这些人很可能会越来越多,而这将危及法律的公正,甚至导致社会秩序的动荡和传统道德的松弛乃至崩溃。

进入帝国时期,罗马局限于家庭培养演说者的传统教育模式已无法满足现实的需要,而西塞罗对它的推崇只是一种怀旧情绪而已。实际上,西塞罗后来也表现出对拉丁演说学校的浓厚兴趣。他出任大法官后还经常到马尔库斯·安东尼乌斯·格尼佛那里学习拉丁演说术,年事已高时仍经常与自己的学生进行拉丁演说练习。① 因而,普罗提乌斯的学校可能因这个教师法令而被取缔,但让演说学校的学生在课程学习的末期专注于拉丁语演说的做法则得到了保留,并在奥古斯都时期流行起来。在这个意义上说,普罗提乌斯为罗马的拉丁演说术发展作出了先驱者的贡献。

共和时期,希腊人和希腊文化的大举"入侵"形成了对罗马人的两大挑战:一是如何保存引以为豪的祖先的传统美德;二是如何吸收与希腊碰撞而出现的新知识。罗马人清楚地意识到,尽管希腊文化对罗马社会具有一定的侵蚀性,但是必须取其长补己短才能让罗马长治久安。在甄别与选择的过程中,罗马元老主要以所谓的传统道德和价值观念的优势来回应自身文化上的劣势,对触及自身道德观底线的危险事物采取了坚决抵制的态度和措施。共和时期的两项教师法令显然是罗马精英应对这两大挑战的深思熟虑之策,也表明在接受希腊文化的问题上,罗马人已经由被动的接受者变成了主动的选择者。

从表面看来,这两项教师法令无法阻挡希腊文化涌入罗马,也未能阻止希腊人开办拉丁演说学校,但是罗马人通过它们达到了他们的根本目的。共和时期的罗马贵族成功地利用希腊学者的文化技能,重塑了精英阶层,增强了自身的优势地位,并使优秀的希腊文化在潜移默化中成为自己民族文化的传统,

---

① ［古罗马］苏维托尼乌斯:《罗马十二帝王传》,张竹明等译,商务印书馆1995年版,第348—359页。

达到了罗马人的文化认同目标。至共和后期,希腊文化不再是罗马的附加物,而真正成为了支撑罗马传统的重要组成部分。① 正如西塞罗借希腊诗人阿吉阿斯(Archias)之口所言:"在罗马人所征服的城市里,尽管他们带着武器,但已经尊重缪斯的诗歌和神殿,在这个地方穿着托加的鉴赏家们不应该减退对缪斯的尊敬和对诗人的资助热情。"②

第二节　帝国对教师的鼓励与扶植

教育史家威廉·博伊德和埃德蒙·金在评论罗马帝国教育时说:罗马帝国时期,教育领域出现了两大倾向:一是帝国教育机构的发展,特别是那些与继任皇帝有关联的高等教育机构的完善,这往往表现为皇帝的干预以友好的赞助开始,而以政府的控制结束;二是学校异教文化和以基督教会为代表的新生活观的相互作用。这一倾向在帝国衰落过程中逐渐占据了支配地位。③ 这里涉及的是第一种倾向,即帝国时期高等教育机构的日益完善,而这往往与帝王的政治需要和学术兴趣紧密相关。皇帝们对文法和演说术教师采取了既鼓励与扶植,又利用与控制的政策。这些政策大多针对"官师",即获得皇帝、市政机构任命的教授。

随着帝王专制的增强,国家赋予教师的特权增多,对他们的控制也日趋增强。政府的目的在于利用教师引导舆论方向,为国家培养管理人员,而某些有政治野心的教授也能借机跨入精英或统治者的行列。大部分基督徒皇帝实行的教育与教师政策基本延续了前期帝王们的做法,较少受到宗教因素的影响。只是朱利安的文化教育改革法令带有一定的排挤基督徒教师的倾向,也就是

---

① Yun Lee Too(ed.),*Education in Greek and Roman Antiquity*,Boston:Brill,2001,p.275.

② Cicero,*Pro Archia Poeta Oratio*,27,translated by N.H.Watts,the Loeb Classical Library,Cambridge MA.:Harvard University Press,1913,p.37.

③ 译文引自[英]威廉·博伊德、埃德蒙·金:《西方教育史》,任宝祥、吴元训译,人民教育出版社1985年版,第77页。

威廉·博伊德、埃德蒙·金提到的异教文化与基督教之间相互作用的第二种倾向①。自公元 2 世纪到 5 世纪，基督教教父逐渐在古典文化基础上嫁接了基督教神学、道德伦理的新文化，进而在罗马人的精神生活中占据了支配地位。但在这一时期，古典学校仍以教授荷马、维吉尔等古典作品为主，基督教对学校的教育基本没有产生实质性的影响。

一、教师的选拔与任命

由于教师是学校教育的主导者，如何选拔与任命教师就成为政府考虑的首要问题。国家颁布遴选与任命教师的相关法令和政策，表明教师职业得到了国家和法律的认可，同时也意味着政府干预教育和管理教师的开始。帝国时期，政府选拔与任命教师的制度历经一个多世纪的发展才逐步定型。

在皇帝韦伯芗在罗马城设立教授席位之前，帝国几乎没有任何选拔和任命公立教师的常规机制。教师及其学校通常是这样产生的："任何一个自认为有知识的人走进一座城市，找一处显眼的位置坐下来，就可以向路人宣称自己是教师。为了吸引公众的注意力，他们一般会在人来人往的广场或十字路口开始自己的教学生涯。他们的学校原始而又简单，教师只需要一个座位（或是一条长凳）、几个孩子和一本书即可。"②若能吸引住家长让他们的孩子留下来跟他学习，那么自己的教师身份就算获得了人们的认可。不论是初级教师还是文法、演说术教师，他们的社会认可度主要依据招收的学生数量和学费多寡而定。为此，他们会不遗余力地宣传自己教学的价值，以吸引更多的学生投其门下。③

---

①　参见本章第四节。

②　Stanley，F.Bonner，*Education In Ancient Rome：From the Elder Cato to the Younger Pliny*，London：Methuen，1977，p.115.

③　普鲁塔克曾讲过一个关于希腊哲学家亚里斯提普斯（Aristippus）的故事：他要求一名学生交 1000 德拉马克（Drachmas）的学费，学生父亲惊呼："我的赫拉克勒斯神啊！我用那些钱可以买一个奴隶！"亚里斯普斯立即回答说："那么，你将有两个奴隶，你的儿子和你买的那个奴隶！"他以幽默的语言阐明了教育的价值与收费的合理性。参见 Plutarch，*the Education of Children*，4F，2005，p.21。

随着帝国版图日益扩大，帝制的建立，官僚机构的增加，人才需求量剧增。政府开始要求各大、中小城市选拔精通希腊语与拉丁语的文法、演说术教师（包括希腊哲学家），并为他们设立教授席位，由帝国政府或市政当局发放薪酬。他们要么因教学名气很大而得到重用，要么在公开举办的文学竞赛中脱颖而出得到权贵赏识，或者是借助名流推荐成为门客，或推荐优秀学生而受到重视。事实上，这种选拔教师的方式始于宫廷。奥古斯都曾聘请因教学方法灵活而闻名的文法家弗拉库斯为家庭教师，还把他的学校搬进宫廷，为其支付年均多达 10 万塞斯特提的酬金。这种宫廷学校堪称帝国首创。[①]

皇帝韦伯芗则把宫廷聘请教师的做法扩大到为罗马城选拔、任命教师，授予教授席位并从元首金库支付薪酬。学术界通常把他的统治时期视为古典文学、艺术在罗马繁荣的开始。这位军人皇帝精明强干，深谙文学舆论的导向对帝国长治久安的重要作用。为此，他采取了两项发展文教事业的重大举措：一是在罗马城修建"和平圣殿图书馆"；二是为居住在这里的希腊演说家和拉丁演说家设立教授席位，并发放薪酬。他从元首金库中支付教授每人每年 10 万塞斯特提的薪酬。[②] 这也是迄今发现的元首支付教师工资的首例。当然，这种做法最初仅限于罗马城，且只有希腊语演说家与拉丁语演说家两个教授职位。希腊的智者斐洛斯特拉图斯多次谈到获得希腊演说家教授职位的几位大师[③]，其中第一位获此殊荣的是拉丁演说术教师昆体良，占据该教授席位长达 20 年。

韦伯芗的做法为后世帝王仿效并深化。例如，痴迷于希腊文化的皇帝哈德良在罗马城建立了帝国第一所大学，即雅典娜（Athenacum）文学学校，并为

---

① ［古罗马］苏维托尼乌斯：《罗马十二帝王传》，张竹明等译，商务印书馆 1995 年版，第 354 页。

② ［古罗马］苏维托尼乌斯：《罗马十二帝王传》，张竹明等译，商务印书馆 1995 年版，第 313 页。

③ Philostratus, *Lives of the Sophists*, 549, p.143. 斐洛斯特拉图斯提到了希腊大富翁、名气极大的希腊演说家荷罗德·阿提库斯。

在校工作的哲学家、演说家、文法家等人支付工资。皇帝安东尼·庇护把该制度推行到帝国各个行省,并把授予教授席位、支付工资和赋予特权的权力下放到各级城市。他还明确规定,行省议会必须在省府选拔 10 名医生、5 名文法家及 5 名演说家;设有法庭的城市必须设有 7 名医生、4 名文法学家与 4 名演说家的席位。小城市保持有 5 名医生、3 名文法家和 3 名演说家的席位。薪水由市议会支付,如果无力负担这笔开支,则由国库提供资助,但要保留某些控制权。① 许多自治城市竞相仿效和推广这种做法,使帝国教育得到空前的发展。所以,安东尼·庇护也被称为帝国教育制度的真正奠基人。

与安东尼·庇护相比,哲学家皇帝马可·奥利略在教育领域的贡献稍逊一筹。他因对希腊哲学有浓厚的兴趣,主要关注雅典的学术发展。他用皇家基金为雅典设立了 4 个哲学教授席位(分别为柏拉图学派、亚里士多德学派、斯多噶学派与伊壁鸠鲁学派的哲学家而设)和 1 个演说家席位。他们由皇帝的老师、希腊智者荷罗德·阿提库斯领导的学术委员会选拔,获得哲学教授席位者每年可获得 6 万塞斯特提酬金,演说家可每年获得 4 万塞斯特提。第一位获演说家席位的正是荷罗德·阿提库斯本人。② 马可·奥利略算是学术委员会选拔教师机制的开创者。到公元 4 世纪后期,朱利安通过文教改革,把这项选拔制度变得更加成熟化,要求参加选拔的教师必须获得学术委员会授予的资格证书,并得到皇帝批准,才可以有获得教授席位的资格。③

一些学生或学者若能得到教授或保护人的推荐,那么获得地方政府,甚至帝国政府任命的几率就比较大。保护人有时或为炫耀,或为扩大影响,也会举荐学识渊博的门客担任地方或国家任命的教授。他们的举荐信大多内容空

① ［英］威廉·博伊德、埃德蒙·金:《西方教育史》,任宝祥、吴元训译,人民教育出版社 1985 年版,第 79 页。

② Philostratus, *Lives of the Sophists* II,549,p.143.

③ 参见本章第四节。

泛,却逐渐发展成一种文学形式。李巴尼乌斯曾举荐学生到某处任职,信中用文学修辞手法赞扬那些并非优异的学生,为的是引起任命者的关注。[①] 当然,满腹经纶的学者也可以毛遂自荐。公元4世纪,除了罗马、雅典和亚历山大里亚等大城市外,其他中小城市很难聘到优秀的教师。它们不得不想方设法招聘教授,例如米兰市议会曾写信给罗马行政长官西马库斯(Quintus Aurelius Symmachus,345—402年),请求派一位演说术教师过去工作。正在罗马办学的奥古斯丁听说后,向西马库斯自荐,并提交了自己的一篇得意之作。最终,他获得了米兰官方的任命。[②] 到帝国后期,皇帝也愿意把自己信赖的学者或亲信安排到教授席位上,以便及时觉察文教领域可能危及统治的风吹草动。

帝国后期,由于政局混乱及财政危机,各城市无力兴办教育。皇帝们趁机加强对教育的干预与控制,逐渐把遴选与任命教师的权力收归己有。甚至,也有皇帝按照自己的意愿,把为教师发放工资的做法扩大至建筑学家、医学家等群体。亚历山大·塞维鲁为演说家、文法家、医学家、占卜师、占星师、工程师和建筑师提供俸禄,并决定为他们开设学校,还下令为他们的穷学生提供口粮。[③] 雅典的总督开始插手安排地方委员会的候选人,或是任命自己的亲信。皇帝本人也密切关注学术委员会成员,甚至有时干预选举。公元297年,君士坦提乌斯一世(Constantius I,250—306)提名特里尔法院高官、演说家尤曼尼乌斯到奥顿的学校里任职。[④] 他还在特里尔召见著名诡辩家普罗海雷斯乌斯(Prohaeresius,276—368),安排他到罗马城任演说术教授,后来还让他前往雅典任教。君士坦提乌斯二世也为元老院列出了几位演说家和哲学家的候选教

①　R.Cribiore, *Gymnastics of the Mind : Greek Education in Hellenistic and Roman Egypt*, New Jersey : Princeton University Press, 2001, pp.249—250.

②　Augustine, *Confession*, V.13(23), p.227.

③　Severus Alexander, XILV.4, in *The Scripores Historiae Augustae*, Vol. II, translated by David Magie, the Loeb Classical Library, Cambridge MA. : Harvard University Press, 1993, p.267.

④　Eumenius, *Pan.Lat.*, IV, 14, 15, 17, in C.E.V.Nixon and Barbara Saylor Rodgers, *In Praise of Later Roman Emperors*, *The Panegyrici Latini : Introduction, Translation and Historical Commentary*, Berkeley : University of California Press, 1994, p.146.

授名单,例如演说术教授李巴尼乌斯、哲学家塞米斯提乌斯(Themistius,317—390)等。他还召见李巴尼乌斯,要求他留在君士坦丁堡办学,如果离开必须得到他的许可。① 对于这一殊荣,李巴尼乌斯既感到自豪,也应该有它对自己办学自由限制的无奈。

公元 362 年,"叛教者"朱利安颁布教育法令,使皇帝直接干预教育成为惯例。这项法令的目的带有一定的反基督教色彩,服务于朱利安恢复古典帝国的政治梦想。然而,皇帝直接干预和任命教授的做法被延续了下来。对此,曾有史家这样评论说:"帝王授了教师的特权日渐增多,严重破坏了罗马自由办学的传统……实际上,所有这些参与是对教育事务的严重干涉……因此,从公元 2 世纪到公元 4 世纪,学校制度的彻底改革平静地完成了。它是古罗马学校与中世纪宗教形式主义之间的过渡期。"②

到公元 5 世纪,帝国政府对官方任命教师及其教学的控制逐渐达到了顶点。公元 425 年 2 月 27 日,狄奥多西二世(Theodosius II,402—450 年在位)和瓦伦提尼安三世(Flavius Placidus Valentinianus,425—455 年在位)共同颁布新的教师法令,明确规定君士坦丁堡拥有高等教育的垄断权;国家任命的教授包括用拉丁语授课的 3 名演说家与 10 名文法家,用希腊语授课的 5 名演说家与 10 名文法家,1 名哲学教授和 2 名法学教授。政府不许他们对外公开上课或私自讲学,只能在议会广场北半部前廊的专用房间上课,否则将失去所有特权;家庭教师须在家内教学,违者以"丑行"论处,并驱逐出城。③ 这样,帝国政府就完全控制了官方高等教育教学人员的数量、聘任及授课场所等具体事项,若不服从官方命令,将以停发薪酬和废除特权作为惩罚。另外,这项法令还限制了家庭教师对外教学的自由,似乎是为了保证贵族子弟接受教育的时间和

① Libanius,*The Autobiography*.95,p.109.

② Theodore Haarhoff,*Schools of Gaul:A Study of Pagan and Christian Education in Last Century of the Western Empire*,Oxford:Oxford Universiey Press,1920,p.144.

③ *The Theodosian Code and The Sirmondian Constitutions*,XIV.9.3,translated by Clayde Pharr,New Jersey:Princeton University Press,1952,p.414.

质量,从而限制了原本民间办学的自由。

上述教师政策大多没有受到宗教因素的影响。但也有例外,一是上面提及的皇帝朱利安,二是查士丁尼大帝(Justinian,527—565)。不过,两人针对的宗教信仰对象是相反的。前者主要反对基督徒教师,后者歧视多神教徒。共同点是因信仰问题而对基督教徒/多神教徒教师采取压制或打击的政策。查士丁尼大帝在教育领域里最突出的表现是出资给迦太基、罗马的教授们发放薪酬,而对君士坦丁堡的多神教徒教师采取了明显的歧视政策,故意减少他们的薪水。《秘史》的作者普罗柯比(Procopius 约 500—565)批评说,查士丁尼不仅"裁减了"从事教育的人员,还使出身自由的医生与教师缺乏生活必需品。他还完全取消了前任皇帝从公共基金中给予这些职业者供养费用的规定。① 这标志着以政府资助世俗教育的传统趋于消亡,也在一定程度上意味着君士坦丁堡的多神教徒教师已无法立足。

综上所述,帝国政府改变了共和时期对教育的放任状态,开始通过选拔与任命罗马城的教授,逐步地干预高等教育;到帝国盛期,中央政府把选拔与任命教师的权力下放给各行省的自治城市;而随着帝国的衰退,皇帝们又逐步把这种权力收归中央,并加强对教师的管理与控制,从而加强了对教育领域的渗透力度。当然,这在很大程度上并不意味着教师社会地位的衰落。相反,帝国政府企图保持教师的特权,并提高教师的地位与收入,以保证公共教育事业的正常运转。

二、政府授予官方教师特权

帝国时期另一项重要的教师政策是赋予官方教师各种特权。早在恺撒当政期间,他就把公民权授予给罗马城里所有的医生与文学艺术教师,试图用这种方法把他们留下来,并希望引起其他地区的人对这里的向往。② 奥古斯都

① Procopius,*Secret History*,26.5,in Procopius of Caesarea,Vol.VI,translated by H.B.Dewing,Cambridge,MA.:Harvard university press,1935,p.302.
② [古罗马]苏维托尼乌斯:《罗马十二帝王传》,张竹明等译,商务印书馆1995年版,第23页。

也对教师"另眼相看"。公元6年,罗马城发生大饥荒。他下令驱逐罗马城里的一些家庭奴隶、角斗士及外国人,唯独留下了医生与教师,并让希腊语教师将他的敕令翻译成希腊文,表达他对医生和教师的宽赦。① 罗马帝国的教育政策中往往把教师与医生放在一起考虑,也许跟罗马人对两种职业的理解有关,即医学和哲学担负着对于整个人类的责任:医生医治肉体,哲学医治灵魂。而文法和演说是哲学教育的预备阶段。如果说恺撒和奥古斯都给予医生和教师特殊优待,纯属统治者个人行为的话,那么后继帝王们则在他们的基础上深思熟虑地制定了与教师相关的教育政策。他们不断地扩大文法和演说术教师的特权,主要包括以下几个方面。

第一,官方教师的豁免权。从弗拉维王朝(69—96)起,帝国政府就已经开始授予官方教师部分免税权,并免除为军队提供住宿的义务。公元74年,皇帝韦伯芗在帕加玛(Pergamene)发布了一条赦令,内称"只要做对公民有益的工作,被认为于公、于私、于城市有益,且对众神、智慧有所贡献,就是文法家与演说家所做的工作。他们在赫尔墨斯与缪斯的保护下,以文雅的知识与公民的美德教化年轻人……因而,这些人被认为有众神般的神圣,我命令不许把他们的房屋征用为安顿军队之所,也不许以任何方式向他们收取赋税。"②

这条赦令对文法家和演说家的工作给予了高度肯定,也提供了政府免除教师部分公民义务的证据,即免除"款待"与赋税之役。公元93年,皇帝图密善颁行的赦令则明确要求免除医生与教授应缴纳的市政税,同时要求他们不得过高地收取自由公民的医疗与教育费用。此外,它还取消了教师教育奴隶收取学费的权利。③ 由此可以看出,图密善已经开始有意识地干预教育了。

---

① [古罗马]苏维托尼乌斯:《罗马十二帝王传》,张竹明等译,商务印书馆1995年版,第73页。

② James Bowen, *A History of Western Education*:1000 *B.C.*~*A.D.*1054, Vol.1, London:Methuen, 1972, p.198.

③ 这里并不是说免费教育奴隶,而是图密善反对给予奴隶超过初等阶段的自由教育。他谴责某些本应教授自由出身的年轻人的学者在利益驱使下,去教那些被主人组织起来的奴隶。

皇帝安东尼·庇护进一步扩大了免除教师税收与其他义务的范围。① 他专门授予希腊城市教师免税权,免除教师履行公民应承担的相关公共事务的义务,如兼任体育场管理员、神职人员、拳击裁判、土地丈量员等;免除提供住宿、监督分发粮油,任司法陪审、大使及服军役等。② 享有特权的不仅有医生、文法家和演说家,哲学家也被列入其中,例如弗拉维·阿奇普(Flavius Archippus)曾以哲学家身份被豁免司法服务。③ 后来的帝王继续扩大赦免教师承担公民义务的范围,如康茂德规定不允许将教师安排为照顾幼儿的保育员、市场监督员、祭司等。④ 到君士坦丁大帝时期,他把医生和教师所享有的特权惠及他们的家人。公元 333 年,他颁布敕令,免除演说家、文法家、医生(主要是御医)及其妻儿的一切赋税、一切公民的或公共的义务(包括担任地方城市议员、服兵役),免除法庭传讯、律师起诉和审判;必须向官方教师支付薪俸,让他们安心从事并发扬各门学科与艺术事业。⑤

公元 414 年,首任西罗马帝国皇帝霍诺留(Flavius Honorius,402—423 年在位)和东罗马帝国皇帝狄奥多西二世效仿了上述做法,规定文法家、演说家、哲学家教师与宫廷医生享有以前皇帝赋予的所有特权,甚至享有元老重新分配土地与财产的自由,而且免交土地税,不需承担其他公民必须承担的所有公职义务,例如免除为士兵或法官提供住宿的义务。此外,这些特权也可由妻儿享有。⑥ 这

---

① 目前,专门免除教师义务最完整的列表发现于安东尼·庇护的一封信中。这份材料表明,教师被赋予的特权至少在图拉真时期就已刻在铜表上了。

② Stanley F.Bonner, *Education In Ancient Rome：From the Elder Cato to the Younger Pliny*, London：Macmillan,1977,p.160.

③ 韦伯芗和图密善都以各种理由驱逐过居住在罗马的哲学家,因此能否把哲学家列为享有特权者目前还存有争议。

④ H.I.Marrou, *A History of Education in Antiquity*, translated by Geprge Lamb, Madison：University of Wisconsin Press,1982,p.301.

⑤ [美]E.P.克伯雷选编:《外国教育史料》,华中师范大学教育系等译,华中师范大学出版社 1991 年版,第 44 页。

⑥ *The Theodosian Code and The Sirmondian Constitutions*. XIII.3.16, translated by Clayde Pharr, New Jersey：Princeton University Press,1952,p.390.

些政策后来被集中汇编于《狄奥多西二世法典》(公元 438 年颁布)与《查士丁尼法典》(公元 529 年颁布)之中。

有些帝王甚至把这些特权授予了教师以外的人员,出现了特权扩大化的趋势。皇帝卡拉卡拉(Caracalla,198—217 年在位)把教师享有的这些特权也给予了学生。到君士坦丁时期,其他许多被认为与教育同样重要的公共服务行业,如医疗、教会等领域的人员也相继被授予了豁免权。在上述特权的吸引下,从事这些职业或类似领域职务的人越来越多。结果,市政财政税源不断地减少,相应地增加了其他公民的负担,也成为城市自治渐趋崩溃的原因之一。

帝国后期特权扩大化所带来的社会问题引发了不少皇帝的忧虑及市政部门的不满。他们开始尽量控制乃至削减享受这些特权的人员数量。在教育领域,主要是限制与减少教授席位,甚至把罗马城以外的艺术教师、法律教师、哲学家排除于特权之外。公元 369 年,瓦伦提尼安一世(Valentinian I,364—375 年在位)与瓦伦斯(Flavivs Ivlivs Valens,364—378 年在位)通过法令,谴责穿着大氅四处云游的诡辩家:"除了那些被核准授予合法权的人之外,让那些明知违法却自称哲学家的人回到他们的城市去。因为一个宣称接受了幸运女神赐福的人,却不履行承担市政公共事务的义务是可耻的。"①帝国西部的教育界领袖奥索尼乌斯为减少享受特权的人员数量,根据城市的重要性(法学家莫德斯蒂把这些城市分为行省省会、司法辖区所在地与普通城市)分为行省中心城市、设有法庭的城市以及一般城市,分别允许它们设有 7 名、6 名和 5 名医生,5 名、4 名和 3 名演说家以及同等数量的文法家名额。②

除了限制教授席位的数量外,帝国后期也出现了限制学生滞留罗马的敕令。公元 360 年,瓦伦提尼安、瓦伦斯、格拉提安与罗马市政长官奥里布里尤

① *The Theodosian Code and The Sirmondian Constitutions*. XIII.3.7,translated by Clayde Pharr, New Jersey:Princeton University Press,1952,p.388.

② [法]亨利-伊雷内·马鲁:《古典教育史》,王晓侠等译,华东师范大学出版社 2017 年版,第 160 页。

斯联合发布法令:前往罗马就读的学生首先要注册,且必须持有本行省总督的证明信。信中要明确提供注册者所在的城市、原籍和职业;申明所学专业;地方行政长官一个月检查一次,以使他们处于严格的管理之下,不能出现滥看演出、四处赴宴等行为。行为不轨者则会被处以公开鞭打的惩罚,并被驱逐回乡。……允许那些致力于所学专业的学生在罗马滞留至 20 岁。任何逾期不返乡者将被强制遣返。……同时对学生的品性和学业做出评价,以便必要时从他们中选拔所需人才。①

第二,授予少数教师重要的行政职务与荣誉头衔。凤毛麟角的宫廷教师更容易获得高官厚禄与荣誉称号,且往往对国家大政方针发挥着指导作用。斯多噶学派哲学家小塞涅卡因做了尼禄的老师而得到重用,官至帝国首相,一度权倾朝野,富可敌国。昆体良因被图密善任命为子孙的宫廷教师,尽管从未直接从政,却被皇帝授予执政官的头衔,所享特权与荣誉无人能及。公元 2 世纪,弗龙托与荷罗德也因曾做过马可·奥利略的老师而被授予执政官的荣誉头衔。到帝国后期,皇帝们授予了官方教授们如此显赫的特权,以至于有史家评论说,"教师这种职业从没有像在后期罗马帝国时那样受到如此高的尊重。教师被皇帝们免除了许多公民应承担的责任与义务,甚至被赋予了像传令官、保民官那样所享有的神圣不可侵犯性。"②至君士坦丁大帝时期,教授享有的特权更多,荣誉更高。他规定,教师可以自由地接受元老院任命的行政职位或授予的荣誉,甚至赐予他们的随从不可侵犯的权利,任何侮辱或挑衅他们的人都将受到重罚。③ 奥索尼乌斯曾为格拉提安的御师而获得至高的权力与荣誉,以至于有史家评论说:"在历史上仅靠学术功绩很少能带来如此权力

---

① *The Theodosian Code and The Sirmondian Constitutions*, VIV.9.1, translated by Clayde Pharr, New Jersey:Princeton University Press, 1952, p.414;又见 David Noy, *Foreigners at Rome:Citizen and Stranger*, Wales:the Classical Press of Wales, 2002, p.93。

② Philipvan Ness Myers, *A History of Rome*, Boston:Ginn, 1904, p.214.

③ 参见[美]E.P.克伯雷选编:《外国教育史料》,华中师范大学出版社 1991 年版,第 44 页。

与殊荣"。① 李巴尼乌斯被皇帝朱利安任命为最高法官的助手,后被狄奥多西一世任命为罗马行政区的执政官。② 此后,他被赐予自由进入元老院议事的殊荣,还被任命为君士坦丁堡的执政官。甚至狄奥多西二世在限制私人自由办学时,也规定官方任命的教授在教育领域工作满二十年,即可享有元老院的官衔与待遇,以及养老保险金。③

第三,规定教师工资的数额。从韦伯芗开始,帝国就明确规定了教授席位的工资,一直延续下来并有所增加。自公元 3 世纪初开始,罗马各地城市的财政日益匮乏,官方学校通常是首先受到财政削减影响的机构④,教授的薪酬也出现了延迟发放,甚至削减的现象。公元 302 年,戴克里先最早确立了所有教师的收费制度,并详细地规定了教师的类型⑤与收费标准,如教字

---

① M.A.Samuel Dill, *Roman Society in the Last Century of the Western Empire*, New York: Wylie Press, 2010, p.405.

② A.H.M.Jones, *The Later Roman Empire*, 284-602: *A Social Economic and Administrative Survey*, Vol.1, Basil Blackwell: Norman, 1986, p.997.

③ H.I.Marrou, *A History of Education in Antiquity*, translated by Geprge Lamb, Madison: University of Wisconsin Press, 1982, p.306.

④ M.A.Samuel Dill, *Roman Society in the Last Century of the Western Empire*, New York: Wylie Press, 2010, p.402.

⑤ 目前,学界对戴克里先最高限价敕令没有形成一致的结论。该限价敕令对研究罗马教师主要有两点作用:第一,它为不同类型的教师规定了明确的术语,包括算术教师(didaskalos and praecepter)、教字母的初级教师(grammatodidaskalos)、文法教师(grammaicus 或 grammaikos)、演说家(rhetor 或 mousikos)、体育训练师(paidouribes)、哲学家(philosophos)等和其他教师。这些名称虽然少使用,但至少从理论上规定了教师的类型;第二,它规定了教师的收费标准,认可了教师职业劳动的合法性。该敕令规定教师收费的货币单位是纳尔(denarius)。这种货币的实际购买力在弗兰克《古罗马经济概论》第五卷附录所列价格中因没有固定的参照而无法推算。笔者认为,较好的方法是根据布克哈特用他所处时代的法国货币——法郎估算。经过估算,教师的工资大致如下:(严格意义上的)教仆照料一个孩子的月薪为 1.25 法郎,教授阅读与写作的教师大致相同;教授算术和速记教师每月 1.90 法郎;教授希腊文学的教师为 5 法郎,教授拉丁文学与几何学的教师大致相同。参见[瑞士]雅各布·布克哈特:《君士坦丁大帝时代》,宋立宏等译,上海三联书店 2006 年版,第 47—48 页;戴克里先限价敕令的原文、译文和解释可参考弗兰克《古罗马经济概论》(Tenny Frank, *Economic Survey of Ancient Rome*, Baltimore, 1940)第五卷的附录。拉丁文版的残本可参阅 the Copy of Diocletian's Edict on Maximum Prices from Aphrodisias in Caria, By Kenan T.Erim and Joyce Reynolds, 现存于剑桥大学古典系图书馆。

母的教师每月收取每个学生 50 第纳尔,算术教师收取 75 第纳尔、速记员教师收取 75 第纳尔;希腊语与拉丁语的文法或地理教师收取 200 第纳尔;演说术与哲学家教师收取 250 第纳尔。这些数目表明了帝国政府与社会对教师专业知识水平的认可程度。[①] 该敕令至少意味着当时已在法律上明确了教师的地位。但就实际效果来看,这份敕令如同一纸空文。

皇帝格拉提安对帝国西部教育的日益衰落表现出明显的忧虑,决定给予大城市选择教师的权力。公元 376 年,他颁布了一项重要的敕令[②],要求所有大城市市议会必须为年轻人聘请最优秀的文法与演说术教师,还规定了他们的薪酬:演说家 24 安那厄(annonae,相当于约 100 苏勒德斯黄金),希腊语与拉丁语文法家减半。教师的薪水由城市当局支付。由于各地经济状况差别较大,该敕令执行的效果有所不同。处于高卢权力中心的特里尔城的教师工资较高且稳定:演说术教师有 30 安那厄,希腊语与拉丁语文法教师有 20 安那厄。[③]

---

① Teresa Morgan, "Assessment in Roman Education", *Assessment in Education*, Vol. 8, No. 1 (March 2001), pp.11-24.

② 西方学界对格拉提安敕令中许多问题仍存在分歧,如它涉及的地域范围多大,工资计算的依据以及用现金还是用实物来支付,工资究竟是由城市财政还是由皇家财政支付,如果由后者出资,是否能代替已经存在的市政薪水或者仅是它的补充,得到任命的教师是否能如期如数得到薪俸等。教育史学家邦纳根据大量的文本和碑铭资料进行严密论证后,认为这份敕令只适用于北高卢地区的某些重要城市。例如,特里尔曾被作为临时首都而倍受重视,因此教授们的工资相对较高,为的是吸引外地优秀教师来此,以提高特里尔的学术地位。敕令中教师工资的来源也是一个非常有趣的问题。少数学者认为教师的工资来自于所在的城市。而学术界一般认为他们的工资由皇家国库发放,但这并不意味着城市可以不承担这项义务。随着帝国后期经济的衰败,教师工资经常会用实物折算,且比例会因每年的收成变化而有所不同。公元 445 年之前,1annonae 折算为 4 索利达;查士丁尼时期,1annonae 折算为 5 索利达。参见 George Doig, "The Edict of Gratian on the Remuneration of Teachers", *The American Journal of Philology*, Vol.86, No.2(April 1965), pp.113-137。

③ *The Theodosian Code and The Sirmondian Constitutions*, XIII. 3. 11, translated by Clayde Pharr, New Jersey: Princeton University Press, 1952, p.389,这则敕令是由皇帝瓦伦斯(Valens)、格拉提安(Gratian)和瓦伦提安奥古斯都(Valentinian Augustuses)发给高卢总督奥索尼乌斯的。

三、倡导捐资助学

帝王与地方政府推行的各项特权政策不仅提高了教师的社会地位,也推动了帝国境内教育与文化的发展与繁荣。在罗马化政策的影响下,各行省纷纷仿效罗马、雅典等大城市创办各级公立学校,采取任命教师、发放薪水和赋予特权等措施。在皇帝带头出资办学的带动下,各地显贵名流纷纷捐资助学。在兴办教育热潮之后,各行省涌现出好几个著名的学术文化中心城市,如西班牙的塔拉高纳(Tarragone)、科尔多瓦(Córdoba)、瓦伦斯(Valence)、卡迪斯(Cadiz)等。其中,科尔多瓦的诗歌学校最有名气,培养出一些大名鼎鼎的学者,如老塞涅卡、卢坎、科鲁美拉、马提雅尔和昆体良等,甚至是"五好"皇帝之一的图拉真。高卢地区在教育文化领域的成就也毫不逊色。在公元2世纪以后,高卢成为帝国最富裕的地区之一,超过了意大利。到帝国晚期,高卢拥有1200多座城市,超过了意大利的1197个。大中城市里的希腊语与拉丁文法教师、演说术教师云集。从奥索尼乌斯记录的故乡波尔多教授们的教学以及从政活动中,可见这里学术的繁荣。这些城市公立教师的薪酬主要源于社会捐赠或者城市公共基金。

在"荣誉机制"盛行的古罗马社会,帝国上至帝王,下至达官贵人、乡村士绅,大都效仿希腊人的公益心,慷慨资助包括教育在内的公共事业。作为国家"第一公民",皇帝有责任成为所有公民慷慨仁慈、积极资助公共事业的榜样。在帝国前期,皇帝在文化与教育方面多以赞助人自居。韦伯芗为罗马的教育事业慷慨解囊,设立了首个为教师发薪的教育基金,被苏维托尼乌斯称为"爱惜天才和关心艺术的有教养的人"。[1] 图密善也是教育和学术的重要赞助人之一[2],不仅

---

[1] [古罗马]苏维托尼乌斯:《罗马十二帝王传》,张竹明等译,商务印书馆1995年版,第312页。

[2] 塔西佗和苏维托尼乌斯皆认为,这是图密善的伪善之举。但是,我们也应该看到它的积极效应。诗人马提雅尔和斯塔提乌斯(Status)曾记载过图密善的一些资助文学活动的行为,反映出图密善对诗歌和演说的热爱。

在罗马城建造了一座大型图书馆,还要求地方官员满足哲学家教师所提出的要求。例如他写信给管地产的财政官 T.麦尼姆斯(Terentius Manimus),建议给予哲学家弗拉维·阿奇普在其出生地普鲁修(Prusiu)价值 10 万塞斯特提的地产;另一封信是写给执政官 L.A.麦克西姆(Lucius Aappius Maximus)的,建议他尊重与满足哲学家们向他提出的所有合理要求。① 涅尔瓦的短暂统治结束后,图拉真为高等教育的发展带来了新的希望。小普林尼于公元 100 年为他作的颂词中,赞美了新皇帝赋予演说家和哲学家的荣誉,从而复兴了高等教育的精神。② "希腊迷"哈德良也对兴办教育满怀热忱,曾多次资助雅典教授席位,还给那些靠教学为生的年老体弱的教师发放养老金。尤维纳尔在他的第七首讽刺诗中对他的慈善之举给予了高度评价,甚至认为"学问的希望和前景只能靠皇帝"。③

经历了公元 3 世纪大危机的冲击后,帝国境内政权割据,政治、经济、宗教和文化等全面衰退,教育也随之败落。不过,仍有一些开明帝王关注教育的发展。酷爱演说与诗歌的皇帝亚历山大·塞维鲁曾为贫困学生建造教室,还设立了奖学金。君士坦提乌斯一世在尤曼尼乌斯的请求下,出资重建了高卢奥顿的学校。尤曼尼乌斯在公元 297 年颂扬说:"演讲,优美的艺术! 在陛下的关心和远见下又复兴了! 他有着不朽灵魂、天赋才智,他懂得文学是所有美德善行的基石。"④不少文法家认为君士坦提乌斯二世和朱利安的助学行为保持了"罗马城市文明的秩序,位于所有美德者之首。"⑤

---

① Pliny the Younger, *Letters*, IV.V.3, p.251.

② Pliny the Younger, *Panegyricus*, 47, Vol.II, translated by Betty Radice, the Loeb Classical Library, Cambridge MA.: Harvard University Press, 1976, pp.427−429.

③ Juvenal, *Satires*, VII.1, p.137.

④ Eumenius, *Pan.Lat.*, IV, 8, 14, in C.E.V.Nixon and Barbara Saylor Rodgers, *In Praise of Later Roman Emperors*, *The Panegyrici Latini: Introduction, Translation and Historical Commentary*, Berkeley: University of California Press, 1994, p.160.

⑤ *The Theodosian Code and The Sirmondian Constitutions*, XIV.1.1, translated by Clayde Pharr, New Jersey: Princeton University Press, 1952, p.405.

帝王与私人对教育事业的关注还表现在对城镇贫穷孩子提供资助上,最典型的例子就是贫儿补助金制度。学术界普遍认为该制度由图拉真皇帝所创。当代古典史家芬利(M.I.Finley)认为,"图拉真创立了一种有趣又独特的补助贫穷家庭孩子的项目,被称为贫儿补助金。"①但是马鲁提出,早在奥古斯都时期就有过类似的善举。② 杜肯·琼斯认为,它是由涅尔瓦于公元 96 年到 98 年间创立的一种基金制度。资金主要来源于政府向地主贷款的利息收益,具有高度的独创性。③ 根据规定,男孩每月可得到 16 塞斯特提,女孩可得到 12 塞斯特提。目前,学龄孩子领取补助金的年龄上限不得而知,根据哈德良的立法可知年龄的下限为男孩 18 岁,女孩 14 岁。④

除了以政府贷款形式收取利息作为基金来源外,皇帝或地方富人有时也会有一些私人捐赠。以仁慈闻名的哈德良曾为埃及安提农坡里斯(Antinooplis)的穷苦孩子捐钱建立基金,规定出生超过三十天的孩子就可以领取一定额度的补助金。学者研究了与之相关的铭文发现,贫儿补助金惠及区域不广,也没有产生较大的影响。不过,它的积极意义不容忽视。首先,帝王们鼓励人口增长及帮助穷孩子接受教育,提高公民素质的做法,比修建为自己歌功颂德的纪念物更有现实意义。其次,这种类似于贫困儿童福利制度的做法延续了希腊化时期某些城邦(如帕加玛国王在罗德岛或德尔斐的城邦)的优良传统,带动了小普林尼等社会名流、地方富人资助家乡教育的行为。这一制度到塞维鲁时期仍在继续,直至君士坦丁大帝时代才销声匿迹。

作为第一公民的皇帝捐助教育事业,在一定程度上成为其他公民的榜样,

---

① M.I.Finley, *The Ancient Economy*, Berkeley CA: the University of California Press, 1973, pp. 39–40.

② [法]亨利-伊雷内·马鲁:《古典教育史》,王晓侠等译,华东师范大学出版社 2017 年版,第 162 页。

③ 一般而言,地主申请贷款是有限额的,约相当于其财产价值的 8%,年息为 5%。

④ Richard Duncan-Jones, *The Economy of the Roman Empire: Quantitative Studies*, New York: Cambridge University Press, 1982, p.288.

仿效之风逐渐盛行起来,例如马塞里斯(Marseilles)效仿奥古斯都资助皇家御师,所聘演说家与哲学家的薪俸均出自公共基金或私人捐助。① 图拉真的侄女马蒂达(Matida)曾在意大利捐资助学。在西班牙、高卢和非洲也有不少富人慷慨捐助该地的教育事业。由于时代久远,与之相关的资料鲜为人知,所以小普林尼的记载尤显宝贵。他曾为其故乡考莫(Cocum)②捐资,帮助当地儿童就近入学。他还提到了这笔资金的使用流程与教师聘用等细节问题。他在写给塔西佗的信中讲述了这件事的来龙去脉,大致内容如下:小普林尼热爱自己的故乡考莫,当地却没有学校,孩子们只能到外地读书。于是,他决定出资建校,但又担心全由自己出资会引发该城管理者的腐败,所以决定捐资1/3,其余2/3的资金则由孩子的父母们承担。他认为这是自己送给故乡和孩子们的最好礼物,能够培养他们热爱故土的感情。③ 在信末,他诚恳地对塔西佗说:"我认为把整件事的细枝末节都告诉您是明智的。如果您能出面帮忙,我将深表感激! 请慧眼识珠,把深受先生美德与学识熏陶的优秀学生推荐到这里当教师。但是,我不能保证聘用您推荐的每个学生。因为,我与学生的家长会组织面试。他们有选择教师的权力,我负责解决现实困难与资金问题。如果您发现了合适的人选,请让他来考莫,但他不要过度自大地表现自己。"④

这封信真实地反映了私人捐资助学的整个过程,并且再现了名人之间互相举荐教师的招聘模式。另外,铭文中还记载了小普林尼在考莫建立了公共图书馆、澡堂,并设立了类似贫儿补助金的基金。像小普林尼那样的精英人物热心公益,大概与古典时期公民的"荣誉机制"密切相关:作为优秀公民,能为公众福利作出贡献,既有扬名立万、流芳百世的心理需求,也是公民不可推卸的义务与责任。

---

① Stanley F.Bonner, *Education In Ancient Rome: From the Elder Cato to the Younger Pliny*, London: Methuen, 1977, p.157.

② Cocum 是南意大利的城镇,今称 Como。

③ Pliny the Younger, *Letters*, IV.XIII.3-10, pp.279-281.

④ Pliny the Younger, *letters*, IV.XXX.1-11, pp.277-283.

在帝国元首和皇帝的带动下,从中央到行省推行了对教师选拔、任命、授予席位、赋予特权、鼓励办学等政策,有利于教育和文化事业的发展和进步。这一系列的扶植政策使教师的地位获得了法律的保障与社会的认可,从而使其整体地位有了一定程度的提高,职业标准也在逐步趋向统一。然而,实施竞争性的选拔与任命教师政策的根本目的在于加强贵族的文化身份认同,维护大地主与城市精英的统治地位。地位真正得到明显提高的是少数得到市政机构、皇帝任命且从事中高等教育的文法和演说术教师、哲学教授。而那些从事私人教学的大多数教师的社会地位和经济状况并没有明显的改善,仍在"官师"的鄙视和同行的竞争中挣扎与哀叹。尤其是初级教师的社会地位依然卑微不堪,衣食难继,形同奴隶。

第三节　帝王对教师的压制与利用

随着帝王专制的加强,知识精英及民间有识之士对政治和教育的批判声音越来越少。一方面,由于帝国初期的局面百废待兴,急需很多希腊奴隶和各色人才,大量被释奴逐渐进入行政、文教等机构任职。他们受到对主子恭顺与服务的奴化思想束缚,缺乏独立判断和批判精神。另一方面,旧贵族在内战中被消灭殆尽,势单力薄,无力像过去那样维护言论自由、民主政治等共和理想。对现实不满的演说家、哲学家可能反对帝制对民主自由的破坏,却难以对专制统治构成威胁。自奥古斯都起,皇帝们开始控制言论自由以及学校教师的言行。不过,与希腊化的城邦不同,罗马从来没有设立对教育机构进行监管与监察的专职官员。帝国对学校与教师的管理以帝王颁布敕令或直接下令要求官员执行为主。

一、监督教师的教学与创作

尽管罗马皇帝大多以宽容知识分子的傲慢与讽刺而闻名,然而这并不意味着皇帝对政敌、学者的反专制活动与言行没有监督与压制。早在恺撒时期，就有学者被元老院指控。被老塞涅卡称为"很有才华但生性邪恶"的历史学家 M.A.斯卡乌鲁斯（Mamercus Amelius Scaurus）的演说集被元老院下令烧毁，因为他在演说中讽刺恺撒征服法纳西（Pharnaces）人后说"我来了，我看见了，我征服了"，而被指控为叛国罪。① 奥古斯都同样对公民的言论自由进行打压，其手段较为巧妙。一般情况下，他很少直接强制学者，而是以焚烧对自己潜在不利的书籍为主，尤其是民间流传的政治预言类的希腊文与拉丁文作品。他曾下令收集并烧毁了 2000 余册书籍，仅留存了《西卜林》（Sibylline）之类的预言书。② 据记载，他还对违背自己复兴传统家庭伦理与道德政策的演说术教师进行过迫害。卡西乌斯·塞维鲁斯（Cassius Severus）是第一个因写讽刺男女显贵有不当关系的诗而激怒了奥古斯都的学者，被控叛逆罪，他的书籍也遭到了焚毁。③ 针对上流家庭不愿结婚生子，人口大幅下降的现象，奥古斯都极力倡议罗马人早结婚、多生育，并且重视孩子的教育。然而，一位名叫考维乌斯（Corvus）的演说家却在课堂上让学生大肆讨论节育问题，最终被以违反大众利益的罪名定罪。④

皇帝提比略尽管在思想与言论上以宽容大度闻名，但当他遇到对自己很不友好的哲学家时也是睚眦必报。他常常莅临哲学学校聆听教授们的演讲。有一次，当对立的两派诡辩学者激烈争论不休时，他介入并支持其中的一方，并因此遭到另一方教授的恶语攻击。他恼羞成怒，吩咐传令兵把那位出言不

---

① Seneca the Elder, *Suasoriae*, 2.22, in Seneca the Elder, Vol.II, translated by M.Winterbottom, the Loeb Classical Libarary, Cambridge, MA.: Harvard University Press, 1974, p.533.

② Suetonius, *The Deified Augustus*, XXXI, 1998, p.197.

③ [古罗马]塔西佗：《塔西佗〈编年史〉》，王以铸、崔妙因译，商务印书馆 1981 年版，第 60 页。

④ F.H.Cramer, "Bookburning and Censorship in Ancient Rome: a chapter from the history of freedom of speech", *Journal of the History of Ideas*, Vol.6, No.2(April 1945), pp.157-196.

逊的教授推上法庭定罪,后将其投入监狱。① 他在公元 34 年还强迫 M.A.斯卡乌鲁斯自杀,因为后者在名为"阿特琉斯(Atreus)"的悲剧中建议阿特琉斯的臣民忍受这位愚蠢的君主。提比略认为斯卡乌鲁斯用阿特琉斯影射自己,不但焚毁了他的剧本,而且判处其死刑。据历史学家卡西乌斯·狄奥说,皇帝指控他的罪名并非是利用悲剧人物影射自己,而是诬蔑他与利维拉(Livilla)通奸。② M.A.斯卡乌鲁斯可能是我们已知的唯一一经历过两次焚书遭遇的人。以老塞涅卡和昆体良为代表的知识精英都说过,受过教育的人应该鄙视焚书这种行为。③

　　此后,不少皇帝也或明或暗地采取过压制言论、写作与教学自由的措施,并给谄媚者和告密者不少好处。韦伯芎授予那些忠于自己的作家、学者获取资助与荣誉的特权,例如诗人萨雷乌斯·巴苏斯(Saleius Bassus)因作颂诗而获得了 50 万古罗马银币的赏赐;雄辩家埃乌斯·马塞卢斯(Eprius Marcellus)和维比尤斯·克里斯普斯(Vibius Crispus)因告密而深得他的信任,被特别授予了刻有颂扬文字的奖章以及元老的头衔,且享有在广场上塑像的荣誉。④

　　某些被教授席位与薪俸吸引而来的希腊教师,除教学外,还要监视那些对皇帝有威胁的人或组织。例如,智者尼赛特斯(Nicetes)的后代——士麦那(Smyrna)⑤的伊乌迪安(Euodianus),其家族被皇帝册封为本地高级祭司候选人。因为他在演说术方面大获成功,皇帝将其召到罗马,任命他为演说术教授,并要求他监视一名叫狄奥尼苏斯(Dionysus)的工匠及其同伴,理由是这名

　　① [古罗马]苏维托尼乌斯:《罗马十二帝王传》,张竹明等译,商务印书馆 1995 年版,第120 页。

　　② Dio Cassius, LVIII, 24.3-4, in Dio Cassius, *Roman History*, Vol. VII, translated by Earnest Cary, the Loeb Classical Libarary, Cambridge, MA.: Harvard University Press, 1955, p.249.

　　③ 老塞涅卡在提到西塞罗为求得安东尼宽恕而不得不烧毁自己天才般的记录时说,这的确让在拉丁语方面为罗马人作出杰出贡献的西塞罗无法忍受,参见 Seneca the Elder, *Suasoriae*, 7.10, p.607; Quintilian, *The Orator's Education*, III.VIII.46, in Quintilian, Vol.I, p.501。

　　④ Suetonius, *Vespasian*, III.1, p.311.

　　⑤ 今土耳其西部港口城市伊兹密尔。

工匠桀骜不驯。① 斐洛斯特拉图斯在《智者传》中并没有交代狄奥尼苏斯及其同伴对韦伯芗构成了何种威胁。因此,个中原由不得而知。图密善甚至设立监督员暗中监视演说术或文法教师的教学活动。他们在演讲或讲课中若被发现抨击时政,厄运就会很快来临。例如,演说家麦特努斯(Maternus)因在课堂上批评图密善的专政而命丧黄泉。②

早在共和时期,罗马人就对批判时政的希腊哲学家表现出极大的厌恶,经常将他们驱逐出境。希腊哲学家即便在教学方面赢得了社会的尊重,也无法享受与罗马人同行同等的政治待遇与安全保障。帝国时期,皇帝认为哲学家容易宣扬使人道德"堕落"的思想,甚至发表反对暴政的言论,因此经常派人监视他们的活动。韦伯芗因哲学家德梅特乌斯·勒西尼克宣扬蔑视金钱的观点,把他流放到一座荒岛上,甚至杀掉了"妖言惑众"的诡辩家赫拉斯。图密善曾把包括伊壁鸠鲁学派、斯多噶学派等在内的所有哲学家驱逐出意大利。③极少数哲学家因受贵人保护而得以幸免,例如伊壁鸠鲁学派哲学家阿特姆德鲁斯(Artemdorus)在受到迫害时,被小普林尼安排到郊外别墅里暂行躲避。④

某些帝王也会因宗教信仰而压制或迫害那些于己不利的学派及相关学者。从公元 1 世纪起,基督教群体在神学、习俗和礼仪等领域与多神教多有不同。他们宣称掌握着真理,把反对基督教的个人与群体一概斥为"异端",并进行压制与迫害。公元 313 年,君士坦丁一世颁布了宗教宽容的米兰敕令,标志着帝国统治者对基督教从打压与宽容相结合转变为保护与利用。此后,帝国政府明显地支持基督教在政治、经济和文化等领域的扩张。反对基督教的

---

① Philostratus, *Lives of the Sophists*, 597, p.247.

② Dio Cassius, *Roman History*, LXVII.12.5–6, 1968, pp.345–349.

③ [古罗马]苏维托尼乌斯:《罗马十二帝王传》,张竹明等译,商务印书馆 1995 年版,第 333 页。

④ David Noy, *Foreigners at Rome: Citizen and Stranger*, Wales: the Classical Press of Wales, 2002, p.94.

异教学者势必会受到排斥和迫害。如帝国后期新柏拉图主义者普罗提诺的信徒波斐利（Porphyry，233—304）应该是最受基督徒憎恶的学者之一。因为他在早期著作中经常对基督教口诛笔伐，并常用"独裁政府的镇压"之类的语句，被官方视为危险人物。最终，君士坦丁大帝下令毁掉了新柏拉图主义者的所有著作，是为"政权力量反对异端学说，并毁掉相关著作的首个事件。"①但不得不说，当局焚烧异教徒哲学家或作家的作品并不是一种经常性的行为。

公元 4 世纪后期，格拉提安和狄奥多西一世统治期间，采取了比君士坦丁更极端的措施。公元 379 年，他们联合颁布法令，禁止除基督教以外其他一切宗教的活动，所有臣民都要"遵守使徒彼得所交予罗马人的信仰"。其中明确规定，所有教师与行政官员，无论是异教徒还是基督徒，都被禁止到异教徒聚集的场所，去参与这种反常的迷信活动。② 公元 392 年，狄奥多西一世更是下令关闭一切异教的活动场所，基督教由此成为罗马帝国的国教。

当然，我们也不能过于夸大帝国对教师的监督与压制，何况还有不少帝王胸襟宽大，甚至可以容忍某些威胁自己统治的人或事。据说，恺撒、奥古斯都均以容忍批评闻名，韦伯芗也多次容忍无礼哲学家的冒犯。另一方面，有些演说术教师的辛辣时评确实让统治者如鲠在喉。尤维纳尔曾抱怨演说家维提乌斯（Vettius Agorius Praetextatus，315—384）的陈词滥调：他一定要上百次地听到"为数众多的听众喊出杀死残酷暴君的口号"才肯罢休。③ 布鲁图斯刺杀恺撒的事迹，以及于公元前 514 年推翻雅典僭主的哈尔莫狄欧斯与阿里斯托盖通的故事在罗马家喻户晓④，在演说术学校里经常被用作演说练习的题目。

总的来看，罗马的自由文学创作者（包括哲学家、演说家和诗人），只要不

---

① M.L.W.Laistner, *Christianity and Pagan Culture in The Later Roman Empire*, Ithaca: Cornell University Press, 1951, p.62.

② *Theodosian Code*, 16.5.5, p.450.

③ Juvenal, *Satires*, VII, 150-155, pp.149-151.

④ 哈尔莫狄欧斯和阿里斯托盖通曾于公元前 514 年试图推翻雅典的僭主政治，虽然没有成功，但是仍因为反对暴政、保护民主而受到雅典人的尊重。

寄人篱下,在创作与演讲中就不会称颂"现代的人或事"。例如,图拉真时代的狄奥·克里索斯托姆曾因在一次演说中提到有关帝制统治的"现代的、不光彩的事"而公开道歉。① 同样,他们一般很少主动谈及社会上津津乐道的犹太战争、图拉真的善举、安东尼王朝的盛世等话题。

二、歌功颂德及引导舆论

皇帝授予官方教师以政治、经济等特权,虽不能排除他们发展教育的愿望,但根本目的是利用教师为自己的统治服务:培养忠顺于帝国的人才;为自己歌功颂德;引导社会舆论方向。在没有现代化媒体的古代,皇帝要想左右公众舆论,在很大程度上需要借助于经常公开发表演说的教师。一些教师则投其所好,引起他们的注意,进而获得特权与官职。对此,尤曼尼乌斯一语道破:皇帝之所以受到教师的歌颂与赞美,是因为他是选拔与任命教师,并赐予他们马匹的主人。② 换言之,皇帝与教师之间本质上是权力与利益的交易关系。

自小普林尼开创了为图拉真歌功颂德的先河后,学者与教师赞美帝王逐渐成为心照不宣的习惯性做法,到君士坦丁和君士坦提乌斯时代更成为官方教师职责的重要部分。当然,教师与学者对皇帝歌功颂德有时并非完全是卑躬屈膝的谄媚。无论东部的智者还是西部的教授,有时确实因为皇帝们为社会稳定与臣民福祉夙兴夜寐而称赞他们,有时则是折服于他们的过人才华。另一方面,他们意识到自己所在城市的教育需要帝国的政治保护与财政支持,个人的前途也依赖于帝王们。因此,他们对皇帝的情感复杂,崇高庄严与阿谀奉承往往交织其中。

伊奥尼亚的智者阿里斯提德斯(Aristides Publius Aelius,117—181)曾热

---

① [瑞士]雅各·布克哈特:《君士坦丁大帝时代》,宋立宏等译,上海三联书店 2006 年版,第 178—179 页。

② Eumenius,*Pro Instaur.Schol.*(*For the Restoration of the Schools*).5,in C.E.V.Nixon and Barbara Saylor Rodgers,*In Praise of Later Roman Emperors*,*The Panegyrici Latini:Introduction*,*Translation and Historical Commentary*,Berkeley:University of California Press,1994,p.157.

情洋溢地致信皇帝安东尼·庇护,歌颂伟大的罗马人把"世界变成了一个国家",把征服者与被征服者联为了一个共同体。他禁不住这样称赞"罗马治下的和平"(the Pax Romana):

> 在帝国合唱团的总指挥下,整个世界成了和谐的"合唱团"。世界各地就像吊附在岩壁上的蝙蝠那样彼此依偎,都依附在罗马身上,它们最大的恐惧就是与其分开……全世界都像沉醉在节日的气氛中,人们已把武器铠甲弃置一旁,尽情享受自由美好的生活。所有的城市都已忘掉彼此的敌意,一种新的竞争使它们竞相成为最美丽、最具魅力的城市。到处可见体操馆、喷泉、罗马柱、神殿、作坊与学校。①

阿里斯提德斯不乏恭维的赞美之词不仅道出了帝王结束战乱和实现政治统一的贡献,也肯定了帝国内部的公正、自治、秩序,描绘了臣民对"罗马人"身份的认同与安居乐业的理想状态,以及表达了响应皇帝号召向人们传播新型希腊—罗马文明价值观的意图。

由于高卢是帝国后期文化与教育最发达的地区,是"挑选文法家和雄辩家的地方",因而高卢演说家为皇帝所作的大量颂词得以留存下来。公元48年,皇帝克劳狄乌斯致信元老院,要求赐予高卢考莫塔(Comata)贵族特权,并允许他们保持高卢人的风俗与文化,与罗马人地位平等。② 从公元3世纪开始,高卢先后遭到法兰克人和撒克逊人海盗的袭击、萨尔马提亚人和哥特人的蹂躏,而正是皇帝马克西米安、君士坦提乌斯、君士坦丁先后打败了这些威胁高卢的侵略者,使这里成为保留和发展罗马文化的重要基地。

当其他地区的学校教育普遍面临危机时,高卢的学校仍是一片繁荣景象。高卢的雄辩术盛极几个世纪,相继出现了奥顿、马赛、阿尔累斯、波尔多、里昂和图卢兹等文教中心,对帝国的教育文化事业贡献巨大,比如里昂的音乐厅成

---

① *Aristdes*, XXVI, in Aristides Publius Aelius, *The complete works: Orationes I–XVI, with an appendix containing the fragments and inscriptions*, Vol.1, Brill: Archive, 1986, p.11.

② Tacitus, *Annals*, XI.24, 13, 1970, p.289.

为公众朗读之处,也是雄辩家激情演说之所。高卢文化的持续繁荣自然与尤曼尼乌斯、奥索尼乌斯和西马库斯等著名学者相关,也与皇帝的重视密不可分。正因如此,高卢的演说家经常满怀感激地称颂皇帝的功德。例如,他们将学识不高的马克西米安比作古希腊英雄赫丘利①;称颂戴克里先戎马倥偬、无所不在的脚步可与宙斯比肩。拉丁诗人卡尔普尔尼乌斯·西库卢斯(Calpurnius Siculus)赞颂努梅里安皇帝(Numerian,282—284年在位)说:"在他面前,森林肃然起敬,羔羊尽情嬉戏,羊毛羊奶丰盛充足,田野果园葱郁,因在他凡人的躯体里潜伏着一位神灵,而这位神也许就是至高无上的朱庇特本人。"②

与上述露骨的颂词相比,君士坦提乌斯的私人秘书、拉丁颂词作家尤曼尼乌斯的颂扬似乎少了谄媚之态。他将自己的时代誉为黄金时代,称这是四帝共治的功劳。③ 当高卢的和平再次来临,他激情地称颂道:"蛮族被驱逐,边境得安全,林木再次根深叶茂,庄稼茎秆再次昂起头。黄金盛世再次来临!"④他最有名的演说是他指着奥顿大会堂⑤墙上一幅巨大的世界地图,面对一群高卢青年,颂扬"四头政治"及君士坦提乌斯本人:

> 在那里,让我们看戴克里先的仁慈如何平定埃及的疯狂叛乱;马克西米安怎样削弱摩尔人。在君士坦提乌斯您的手上,巴塔维亚人与不列颠人如何从山林湖泊中再次愁容满面地走出;或者,凯撒加莱利乌斯如何把波斯人踏于脚下,让其跪地发抖。如今,注视五颜六色

---

① 希腊神话中用箭射死巨人革律翁(Geryon)的英雄。

② [瑞士]雅各·布克哈特:《君士坦丁大帝时代》,宋立宏等译,上海三联书店2006年版,第42页。

③ 也许正因如此,他视"4"为一个具有象征意义的数字。4为构成宇宙秩序的基本要素,体现在四大元素、四季、四块大陆、罗马的人口每四年普查一次等。

④ Eumenius, *Pro Instaur. Schol.* (*For the Restoration of the Schools*).18, in C.E.V.Nixon and Barbara Saylor Rodgers, *In Praise of Later Roman Emperors*, *The Panegyrici Latini*:*Introduction*, *Translation and Historical Commentary*, Berkeley:University of California Press,1994,p.169.

⑤ 奥顿大会堂位于阿波罗神庙和卡匹托林神庙之间。

的地图也成了一件赏心乐事，因为上面找不到不属于我们的地方。①

尤曼尼乌斯非常受人尊敬，不仅因他位高权重，还因他满怀浓郁的爱乡、爱国情结。奥顿城因蛮族入侵与多年战乱而破坏严重，不仅城墙被拆，学校也遭到毁坏。他决定尽其所能地恢复并发展这座城市的教育。为此，他竭力让君士坦提乌斯与君士坦丁关注这座已经破败的城市，并在君士坦丁进入奥顿城时发表了精彩的欢迎词：

> 为了欢迎您的到来，我们倾尽了微薄的资源，装饰了通往帕拉迪乌斯的街道。我们城市的所有行会同意团体代表高举所有神像迎接您的莅临。您之所以能见到仅有的几件乐器，那是我们抄近路匆匆追上您的缘故。您大概已经注意到穷人善意的虚荣。②

这场真诚且不失尊严的演说应该触动了君士坦丁大帝。后来，他下令重建奥顿城，直接授予了该城免税特权，同时给予大量财政补贴，还让尤曼尼乌斯主持重修了奥顿学校并任校长。当皇帝下令在这座城市为其建造一座纪念碑时，他则婉言谢绝说："带着谦卑的崇敬，我接受您的奖赏，您授予我的荣誉……对于一个不愿沽名钓誉的人而言，他又怎敢奢望建一座纪念碑于身后留下美名呢？"③他为奥顿城文化教育的贡献使他成为古代晚期文教史上一颗学术明星，并享誉后世。

越到古典文化"衰落"、各领域严重蛮族化的帝国后期，皇帝们为了保证国家机器的正常运转，对教育的兴趣就越是浓厚，干预也更直接，而这"与其

---

① Eumenius, *Pro Instaur. Schol.* (*For the Restoration of the Schools*) .18, in C.E.V.Nixon and Barbara Saylor Rodgers, *In Praise of Later Roman Emperors*, *The Panegyrici Latini*: *Introduction*, *Translation and Historical Commentary*, Berkeley: University of California Press, 1994, p.171.

② Eumenius, *Speech of Thanks to Constantine*, 8, in C.E.V.Nixon and Barbara Saylor Rodgers, *In Praise of Later Roman Emperors*, *The Panegyrici Latini*: *Introduction*, *Translation and Historical Commentary*, Berkeley: University of California Press, 1994, p.279.

③ Eumenius, *Speech of Thanks to Constantine*, 6, in C.E.V.Nixon and Barbara Saylor Rodgers, *In Praise of Later Roman Emperors*, *The Panegyrici Latini*: *Introduction*, *Translation and Historical Commentary*, Berkeley: University of California Press, 1994, p.275.

说是国家对公共事务的操控不断增强的结果,不如说是来自一种特别的警醒和自觉的关切"①。在蛮族横行,贵族阶层不断消失、重组的古代后期,老罗马人深感使命重大,即对抗野蛮,维护文明。而行伍出身的皇帝或行省新贵标榜自己将成为"新罗马人",为了消除自卑和粗鄙之气,拉拢和重用精通古典文法和演说术甚至哲学的教师为自己及其子孙传授学问。

这也为不少学者型教师创造了接近皇帝的机会。他们有意讨取皇帝的欢心,为此需要细致地揣摩其心思,并为之精心准备歌功颂德的演说。若能得到皇帝的垂青,他们则可以获得令人羡慕的荣誉与特权,甚至平步青云,成为宠臣。著名演说家、外交家西顿(Sidonius Apollinaris)对皇帝阿维图斯(Avitus,455—456 年在位)大加颂扬后,深得皇帝赏识,不仅把女儿嫁给他,还在图拉真广场为其竖了一尊雕像。② 随后,他又因歌颂皇帝马约里安(Majorian,457—462 年在位),而被允许自由出入宫廷;公元 468 年,他又因赞美皇帝安狄米乌斯(Anthemius,467—472 年在位)而荣升行政长官与首席元老。③ 一些皇帝也会对讨巧者过于纵容,例如君士坦丁免除了他们的一切义务,甚至给予他们免于被起诉的特权;地方官要对那些伤害教师的人处以重金罚款;教师的奴隶在犯错后可免受鞭刑,否则执行者将受罚。④

就本质而言,帝王们支持教育的目的是稳固帝国统治,因为"从某种程度上说,那些值得信任的演说明星就是把握帝国方向的掌舵者"。这在君士坦提乌斯致尤曼尼乌斯的信中可见一斑:"我们这些享受着奥顿文明恩泽的忠诚的高卢人,应该为子孙后代的才干与前途考虑。因此,我任命你为这所学校

① [法]亨利-伊雷内·马鲁:《古典教育史》,王晓侠等译,华东师范大学出版社 2017 年版,第 171 页。

② Sidonius, *Poems and Letters*, Introduction, xxxvi, in Sidonius, *Poems and Letters*, Vol. 1, translated by W. B. Anderson, the Loeb Classical Library, Cambridge MA.: Harvard University Press, 1963.

③ Sidonius, *Panegyric on Anthemius*, II.5–30, in Sidonius, *Poems and Letters*, Vol.1, p.7.

④ *The Theodosian Code and The Sirmondian Constitutions*. XIII.3.1, translated by Clayde Pharr, New Jersey: Princeton University Press, 1952, pp.387–388.

的校长;因为我们已从你的服务中知道,你具备雄辩的才能与亲和的脾性。"①
由于他们的学生毕业后将到帝国各处任职,能否对帝王和国家忠心在很大程
度上取决于教师们的教导是否方向正确。对此,布克哈特曾直言,君士坦提乌
斯"任命奥顿大学的校长,与他任命禁卫军首领一样重要。"②

　　从某种意义上说,帝王确实为教育事业的持续发展提供了强大的动力,并
且取得了一定的成效。然而,教育领域的过度专制也限制了它本该有的自由
与活力,甚至泯灭了教师的个性。在专制体制下,教师不得不唯皇帝马首是
瞻,因被召见、重用而欣喜若狂。一份留存至今的演说颂词证实了一位曾被狄
奥多西一世召见过的演说术教师的亢奋:

　　　　噢,我的旅行多么幸运至极! 我品味着多美好的幸福感! 我满

　　怀喜悦之情! 当我回到高卢的城市,人们满是羡慕! 雷鸣般的掌声

　　与成群结队的人围着我,许多听众聆听我的演讲:"我看见了罗马!

　　我看到了狄奥多西一世! 我见到了君主,我看到了他,王位复仇者,

　　王位的重建者!"③

　　这位演说家因在罗马城见到狄奥多西一世后的狂喜及其媚态在这篇颂词
中暴露无遗。对不少教师而言,皇帝的赏识无疑是自己的莫大荣耀,也会让自
己身价倍增。这种趋炎附势通常使他们作为知识分子的个性、思想,乃至尊严
或多或少地被扭曲了。一些知识分子试图兼顾荣华富贵与学者清高,却因此而
陷入左右为难的痛苦之中。奥索尼乌斯曾被格拉提安皇帝要求给自己写一首
赞美诗而感到为难:"我没有写诗的才能,然而皇帝却下了命令,我必须写! 拒

---

①　Eumenius, *Pro Instaur. Schol.* (*For the Restoration of the Schools*).4, in C.E.V.Nixon and Barbara Saylor Rodgers, *In Praise of Later Roman Emperors*, *The Panegyrici Latini*: *Introduction*, *Translation and Historical Commentary*, Berkeley: University of California Press, 1994, p.154.

②　[瑞士]雅各·布克哈特:《君士坦丁大帝时代》,宋立宏等译,上海三联书店 2006 年版,第 55 页。

③　*Pan Lat.*II.in Symmachus, *Letters* I.20.2, translated by Michele Renee Salzman and Michel Roberts, Atlanta: Society of Biblical Literature, 2011, p.146.

绝皇帝的要求是不明智的!""然而,这样做是可笑的耻辱,会亵渎了维吉尔!"①

要言之,帝国政府干预与控制教师的政策不利于教育创新与自由精神的培养。皇帝监督这些教师的活动,并要求他们为自己歌功颂德,钳制了教师的思想与行动的自由,学校教育的最高目标变成了掌握经典语言与写作技巧,熟谙浮夸奉承。而这种教育的"奴性"化倾向的结果往往是令人作呕的颂词泛滥,给要求自由和创新的教育造成了致命打击。必须注意的是,皇帝们控制教育的政策往往是针对帝国的政治中心,如罗马城和君士坦丁堡等大城市。因此,我们不能过于夸大帝国后期帝王对教育控制与压制的深度和广度。

总体来看,历代帝王实行的教育政策之间具有一定的连续性,较少受到宗教因素的影响。即便在基督教合法化后的大部分时间里,教育领域里的异教教授和基督徒教师之间基本上能"和平共处",都在异教学校里讲授古典文学。只有当统治者把宗教引向政治斗争时,才引发了文教领域里的宗教与信仰斗争,比如"叛教者"朱利安、狄奥多西二世等在高等教育领域实行了垄断性的教师政策。查士丁尼统治时期的教育政策受宗教因素的影响达到高潮。公元529年,查士丁尼(Justinian,527—565)强制关闭了所有的异教学校,即便雅典传授新柏拉图主义哲学的学校也未能幸免,大量的异教教师被迫离开雅典,游走四方。②

---

① Ausonius, *Praefatory Pieces*, IV.11, in Ausonius, Vol.I, 1968, p.9.

② 关于查士丁尼是否关闭了雅典的哲学学院,学界有着不同的看法。1969年,Alan Cameron认为并没有禁止雅典的所有教学活动,只是禁止非基督教徒从事公共教学;也没有关闭雅典阿卡德学园,只是切断了国家拨付的资金。James Hannam却认为,该法令是专门针对关闭雅典学园而颁布的,但没有影响到亚历山大里亚、安条克和君士坦丁堡等地大学继续办学。James Hannam把大英图书馆保存的希腊文查士丁尼法令译成了英文:We wish to widen the law once made by us and by our father of blessed memory against all remaining heresies(we call heresies those faiths which hold and believe things otherwise than the catholic and apostolic orthodox church), so that it ought to apply not only to them but also to Samaritans [Jews]and pagans.Thus, since they have had such an ill effect, they should have no influence nor enjoy any dignity, nor acting as teachers of any subjects, should they drag the minds of the simple to their errors and, in this way, turn the more ignorant of them against the pure and true orthodox faith; so we permit only those who are of the orthodox faith to teach and accept a public stipend.2018年3月20日,见http://www.bede.org.uk/justinian.htm。从以上译文上看,查士丁尼法令似乎针对的是帝国境内的所有异教学校,并没有指向某个城市或某个学校。

作为最后支持多神教的皇帝,朱利安试图利用古典文学和学校教育作为抵制基督教扩张的最后堡垒,但他的早逝却为之蒙上了一层神秘和悲壮的色彩。

第四节　朱利安皇帝的两个教师法令

"背教者"皇帝朱利安是西方宗教史上极具争议且形象最为分裂的重要人物之一。他的好友兼战友、多神教史学家阿米安(Ammianus Marcellinus,330—397)称他是"政绩卓著,精通兵法,兼具节制、智慧、公正和勇敢四种美德"的"理想君主"。① 而其雅典同窗、基督教父格里高利(Gregory of Nazianzus,329—389)②却称其为"生性邪恶的"③"背教者""暴君"④,迫害基督教的恶魔⑤。中世纪基督教会将之妖魔化为邪恶敌人,人文主义者将之理想化为复兴古典文化的先驱,而启蒙作家认为他是宗教自由的捍卫者。⑥ 朱利安的形象如此多元、矛盾,主要源于他公开"背叛"基督教、复兴多神教的"希腊主义复古改革"⑦。自古典晚期以来,人们一直对这场改革保持着浓厚

---

① Ammianus,25.4,in Ammianus Marcellinus,*History*,Vol. II,translated by John C. Rolfe,the Loeb Classical Library,Harvard University Press,1940,p.513.

② 格里高利是公元4世纪时君士坦丁堡主教、哲学家,把希腊主义融入早期教会神学,为东罗马帝国的宗教神学和教会体制确立了范式。他对基督教"三位一体"的教义产生了重要影响,被称为"三位一体神学家"。

③ Gregory of Nazianzus,*Oration*,4.52 – 56,in Bradford Lee Fipps,*Gregory of Nazianzus's Orations 4 and 5:An Introduction and New Translation*,PhD Dissertation,Drew,N.J.:Drew University Madison,1994,pp.186–189.

④ Gregory of Nazianzus,*Oration*,4.1,p.138.

⑤ Gregory of Nazianzus,*Oration*,4.68,p.199.

⑥ Stefan Rebenich,"Julian's Afterlife:The Reception of a Roman Emperor",in Stefan Rebenich and Hans-Ulrich Wiemer(eds.),*A Companion to Julian the Apostate*,Brill,2019,pp.398–417.

⑦ Charles Norris Cochrane,*Christianity and Classical Culture:A Study of Thought and Action from Augustus to Augustine*,New York:Oxford University Press,1944,pp.261–262.至于朱利安改革的政治目标,学界目前尚存在很大的分歧。德沃尼科认为,朱利安是一个谨慎的法律专家,决心回归早期共和体制,寻求一种古罗马理念的复兴。参见 Francis Dvornik,The Emperor Julian's 'Reactionary' Ideas on Kinship,in Kurt Weitzmann(ed.),*Late Classical and Medieval Studies in Honor of Albert Mathias Friend*,New Jersey:Princeton University Press,1955,pp.71–81。马尔科姆·斯科菲尔德

的兴趣,且取得了丰硕的研究成果。① 不过,这些成果都无法绕开朱利安书面政治遗产中最具争议的内容②,即《教师资格法令》(*The Edict on Teachers*)和一封被认为是针对基督徒教师的"信件"(*Rescript on Christian Teachers*)。

长期以来,人们一般将这两份文本笼统地称为朱利安从初期伪装宗教宽容转变为公开迫害基督教的标志。这种观点源于格里高利对朱利安的批评。在驳斥朱利安的长篇演说词 4 中,格里高利把"剥夺基督徒话语的法令"视为后者从起初的隐藏(劝说)走向后来公开(胁迫)的转折。③ 从 20 世纪 30 年代极具影响力的比德兹④到 20 世纪 80 年代的权威传记作家鲍沃索克⑤等人都接受了这一说法。新近出版的《剑桥古代史》也持类似观点。⑥ 不过,也有学者强调不应固守朱利安反基督教的僵化形象,而应警惕古典晚期基督教文献过分强调其包括文教在内政策的宗教性,如琼斯指出,他的学校法令虽然对基

却认为,朱利安的书信表面上拒绝了皇帝的绝对统治观念,实际上却巧妙地把柏拉图理性安排(我们心灵中的神圣因素)式的法律观念嫁接到王政观念之上。他真正的想法是,一个真正的国王不是人类(或不仅是人类),而是一个神灵。在自传性质的《反赫拉克利特》中,他把自己称为赫利俄神和雅典娜的继子。参见 [英]克里斯托弗·罗·马尔科姆·斯科菲尔德主编:《剑桥希腊罗马政治思想史》,晏绍祥译,商务印书馆 2016 年版,第 626—627 页。

① 泰特勒在《最后一个多神教皇帝"背教者"朱利安与基督教的战争》一书的序言注释 1 中列举了 19 世纪末期至 21 世纪初期与朱利安相关的 27 部著作、4 部论文集和 2 份刊物。参见 C. Teitler, *The Last Pagan Emperor Julian the Apostate and the War against Christianity*, Oxford: Oxford University Press, 2017, p.147. 其中,鲍沃索克的《"背教者"朱利安》较为透彻地阐释了朱利安的历史观念,参见 G. W. Bowersock, *Julian the Apostate*, Cambridge: Harvard University Press, 1978); 史密斯分析了朱利安的宗教与哲学观念对其叛教思想和行为的影响,参见 R. Smith, *Julian's Gods: Religion and Philosophy in the Thought and Action of Julian the Apostate*, London: Routledge, 1995。

② Konrad Vössing, "The Value of a Good Education: The School Law in Context", in Stefan Rebenich and Hans–Ulrich Wiemer (eds.), *A Companion to Julian the Apostate*, Leider: Brill, 2019, p.178.

③ Gregory of Nazianzus, *Oration*, 4.57, 4.62, 4.63, pp.189–190, 194, 195.

④ Joseph Bidez, *La vie de l' Empereur Julien*, Paris: Les Belles Lottres, 1930.

⑤ G. W. Bowersock, *Julian the Apostate*, Cambridge: Harvard University Press, 1978, p.92.

⑥ David Hunt, "*Julian*", in Averil Cameron and Peter Garnsey (eds.), *The Cambridge Ancient History* (*Vol.* 13): *The Late Empire A. D.* 337–425, Cambridge: Cambridge University Press, 2008, pp. 66–67.

督徒教授是不公平的,但根本算不上迫害。① 哈迪认为,这两份文件应该是朱利安保守政治观念的表征,而不是出于对基督教的恶意和仇恨的结果。② 马沃思格则强调,他的教师法令确有歧视、排挤基督徒之意,但并非宗教狂热和迫害基督教的表现。③

近三十年来,有些学者认为,把两份文件不加区别地放在一起,讨论是不是皇帝迫害基督教证据的做法不妥,而应从其出现的语境、文件性质以及两者的关系等方面重新研究。班齐提出,尽管那封"何为教师道德"的信件是朱利安清晰表达多神教偏见的标志,但它应该是与另一条被删除或遗失的法令相关,而与《教师资格法令》之间并没有任何关系。④ 麦克林认为,两份文件分别是朱利安在不同情境下发表的、主题不同的法令和演说词,不过很可能被法典委员会进行了"处理",使他更像是一个具有宗教偏执特征的专制皇帝。⑤ 甚至有学者大胆地推测,任何朱利安禁止基督徒教师教学的规定都是古典晚期的基督教精英虚构的产物,并将之强加给了朱利安。⑥ 总的来看,学界对两份文件的新近研究取得了一定的进展,但关注点不同,难成体系,观点更是莫衷一是,少有共识。

---

① A. H. M. Jones, *The Later Roman Empire 284 - 602: A Social Economic and Administrative Survey*, Vol. 1, Basil Blackwell; Norman, 1986, p. 123.

② B. Carmon Hardy, "The Emperor Julian and His School Law", *Church History*, Vol. 37, No. 2 (June 1968), pp. 131-143. 译文见哈迪:《尤利安皇帝与其教育法令》,载[古罗马]尤利安:《尤利安文选》,马勇编/译,华夏出版社 2017 年版,第 219—241 页。

③ Konrad Vössing, "The Value of a Good Education: The School Law in Context", in Stefan Rebenich and Hans - Vlrich Wiemer (eds.), *A Companion to Julian the Apostate*, Brill, 2019, pp. 198-199.

④ T. Banchich, "Julian's School Laws: Cod. Theod. 13.3.5 and Ep. 42", *Ancient World*, Vol. 24, 1993, pp. 5-14.

⑤ Neil McLynn, "Julian and the Christian Professors", in Carol Harrison, Caroline Humfress and Isabella Sandwell(eds.), *Being Christian in Late Antiquity: A Festschrift for Gillian Clark*, Oxford Scholarship Online, 2014, pp. 121-136.

⑥ E. Germino, *Scuola e cultura nella legislazione di Giuliano l' Apostata*, Napoli: Jovene, 2004, pp. 127-130.

国内学界最近二十年才开始关注朱利安,例如吴嘉玲的硕士论文《朱利安叛教徒之研究》梳理了朱利安的生平及"叛教"行为;吕厚量把他作为古典晚期再造罗马的多神教精英代表之一,深入地探讨了他的历史观与历史叙述;刘衍钢以基督教和异教史学对他死亡的不同历史叙述为切口,研究了双方从竞争到交融的波动。① 这些研究尽管视角独特、方法新颖,但尚未注意到上述两份教师文件在古典文化与基督教文化碰撞、融合过程中的世界文明史意义。

笔者拟将这两份教师文本置于基督教逐渐取代多神教的社会进程中,系统地考察它们出现的语境、关联及其实际效果;并结合朱利安的"驳斥犬儒赫拉克勒奥斯"、"反加利利人"和"致恺撒"等作品中的神学思想与哲学理念,分析早期基督教精英和多神教史家对其教师法令的评论是否中肯,文教改革的真实意图和宗教态度,以及是否可以将两个教师法令视为他从初期佯装宗教宽容转向公开迫害基督教的标志。

一、《教师资格法令》的出台

朱利安时代,罗马帝国东、西分裂已成定势,十字架已从受迫害的标志变成了保护帝王宝座的象征。借此,基督教快速地步入历史舞台的中央,在政治、经济等领域逐步占据优势地位,其教徒也活跃于文教领域。然而,这并不意味着延续了两千多年的多神教及古典文化会偃旗息鼓。随着君士坦丁统一帝国和新首都君士坦丁堡的建成与繁荣,希腊文学、修辞、哲学等古典学科出现一股复兴潮流。如马鲁所言,每次古典文化的复兴必然伴随着多神教的再度登台。② 长期遭受康斯坦提乌斯二世(Constantius,337—361 年在位)迫害的朱利安在政治舞台上意外的崛起,为多神教和古典文化注入了一股复兴的活力。

---

① 吴嘉玲:《朱利安叛教徒之研究》,国立成功大学硕士学位论文,2004 年;《尤利安文选》翻译了七篇朱利安的政治哲学和神学的文章;刘衍钢:《历史叙述之争与西方史学发展的波动:论尤里安之死》,《历史研究》2017 年第 5 期。

② [法]亨利-伊雷内·马鲁:《古典教育史》,王晓侠等译,华东师范大学出版社 2017 年版,第 196 页。

361 年 11 月,康斯坦提乌斯二世从东方战场回师,讨伐在高卢行省被军队拥立为帝的堂弟朱利安,不料在途中病危。因无子嗣,他只能同意由朱利安继承皇位。于是,作为被讨伐者的朱利安,竟戏剧性地入主君士坦丁堡,成为唯一的奥古斯都。即位后,他立即公开表达了对诸神的虔诚,对基督教的厌恶。他深信自己是太阳神赫利俄神派来启蒙或开悟无知的人①,肩负引领所有罗马人走向神圣的使命。在同月写给其导师哲学家马克西姆(Maximus of Ephesus,310—372)的信中,他阐明了自己主政后的政治—宗教计划:

> 在这种新的形势下,我公开崇拜众神,所有和我一起归来的军队都崇拜众神。我多次当众向诸神献上百牛祭,作为奉献和感谢。众神命令我恢复对他们的崇拜,使之达到最纯洁的程度,我当然会服从他们,而且怀着最高的敬意。因为他们应许会给我最大的赏赐,只要我不疏忽懈怠。②

为了"恢复对众神的崇拜,并使之达到最纯洁的程度",他掀起了"从基督转向柏拉图"的复古运动③,抑制基督教,使其在帝国各领域内逐渐边缘化,同时全面地转向"希腊主义"(Hellenism),宗教上崇奉古老的众神,政治上实行哲学王治下的共和国。文化上恢复古典主义,教育上让公民接受"正确"的教化(paideia),重建诸神庇佑下的辉煌帝国。在这一明确的目标指导下,他制定了与前任皇帝完全不同的改革政策:公开信奉古老诸神、限制基督教,以及塑造自己良好的哲学王形象。

一般认为,朱利安的这场改革分为两个阶段。第一阶段为上台初期,尊重古老的法律,恢复元老院的地位;招揽各种人才,既重用多神教徒,如新柏拉图

---

① Julian,*To the Cynic Heracleios*,227C,in *The Works of The Emperor Julian*,Vol.II,p.131.

② Julian,*To Philosopher Maximus*,415C,in *The Works of The Emperor Julian*,Vol.III,translated by Wilmer Cave Wright,the Loeb Classical Library,Cambridge MA.:Harvard University Press,1913,p.23.

③ Charles Norris Cochrane,*Christianity and Classical Culture:A Study of Thought and Action from Augustus to Augustine*,Oxford:Oxford Universiey Press,1944,p.261.

主义哲学家马克西姆、希腊智者李巴尼乌斯等人,也礼遇基督教的著名人物,如凯撒里亚主教巴西尔①等人;倡导普遍的宗教信仰自由,特赦许多被君士坦丁大帝、康斯坦提乌斯二世流放的基督教不同政见者,如亚历山大里亚的正统派主教阿塔纳修(Athanasius,298—373)②、阿里乌斯派代表人物埃提乌斯(Aetius the Arian)③等。古今学者大多同意,无论朱利安的真正动机是什么,政治机会主义④也好,真正的信念也罢,他在第一阶段推行的是真正的宗教宽容政策,当政风格与前任的专制截然不同。

传统观点认为,也许是因为朱利安意识到改革并没有以预期的速度发展,他改变了最初的容忍态度,很快进入到公开迫害基督教的阶段。公元362年最初几个月,他加大推行压制基督教、恢复异教信仰的政策,如3月13日颁布废除基督教会司法权和被免于市政义务的特权等。⑤6月29日发给行省总督的法令,要求多神教庙宇在其他建筑物之前进行修缮;⑥而6月17日颁布的

---

① 朱利安曾在雅典与凯撒利亚主教巴西尔等人会面,召集他们到君士坦丁堡参与新政府管理。在邀请信中,他宣布了用人标准:公平、聪明和称职。他们不一定同意自己的看法,但他可以完全信任他们。Julian, *To Basil*, 81, in *The Works of The Emperor Julian*, Vol.III, pp.285–287。

② 阿塔纳修是东方教会的教父之一,曾为亚历山大里亚的主教,为基督教核心教义"三位一体"的发展奠定了基础。他曾因指责君士坦丁大帝而遭到流放。

③ Julian, *Letters*, 404B, in *The Works of The Emperor Julian*, Vol.III, p.34.

④ 阿米安认为,朱利安召回教会异议分子,为的是制造基督教内部的分歧,让其自我毁灭。参见 Ammianus, 22.5.1–4, p.203。

⑤ Ammianus, 22.5.2, p.203; Libanius, *Oration*, 18.126, in Libanius, *Selected Orations* I, translated by A.F.Norman, the Loeb Classical Library, Combridge MA.: Harvard University Press, 1987, p.361。传统观点认为,朱利安剥夺基督教会免除市政税或司法等特权,是对之进行刻意迫害。但有学者认为,朱利安剥夺基督教神职人员的特权,旨在体现法律公平,使其在社会权利方面与帝国其他公民处于同一水平。参见 M. Marcos, "He Forced with Gentleness: Emperor Julian's Attitude to Religious Coercion", *Antiquité Tardive*, Vol.17, 2009, p.197。

⑥ *The Theodosian Code and The Sirmondian Constitutions*, 15.1.3, translated by Clayde Pharr, New Jersey: Princeton University Press, 1952, p.423。有些铭文也能证实他对多神教的大力扶植,如叙利亚安兹(Anz)村一所房屋的门墙上有一段简短的希腊文铭文:"在奥古斯都弗拉维乌斯·克劳迪乌斯·朱利安皇帝统治期间,恢复了对众神的敬拜,圣殿得以重建和奉献祭品"。参见 C. Teitler, *The Last Pagan Emperor Julian the Apostate and the War against Christianity*, Oxford: Oxford Universiey Press, 2017, p.49。

学校教师法（又称"六月法令"）被视为朱利安公开迫害基督教的起点。① 那么，朱利安改革是否存在所谓迫害基督教的阶段呢？ 还是他一直在宗教宽容的合法框架中进行改革呢？ 这就需要在当时的历史语境中分析"六月法令"的内容以及朱利安的意图。

这份法令被收录于《狄奥多西法典》，颁发地点不明②，主要规定了选拔新教师的评估原则和任命程序：

> 教授与教师要表现出他们的优秀，首先在道德品行上，其次在演说术方面。然而，由于无法亲临每个城市挑选合格的教师，我命令所有想从事教学的人不要轻率地进入该行业。他们必须通过市议会的审查和最优秀公民的一致同意，获得议会颁发给他们的资格证。出于谨慎，这份资格证应该给我过目，以便教师在获得我们的同意与高度赞扬后走上教育岗位。③

该法令首句就强调教师的"道德品行"甚于"演说才能"。这与朱利安一

---

①　Joseph Bidez, *La vie de l' Empereur Julien*, Paris: Les Belles Lettres, 1930, pp. 262–263, 310–311.

②　学界对之观点不一，如鲍沃索克认为，它颁行于君士坦丁堡（G. W. Bowersock, *Julian the Apostate*, Cambridge: Harvard University Press, 1978, p. 85）；苏珊娜认为，它应是朱利安经卡帕多奇亚前往安条克途中颁布的（Susanna Elm, *Sons of Hellenism, Fathers of the Church: Emperor Julian, Gregory of Nazianzus, and the Vision of Rome*, Berkeley: University of California Press, 2012）。较为流行的观点是该法令颁布于安吉拉（Ancyra），例如，麦克林根据朱利安的行程及历史学家阿米安的记载，断定该法令颁布于安吉拉，7 月 29 日在乌布里亚行省的斯波莱托（Spoleto）公开张贴，估计很快传遍了东部行省。（C. Foss, "Late Antique and Byzantine Ankara", *Dumbaton Ooks Papers*, Vol. 31, No. 19, 1977, p. 39; John F. Mathews, *Laying down the Law: A Study of the Theodosian Code*, New Heaven: Yale University Press, 2000, pp. 274–275; Neil McLynn, "Julian and the Christian Professors", in Carol Harrison, Caroline Humfress and Isabella Sandwell (eds.), *Being Christian in Late Antiquity: A Festschrift for Gillian Clark*, Oxford Scholarship Online, 2014, pp. 124–128.）

③　*The Theodosian Code and The Sirmondian Constitutions*, 13.3.5, translated by Clayde Pharr, New Jersey: Princeton University Press, 1952, p. 388. 拉丁原文如下：*Magistros studiorum doctoresque excellere oportet moribus primum, deinde facundia. Sed quia singulis civitatibus adesse ipse non possum, iubeo, quisque docere vult, non repente nec temere prosiliat ad hoc munus, sed iudicio ordinis probatus decretum curialium mereatur optimorum conspirante consensu.*

贯主张的道德标准是一致的,如他在《驳斥犬儒赫拉克勒奥斯》中多次强调美德是教师和学者必备的首要条件。这与他个人信奉新柏拉图主义哲学家教师杨布里克(Iamblichus,245—325)的思想不无关系,即"一个完美的哲学家,首要的是实践美德,并把诸神看作通向善的向导。"①而且,重视师德是罗马人普遍认可的传统。例如,伟大的教育家昆体良、著名作家普鲁塔克等都强调教师首先要德行高尚(vir bonus),其次才是学识渊博(dicendi periitus)。②朱利安的继任者瓦伦提尼安一世和瓦伦斯也在相关诏令中一再强调,"品行端正与辩才卓越的学者才适合教化年轻人。"③此外,当时帝国的教育领域确实存在管理不善与行政腐败愈演愈烈等问题,如有的教师为争夺市政教授席位不择手段,甚至出现斗殴、求助于魔法等不良现象。④ 因而,皇帝对教育领域进行一定程度的干预也是必要的。

不过,"六月法令"一改以往由市政官员与当地元老院掌握本地教师选拔权的做法,首次规定皇帝拥有干预地方市政任命教授的权力。它要求教师候选人提交推荐信或工作履历表,并要求地市议会严格审查,然后颁发教师资格证。⑤ 这一选拔机制的重点是,资格证须由皇帝批准后,方能生效。朱利安这一决策似乎也在情理之中。自安东尼·庇护时期起,政府就开始授予教授席位、为教授发放薪酬以及赋予免税权等特权,到君士坦丁大帝时已把享受特权

---

① [古罗马]尤利安:《驳斥犬儒赫拉克勒奥斯》,载《尤利安文选》,马勇编/译,华夏出版社 2017 年版,第 35 页。

② Quintilian, *The Orator's Education*, I.2.5, II.3.12, translated by H.E.Butler, the Loeb Classical Library, Havard University Press, 2002, pp. 41 – 43, p. 223. Plutarch, *the Education of Children*. 4, in Moralia Vol.1, translated by Frank Cole Ballitt, the Loeb Classical Library, Harvard University Press, 1927, p.14.

③ *The Theodosian Code and The Sirmondian Constitutions*, XVI5.31 – 33, translated by Clayde Pharr, New Jersey: Princeton University Press, 1952, p.455.

④ R.Cribiore, *Libanius The Sophist: Rhetoric, Reality, and Religion in the Fourth Century*, Ithaca: Cornell University Press, 2013, p.121.

⑤ *The Theodosian Code and The Sirmondian Constitutions*, XIII.3.5, translated by Clayde Pharr, New Jersey: Princeton University Press, 1952, p.388.

的范围扩大到官方教授的家人、仆人。① 以哲学王自居的朱利安,自然对文教领域十分重视。他应该需要一份全面的教师登记册,以便对他们的情况进行评估。

可见,朱利安颁行"六月法令"既符合帝国文教的传统,又能借此掌控关系国家舆论方向的教育权力,也不乏他塑造个人哲学王形象的意图。然而,学界就皇帝颁布该法令的目的,却形成了两种完全相左的观点:一种认为它是朱利安禁止基督徒教师讲授古典文学,恶意迫害基督教的第一步②;另一种认为,它是皇帝在公共教育领域锐意改革的总方针,与基督教根本没有任何关系。③ 事实上,"六月法令"中并没有与基督教相关的任何字眼,至少在字面上不存在对基督教的恶意或冒犯。否则,它怎么可能在基督教化时代帝国的《狄奥多西法令》中幸存下来? 然而,为什么在朱利安死后,以格里高利为首的教会精英和史学家将之作为他蓄意迫害基督教的主要"罪证"之一呢? 实际上,这与随后被朱利安称为"一般法"(koinos nomos)④的一封阐明"何为教师道德"的"信件"有关。

二、"何为教师道德"的"信件"及其争论

国外学界对于"六月法令"的真实性及其性质并没有太多争论,而对那封

---

① *The Theodosian Code and The Sirmondian Constitutions*, XIII.3.1, translated by Clayde Pharr, New Jersey: Princeton University Press, 1952, p.380.

② 格里高利和奥古斯丁都认为,朱利安是个彻头彻尾的反基督教者,其教育政策也不例外。中世纪、文艺复兴至近当代的大多数学者基本沿用该说法。参见 B.Carmon Hardy, "The Emperor Julian and His School Law", *Church History*, Vol.37, No.2, 1968, pp.131–143。

③ C.Teitler, *The Last Pagan Emperor Julian the Apostate and the War against Christianity*, Oxford: Oxford Universiey Press, 2017, p.66.

④ 马太认为"koinos nomos"不是法律意义上的"一般法"。参见 John F.Mathews, *Laying down the law: A Study of the Theodosian Code*, New Heaven: Yale Universaoy Pross, 2000, pp.65–70。朱利安将之视为捍卫个人自由的自然权利。参见 Neil McLynn, "Julian and the Christian Professors", in Carol Harrison, Caroline Humfress and Isabella Sandwell(eds.), *Being Christian in Late Antiquity: A Festschrift for Gillian Clark*, Oxford Scholarship Online, 2014, p.129。

论述"何为教师道德"的长篇"信件"一直争议颇多。这封"信件"并未被《狄奥多西法典》或《查士丁尼法典》收录,而是被发现于巴黎 15 世纪时的一堆手抄本中。据说,这封"信"当时夹杂在柏拉图、第欧根尼、克拉提斯等人的一些信件选集和欧里庇得斯、希波克拉底的作品选集之中。① 那时,它已部分残缺,且没有收件人、题头和日期等重要信息,还有被编撰者审查、删增的明显痕迹。迄今,学术界已确认其作者为朱利安,而关于它发表的时间、文本性质、皇帝的动机及其与"六月法令"的关系等诸多问题众说纷纭。关于该文本发表的时间,洛布丛书认为是在公元 362 年 6 月 17 日后发表于安条克②,而班齐认为它可能出现于当年 7 月 18 日与 9 月初之间。③

这封"信"以重申"六月法令"的原则作为开篇,说"我们认为,真正的教育不在于措辞优美与行文对仗,而在于健康的心智状态,对善恶、高尚与卑贱的事物都有正确的理解与见解"④,又尖锐地指出,"某些教师想的是一套,而教他学生的却是另一套,在我看来,这些人没有进行正确的、成功的教育,就像他没有成为好人一样……因此,凡自称教授的人,都必须具有正直的品格,且不能宣扬与自己信仰相反的观点……"⑤

随后,他询问那些讲授荷马、赫西俄德的作品及其他古典作品,却不信书中神灵的教师是否遇到过这个问题。继而,文本中出现了措辞最严厉的一句话:"我要求教师向学生传授自己内心的真实信仰,而非其他东西。什么? 难道不是众神启发了荷马、赫西俄德、修昔底德、伊索克拉底、伊里亚斯的所有学

---

① 这封信由 Bidez、Cumont(1922 年)和 Wright(1923 年)翻译和整理,目前存于赫特林版本之中。参见 Neil McLynn, "*Julian and the Christian Professors*", in Carol Harrison, Caroline Humfress and Isabella Sandwell (eds.), *Being Christian in Late Antiquity: A Festschrift for Gillian Clark*, Oxford Scholarship Online, 2014, p.122。

② Julian, *Letters*, 42, in *The Works of The Emperor Julian*, Vol.III, p.117.

③ T.Banchich, "Julian's School Laws: Cod.Theod.13.3.5 and Ep.42", *Ancient World*, Vol.24, 1993, p.6.

④ Julian, *Letters*, 42(36), 422B, in *The Works of The Emperor Julian*, Vol.III, p.116.

⑤ Julian, *Letters*, 42(36), 422C, in *The Works of The Emperor Julian*, Vol.III, p.116.

问吗？难道这些人也不尊奉赫尔墨斯、缪斯为神灵吗？"①显然,在朱利安看来,希腊史诗、抒情诗、戏剧、哲学、修辞和历史学都与奥林匹亚诸神有着密切的联系。宗教与文化是一体的,文化的所有形式都源于更充分地表达宗教情感的需要。② 这就是朱利安看到的希腊主义的巨大财富,也是他进行"希腊主义复古改革"的精神动力。

以此为基点,朱利安严厉地批评了不信诸神却教给学生诸神赐予的希腊作品的教授,并给出了解决方法:

> 我认为那些正在讲解他们,内心却不奉他们为神灵的人是极其荒谬的! 虽然我说这是荒谬的,可是我并没有说他们应该改变自己的信仰后才能教导学生。我给出一种选择:他们要么不去教授他们认为没有价值的作品,要么他们如果希望教学的话,那就首先让他们说服自己的学生相信那些宣扬诸神的作家们的东西。

此后,编撰者留下一段空白,应该是朱利安对"东西"的解释,很可能是被基督徒指责为不虔诚和愚蠢的多神教神学。这种留白的做法一般是基督徒编撰者对基督教的亵渎之语难以忍受,又不得不忠于原文,只好采取的尴尬处理方式。留白处应该是朱利安在信件中强调的重点,即教师应该让学生相信古典作品对诸神的虔诚信仰:若教师相信古典作家有智慧,那就让学生模仿他们的宗教虔诚。

然后,朱利安才提到了基督徒教授:"如果他们认为那些作家在尊重最受尊敬的众神方面犯了错误,那么就让他们到加利利人的教堂去解释马太和路加吧,因为你们加利利人遵守了他们的诫命,要求人们不要去庙里祭祀诸神。"③

上述说法并没有强制受到道德与职业冲突困扰的基督徒教授改变信仰,而

---

① Julian, *Letters*, 42(36), 423, in *The Works of The Emperor Julian*, Vol.Ⅲ, p.118.

② Polymnia Athanassiadi, *Julian:An Intellectual Biography*, New York:Routledge, 2014, p.123.

③ Julian, *Letters*, 42(36), 422A-424A, in *The Works of The Emperor Julian*, Vol.Ⅲ, p.121.

是把选择权留给了他们自己:要么留在官方学校,承认多神教作品中的神灵,也要说服学生虔诚地信仰他们;要么离开官方学校,到基督教堂宣讲福音。而对那些故意漠视或不关心自己职业与信仰冲突的教师,他则以讥诮的口吻说:

> 既然他们藉着讲授这些作家的作品赚取薪酬,他们也应因此坦白自己是令人羞耻地贪财,为着几个德拉克马,愿忍受所有的事。这种行为不仅与那些叫卖小贩一样不诚实,也是放荡之人的行径。因为那些人极力夸赞那些自己认为毫无价值的东西,却欺骗并诱导别人购买这些无用之物。①

至此,朱利安在信件中所表达的意思已经很明确:称职的教师应该言辞与信仰一致,否则即便学识渊博,也是道德败坏之人;仅为了谋生而违背信仰的人是不诚实的,必定为人所不齿。可以说,这些话直接戳中了"虚伪"的基督徒教授们的软肋:他们自称虔诚侍奉上帝,却为谋生而到官方学校讲授自己痛恨的多神教文学作品。

随后,信件手稿又出现了一段空白,估计是抄写员嫌朱利安的评论太多。② 接着,便是他对基督徒教授的训诫:"就我而言,我希望你们的耳朵与舌头可以'重生',正如你们所言,关于这些作家们对诸神的信仰,他们的所思所想令我喜悦。"最后,他重申了自己一贯的宗教宽容原则:"对不管什么信仰的教师而言,都要遵守一个普遍法则:任何想上学的年轻人都不能被排除在学校大门之外,因为把那些仍然无知且不知该走哪条路的男孩们拒之门外是不公平的。"他还申明了对基督徒的"拯救"手段:"如同治疗精神不正常者一样,我们应给予体贴宽容。因为我认为我们应该教导,而非惩罚,尤其是对那些心智错乱者。"③

---

① Julian, *Letters*, 42(36), 422C, in *The Works of The Emperor Julian*, Vol. III, pp. 120, 116.

② Neil McLynn, "Julian and the Christian Professors", in Carol Harrison, Caroline Humfress and Isabella Sandwell(eds.), *Being Christian in Late Antiquity: A Festschrift for Gillian Clark*, Oxford Scholarship Online, 2014, p. 122.

③ Julian, *Letters*, 42(36), 424, in *The Works of The Emperor Julian*, Vol. III, pp. 120–122.

以上就是这封被称之为朱利安教育"信件"的主要内容。学术界围绕这封"信"的性质，及其与"六月法令"的关系、皇帝的宗教意图等问题展开了激烈且持久的争论。焦点主要在于"信件"是"六月法令"的解释性法令，还是与之无关的私人信件或演说词？如果两者相关，它们是朱利安公开迫害基督教的标志吗？"信件"是专门针对基督徒教师，还是面向所有教师？围绕上述问题，学术界主要出现了以下四种观点：

第一种以比德兹和鲍沃索克为代表，认为两份文件之间有着密切的联系，是朱利安从宗教宽容转向公开敌对基督教并进行迫害的标志，也是他在文教领域中体现其宗教偏执的最清晰证据。

第二种以哈迪和泰特勒为代表，认为两份文本都是朱利安限制基督徒教师在官方学校教授文法和演说术的法令，是解释与被解释的关系。[1] 证据是，"信件"开头强调的原则与六月法令一致；两者若没有关联，则不会引发基督徒的愤怒和骚乱。[2] 不过，他们认为，两份文件并不意味着朱利安对基督教的迫害，只是其温和政策中歧视基督教的表现。

第三种以班齐为代表，强调它们虽然与朱利安希望规范学校教师与教学有关，但是属于两种不同语境下的独立文本。"信件"是朱利安禁止基督徒教授从事教学的法令，还可能有一份遗失了的与之相关的法令，但后者绝不是"六月法令"。[3]

第四种以麦克林为代表，认为两份文件是朱利安在不同情境下发表的、主题不同的法令和演说词，两者之间并没有必然的联系。与"六月法令"庄重严肃的语气有明显的不同，"信件"模仿的是柏拉图式的、讽喻的写作技艺，风格

---

① 哈迪："尤利安皇帝与其教育法令"，载［古罗马］尤利安：《尤利安文选》，马勇编/译，华夏出版社2017年版，第219—241页。

② C.Teitler, *The Last Pagan Emperor: Julian the Apostate and the War against Christianity*, Oxford: Oxford Universiey Press, 2017, pp.66-67.

③ T.Banchich, "Julian's School Laws: Cod. Theod. 13.3.5 and Ep.42", *Ancient World*, Vol.24, 1993, p.7.

与张贴于安条克宫殿前的《厌胡者》告诫令极为类似,即在调侃和娱乐民众的同时达到宣传政策的效果。[1]

上述关于"六月法令"与"信件"的观点尽管都有可取之处,却各有偏颇,无法厘清两者的性质、关系以及朱利安的意图。笔者以为,首先,两份文本出现于不同语境,性质有别,后者是对前者主题的再阐释。"六月法令"是朱利安在东征波斯的途中昭告臣民的文教改革敕令,具有法律的强制性;而随后的"信件"很可能是他在率军途经某个城市时,接到多神教徒官员或教授关于学校内宗教冲突的投诉,向身边的听众即兴发表的演讲词。因为朱利安慷慨激昂的演讲从一开始的"他们"两次转变为"你们",还有他经常用的口头语"我认为(oimai)"重复了五次。[2] 这些都表明"信件"只是一篇口语化的演讲词,而不是信件或严格意义上的法律文件。这篇演说词是对"六月法令"强调的"教师道德"问题的再阐释,并以此宣传自己的多神教立场。

其次,两份文本针对的对象不同。"六月法令"关注公立学校教师候选人的遴选程序,并不涉及宗教信仰问题;而"信件"强调在职基督徒教师和多神教徒从教的私人动机和宗教立场问题。[3] 朱利安在信件中批评"道德不合格"的教师并不只是针对基督徒教师,也包括那些假多神教徒教师,甚至那些缺乏教养的犬儒。[4] 他根据自己即位前一直是基督徒却皈依多神教的经历,知道

---

① Neil McLynn,"Julian and the Christian Professors",in Carol Harrison,Caroline Humfress and Isabella Sandwell(eds.),*Being Christian in Late Antiquity:A Festschrift for Gillian Clark*,Oxford Scholarship Online,2014,pp.121-136.

② Neil McLynn,"Julian and the Christian Professors",in Carol Harrison,Caroline Humfress and Isabella Sandwell(eds.),*Being Christian in Late Antiquity:A Festschrift for Gillian Clark*,Oxford Scholarship Online,2014,p.127.

③ John F.Mathews,*Laying down the law:A Study of the Theodosian Code*,New Heaven Yale University Press,2000,p.276.

④ Julian,*To the Uneducated Cynics*,202C-D,in *The Works of The Emperor Julian*,Vol.II,p.58.朱利安认为新犬儒派已经远离了第欧根尼的生活准则,他们品德堕落、举止放荡,相信各种荒诞不经的迷信。参见 Julian,*To the Cynic Heracleios*,204C-205D,in *The Works of The Emperor Julian*,Vol.II,pp.72,74,76。

一些立场不坚定的多神教徒,以及放弃基督教信仰的人,可能是迫于形势或投机取巧的假多神教徒。最典型的例子是三次改宗的君士坦丁堡智者赫塞波里乌斯(Hecebolius)。① 朱利安决不允许这种人继续混迹于学校的教师队伍之中,或许对他们的憎恶甚于基督徒教师。他要求在信仰上摇摆不定的多神教徒重新审视自己内心与诸神的关系,与自己保持同一宗教立场。② 由此而论,同时代包括教父格里高利在内的基督教人士、多神教史学家阿米安,甚至是"洛布古典丛书"中将这封"信件"命名为"关于基督徒教师的诏令"(*Rescript on Christian Teacher*)的翻译者莱特③,都没有完全理解朱利安所要批评的对象包括哪些人,就把"信件"视为迫害基督教的书面证据了。

所谓"信件"的演说词虽然是朱利安对"六月法令"中"教师道德"的再解释,但它显然具有一定的法律效力。如马修斯所言,皇帝的话语就是法律(*emyucoçnomoç*),体现的是帝国的意志,一旦发表就具有了法律效力。④ 也就是说,这份演说词相当于一份具有法律效力的训诫令。这也就不难理解,为什么在根本没有提及"基督教"字样的"六月法令",以及仅出现一次"加利利人"、"马太和路加"的演讲后,就有两位著名的基督徒教授辞去了教席,以示对朱利安的抗议以及对上帝的虔诚。在朱利安死后,这两份文件更是引发了以格里高利为首的教会精英长期的谴责、诅咒,乃至歪曲附会,甚至也遭到了好友阿米安的批评。

---

① 据苏格拉底说,此人在康斯坦提乌斯时期是基督徒,在朱利安时期成为多神教徒,在朱利安死后又皈依基督教。Socrates, *The Ecclesiastical History*. III. XIII. 5, in Eusebius, Socrates & Evagrius, *The History of Church; Eusebius. Socrates. Evagrius*, translated by *Valesius*, Lodnon, 1709, p.295.

② R. Cribiore, *Libanius The Sophist: Rhetoric, Reality, and Religion in the Fourth Century*, Ithaca: Cornell University Press, 2013, p.134.

③ Julian, "Rescript on Christian Teacher", in *The Works of The Emperor Julian*, Vol. III, pp. 117–123.

④ John F. Mathews, *Laying down the Law: A Study of the Theodosian Code*, New Heaven Yale University Press, 2000, p.188.

三、两个教师法令的效果

"背教者"朱利安并没有像之前的几任皇帝那样用暴力迫害基督徒,而是采取了一种希腊主义学者式的、温和有礼,又不失意志坚定的劝诫与引导方式——著书立说、颁布法令和演说宣传等。可能因为朱利安法令中对违法者没有明确的惩罚措施,加之他在位时间短暂,这两项教师法令的直接影响不大。官方学校里的大多数基督徒教师仍在教学中"忍受讲解古典作品时的良心折磨",以领取养家糊口的薪资。当然,也有个别地位很高、养尊处优的基督徒教师选择了辞职以示反抗。有据可查的有两位著名的基督徒教授因之辞去教职:公元4世纪中后期的罗马官方最高演说术教授盖乌斯·马瑞乌斯·维克多里努斯(Gaius Marius Victorinus,生卒年代不详),以及雅典杰出的演说术教授普罗海雷斯乌斯。

在皈依基督教以前,维克多里努斯是著名的多神教徒学者,也是罗马贵族保守派举行犯渎圣罪仪式的领导者和地位显赫的元老,曾获得在图拉真广场塑造个人铜像的殊荣。① 同时,他还执掌罗马官方演说术教授最高教席,领取高薪且享受特权。然而,他在耄耋之年公开皈依基督教,并倾注极大的热情撰写基督神学著作。这导致他不仅遭到多神教徒的谴责,也使基督教友对其信仰持怀疑态度,自然成为朱利安讨论"教师道德与诚信"的标靶。在教师资格法令颁行后,维克多里努斯在基督徒与多神教徒的双重压力下,成为第一位放弃教授职位的教师。后来,奥古斯丁赞扬他"选择遵纪守法,放弃了他在'学校里的话语',而不是上帝的话语。"②

执掌雅典演说术最高教席的普罗海雷斯乌斯则是另一位在信仰与教职间

---

① Augustine, *Confession*, 8.2.3, in Augustine, *Confession*, Vol.I, translated by Carolyn J., B.Hammond, the Loeb Classical Library, Harvard University Press, 2014, p.409.

② 奥古斯丁评论"维克多里努斯似乎'幸运多于勇敢'"。Augustine, *Confession*, 8.5.10, in Augustine, *Confession*, I, p.425。

做出选择的基督徒。教父圣·哲罗姆曾向学生尤纳皮乌斯讲过此事的完整过程，说朱利安曾授予普氏免受法令约束的特权，但他还是停止了教学活动。① 后来，基督教父们在颂扬普氏信仰坚定的同时，还暗讽了朱利安屈尊向普氏表达善意，最终却自取其辱的尴尬。尼尔重新解读了朱利安《写给雅典人的信》及其写给普氏的一封信，提出皇帝尊重普氏"伯里克利"般的才华，公开授予他不受教师法令限制的特权，大概是向雅典人表明自己依然思想开明。② 不过，普氏曾质疑朱利安"合法"继承人的身份，并说他到君士坦丁堡，在基督教殉道士葬礼上纪念前任皇帝是一种虚伪行为。③ 普氏的质疑与傲慢原本就让朱利安心生嫌隙。后者应该深知普氏在雅典树敌甚多，有些对手曾试图两次将其驱逐出境。④ 这封"何谓教师道德"的训诫演说词实际上给了普氏对手又一次以道德旗号将其彻底打败的机会。⑤ 不过，普氏开办的学校并没有因之关闭，可能由其弟子负责运营，也没有发现剥夺其教席与薪酬的记载，这表明朱利安还是给予了普氏作为学者应有的尊重。

此外，一些基督徒教师针对朱利安的教师政策也进行过颇具创意的反抗，如亚历山大里亚的教师阿波利奈尔父子因对古典文学热情极高而被基督教会开除，后为谋生到塞琉西亚从事教学工作。为了调和信仰与教学的矛盾，他们就以古典作品的体裁改造《圣经》，并根据《荷马史诗》改写了《摩西五经》，按照戏剧风格改写了《旧约全书》，把《新约全书》改成了柏拉图式

---

① Eunapius, *Lives of Philosophers and Sophists*, p.488.

② Neil McLynn, "Julian and the Christian Professors", in Carol Harrison, Caroline Humfress and Isabella Sandwell(eds.), *Being Christian in Late Antiquity: A Festschrift for Gillian Clark*, Oxford Scholarship Online, 2014, p.133.

③ Julian, *Letters*, 14, in *The Works of The Emperor Julian*, Vol.III, p.35.

④ 普氏二十年前就曾被对手驱逐出境。参见 Eunapius, *Lives of Philosophers and Sophists*, p.488。据演说术教授李巴尼乌斯说，他为招收新生经常使用诸如绑架、诱骗等行径，对其他教授的生源造成了极大的威胁，因而招致同行的憎恨。参见 Libanius, *Oration*, I.17-21, p.267。

⑤ Neil McLynn, "Julian and the Christian Professors", in Carol Harrison, Caroline Humfress and Isabella Sandwell(eds.), *Being Christian in Late Antiquity: A Festschrift for Gillian Clark*, Oxford Scholarship Online, 2014, p.133.

的对话体。①

由于朱利安战死波斯,继任皇帝约维安(Flavius Claudius Iovianus,363—364年在位)废除了他的一切改革法令,重新确立了基督教在帝国的优势地位。基督徒在文教领域所面临的压力和焦虑也随之烟消云散,"教会与古典教育再次融洽"②,阿波利奈尔父子式的新颖教育方式也很快销声匿迹。不过,从长远来看,朱利安的教师法令还是引发了基督教精英对古典教育与现实信仰之间关系的深度反思。例如,奥古斯丁在他的《关于授圣职仪式》(De Ordine)、《关于基督教教义》(De Doctrina Christiana)③以及《论教师》等系列论作中对基督教教育哲学和思想进行了深度的、系统的阐述,为中世纪的基督教神学教育奠定了理论基础。

四、教俗两界对两份教师法令的反应

"六月法令"和"信件"虽然仅导致个别著名教授辞去教职,却引发了基督教精英的普遍恐慌和极度愤怒。即便在朱利安逝世一年半后(公元364年末至356年初),教会领袖格里高利仍在讨伐朱利安包括文教改革在内的宗教政策。他发表了现存作品中篇幅最长的《演说》4和5,旨在解释朱利安的"反常"统治,并重点抨击了他最具争议性的宗教政策。他充满怨恨地说朱利安是"世界上最邪恶的与最不敬神的人"④,是"与犹大为伍的最坏的叛徒……

---

① Socrates, *The Ecclesiastical History*, III.XVI, p.296.
② [法]亨利-伊雷内·马鲁:《古典教育史》,王晓侠等译,华东师范大学出版社2017年版,第203页。
③ 《关于授圣职仪式》阐明了早期基督教需要汲取古典文化的教育观;《关于基督教教义》后一篇论文专门论述了教会牧师的教育问题;《论教师》从哲学和神学层面剖析了自由教育的局限性。奥古斯丁在对柏拉图的"回忆说"进行批判的基础上,提出基督教教育的"神圣光照论",宣称"除了上帝以外,没有任何教师能够教给人以知识,正如福音所言:'只有一位是你们的老师,就是基督'……"。参见李猛:《指向事情本身的教育:奥古斯丁的〈论教师〉》,2018年3月20日,见 http://www.docin.com/p-1854978824.html。
④ Gregory of Nazianzus, *Oration*, 4.38, p.172.

彼拉多之后谋杀基督的凶手,是犹太人之外上帝仅有的敌人"①,且首次把他称为"背教者""暴君"②,还说他是"一个聪明却生性邪恶、极不虔诚的人"③,"用诡辩隐藏真相",执行"温和面具下的暴政",是迫害基督教的恶魔④。

这两份教师法令成为格里高利指控朱利安作为"叛教者和迫害者"的主要书面证据之一,将之视为他从佯装宽容转向公开迫害基督教的标志。他在《演说》4.63 中说:"他(朱利安)的劝说只持续了很短的一段时间,紧接着的武力却持续了很长时间。他就像猎杀野兽一样,让我们陷入圈套或追捕中,用这种或那种的方式企图制服我们。"⑤最让他无法忍受的是,朱利安颁布的"剥夺了基督徒话语"的法令,他质问"你的法令是什么意思?你反对基督徒言论背后的阴谋动机是什么?""你完成一系列恶行之后,最终走到了颁布法令公开迫害基督教这一步,不知不觉中羞辱了自己,与先前自以为傲的宗教宽容原则自相矛盾,是极为愚蠢的。"

这里让格里高利反应极为激烈的法令,应该就是"六月法令"和"信件"。但是,他的《演说》既没有明说它们是学校立法,也没有提到教学的问题,而是把朱利安的法令直接描述为"剥夺基督徒话语"的禁令,说它剥夺了基督徒从事和学习古典文学的权利。他还强烈谴责朱利安故意使用"希腊文化"一词代指"多神教",将两者等同起来。据他说,朱利安的相关原话为:"希腊语是专属于我们的,用希腊语说话、读书、写作是我们独有的权力,因为我们才是敬拜诸神的人。你们基督徒拥有的所谓智慧只不过是不合理性的、乡下人的盲目信仰"⑥,"你们在语言和思维方面是希腊人,但在宗教上完全没有成为希

---

① Gregory of Nazianzus, *Oration*, 4.68, p.199.

② Gregory of Nazianzus, *Oration*, 4.1, p.138.

③ Gregory of Nazianzus, *Oration*, 4.52-56, pp.186-189.

④ Gregory of Nazianzus, *Oration*, 4.68, p.199.

⑤ Gregory of Nazianzus, *Oration*, 4.63, p.195.

⑥ Gregory of Nazianzus, *Oration*, 4.102, p.245.

腊人。"①

格里高利长篇大论地论证了朱利安的"错误"与"愚蠢",因限于篇幅,这里只能引用一二。为了说明希腊语和希腊学问并不为多神教徒所专有,他反问说:"说希腊语的人一定就是信仰希腊宗教的人? 希腊语只用于希腊宗教? 这在逻辑上说不通"②,"语言不是发明者所专有的,而是就像你能想到的任何技艺或职业那样,是属于使用它的人的。"③为此,他追溯了希腊字母的源头,质问道:"能说希腊语是你们专有的吗? 告诉我:字母表上的字母不是腓尼基人的发明吗? 或者,正如有人说,它们是埃及人的发明吗? 或者是比他们更聪明的希伯来人的发明吗? 如此说来,还能说阿提卡语言是你们所独享的吗?"④格里高利虽然从逻辑上批驳了朱利安刻意垄断公共教育和希腊学问,没能做到"文化和教育中立"的问题,但没有提出基督徒教师信仰与讲授希腊文学之间道德难题的解决方案。

格里高利的演说词和其他作品无疑是研究朱利安的主要资料。一些研究者发现,这些作品充满了仇恨、愤怒、歇斯底里、激烈的苛责和傲慢的揣度,历史价值极其有限。⑤ 甚至有学者指出,他的演说就是表演,在介绍皇帝惨死时,他不是在书写历史,而是要举行一个庆祝胜利的神圣仪式。⑥ 苏珊娜更是形象地说,他在表演时,"挥舞着朱利安血淋淋的头皮"⑦,目的就是羞辱他;让

---

① Gregory of Nazianzus, *Oration*, 4.5, p.141.

② Gregory of Nazianzus, *Oration*, 4.105, p.247.

③ Gregory of Nazianzus, *Oration*, 4.106, p.248.

④ Gregory of Nazianzus, *Oration*, 4.107, p.251.

⑤ G. W. Bowersock, *Julian the Apostate*, Cambridge: Harvard University Press, 1978, p. 5; Kingdom Van Dam, "Self-Representation in the Will of Gregory of Nazianzus", *The Journal of Theological Studies*, Vol.46, No.1(April 1995), pp.100-102; Susanna Elm, *Sons of Hellenism, Fathers of the Church: Emperor Julian, Gregory of Nazianzus, and the Vision of Rome*, Berkeley: University of California Press, 2012, p.143.

⑥ Gregory of Nazianzus, *Oration*, 4.3, 4.12, 4.17, 5.35, pp.139, 149, 154, 322-323.

⑦ Susanna Elm, *Sons of Hellenism, Fathers of the Church: Emperor Julian, Gregory of Nazianzus, and the Vision of Rome*, Berkeley: University of California Press, 2012, p.145.

他扮作一个哑剧演员,表演一出像他的统治那样短暂的历史哑剧,其言行就像"田野里的草很快就枯黄了"。① 在他们看来,格里高利精心挑选叙事材料,写成雄辩的演说词,并在朱利安死后发表,目的在于破坏和摧毁朱利安在公众心目中的仁慈、宽容的哲学王形象,消除其影响,重建基督教在帝国的权威。

此后,多数基督教父和史家基本上以格里高利的上述定性为基调,将朱利安描绘成一个沉迷于迫害基督教却又会巧妙伪装的"变色龙"②、"暴君"或"恶魔"。在他们看来,两个教师法令暴露了朱利安有计划、有步骤地公开迫害基督教的"险恶用心"。第一步是"六月法令"要求所有从事教学的教师与学者"品德高尚",且须从当地行政机构获得由皇帝批准的教学执照。由谁来界定教师的"德行高尚"呢? 答案自然是皇帝。那么,何谓"德行高尚"? 这是皇帝的第二步,他在"信件"中重新定义教师的"美德",即将文学教育(包括演说术)与诸神崇拜密切联系在一起。这意味着,所有的基督徒教师如果想继续从教,就必须背弃基督,皈依多神教,否则就判定为"道德不合格",进而剥夺他们使用古典文化的权利。

根据上述逻辑,格里高利等人自然对基督教的现实利益和发展前景充满了忧虑。他们深知,朱利安既熟谙基督教哲学,又精通古典学问,懂得如何扼住基督教壮大的命脉:皇帝通过教师法令,不仅完全掌握了学校教授的任命权,而且利用意识形态控制文教领域,排挤基督徒教师,进而将所有领域里的基督徒精英边缘化。从长远来看,基督徒教师若信仰坚定,就要放弃在教育领域的发言权和使用古典文学的权利,而这将阻断基督教从古典文化中汲取养分,或者说掐断了前者与后者的寄生关系,迫使基督教退回到原始状态。若该法令顺利实施,帝国精英估计不出一代人就会回归多神教,而基督教将遭到根本性的打击。

对朱利安文教改革法令的恐惧,之后的若干代教会精英一直萦绕于心,甚

---

① Gregory of Nazianzus, *Orations*, 4.3, p.139.
② Gregory of Nazianzus, *Orations*, 4.62, p.194.

至出现了放大化的迹象。他们故意扩大了教师法令所涉及的范围,如奥古斯丁在《上帝之城》中给朱利安贴上的"背教者"标签①,又断言基督徒学生也被排除在古典文学教育之外了。② 君士坦丁堡的教会史家苏格拉底(Socrates of Constantinople,380—450)也宣称教师资格法令将基督徒完全排除于古典教育之外。③ 教会史家索佐门(Sozomen,400—?)更是肆意地牵强附会,谴责朱利安禁止基督教儿童在公立学校接受古典教育。④ 鲁菲努斯(Rufinus of Aquileia,345—411)和狄奥多莱特(Theodoret of Cyrus,393—457)也对该法令给出了同样的解释。⑤

上述教会人士对朱利安教师法令的指责明显是不成立的。首先,法令将基督徒教师完全排除于古典教育之外的说法是不成立的。"信件"确认所有人都有研究古典文学的权利,也没有禁止基督徒私人办学,只是禁止那些不愿皈依多神教的基督徒、假多神教徒教师在官方学校从事违反自己信仰的教学活动。其次,教会史家断言这两项教师法令限制了基督徒子孙接受古典文学教育基本上是臆测之语。"信件"末尾这样说:不论任何教师都必须尊重,希望受教育的儿童有选择入学的权利。⑥ 相反,朱利安不仅不会把基督徒的后代排除于古典教育之外,而且希望他们从多神教徒教授那里接受"正确的学习",就像自己年轻时那样被诸神吸引,最终脱离基督教而成为虔诚的多神教徒。

朱利安的教师法令体现出他作为一名多神教徒的坚定信念,将柏拉图上

---

① Augustine, *The City of God*, 18.52, in Augustine, City of God, VI, translated by William Chase Greene, Harvard University Press, 1960, pp.75–77.

② Augustine, *The City of God*, 18.52, in Augustine, City of God, Vol.VI, 1960:p.75.

③ Socrates, *the Ecclesiastical History*, III.XII.7, p.295.

④ Sozomen, *The Ecclesiastical History*, 5.18.1, translated by Chester D. Hartranft & Grand Rapids, Michigan: W.M.B.Eerdmans Publishing Company, 1957, p.174.

⑤ Rufinus, *The Church History of Rufinus of Aquileia*, 10.33, translated by Philip R.Amidon, Oxford: Oxford University Press, 1997, p.426; Theodoret, *Ecclesiastical History*, translated by Blomfield Jackson and Grand Rapids, Michigan: W.M.B.Eerdmans Publishing Company, 1957, p.156.

⑥ Julian, *Letters*, 36.424, in *The Works of The Emperor Julian*, Vol.III, pp.120–122.

升至哲学尊严和神学高度的希腊教化(paideia)①，视为一个宗教体系、一个信仰对象。他相信诸神赐予人类的最好礼物——希腊文学教育的宗教教化力量，认为当基督教侵入者不再伤害其"纯粹教义"时，它将立即通过"纯粹真理的力量"(即 logos)再次自行展现其有益的效果，一切将自行发生。② 在朱利安看来，可利用基督徒教师"信仰与谋生"的道德困境，诱使他们重新皈依多神教；对顽固不化者，则可以切断其与古典文学的联系。这样便可纯净多神教教义，净化学校教育环境，让学生在其中接受希腊教化，自然成长为完美的公民，而无须通过动用国家力量、花费难以计数的财力，更无须使用暴力迫害达到改革的目的。格里高利等基督教精英应该没有充分理解朱利安的两份教师法令背后的哲学思考，担心皇帝会动用权力对文教领域进行组织化和意识形态化，达到迫害甚至消灭基督教的根本目的。

朱利安的两份教师文件不仅激起了教会精英的愤怒，也遭到了古典史家阿米安的严厉批评。阿米安在《历史》(第 25 卷)中高度赞扬了皇帝政绩卓著，兼具节制、智慧、公正和勇敢美德，且"精通兵法、有威望，在战争中颇有运气，并具有宽容坦诚的精神"。③ 不过，他还是有两处批评了皇帝的教师政策：一处说它是一项"应该埋葬在永远沉默中的草率法案"，另一处认为朱利安"禁止信仰基督教的演说家与文法家教学，除非他们同意崇拜诸神"的法令过于严苛。④ 阿米安的批评也成为后世责难朱利安迫害基督徒的"铁证"。

然而，上述批评具有多大的可信性呢？通读《历史》，可发现阿米安对朱利安的宗教政策并不重视，甚至采取回避的态度。这也是为什么他只在论及

---

① 柏拉图在《法律篇》中赋予"教育"(paidagogein)一词以哲学的含义，并在书中将神与这个世界的关系定义为"神是全世界的导师"。参见[德]瓦纳尔·耶格尔:《早期基督教与希腊教化》，吴晓群译，上海三联书店 2016 年版，第 36 页，注释 29。

② Konrad Vössing, "The Value of a Good Education: The School Law in Context", in Stefan Rebenich and Hans-Ulrich Wiemer(eds.), *A Companion to Julian the Apostate*, Brill, 2019, p.199.

③ Ammianus, 25.4, p.513.

④ Ammianus, 25.4.20, p.513.

皇帝的"宽容精神"和"立法公正"问题时,才对教师法令有所批评。另外,他的批评很可能是使用了当时流行的文学修辞策略——矛盾修辞法(oxymoron)和佯谬法(adoxon),将之作为皇帝"职业生涯辉煌时期"的一个不幸插曲。[①]也就是说,他将之视为理想皇帝的一个"污点",很可能是为了达到文学的平衡效果;而且他也未清楚地交代教师法令的背景或实际影响,只是出于职业要求将之记录下来。这样的记录可能有失客观。[②] 更准确地说,阿米安认为朱利安的教师法令存有对基督教的偏见,不符合他心目中理想君主的形象。[③]

李巴尼乌斯也曾高度赞扬皇帝的美德与政绩,而对教师法令不置一词。笔者认为,也许他与阿米安一样,不理解教师法令背后的哲学思考,担心朱利安将皇权触及知识精英办教育的权力,侵蚀传统的文化自由,故而选择了沉默;要么就是他出于自我保护的目的,在文学教育务必与诸神信仰保持一致的问题上保持中立,既不得罪要求异教徒务必保持信仰一致的皇帝,也巧妙地保住了自己在基督教圈层的名声。[④]

一般而言,古典史家不像基督教史家那样关注信仰问题,而更注重史学写作的修辞效果。双方虽在处理史料的方式上有所不同,却都无法做到客观如实。以格里高利为首的教会精英过度解读教师法令的宗教性,导致不满、抗议与谴责在此后千余年里不断回响,直至二战前仍被视为朱利安对基督徒心怀敌意的最大罪证之一。[⑤] 二战后,有学者认为以往学者仅从宗教

---

① R.Cribiore, *Libanius The Sophist:Rhetoric,Reality,and Religion in the Fourth Century*,Ithaca:Cornell University Press,2013,p.235.

② Neil McLynn,"Julian and the Christian Professors",in Carol Harrison,Caroline Humfress and Isabella Sandwell(eds.),*Being Christian in Late Antiquity:A Festschrift for Gillian Clark*,Oxford Scholarship Online,2014,p.121.

③ 他在评论朱利安即位后清洗仇人时曾说:这纯粹是个人失误,不符合"一个声称寻找真理的哲学家"的行为。参见 Ammianus,22.3-4,22.7.1,pp.191-207。

④ R.Cribiore,*Libanius The Sophist:Rhetoric,Reality,and Religion in the Fourth Century*,Ithaca:Cornell University Press,2013,p.236.

⑤ 哈迪:《尤利安皇帝与其教育法令》,载《尤利安文选》,马勇编/译,华夏出版社 2017 年版,第 222—226 页。

角度阐释这两份文件过于狭隘与偏颇,容易造成对朱利安的误解。① 然而,他们对于如何从宗教之外的角度解读,没有提出较好的方案。笔者认为,唯有把这场文教改革置于帝国后期古典文化与基督教文化碰撞和融汇的激烈转型背景中理解,将之与朱利安的政治理想、哲学理念和宗教思考结合起来,才能更好地把握两个教师法令所体现出的皇帝对基督教的态度。

五、朱利安的政治理想及其对基督教的态度

公元 4 世纪时,东部罗马帝国的希腊学问出现了一股复兴潮流。同时,公元 3 世纪以来的东方秘仪宗教也兴盛起来。新柏拉图主义者波斐利、杨布里克、普利斯库斯(Priscus)和马克西姆等代表人物活跃起来。他们都推崇“文学是一切美德的基础”,并坚信罗马昔日的荣耀必然在诸神保佑下重现。他们的神秘主义哲学也吸引了东部演说家李巴尼乌斯和哲学家特米斯提乌斯(Themistius,317—390)等人。

希腊学问的复兴与东方秘仪宗教相遇,吸引着叛逆且敏感的基督徒朱利安回归希腊主义。他幼年时跟随教仆马多尼乌斯(Mardonius)接受了良好的古典教育,青年时又追随李巴尼乌斯学习荷马、柏拉图和亚里士多德等,痴迷于文学、哲学和古老宗教。尤其是信奉新柏拉图主义者的通灵家马克西姆的“教导”②,使他相信古老的众神仍统治着罗马世界。他祈求诸神“赋予我的

---

① 哈迪:《尤利安皇帝与其教育法令》,载《尤利安文选》,马勇编/译,华夏出版社 2017 年版,第 226—231 页。

② 不少史家认为,马克西姆应该为朱利安的叛教和沉迷于占卜活动的迷信行为负主要责任。李巴尼乌斯也说朱利安的改宗是在马克西姆影响下而接受诸神的,并说这是“世界自由的开始”。参见 Libanius, *Oration*, 12.34, 13.12, in Libanius, *Selected Orations*, Vol.I, pp.34, 90. 苏格拉底认为,马克西姆应对朱利安的多神教热情及之后想做皇帝的欲望负主要责任。阿弗里尔·卡梅伦(Averil Cameron)认为,造成朱利安信仰转变的主要原因是君士坦提乌斯的大屠杀,并且谴责了马克西姆对年轻皇储的不良影响。参见 Averil Cameron & Peter Gamsey, *The Cambridge Ancient History*, Vol.XIII, Cambridge:Cambridge University Press, 1998, pp.43-67。

城(指罗马①)作为一种永恒的存在,即'永恒的罗马'(Aeterna Roma);赋予自己探明人事与神事,用生命为这个国家服务,这既令诸神喜悦,又对我好,更对整个罗马帝国有益"②。他虽遭迫害却能荣登大宝,更使他坚信自己是诸神拣选之人。在给特米斯提乌斯的信中,他热切地表达了内心的渴望:"长久以来的想法是在诸神庇佑下,重建亚历山大时期的辉煌大帝国,并成为马可·奥利略那种哲学王般的伟大管理者。前者充满勇气,后者以美德闻名。③ 就连教会史家苏格拉底也意识到,朱利安复兴多神教是因为"年轻帝王认为自己有义务完成亚历山大大帝规划的宏伟蓝图"。④

然而,朱利安不得不面对两大主要威胁:外部威胁来自周边"蛮族"愈演愈烈的军事挑战;内部威胁主要是基督教对多神信仰和古典文明的猛烈冲击。那时,这两股势力已经严重地威胁到罗马人的优越感和认同感。朱利安在《诸恺撒》中借亚历山大之口批评罗马人三百年来未能推进东部的边疆,并谴责帝国用黄金向蛮族换取和平的政策。⑤ 他经常以图拉真的口吻,宣称要降服波斯人,重整一盘散沙的罗马世界⑥,并在即位后着手攻打波斯。另一方面,他认为罗马抵御蛮族的失利与基督徒拒绝崇拜诸神有关,并深信自己的胜利需要诸神的保佑。在《反加利利人》中,他明确地宣称:罗马在同世上各种邪恶敌人的较量中都取得了胜利,她至今仍用宙斯赐予的神盾保卫自己。相

---

① 这里指作为历史文化象征符号的罗马城,古典作家将之视为"帝国和人间一切美德的中心"。参见吕厚量:《再造罗马:晚期罗马多神教知识精英的历史叙述》,《历史研究》2011年第4期,第140页。

② Julian, *Hymn to King Helios*, 157b, in *The Works of The Emperor Julian*, Vol. I, translated by Wilmer Cave Wright, 1913, p.431.

③ Julian, *To Themistius*, 253A, in *The Works of The Emperor Julian*, Vol. II, translated by Wilmer Cave Wright, 1913, p.221.

④ Socrates, *the Ecclesiastical History*, III. XXI, p.316.

⑤ Ammianus, 24.3.4–5, p.425.

⑥ Ammianus, 24.3.9, p.427.

比之下,基督徒崇拜的"木十字架"毫无用处。①

相较于周边"蛮族"的威胁,朱利安认为解决基督教会与国家分裂的任务更为迫切与艰巨。在他看来,基督教的末世论与相信宇宙和谐、罗马永恒的多神教徒的观念背道而驰,其反社会、反智倾向与自己所倡导的"人是什么样"及"应当是什么样"等无法相容。② 基督徒似乎都在期盼世界末日的到来,到时除他们外,世界上的其他一切都将被焚之一炬。他们甚至对人类的这种灭顶之灾欣喜若狂,如著名教父德尔图良曾诅咒说:到末日审判那天,罗马诸帝将同朱庇特一起在黑暗中呻吟,处决基督徒的行省总督将被烈火焚烧。③圣·哲罗姆也强调基督徒真正关注的是来世的天国幸福④,二十年来罗马人的鲜血每天都在君士坦丁堡和阿尔卑斯山之间流淌,这一切与基督徒毫不相干:罗马世界正在坍塌,但我们依然昂首挺胸,而非垂头丧气。⑤

这种末世论显然否定了传统诸神对现实世界的庇佑,无论是教义还是实践都有分裂国家的企图和危险。如果任由其不断壮大,罗马根本无法重现昔日的辉煌,更无法永恒。然而,这种论调却在各种思想的交汇场——学校里被基督教、假多神教徒教师大肆传播。他们虽然以古典作品作为教材,却为宣扬与传播基督教义,不仅删减古典作品,还每天告诉学生"古老诸神皆为魔鬼",除圣父圣子圣灵外再无其他神祇。⑥ 朱利安应该是厌恶基督教精英"剽窃"古典学问,又诋毁诸神的做法,试图通过加强希腊学问与多神教的原始联系,为

---

① Julian, *Against the Galilaeans*, 193C-194D, in *The Works of The Emperor Julian*, Vol.Ⅲ, pp. 370-372.

② 哈迪:《尤利安皇帝与其教育法令》,载《尤利安文选》,马勇编/译,华夏出版社 2017 年版,第 237 页。

③ Dertullian, *De Spectaculis*, XXX, translated by T.R.Glover, the Loeb Classical Library, Cambridge MA.: Harvard University Press, 1977, p.297.

④ St.Jerome, *Select Letters*, XL3, p.173.

⑤ St.Jerome, *Select Letters*, LX, p.301, p.303.

⑥ [法]亨利-伊雷内·马鲁:《古典教育史》,王晓侠等译,华东师范大学出版社 2017 年版,第 204 页。

古典教育注入反基督教的"解毒药"。为此,他一改传统教育中只关注学生的文学学习,而不关注宗教信仰的做法,创造性地提出青年人应该把学习古典文学与宗教信仰紧密结合起来。① 他根据亲身经历,认为最直接有效的方法就是让年轻人学习希腊学问,阅读古典文学,接受众神的赐福和智慧,使其成为文学里英雄似的男子汉②,像他一样成长为一个虔诚的多神教徒。因此,他特意使用"希腊文化"一词代指多神教,并将两者等同起来③,以使古典学问成为多神教对抗基督教的最后堡垒。

另一方面,朱利安计划纯洁学校教师队伍,劝诚并"拯救""道德不合格"的基督徒教师和假多神教徒教师到信仰诸神的队伍中来,并要求德行一致的教师把多神信仰与文学、哲学教育密切结合起来。这种纯净教师信仰的做法,无意中"回应了"教父德尔图良对在盛行偶像崇拜、"道德缺失"的学校里任教的基督徒将会"啜饮毒药"的严厉批评④。他们都深知,希腊文学对讲授者和学习者强大的"宗教渗透"力量,只不过德尔图良希望避而远之,担心"污染"基督徒的纯洁道德,而朱利安则反其道而行之,将之运用到抵御基督教"入侵"以及复兴多神教的改革中来,让这些希腊文学的传授者成为宗教信仰的捍卫者和帝国意识形态的舵手,希望在诸神庇佑下再造罗马。这应该是朱利安文教改革法令的根本目的,即把教育作为实现政治梦想的手段。事实上,他禁止基督徒教师在学校传播福音的做法,与共和时期保守派把宣讲与传统道德相悖言论的希腊哲学家驱逐出境并无本质上的不同。⑤

当然,朱利安的言行中的确有抑制基督教的企图。在实践中,他采取了双

---

① Libanius, *Oration*, 18.157, in Libanius, *Selected Orations*, Vol.I, p.383.

② [古罗马]尤利安:《尤利安文选》,马勇编/译,华夏出版社2017年版,第154—155页。

③ [法]亨利-伊雷内·马鲁:《古典教育史》,王晓侠等译,华东师范大学出版社2017年版,第203页。

④ Tertullian, *De Idololatria*, 10.2020年12月28日,见 http://www.pseudepigrapha.com/Lost Books/tertullian_martyrs.htm。

⑤ 参见姬庆红:《古风与新潮的碰撞与交融——古罗马共和时期的两项教师法令释读》,《首都师范大学学报(社会科学版)》2013年第6期。

管齐下的政策:一是著书立说,歧视基督教,蔑称基督徒为"加利利人",嘲笑圣经,嘲弄耶稣的教导;二是颁布法令,抑制基督教的发展①,从而达到用合法手段扶植多神教的目的。在给幼发拉底省总督阿塔比尤斯的信中,他明确表达了这种态度:

> 我向诸神发誓,我不希望加利利人被处死或被不公正地殴打,或遭受任何其他伤害。但是,我的确认为,敬畏诸神的人比他们更受欢迎。因为由于加利利人的愚昧,几乎所有的一切都被推翻了,然而我们都因神的恩典得以保全。因此,无论在乡村还是城市,我们都应该尊崇诸神、敬畏诸神。②

在此,朱利安公开地持不中立的态度,偏袒多神教,歧视基督教,却又相对宽容,且拒绝任何非法的强迫与暴力。他蔑视基督教是来自东方的低等民族的信仰,故意把基督徒称为"加利利人",而把耶稣称为"拿撒勒人"。③ 他还认为基督教充满"错误、迷信",基督徒就是一群无信仰者,或者是"精神病人"④,但他并没把基督教定为非法宗教,也没有剥夺基督徒的言论和举行仪式的自由。他当然知道自己可以使用武力根除这种"疾病",就像治愈一种精神疾病一样,但他选择了不这样做⑤,而是发挥自己训诫与"说服"的能力,让基督徒"自愿"皈依多神信仰。

早在登基之前,朱利安就在写给君士坦提乌斯二世的颂词中,专门谈及他的经典王权论:哲学王应该具有说服、仁慈、正义……傲慢、残忍、愤怒和暴力则是暴君的特征,好的君主应该是"公民的朋友",应该"像牧羊人关心他的羊

---

① [美]胡斯托·L.冈萨雷斯:《基督教史:初期教会到宗教改革前夕》(上),赵城艺译,上海三联书店 2016 年版,第 197 页。

② Julian, *Letter to Atarbius*, 37.376c, in *The Works of The Emperor Julian*, Vol.III, p.123.

③ 根据格里高利的说法,朱利安很幼稚地下令让基督徒这样自称,但我们没有发现任何与之相关的书面或考古证据。参见 Gregory of Nazianzus, *Orations*, 4.76, p.211.

④ Bouffartigue, *L'empereur Julien était-il intolérant?*, Revue d'études augustiniennes et patristiques, Vol.53, No.1, 2007, pp.1–14.

⑤ Julian, *Letters*, 42(36), 424, in *The Works of The Emperor Julian*, Vol.III, pp.120–122.

群一样"照顾他们。寻求和平,避免国内冲突。① 当政后,他也多次表达这种观念。公元 361 年 12 月 24 日,他写信谴责亚历山大里亚暴民杀死阿里乌斯主教乔治(George)和其他基督徒,要求他们遵守法律,用训诫和说服这种最温和的疗愈方式。② 在给奥斯若尼省(Osrhoene)总督赫克波利乌斯的信中,他说:"我对所有加利利人表现得如此善良和仁慈,他们中没有一个人在任何地方遭受过暴力伤害,没人被拖进庙里被殴打,也没人受到任何违背自己意愿的威胁。"③这种对基督徒的非暴力原则,与其在《厌胡者》中尊重个人自由的观念相一致:"如果一个人剥夺人们想做什么和说什么的权利,这将等于剥夺并限制了人独立的首要原则。"④

正是基于对公民自由的尊重,朱利安对基督教采取了相对宽容的政策,基本没有采取过暴力。布法蒂格清点了朱利安"反基督教政策"的汇编材料,区分为他本人的措施、帝国幕僚和民众行动三类,并在严格的法律框架下进行重新评估,发现他统治时期的暴力事件大多与基督徒攻击多神崇拜有关,或者民众暴徒违背皇帝法令而导致的,并没有证据表明皇帝授意或操纵这些暴行。⑤

当然,作为哲学家的朱利安希望用逻各斯对"精神不正常"的基督徒和假多神教徒进行劝诫,而且深知这种温和方式所带来的心理压力。他在给尤西比娅皇后的颂词中说:"对于那些可以通过权力达到愿望的人,却屈尊治疗(那些病人),自然会给后者带来不安,他们除了服从,别无选择。"⑥这应该算作是对虔诚基督徒的一种心理胁迫,符合他一直主张的文明方式,并非传统意义上的暴力镇压和血腥迫害。

---

① Julian, *On Kingship*, 86A–D, in *The Works of The Emperor Julian*, Vol.I, pp.229–231.

② Julian, *Letter*, 60.380C–D, in *The Works of The Emperor Julian*, Vol.II, p.213.

③ Julian, *Letter to Hecebolius*, 40.424c, in *The Works of The Emperor Julian*, Vol.III, p.127.

④ Julian, *Misopogon*, 356b, in *The Works of The Emperor Julian*, Vol.II, pp.471–473.

⑤ Bouffartigue, *Du prétendu parti paien*, cit. (n.10), Vol.53, No.1, 2007, pp.88–90.

⑥ Julian, *Panegyric in Honour of Eusebia*, 121C, in *The Works of The Emperor Julian*, Vol.I, p. 323.

　　格里高利等教会精英也不得不承认，朱利安在宗教问题上一直避免流血，从未对基督徒使用过暴力手段。因而，他们只能诉诸于矛盾修辞法来表达不满和担忧，如格里高利宣称朱利安对基督教用的是"一种微妙的迫害方式"。① 圣·哲罗姆将之称为"劝说性迫害"（*blanda persecutio*）。② 鲁菲努斯说他"是一位比其他人更精明的迫害者（*callidior ceteris persecutor*）。因为他没有诉诸暴力和肉体折磨，而是用奖励、荣誉、恭维和劝说打败了基督徒。"③ 苏格拉底把他的两份教师法令列入"迫害"的标题之下（διωγμός，diōgmos），但又解释说，"我所说的迫害是指那些意图让信仰耶稣基督的人感到不安的行为"。④ 而在他的前三部书中，"迫害"一词大多有"血腥迫害"之意，是指像德西乌斯和戴克里先那样残酷迫害基督教的暴力行为。⑤

　　尽管如此，朱利安的这些温和政策还是引发了基督教精英的不安与恐惧，甚至出现了阴谋论的臆测。索佐门断言这比皇帝动用酷刑与血腥更令人不安。⑥ 李巴尼乌斯深刻地指出："他们（基督徒）中的很多人都非常害怕，以为会被挖眼、砍头，屠杀会血流成河。他们想象，新主人将设计出新的、更加可怕的酷刑，与之相比，其前任的残酷做法，比如火、剑、溺毙、活埋、劈砍和肢解似乎只是孩童游戏。可是，什么都没有发生，但现在他们的恐惧

---

　　① M.Marcos,"He Forced with Gentleness: Emperor Julian's Attitude to Religious Coercion", *Antiquité Tardive*, Vol.17,2009,p.204.

　　② Jerome, *Chron.an.* 362,转引自 M.Marcos,"He Forced with Gentleness: Emperor Julian's Attitude to Religious Coercion", *Antiquité Tardive*, Vol.17,2009,p.204。

　　③ Rufinus, *The Church History of Rufinus of Aquileia*, 10.33,translated by Philip R.Amidon,Oxford: Oxford University Press,1997,p.425.

　　④ Socrates, *The Ecclesiastical History*. III.XII,p.295.

　　⑤ C.Teitler, *The Last Pagan Emperor Julian the Apostate and the War against Christianity*, Oxford: Oxford University Press,2017,p.65.

　　⑥ Sozomen, *The Ecclesiastical History*,5.5,translated by Chester D.Hartranft & Grand Rapids, Michigan: W.M.B.Eerdmans Publishing Company,1957,p.164;Theodoret, *Ecclesiastical History*,III.3, translated by Blomfield Jackson and Grand Rapids,Michigan: W.M.B.Eerdmans Publishing Company, 1957,p.143.

变成了仇恨。"①李巴尼乌斯的分析与当今的精神分析法类似,意在表明基督徒因之前曾遭受过残酷迫害而产生了"心理创伤",自然认为朱利安温和的政策背后隐藏着更大的阴谋。如苏格拉底认为朱利安的真实意图是,通过剥夺基督徒殉道的机会和荣耀来报复基督徒。② 还有基督徒猜测,他禁止基督徒教师讲授古典文学只是试图从教育领域开始对付他们的第一步,还会采取其他更严苛的措施,甚至"与波斯人战争结束后对基督教发动战争"。③

事后看来,朱利安的统治及其教育改革正如阿塔纳修所言,不过是"一小片乌云飘过天空"。④ 然而,他把哲学思考转化为政治行动的热情,令人印象深刻,并为后人留下了丰富的书面遗产。在宗教问题上,他虽然奉行相对宽容的原则,但历代教会精英却将之塑造为一个痴迷于与基督教作斗争的狂热者,以及一个曾经存在的真正威胁。即便在他去世多年后,基督教会仍对他的宗教改革心有余悸,如格里高利在公元380年抱怨说:"尽管我们已经安全地经过了大火的焚烧,但直至今天,'背教者'的余烬仍在继续炙烤着我们。"⑤公元391年,皇帝狄奥多西一世认为制定一项谴责背教者的法律迫在眉睫:"如果有人背叛了圣洁的信仰并亵渎圣洁的礼仪,就应该将之与其他所有人隔绝开来。"⑥次年,

---

① Libanius, *Oration*, 18.121, in Libanius, *Selected Orations*, p.334; C.Teitler, *The Last Pagan Emperor: Julian the Apostate and the War against Christianity*, Oxford: Oxford Universiey Press, 2017, p.29.

② Socrates, *the Ecclesiastical History*, III.XII, p.295.

③ Theodoret, *Ecclesiastical History*, III.21, translated by Blomfield Jackson and Grand Rapids, W.M.B.Eerdmans Publishing Company, 1957, p.189。同样的评论参见 Rufinus, *The Church History of Rufinus of Aquileia*, 10.37, translated by Philip R.Amidon, Oxford: Oxford University Press, 1997, p.429。"金口"约翰宣称,朱利安在与波斯战争前就已经写好并发表了"他将怎么对付教会"。John Chrystom.*Pan.Bab*.2, 121, 转引自 C.Teitler, *The Last Pagan Emperor: Julian the Apostate and the War against Christianity*, Oxford: Oxford University Press, 2017, p.66.note 6。

④ Sozomen, *The Ecclesiastical History*, 5.14, translated by Chester D.Hartranft & Grand Rapids, Michigan: W.M.B.Eerdmans Publishing Company, 1957, p.201.

⑤ Gregory of Nazianzus, *Oration*, 36.5, in *St.Gregory of Nazianzus Select Orations*, translated by Martha Vinson, The Catholic University of America Press, 2003, p.224.

⑥ *The Theodosian Code and The Sirmondian Constitutions*, XVII.7.4, translated by Clayde Pharr, New Jersey: Princeton University Press, 1952, p.512.

他便把基督教正式立为国教,由此确立了中世纪乃至以后西方文明的走向。

行文至此,我们可以得出如下结论:到公元4世纪中期,基督教基本上在政治、经济等领域中确立了优势地位,但在文教领域羽翼未丰,尚不能与古典文化抗衡。作为希腊教化(paideia)的理想主义者,朱利安力图让"哲学再次披上紫袍",融合希腊的智慧和罗马的荣耀,来解决当时社会存在的最大文化冲突。两份关于教师的法令文本,正是他这种努力在文教领域中的体现。"六月法令"是皇帝要求对所有教师候选人在道德和学识方面进行评估的敕令,借此加强对教师遴选与任命的决定权。所谓的"信件"应是他即兴发表的演说词,是对"六月法令"中的"教师道德"问题进行再解释的训诫性法令,主要针对基督徒和假多神教徒教师。与以往的教育改革相比,朱利安的创新之处是他重新定义了"教师道德",即以是否信仰古老诸神以及能否讲授"正确"的教学内容,作为判断教师道德是否合格的标准。对于那些不愿皈依多神教的基督徒和假多神教徒教师,则丧失了与古典文学相关的"道德"权利,进而否定了其在官方学校的执教资格。实际上,朱利安的文教改革法令,与其保守的政治哲学、神学思想与对希腊"教化"的坚定信念密切相关,试图以此切断基督教与古典文化的"寄生"关系,纯净多神信仰的社会环境,复兴古典文化,重组精英阶层,边缘化基督教势力,实现在诸神庇佑下"再造罗马"的政治理想。

两个教师法令所体现出的精神,符合朱利安一贯主张的宗教宽容、说服和非暴力原则的政治道德,采用的是合法、温和的训诫手段,而非前辈皇帝的血腥迫害政策,故而两个教师法令算不上严格意义上的宗教迫害,也谈不上是公开迫害的转折点。基督教会之所以长期将之视为朱利安迫害基督教的主要罪证之一,主要源自格里高利等教会精英对基督教的现实利益和未来发展的担忧,仅从宗教斗争角度对之过度解读的结果。更重要的是,两个教师法令促使教会精英对基督教教育哲学与实践作出反省与探索,加快了整合古典文化中有益因素的步伐,成为基督教文化战胜古典文化的"意外"契机。

结　语

正如俄国著名教育史家卡特林娅·萨里莫娃所说:"教育史归根结底涉及的是人,不应当只包括学校,而不包括在学校里度过那么长时间的老师和学生。如果没有学生和老师,学校将成为空洞的、没有生命力的机构,也就没有了学校,也就没有了教育史。"①本书探究长期被忽视的古罗马教师群体(包括父母、教仆和家庭教师),力图"再现"他们的生存状态,"近距离"观察他们的工作环境、组织教学、以师生关系为中心的人际关系、政治地位、经济收入及家庭生活等。惟其如此,才能更好地了解古罗马不同时期的文化和教育特征,加深对其等级社会与精英文化的认识,以及对西方教育制度、教育目标和价值观念的深刻理解。

本文在利用相关的古典资料和国内外学者研究成果的基础上,尝试用历史学方法,借鉴教育学、新文化史和社会史学等相关的理论与方法,对古罗马教师群体进行了多维视角的探索,形成了以下几点认识:

第一,古罗马教师在教育中发挥着主导作用,同时深受各种社会力量的制约。在学生漫长艰辛的求学过程中,教师显然是不可或缺的指导者和引路人。在湿滑陡峭的山崖上,需要教师像《荷马史诗》中的宙斯一样把知识的金绳子

---

① 　[俄]卡特林娅·萨里莫娃,[美]欧文·V.约翰宁迈耶主编:《当代教育史研究与教学的主要趋势》,方晓东等译,教育科学出版社2001年版,第41页。

从山顶上放下来,帮助学生(众神)爬到山顶。① 当然,这条金绳子并非绝对安全可靠,因为宙斯一直威吓众神:如果谁敢违背他的意志,他将摇动绳子,那时将地动山摇,波涛汹涌,世间混沌一片,他们也将无法爬上奥林匹斯山顶。然而,在等级森严的阶级社会中,绝大多数教师远非舒服地站在山顶拉着金绳子的宙斯,而是处于一个复杂的社会关系网络中,挣扎于各种制约力量和现实束缚的困境。师生关系是教师人际关系中的核心部分,又与其他各种社会力量形成了多维辐射的复杂人际关系网。无论是与帝王关系密切的"官师",还是以谋生为主的"民师"都不得不考虑这种复杂关系的利弊得失以及在其中的荣辱成败。

第二,古罗马教师大多来自希腊奴隶,地位卑微,与教育主导者的身份形成明显的"错位":他们在各自的学术领域里信心十足,甚至沾沾自喜地严格制定或维护着文法和修辞的规则;在教学中,对学生挥舞着鞭子,发号施令,有着国王般的权威;但在帝王、城市显要或庇护人面前,他们作为依附者的形象与文人的酸腐则表露无遗。当然,也不乏某些聪明圆滑的教师既能很好地利用庇护者的权势与关系发挥自己的学术才华,又能得体地维持着知识分子应有的尊严。大多数学者有着独立治学和办学的愿望,但成功者为数较少,一旦出名往往会被权贵拉拢当作门面。总体来看,教师与学生、家长、同行、庇护人和帝王之间形成了金钱与交易、敌对与友好、竞争与合作、控制与利用的对立却又依附的关系。当然,这种关系并不是非此即彼的完全对立,而是共生共存。

第三,在古罗马这样一个讲求"公民荣誉"的社会,罗马精英将体罚孩子的权力交给出身卑贱的教师们去执行。原因在于,古罗马人认为儿童与妇女、

---

① 琉善在《对话集》中形象地把教育比作成群结队的学生攀登高峰,大部分人爬到半山腰便气喘吁吁,汗流浃背。于是,他们便具有畏难情绪地退却下来,但仍有很少意志坚强的人继续忍受痛苦到达了山顶,领略了无与伦比的美景:从山上往下看,山底下的普通人就像爬行和蠕动的蚂蚁或侏儒。参见 Lucian, Vol. VI. *Hermotimus*. 1—86, pp. 229—415。

奴隶一样缺乏理性,由教师体罚孩子,而自己无需承担体罚孩子的"恶行",也不会破坏亲子关系,更重要的是不会毁坏自己的公民荣誉。同时,作为未来公民的孩子也需要培养包含忍耐、坚毅和勇敢等美德的荣誉感,而这种美德可以通过耻辱性的惩罚和痛苦获得。这也是古罗马社会接受和认可教育中实行体罚的社会基础。

第四,从共和到帝国时期,古罗马教师的社会地位整体上有所提高。共和时期,他们的办学具有较大的随意性,基本属于个人行为。只要不危及政治,政府一般不管不问。当时的古罗马社会并不把教师视为正当的公民职业,认为只适合于奴隶和被释奴。帝国时期,庞大的疆域、激增的官僚机构迫切要求教师开办学校并为帝国输送有文化的人才。特别是在帝王们相继颁布了赐予教师特权以及设立教授席位等政策后,教师这一职业逐渐得到了法律与社会的广泛认可。教师的整体社会地位随之有所提高,从教人员的来源日趋多样化,队伍也趋于稳定。

需要强调的是,能够获得官方任命的教师只是帝国教师群体中的极少数。这改变不了古典教育的"民办"性质,即总体上没有国家和社会的支持、高度私人化的"民办"教育。皇帝们扶植教育的政策带有强烈的政治意图,自然不利于教育自由发展的本性要求,使得帝国时期的教师失去了创造性和应有的学术活力,阿谀奉承的颂词充满奴性的色彩。故而,罗马教育始终没有达到古希腊教育崇尚理性、追求真理为宗旨的高度。

第五,基督教与异教在教育领域的的斗争,对古罗马教师的教学活动以及社会地位产生了一定的影响。自公元1世纪出现到公元392年,基督教从一支地下宗教逐渐发展为国教,从阴暗的角落走向了帝国政治、信仰舞台的中央。然而,基督教在文教领域一直没产生多大的影响,两者在教育领域的斗争最为激烈的一次是"叛教者"朱利安改革中的教师政策。其实,朱利安不过是借助异教学校作为宣传自己宏大政治改革的手段,并非传统意义上的基督教迫害。总体来看,历代帝王的教师政策具有一定的延续性,较少受到宗教因素的影响。即便是在基督教得势的年代,不同信仰的教师们都能在异教学校里从事着自己的教学和研究,教育着来自各种信仰家庭的学生,彼此之间的交往无关信仰,基本上能和睦相处。

第六,从文化史角度说,古罗马教师作为希腊文化的主要载体,推动了罗马的希腊化、希腊文化罗马化和西部蛮族地区罗马化的进程,对罗马教育的进步和希腊罗马文化的传播作出了巨大贡献。他们不仅成为罗马精英的文化导师,掀起了罗马世界若干次的文化"启蒙运动",而且对希腊-罗马文化的普及和下移作出了贡献。正如威廉·博伊德、埃德蒙·金所言:"罗马人仿效亚历山大大帝,从共和晚期起,制订出深思熟虑的政策,把教育和文化推行到臣属于罗马的民族中去。……在帝国各地,同样的罗马化过程,即城市化过程,通过学校稳步进行。"[①]很多教师往往跟随征战部队到被征服地区,建立教授希腊和拉丁文化的各级学校,极大地推动了其他地区罗马化的进程。尤维纳尔说,在他那个时代,全世界都享用着希腊文明和拉丁文明。高卢雄辩家的涌现、不列颠的律师新秀冉冉升起,最偏远的帝国地区也能听到文法家和演说家的授课,都很好地证明了教师在文化传播中的重要作用。[②]

"罗马化"在破坏当地语言和文化传统的同时,也对罗马文化的普及起到了积极作用。对此,马鲁曾这样评价:"罗马教育的历史重要性不是体现在对移植而来的希腊型古典教育的任何小的改变或者增补上,而是体现在它努力地在时间和空间上传播这种教育的方面上。"[③]无论是来自希腊的奴隶教师,还是罗马本土的教师,都像高举知识圣火的火炬手,让希腊和罗马文明的火种播撒于地中海地区各个角落,在从撒哈拉沙漠到苏格兰峡湾,从幼发拉底河到大西洋的广大地区扎根发芽。希腊-罗马文明"扎根之深,不仅经受住了日耳

---

① 〔英〕威廉·博伊德、埃德蒙·金:《西方教育史》,任宝祥、吴元训译,人民教育出版社1985年版,第74页。

② Juvenal, *Satires*, XV, 110–112, p.297.

③ H.I.Marrou, *A History of Education in Antiquity*, translated by Geprge Lamb, Madison: University of Wisconsin Press, 1982, p.292.

曼和斯拉夫人的侵袭,也在阿拉伯人和土耳其人面前保全了自己。这样的深耕为后来的历次文明复兴埋下了种子,这才是罗马真正的荣耀和它不朽的贡献。"①

最后,古罗马教师留给后世的另一份遗产是古希腊人文主义思想的传承和发扬。凡是从事文法和演说术教育的罗马教师无不遵循希腊的"Paideia"理想和罗马的"humanitas"观念。在"Paideia"基础上,西塞罗创造性地提出了罗马的"人文主义"。它的开阔性超越了希腊化时期的"arete"(关注的是学术成就),揭示了博雅教育的本质,即人受教育的目的,不只是通过长期接受文学技艺的系统训练获得书面写作和口头演说的优雅技艺,最终目的是要获得对人类尊严和价值的理解,培养更具人性、更完美的人。

古罗马教师在几百年里秉承这种理念默默教授着语言、文学、写作和演说等课程,为特权阶层培养了具有良好沟通技能的社会精英。在蛮族入侵、基督教成为国教的漫长过程中,古典文化元气大伤,辉煌不在。不过正是无数的教师,不论他们是异教徒还是基督教徒,怀着对文化的热爱和对人性美好的期待,辛勤教育着下一代,将人文主义理想传递到"黑暗"的中世纪,使之在文艺复兴时期大放异彩。可以说,古罗马教师对西方文明的伟大贡献是,他们的教育理想和实践经验直接成为中世纪和近当代可以直接借鉴的文化遗产。

---

① [法]亨利-伊雷内·马鲁:《古典教育史》,王晓侠等译,华东师范大学出版社 2017 年版,第 141 页。

参 考 文 献

一、中文著作

(一) 译著

[德]奥托·基弗:《古罗马风化史》,姜瑞璋译,辽宁教育出版社 2000 年版。

[德]恩格斯:《路德维希·费尔巴哈和德国古典哲学的终结》,载《马克思恩格斯选集》第四卷,人民出版社 1995 年版。

[德]特奥多尔·蒙森:《罗马史》第三卷,李稼年译,商务印书馆 2005 年版。

[德]瓦纳尔·耶格尔:《早期基督教与希腊教化》,吴晓群译,上海三联书店 2016 年版。

[俄]卡特林娅·萨里莫娃,[美]欧文·V.约翰宁迈耶主编:《当代教育史研究与教学的主要趋势》,方晓东等译,教育科学出版社 2001 年版。

[俄]科瓦略夫:《古代罗马史》,王以铸译,上海书店出版社 2007 年版。

[法]爱弥儿·涂尔干:《教育思想的演进》,李康译,上海人民出版社 2006 年版。

[法]菲利浦·阿利埃斯:《儿童的世纪:旧制度下的儿童和家庭生活》,沈坚、朱晓罕译,北京大学出版社 2013 年版。

[法]伏尔泰:《风俗论》(上),梁守锵译,商务印书馆 1994 年版。

[法]古郎士:《希腊罗马古代社会研究》,李玄伯译,中国政法大学出版社 2005 年版。

[法]亨利-伊雷内·马鲁:《古典教育史》,王晓侠等译,华东师范大学出版社 2017 年版。

[法]卡特琳娜·萨雷丝:《古罗马人的阅读》,张平、韩梅译,广西师范大学出版社

2005 年版。

[法]让-诺埃尔·罗伯特:《古罗马人的欢娱》,王长明等译,广西师范大学出版社 2005 年版。

[法]让-皮埃尔·内罗杜:《古罗马的儿童》,张鸿、向征译,广西师范大学出版社 2005 年版。

[法]西蒙娜·德·波伏娃:《第二性》,陶铁柱译,中国书籍出版社 1998 年版。

[法]雅克·安德烈:《古罗马的医生》,杨洁、吴树农译,广西师范大学出版社 2006 年版。

[古罗马]阿庇安:《罗马史》,谢德风译,商务印书馆 1963 年版。

[古罗马]奥古斯丁:《论灵魂及其起源》,石敏敏译,中国社会科学出版社 2017 年版。

[古罗马]昆体良:《昆体良教育论著选》,任钟印选译,人民教育出版社 2001 年版。

[古罗马]塞涅卡:《强者的温柔——塞涅卡伦理文选》,包利民等译,中国社会科学出版社 2005 年版。

[古罗马]塞涅卡:《哲学的治疗——塞涅卡伦理学文选之二》,吴欲波译,中国社会科学出版社 2007 年版。

[古罗马]苏维托尼乌斯:《罗马十二帝王传》,张竹明等译,商务印书馆 1995 年版。

[古罗马]塔西佗:《阿古利可拉传　日耳曼尼亚志》,马雍、傅正元译,商务印书馆 1959 年版。

[古罗马]塔西佗:《塔西佗〈编年史〉》(上、下册),王以铸、崔妙因译,商务印书馆 1981 年版。

[古罗马]维吉尔:《埃涅阿斯纪》,杨周翰译,译林出版社 1999 年版。

[古罗马]西塞罗:《论共和国》,王焕生译,上海人民出版社 2006 年版。

[古罗马]西塞罗:《论神性》,石敏敏译,上海三联书店 2007 年版。

[古罗马]西塞罗:《论演说家》,王焕生译,中国政法大学出版社 2003 年版。

[古罗马]西塞罗:《西塞罗三论:论老年·论友谊·论责任》,徐奕春译,团结出版社 2007 年版。

[古罗马]尤利安:《尤利安文选》,马勇编/译,华夏出版社 2017 年版。

[古希腊]阿里斯托芬:《云　马蜂》,罗念生译,上海人民出版社 2006 年版。

[古希腊]柏拉图:《智者篇》,载《柏拉图全集》第三卷,王晓朝译,人民出版社 2003 年版。

[古希腊]克莱门:《劝勉希腊人》,王来法译,生活·读书·新知三联书店 2002

年版。

[古希腊]普鲁塔克:《希腊罗马名人传》,陆永庭、吴彭鹏等译,商务印书馆 1990 年版。

[古希腊]普鲁塔克:《希腊罗马英豪列传》(I—Ⅶ),席代岳译,安徽人民出版社 2012 年版。

[古希腊]亚里士多德:《政治学》,吴寿彭译,商务印书馆 1965 年版。

[罗马]查士丁尼:《法学总论——法学阶梯》,张企泰译,商务印书馆 1989 年版。

[美]E.P.克伯雷选编:《外国教育史料》,华中师范大学教育系等译,华中师范大学出版社 1991 年版。

[美]M.罗斯托夫采夫:《罗马帝国社会经济史》(上册),马雍、厉以宁译,商务印书馆 1985 年版。

[美]S.E.佛罗斯特:《西方教育的历史和哲学基础》,吴元训等译,华夏出版社 1987 年版。

[美]丹尼斯·费尼:《罗马的文学与宗教:文化、语境和信仰》,李雪非、方凯成译,北京大学出版社 2015 年版。

[美]胡斯托·L.冈萨雷斯:《基督教史:初期教会到宗教改革前夕》(上),赵城艺译,上海三联书店 2016 年版。

[美]杰弗斯:《古希腊—罗马文明:历史和背景》,谢芬芬译,华东师范大学出版社 2013 年版。

[美]皮特·N.斯特恩斯等:《全球文明史》(上),赵轶峰等译,中华书局 2009 年版。

[美]依迪丝·汉密尔顿:《罗马精神》,王昆译,华夏出版社 2008 年版。

[瑞士]雅各布·布克哈特:《君士坦丁大帝时代》,宋立宏等译,上海三联书店 2006 年版。

[意]阿纳尔多·莫米利亚诺:《外族的智慧:希腊化的局限》,晏绍祥译,生活·读书·新知三联书店 2013 年版。

[英]安德森:《第二代智术师——罗马帝国的文化现象》,罗卫平译,华夏出版社 2011 年版。

[英]葛怀恩:《古罗马的教育——从西塞罗到昆体良》,黄汉林译,华夏出版社 2015 年版。

[英]克里斯托弗·罗、马尔科姆·斯科菲尔德主编:《剑桥希腊罗马政治思想史》,晏绍祥译,商务印书馆 2016 年版。

[英]玛丽·比尔德:《罗马元老院与人民:一部古罗马史》,王晨译,民主与建设出版社2018年版。

[英]威廉·博伊德、埃德蒙·金:《西方教育史》,任宝祥、吴元训译,人民教育出版社1985年版。

[英]约翰·埃德温·桑兹:《西方古典学术史》(第一卷上册),张治译,上海人民出版社2010年版。

[英]约翰·朱利叶斯·诺威奇:《地中海史》(上册),殷亚平等译,东方出版中心2011年版。

M.M.波斯坦、H.J.哈巴库克主编:《剑桥欧洲经济史》第一卷,王春法主译,经济科学出版社2002年版。

R.H.巴洛:《罗马人》,黄韬译,上海人民出版社2000年版。

托哈太:《回教教育史》,马坚译,商务印书馆1946年版。

(二) 著作

陈可风:《罗马共和宪政研究》,法律出版社2004年版。

冯克诚主编:《外国教育名家名作精读丛书》第一辑,中国环境科学出版社2006年版。

郭家齐编著:《中国古代的学校和书院》,北京科学技术出版社1995年版。

李雅书、杨共乐:《古代罗马史》,北京师范大学出版社1994年版。

厉以宁:《罗马—拜占庭经济史》(上编),商务印书馆2006年版。

刘津瑜:《罗马史研究入门》,北京大学出版社2014年版。

刘文明:《文化变迁中的罗马女性》,湖南人民出版社2001年版。

毛礼锐、沈灌群主编:《中国教育通史》,山东教育出版社1985年版。

南京师范大学教育系编:《教育学》,人民教育出版社1984年版。

吴式颖、任钟印主编:《外国教育思想通史》第二卷,湖南教育出版社2002年版。

晏绍祥:《古典历史研究史》(上卷),北京大学出版社2013年版。

杨共乐:《罗马社会经济研究》,北京师范大学出版社1998年版。

叶民:《最后的古典:阿米安和他笔下的晚期罗马帝国》,天津人民出版社2004年版。

赵林:《西方文化概论》,高等教育出版社2004年版。

周枏:《罗马法原论》,商务印书馆2014年版。

朱龙华:《罗马文化》,上海社会科学院出版社2003年版。

（三）论文

陈恒：《从希腊化文化的传播看全球化之起源》，《世界历史》2004 年第 3 期。

付静：《古罗马的母亲角色》，《历史教学(高校版)》2008 年第 2 期。

姬庆红：《"父亲即教师"：古罗马教育的特色》，《光明日报》2021 年 3 月 29 日第 14 版。

姬庆红：《古风与新潮的碰撞与交融——古罗马共和时期的两项教师法令释读》，《首都师范大学(社会科学版)》2013 年第 6 期。

姬庆红：《古罗马帝国中后期的瘟疫与基督教的兴起》，《北京理工大学学报(社会科学版)》2012 年第 6 期。

李猛：《指向事情本身的教育：奥古斯丁的〈论教师〉》，2018 年 3 月 20 日，http://www.docin.com/p-1854978824.html。

刘衍钢：《历史叙述之争与西方史学发展的波动：论尤里安之死》，《历史研究》2017 年第 5 期。

吕厚量：《再造罗马：晚期罗马多神教知识精英的历史叙述》，《历史研究》2011 年第 4 期。

叶民：《共和国晚期至帝国初期古罗马人的希腊观》，《世界历史》2008 年第 4 期。

岳成：《贺拉斯"希腊文化征服罗马"说考释》，《山东理工大学学报(社会科学版)》2015 年第 3 期。

张灿辉：《人文学科与通识教育》，《陕西师范大学学报(哲学社会科学版)》2000 年第 1 期。

张宁娟：《中西教师文化的历史演变》，《教师教育研究》2006 年第 2 期。

（四）硕士、博士论文

陈砚玲：《古代罗马教育发展特征论析——共和时期至帝国初期》，东北师范大学硕士论文，2006 年。

胡黎霞：《务实·理性·创新——古代罗马教育的发展历程及其特色研究》，东北师范大学博士论文，2007 年。

姬庆红：《古罗马教师研究》，上海师范大学博士论文，2009 年。

姬庆红：《罗马帝国教育政策研究》，曲阜师范大学硕士论文，2006 年。

季美：《试论昆体良的教学思想——兼与孔子教学思想比较》，中央民族大学硕士论文,2006 年。

(五) 工具书

朗特里:《西方教育辞典》,陈建平译,上海译文出版社 1988 年。

鲁刚、郑述谱编译:《希腊罗马辞典》,中国科学出版社 1984 年。

谢大任主编:《拉丁文汉语辞典》,商务印书馆 1988 年。

二、英文著作

(一) 洛布古典丛书系列

Ammianus Marcellinus, *History*, Vol. II, translated by John C. Rolfe, the Loeb Classical Library, Cambridge MA.: Harvard University Press, 1940.

Appian, *Roman History*, Vol. I, translated by Horace White, the Loeb Classical Library, Cambridge MA: Harvard University Press, 1913.

Appian, *Roman History*, Vol. II, translated by Horace White, the Loeb Classical Library, Cambridge MA.: Harvard University Press, 1959.

Aristotle, *Nicomachean Ethics*, translated by H. Rackham, the Loeb Classical Library, Cambridge MA.: Harvard University Press, 1947.

Athenaeus, *The Learned Banquets*, translated by S. Douglas Olson, the Loeb Classical Library, Cambridge MA.: Harvard University Press, 2010.

Augustine, *City of God*, Vol. I–VII, translated by William M. Green, the Loeb Classical Library, Cambridge MA.: Harvard University Press, 1972.

Augustine, *Confessions*, Vol. I, II, translated by Carolyn J. B. Hammond, the Loeb Classical Library, Cambridge MA.: Harvard University Press, 2014.

Aulus Gellius, *The Attic Nights*, translated by John C. Rolfe, the Loeb Classical Library, Cambridge MA.: Harvard University Press, 1968.

Ausonius, Vol. I, II, tran lated by Hugh G. Evelyn White, the Loeb Classical Library, Cambridge MA.: Harvard University Press, 1968, 1967.

Catullus, *The Poem of Catullus*, translated by Peter Green, Berkeley: University of California Press, 2005.

Cicero, *Brutus*, in Cicero Vol. V, translated by G. L. Henrdrickson, the Loeb Classical Library, Cambridge MA.: Harvard University Press, 1971.

Cicero, *De Oratore*, Vol. I, II, III, translated by E. W. Sutton, the Loeb Classical Library, Cambridge MA.: Harvard University Press, 1968.

Cicero, *De Re Publica*, translated by Cliton Walleb Keyes, the Loeb Classical Library, Cambridge MA.: Harvard University Press, 2006.

Cicero, *De Senectute*, *De Amicttia*, *De Divinatione*, translated by William Armistead Falconer, the Loeb Classical Library, Cambridge MA.: Harvard University Press, 1964.

Cicero, *Letters to Atticus*, Vol. I, II, III, IV, translated by D. R. Shackleton, the Loeb Classical Library, Cambridge MA.: Harvard University Press, 1999.

Cicero, *Letters to Atticus*, Vol. II, translated by E. O. Winstedt, the Loeb Classical Libharary, London: William Heinemann, 1913.

Cicero, *Letters to Quintus*, *Brutus*, *and Others*, translated by E. H. Warmington, the Loeb Classical Library, Cambridge MA.: Harvard University Press, 1972.

Cicero, *Pro Archia Poeta Oratio*, translated by N. H. Watts, the Loeb Classical Library, Cambridge MA.: Harvard University Press, 1913.

Cicero, *The Republic*, Vol. I, II, translated by Clinton Walker Keyes, the Loeb Classical Library, Cambridge MA.: Harvard University Press, 1977.

Demosthenes, *De corona*, translated by C. A. Vince, the Loeb Classical Library, Cambridge MA.: Harvard University Press, 1953.

Dertullian, *De Spectaculis*, translated by T. R. Glover, the Loeb Classical Library, Cambridge MA.: Harvard University Press, 1977.

Dio Cassius, *Roman History*, Vol. I–IX, translated by Earnest Cary and Herbert B. Foster, the Loeb Classical Library, Cambridge MA.: Harvard University Press, 2014.

Dio Chrysostom, *On Retirement*, in Dio Chrysostom, Vol. II, XX, translated by J. W. Cohoon, the Loeb Classical Library, Cambridge MA.: Harvard University Press, 1939.

Dionysius of Halicarnassus, *The Roman Antiquities*, translated by Earnest Cary, the Loeb Classical Library, Cambridge MA.: Harvard University Press, 1948.

Eunapius, *Lives of Philosophers*, translated by Wilmer C. Wright, the Loeb Classical Library, Cambridge MA.: Harvard University Press, 1921, 1998.

Herodotus, *Histories* translated by A. D. Godley, the Loeb Classical Library, Cambridge MA.: Oxford University Press, 1946.

Homer, *Iliad*, translated by A. T. Murray, the Loeb Classical Library, New York: G. P. Putnam's Sons, 1924.

Horace, *Statires*, *Epistles and Ars Poetica*, translated by H. Rushton Fairclough, the Loeb Classical Library, Cambridge MA.: Harvard University Press, 1970

Julian, *The Works of The Emperor Julian*, Vol. I, II, translated by Wilmer Cave Wright, the Loeb Classical Library, Cambridge MA.: Harvard University Press, 1913.

Julian, *To Philosopher Maximus*, in *The Works of The Emperor Julian*, Vol. III, translated by Wilmer Cave Wright, the Loeb Classical Library, Cambridge MA.: Harvard University Press, 1913.

Juvenal and Persius, *Staires* translated by G. G. Ramsay, the Loeb Classical Library, Cambridge MA.: Harvard University Press, 1990.

Libanius, *Autobiography and Selected Letters*, Vol. I, II., In Libanius, *Selected Works*, Vol. I, II, III, edited and translated by A. F. Norman, the Loeb Classical Library, Cambridge MA.: Harvard Universiy Press, 1992, 1992, 1969, 1977.

Libanius, *Selected Orations* I, translated by A. F. Norman, the Loeb Classical Library, Harvard University Press, 1987.

Livy, *The History of Rome*, Vol. II, VIII, IX, translated by B. O. Foster, the Loeb Classical Library, Cambridge MA.: Harvard University Press, 1985.

Lucian, Vol. IV, translated by A. M. Harmon, the Loeb Classical Library, Cambridge MA.: Harvard University Press, 1961.

Lucian, Vol. VI, translated by K. Kilburn, the Loeb Classical Library, Cambridge MA.: Harvard University Press, 1968.

Lucilius, *The Twelve Tables*, translated by E. H. Warmington, the Loeb Classical Library, Cambridge MA.: Harvard University Press, 2004.

Macrobius, *The Saturnalia*, Vol. II, translated by Robert A. Kaster, the Loeb Classical Library, Cambridge MA.: Harvard University Press, 2001.

Marcus Aurelius *The Correspondence of Marcus Cornelius Fronto*, Vol. I, translated by C. R. Haines, the Loeb Classical Library, London: William Heinemann, 1919.

Marcus Aurelius, *Meditations*. I. 1 – 4, translated by C. R. Haines, the Loeb Classical Library, Cambridge MA.: Harvard University Press, 1930.

Marcus Porcius Cato, *On Agriculture*, Vol. I, translated by William Davis Hooper, the Loeb Classical Library, Cambridge MA.: Harvard University Press, 1967.

Martial, *Epigrams*, Vol. I, II, III, translated by Walter C. A., Ker, the Loeb Classical Library, Cambridge MA.: Harvard University Press, 1993.

Ovid, *Fasti*, in *Ovid*, Vol. V, translated by James George, the Loeb Classical Library, Cambridge MA.: Harvard University Press, 1959.

Ovid, *Metamorphoses*, in *Ovid*, Vol.IV, translated by Frank Justus Miller, the Loeb Classical Library, Cambridge MA.: Harvard University Press, 1994.

Ovid, *The Amores*, in *Ovid*, Vol.1, translated by Grant Showerman, the Loeb Classical Library, Cambridge MA.: Harvard University Press, 1996.

Palladas, *Greek Anthology*, Vol.II, translated by W.R.Paton, the Loeb Classical Library, Cambridge MA.: Harvard University Press, 2014.

Philostratus, *Lives of the Sophists*, Vol.I, translated by Wilmer Cave Wright, the Loeb Classical Library, Cambridge MA.: Harvard University Press, 1998.

Plato, *Laws*, in *Plato*, Vol.IX, translated by R.G.Bury, the Loeb Classical Library, Cambridge MA.: Harvard University Press, 1968.

Plato, *Protagoras*, in *Plato*, Vol.II, translated by W.R.M.Lamb, the Loeb Classical Library, Cambridge MA.: Harvard University Press, 1952.

Plato, *The Republic*, 390e, in *Plato*, Vol.V, translated by Chris Emlyn-Jones and William Preddy, the Loeb Classical Library, Cambridge MA.: Harvard University Press, 2013.

Plautus, *The Two Bacchises*, in *Plautus*, Vol.I, translated by Paul Nixon, the Loeb Classical Library, Cambridge MA.: Harvard University Press, 1966.

Pliny the Elder, *Natural History*, Vol.I-X, translated by H.Rackham, the Loeb Classical Library, Cambridge MA.: Harvard University Press, 1991, 1983, 1984, 1986.

Pliny the Younger, *Letters and Panegyricus*, Vol.I, II, translated by Betty Radice, the Loeb Classical Library, Cambridge MA.: Harvard University Press, 1972, 2004.

Pliny the Younger, *Panegyricus*, Vol.II, translated by Betty Radice, the Loeb Classical Library, Cambridge MA.: Harvard University Press, 1976.

Plutarch, *Plutarch's Moralia*, Vol.I, VII, translated by Frank Colf Babbitt, the Loeb Classical Library, Cambridge MA.: Harvard University Press, 1969.

Plutarch, *Lives*, Vol.I-XI, translated by Bernadotte Perrin, the Loeb Classical Library, Cambridge MA.: Harvad University Press, 1998, 1968, 1967, 1959, 1968, 1970, 1971, 1959, 1959, 1968, 1954.

Polybius, *The Histories*, Vol.VI, translated by W.R.Paton, the Loeb Classical Library, Cambridge MA.: Harvard University Press, 2012.

Prudentius, Vol.II, translated by H.J.Thomson, the Loeb Classical Library, Cambridge

MA.:Harvard University Press,1953.

Quintilian,*The Orator's Education*, Books. 1 – 12, translated by Donald A. Russell, the Loeb Classical Library, Cambridge MA.:Harvard University Press,2001.

Saint Augustine,*The City of God Against the Pagan*, Vol.VII, translated by William M. Green, the Loeb Classical Library, Cambridge MA.:Harvard University Press,1972.

Sallust,*The Catilinarian Conspiracy*, translated by J.C.Rolfe, the Loeb Classical Library, London:William Heinemann,1920.

Select Papyri, Vol.I, translated by Edgar and A.S.Hunt, the Loeb Classical Library, London:William Heinemann Ltd,1932.

Seneca the Elder,*Controversiae* I—X,*Suasoriae*, translated by M.Winterbottom, the Loeb Classical Library, Cambridge MA.:Harvard University Press,1974.

Seneca the Younger,*Moral Essays*, Vol.I,II, translated by John W.Basore, the Loeb Classical Library, Cambridge MA.:Harvard University Press,1928,1970.

Sidonius,*Poems and Letters*, Vol.1, translated by W.B.Anderson, the Loeb Classical Library, Cambridge MA.:Harvard University Press,1963.

St.Jerome,*Select Letters*, translated by F.A. Wright, the Loeb Classical Library, Harvard University Press,1933.

Suetonius, Vol.I,II, translated by J.C.Rolfe, the Loeb Classical Library, Cambridge MA.:Harvard University Press,1970.

Tacitus, Vol.I, IV, translated by W. Peterson, the Loeb Classical Library, Cambridge MA.:Harvard University Press,2000.

Tacitus, Vol.V, translated by John Jackson, the Loeb Classical Library, Cambridge MA.:Harvard University Press,1959.

Terence,*The Lady of Andros*, translated by John Sargeaunt, the Loeb Classical Library, Cambridge MA.:Harvard University Press,1931.

Aelius Spotrianus, etc.,*The Scripores Historiae Augustae*, Vol.I,II, translated by David Magie, the Loeb Classical Library, Cambridge MA.:Harvard University Press,1991.

Varro,*On Agriculture*, translated by William Davis Hooper, the Loeb Classical Library, Cambridge MA.:Harvard University Press,1960.

Varro,*On the Latin Language*, Vol.I,II, translated by Roland G.Kent, the Loeb Classical Library, Cambridge MA.:Harvard University Press,1967.

Vergil,*Aeneid*, VI, translated by H.Rushton Fairclough, the Loeb Classical Library, Cambridge MA.：Harvard University Press，1999.

（二）现代英文著作

Ada，Cohen & Rutter，Jeremy B.（eds.），*Constructions of Childhood in Ancient Greece and Italy*，Princeton N.J.：The American School of Classical Studies at Athens，2007.

Adkins，Lesley & Adkins，Roy A.，*Handbook to Life in Ancient Rome*，New York：Facts on File，2004.

Aelius，Aristides Publius，*The complete works：Orationes*，with an appendix containing the fragments and inscriptions，Vol.1，Brill：Archive，1986.

Anderson，Graham，*The Second Sophistic：A Cultural Phenomenon in the Roman Empire*，London and New York：Routledge，1993.

Athanassiadi，Polymnia，*Julian：An Intellectual Biography*，New York：Routledge，2014.

Balsdon，J. P. V. D.，*Roman Women：Their History and Habits*，New York：Barnes & Noble，1962.

Bidez，Joseph，*La vie de l' Empereur Julien*，Paris；Les Belles Lettres，1930.

Bloomer，W.Martin，*The School of Rome：Latin Studies and the Origins of Liberal Education*，Berkeley：California University Press，2011.

Bonner，Stanley F.，*Education in Ancient Rome：From the Elder Cato to the Younger Pliny*，London：Methuen，1977.

Bowen，James，*A History of Western Education：1000B. C. ~ A. D. 1054*，Vol.1，London：Methuen，1972.

Bowersock，G.W.，*Julian the Apostate*，Cambridge：Harvard University Press，1978.

Bradley，Keith R.，*Discovering The Roman Family*，New York：Oxford University Press，1991.

Bratton，F.Gladstone，*A History of Egyptian Archaeology*，New York：Thomas Y.Coowell Co.，1967.

Butler，Cuthbert，*The Lausiac History of Palladius* I，Herstellung：Georc Olms Hildeshrim，1967.

Cameron，Averil & Gamsey，Peter，*The Cambridge Ancient History*，Vol.XIII，Cambridge University Press，1998.

Capella，M.，*The Marriage of Philosophy and Mercury*，translated by William Harris Stahl and R.Jonson，New York：Columbia University Press，1977.

Christ, Karl, *The Romans: An Introduction to Their History and Civilization*, translated by Christopher Holme, London: Chatto &Windus, 1984.

Cochrane, Charles Norris, *Christianity and Classical Culture: A Study of Thought and Action from Augustus to Augustine*, Nwe York: Oxford University Press, 1944.

Corbeill, Anthony, "Education in the Roman Republic: Creating Traditions", in Yun Lee Too(ed.), *Education in Greek and Roman Antiquity*, Leiden: Brill, 2001.

Cribiore, R., *Between City and School: Selected Orations of Libanius*, Liverpool: Liverpool University Press, 2015.

Cribiore, R., *Gymnastics of the Mind: Greek Education in Hellenistic and Roman Egypt*, New Jersey: Princeton University Press, 2001.

Cribiore, R., *Libanius The Sophist: Rhetoric, Reality, and Religion in the Fourth Century*, Ithaca: Cornell University Press, 2013.

Cribiore, R., *The School of Libanius in Late Antique Antioch*, New Jersey: Princeton University Press, 2007.

Cribiore, R., *Writing, Teachers and Students in Graeco-Roman Egypt*, Atlanta: Scholars Press, 1996.

Cubberley, Ellwood P., *Readings In the History of Education*, New York: Houghton Mifflin Company, 1920.

De Mause, L. (ed.), *The History of Childhood*, New York: The Psychohistory Press, 1974.

Dill, M.A.Samuel, *Roman Society in the Last Century of the Western Empire*, New York: Wylie Press, 2010.

Fipps, Bradford Lee, Gregory of Nazianzuss Oratcons 4 and 5: An Inraluction and New Trans/ation, PrlD dissertation, Drew, N.J.: Drew University Madison, 1994.

Dixon, Suzanne, *The Roman Family*, Baltimore: Johns Hopkins University Press, 1992.

Dixon, Suzanne, *The Roman Mother*, London: University of Oklahoma Press, 1988.

Duncan-Jones, Richard, *The Economy of the Roman Empire: Quantitative Studies*, New York: Cambridge University Press, 1982.

Elm, Susanna, *Sons of Hellenism, Fathers of the Church: Emperor Julian, Gregory of Nazianzus, and the Vision of Rome*, Berkeley: University of California Press, 2012.

Eusebius.Socrates & Evagrius, *The History of Church: Eusebius.Socrates.Evagrius*, translated by Valesius, Lodnon, 1709.

Finley, M. I., *The Ancient Economy*, Berkeley CA: the University of California Press, 1973.

Freedmen, K.J., *School of Hellas: An Essay on the Practice and Theory of Ancient Greek Education from 600 to 300B.C.*, London: Macmillan and Co., 1912.

Germino, E., *Scuola e cultura nella legislazione di Giuliano l' Apostata*, Napoli: Jovene, 2004.

Gregory of Nazianzus, *St. Gregory of Nazianzus Select Orations*, translated by Martha Vinson, The Catholic University of America Press, 2003.

Grubbs, Judith Evans and Parkin, Tim (eds.), *The Oxford Handbook of Childhood and Education in the Classical World*, Oxford: Oxford University Press, 2013.

Gwynn, Aubery, *Roman Education from Cicero to Quintilian*, Oxford: Clarendon Press, 1926.

Haarhoff, Theodore, *Schools of Gaul: A Study of Pagan and Christian Education in Last Century of the Western Empire*, Oxford: Oxford University Press, 1920.

Harlou, Mary and Laurence, Ray, *Growing Up and Growing Old in Ancient Rome: A Life Course Approach*, London and New York: Routledge, 2002.

Harris, Walliam V., *Ancient Literacy*, Harvard: Harvard University Press, 1989.

Henderson, M., *The School of History, Athens in the Age of Socrates*, California: University of California Press, 2000.

Hornblower, Simon, Sawforth, Antony & Eidinow, Esther (ed.), *The Oxford Classical Dictionary*, Oxford: Oxford Press, 2012.

Jaeger, W., *Paideia: The Ideas of Greek Culture*, Vol. I–III, translated by Gibert Highet, Oxford: Oxford University Press, 1981

Jones, A. H. M., *The Later Roman Empire*, 284 – 602: *A Social Economic and Administrative Survey*, Vol.1, Basil Blackwell: Norman, 1986.

Kaster, Robert. A., *Guardians of Language: The Grammarian and Society in Late Antiquity*, California: California University Press, 1988.

Kennel, N.M., *The Gymnasium of Virtue: Education & Culture in Ancient Sparta*, London: University of North Carolina, 1995.

Laes, Christian, *Children in the Roman Empire: Outsiders within*, Cambridge: Cambridge University Press, 2011.

Laistner, M.L.W., *Christianity and Pagan Culture in The Late Roman Empire*, Ithaca:

Cornell University Press, 1951.

Garcia, L.& Garcia, Y., *Pupils, Teachers and Schools in Pompeii. Childhood, Youth and Culture in the Roman Era*, edited by Maria Elisa Garcia Barraco, translated by Anna Maria Poli, Rome: Bardi, 2005.

Libanius, *Antioch as a Centre of Hellenic Culture as Observed by Libanius*, translated with an introduction by A.F.Norman, Cambridge: Liverpool University Press, 2000.

Libanius, *Progymnasmata: Model Exercise in Greek Prose Composition and Rhetoric*, translated with an introduction and notes by Craig A.Gibson, Atlanta: Society of Biblical Atlanta, 2008.

Libanius, *Selected Letters of Libanius: From the Age of Constantius and Julian*, translated with an introduction by Scott Bradbury, Cambridge: Liverpool University Press, 2004.

Mander, Jason, *Portraits of Children on Roman Funeral Monuments*, New York: Cambridge University Press, 2013.

Marcus Aurelius, *Meditations*, translated by Robin Hard, introduction and notes by Christopher Gill, Hertfordshire: Wordsworth of World Literature, 1997.

Marrou, H.I., *A History of Education in Antiquity*, translated by Geprge Lamb, Madison: University of Wisconsin Press, 1982.

Mathews, John F., *Laying down the Law: A Study of the Theodosian Code*, New Hanen: Yale University Press, 2000.

Maurice, Lisa, *The Teacher in Ancient Rome: Magister and His World*, MaryLand and Lanham: Lexington Books, 2013.

Monroe, Paul, *A Brief Course in the History of Education*, London: Macmillan co., 1927.

Morgan, Teresa, *Literate Education In the Hellenistic and Roman World*, Cambridge: Cambridge University Press, 1998.

Myers, Philipvan Ness, *A History of Rome*, Boston: Ginn, 1904.

Nixon, C.E.V.and Rodgers, Barbara Saylor, *In Praise of Later Roman Emperors, The Panegyrici Latini: Introduction, Translation and Historical Commentary*, Berkeley: University of California Press, 1994.

Noy, David, *Foreigners at Rome: Citizen and Stranger*, Wales: the Classical Press of Wales, 2002.

Orosius, Paulus, *Seven Books of History against the Pagans*, translated with an introduction and notes by A.T.Fear, Liverpool: Liverpool University Press, 2010.

Plutarch, *the Education of Children*, 4F, 2005.

Rawson, Berly, *Children and Childhood in Roman Italy*, Oxford: Oxford University Press, 2003.

Rawson, Elizabeth, *Intellectual Life in the Late Roman Republic*, London: Duckworth, 1985.

Rufinus, *The Church History of Rufinus of Aquileia*, translated by Philip R. Amidon, Oxford: Oxford University Press, 1997.

Smith, R., *Julian's Gods: Religion and Philosophy in the Thought and Action of Julian the Apostate*, London: Routledge, 1995.

Smith, William & Lockwood, John (ed.), *Chambers Murray Latin-english Dictionary*, London: J. Murray, 1976.

Smith, William A., *Ancient Education*, New York: Philosophical Library, 1955.

Soranus, *Gynecology*, translated by Owsei Tomkin, Baltimore and London: The Hopkins University Press, 1991.

Sozomen, *The Ecclesiastical History*, translated by Chester D. Hartranft & Grand Rapids, Michigan: W.M.B. Eerdmans Publishing Company, 1957.

St. Augustine, *Against the Academicians and the Teacher*, translated by Peter King, Indianapolis/Cambridge: Hackett Publishing Company, Inc., 1995.

St. Augustine, *The Free Choice of the Will*, translated by Robert P. Russell, Washington: The Catholic University Press, 1968.

Symmachus, *Letters* I, translated by Michele Renee Salzman and Michel Roberts, Atlanta: Society of Biblical Literature, 2011.

Teitler, C., *The Last Pagan Emperor Julian the Apostate and the War against Christianity*, Oxford: Oxford University Press, 2017.

Tenney, Frank, *An Economic History of Rome*, Baltimore: Johns Hopkins Press, 1927.

Tenney, Frank, *An Economic Survey of Ancient Rome*, Vol. V (*Rome and Italy of the Empire*), Paterson: Pageant Books, INC., 1959.

The Oxyrhynchus Papyri, VI.930, translated and notes by Bernard P. Grenfell, Oxford: the University of Oxford, 1908.

The Oxyrhynchus Papyri, XLVII.3366, translated and notes by R.A. Coles, M.W. Haslam, London: the British Academy, 1980.

The Theodosian Code and The Sirmondian Constitutions, translated by Clayde Pharr, New

Jersey:Princeton University Press,1952.

Theodoret, *Ecclesiastical History*, translated by Blomfield Jackson and Grand Rapids, Michigan: W.M.B.Eerdmans Publishing Company,1957.

Tighe,M. ,(ed.) ,*The Works of Apuleius:Containing the Metamorphoses,Or Golden Ass, the God of Socrates, The Florida and His Defence, Or a Discourse on Magic; a New Translation,to which are Added a Metrical Version of Cupid and Psyche and Mrs Tighe's Psyche,a Poem in Six Cantos*,London:HG Bohn,1853.

Too,Yun Lee(ed.) ,*Education in Greek and Roman Antiquity*,Boston:Brill,2001.

Tucker,T.G. ,*Life in the Roman World of Nero and St.Paul*,London:Macmillan,1910.

Ulich,Roberts, *The Thousand Years of Educational Wisdom*,Cambridge:Harvard University Press,1963.

Weitzmann,Kurt(ed.) ,*Late Classical and Medieval Studies in Honor of Albert Mathias Friend*,New Jersey:Princeton University Press,1956.

Wiedemann,Thomas, *Adults and Children in the Roman Empire*, London:Routledge, 1989.

Wilkins,A.S. ,*Roman Education*,Cambridge:Cambridge University Press,1914.

Xenophon, *The Constitution of the Lacedaemonians: A New Critical Edition with a Facing-Page English translation*, translated by Donald F. Jackson, Lewiston: the Edwin Mellen Press,2006.

(三) 英文论文

Banchich,T. ,"Julian's School Laws:Cod.Theod.13.3.5 and Ep.42",*Ancient World*, Vol.24,1993,pp.5-14.

Blaiklock,E.M. ,"Schoolboys of the Ancient World",*Greece and Rome*,Vol.XI,No.33, 1942,pp.97-102.

Bouffartigue, "L'empereur Julien était-il intolérant?" ,*Revue d'études augustiniennes et patristiques*,Vol.53,No.1,2007.

Foss C. ,"Late Antique and Byzantine Ankara",*Dumbaton Ooks Papers*,Vol.31,No.19, 1977,pp.27-87.

Charles,B.Rose, "'Princes' and Barbarians on the Ara Pacis" ,*American Journal of Archaeology*,Vol.94,No.3(July 1990),pp.27-87.

Cramer,F.H. ,"Bookburning and Censorship in Ancient Rome:a chapter from the history of freedom of speech", *Journal of the History of Ideas*, Vol.6, No.2(April 1945) , pp.157-196.

Doig, George, "The Edict of Gratian on the Remuneration of Teachers", *The American Journal of Philology*, Vol.86, No.2(April 1965) , pp.113-137.

Hardy, B.Carmon, "The Emperor Julian and His School Law", *Church History*, Vol.37, No.2(June 1968) , pp.131-143.

Hopkins, Keith, "Elite Mobility In the Roman Empire", *Past and Present*, No.32(Dec. 1965) , pp.12-26.

Hopkins, Keith, " Social Mobilty in the Later Roman Empire: The Evidence of Ausonius", *Classical Quarterly*, Vol.11, No.3-4(Dec.1961) , pp.239-248.

Hunt, David, "Julian", in Averil Cameron, Peter Garnsey(eds.) , *The Cambridge Ancient History(Vol.13) : The Late Empire A. D. 337 - 425*, Cambridge: Cambridge University Press, 2008, pp.66-67.

Kaster, Robert A., "Notes on ' Primary ' and ' Secondary'schools in Late Antiquity", *Transaction of the American Philological Association*, Vol.113, 1983, pp.323-346.

Laes, Christian, "School-teachers in the Roman Empire: A Survey of the Epigraphical Evidence", *ACTA CLASSICAL*, Vol.50, No.1, 2007, pp.109-127.

Marcos, M., "He Forced with Gentleness: Emperor Julian's Attitude to Religious Coercion", *Antiquité Tardive*, Vol.17, 2009, pp.191-204.

McLynn, Neil, "Julian and the Christian Professors", in Carol Harrison, Caroline Humfress & Isabella Sandwell(eds.) , *Being Christian in Late Antiquity: A Festschrift for Gillian Clark*, Oxford Scholarship Online, 2014, pp.121-136.

Morgan, Teresa, " Assessment in Roman Education", *Assessment in Education*, Vol.8, No.1(March 2001) , pp.11-24.

Nelson, J.Raleigh, "The Boy Poet Sulpicius—A Tragedy of Roman Education", *The School Review*, Vol.11, No.5, 1903, pp.384-395.

Papalas, A.J., "Herodes Atticus: An Essay on Education in the Antonius Age", *History of Education Quarterly*, Vol.21, No.2(June 1981) , pp.171-188.

Pascal, Nanette R., "The Legacy of Roman Education", *The Classical Journal*, Vol.79, No.4(May 1984) , pp.351-355.

Rebenich, Stefan, "Julian's Afterlife: The Reception of a Roman Emperor", in Stefan Rebenich and Hans-Ulrich Wiemer(eds.) , *A Companion to Julian the Apostate*, Brill, 2019, pp.398-417.

Skinner, Alexander, "Political Mobility of Later Roman Empire", *Past and Present*, Vol.218, No.1(February 2013), pp.17–53.

Van Dam, Kingdom, "Self–Representation in the Will of Gregory of Nazianzus", *The Journal of Theological Studies*, Vol.46, No.1(April 1995), pp.100–102.

Vössing, Konrad, "The Value of a Good Education: The School Law in Context", in Stefan Rebenich and Hans–Ulrich Wiemer(eds.), *A Companion to Julian the Apostate*, Leiden: Brill, 2019, pp.172–206.

Weaver, P.R.C., "Social Mobilty in the Early Roman Empire: the Evidence of the Imperial Freedmen and Slaves", *Past and Present*, No.37(July 1967), pp.3–20.

Yannicopoulo, A.V., "The Pedagogue in Antiquity", *British Journal of Educational Studies*, Vol.33, No.2(April 1985), pp.173–179.

（四）工具书

Gwinn, Robert P., Norton, Peter B. & McHenry, Rober(eds.), *The New Encyclopadia Britannica*, Chicago: Encyclopaedia Britannica, 1993.

Hornblower, Simon, Spawforth, Antony & Eidinow, Esther(eds.), *The Oxford Classical Dictionary*, Oxford: Oxford University Press, 2012.

Smith, William & Lockwood, John(eds.), *Chambers Murray Latin–english Dictionary*, Lodon, 1976.

后　记

总算不负近二十年的光阴，该为本书写篇后记了。

从事古罗马教育史的研究是个出力却不易出好成果的苦活儿。资料一鳞半爪，支离破碎，从卷帙浩繁的洛布丛书中查阅，犹如大海捞针，偶遇古典作家的片言只语，便如获至宝；还企望写作风格清新，想让古人"复活"，以达心灵相犀之愿。然而，虽反复修改，仍不尽如人意，故蹉跎至今。

2003年，幸得田德全先生收为门徒，才得携娃重拾笔墨。以偏冷的"古罗马教师"作为研究对象，主要原因有两个：一是田老师作为王阁森先生的高足，古罗马史是其专长。作为学生，自然要选与其契合的研究方向；二是当时，自己曾为人师，又初为人母，希冀以史为鉴，能够胜任这两种塑造孩子灵魂的角色。

书名中的"教师"泛指古罗马儿童成长道路上的所有教育者——母亲、父亲、祖父母等各种近亲属和各级学校教师（初级教师、文法和演说术教师、哲学教师等）。对贵族孩子来说，他们身边还围绕着乳母、保姆、教仆和家庭教师等教育者。与任何时代的儿童一样，他（她）们离不开成年人的爱与呵护。

在我的人生道路上，幸得母亲的养育、学校教师的关爱和学业导师的襄助。他们的厚爱与教诲支持我走过布满荆棘却也是野花丛生的岁月。我人生的第一位"教师"是母亲荣德英女士。她不但给了我生命,还是我最重要的精神导师。母亲虽生于殷实之家,却因眼疾并不识字。然而,她识人义,性豪爽,记性佳,常妙语连珠。我是家中老幺,常牵母亲衣角,不离半步,自然对她的言行耳濡目染,受益终生。年幼的我常随母亲忙里忙外,她总夸我:"看我这老疙瘩,不怕苦不怕累,干啥啥行!"母亲的这句话,给予了年幼的我最好的爱,最大的肯定,让我对人生充满自信和向前的勇气。那时家中人口多,仅靠父亲养家,家境并不宽裕,但每当乞食者上门,母亲要么一碗热粥,要么一块干粮,甚至还请到家里嘘寒问暖。面对我们的不解,她会长叹说:"五八年发大水时,我也带着你姐到山里,要过饭,受过好心人接济,要不也活不到现在呢。人要不是走投无路,谁能走这一步呢!"尽管度日艰难,母亲却没有抱怨,还经常说"咱人穷志不短","只要不闲着,好好努力,哪有过不好的呢?"母亲这些朴实的话,既有对苦难者的良善共情,又有对艰辛生活的深切感悟。虽看清世界的残酷,仍然选择热爱生活,努力向前看。要论对孩子的家庭教育,还有比母亲这种极有力量的言传身教更好的人生教育吗?故我以此书作为献给母亲的礼物,以报答她的养育之恩,也告慰她的在天之灵!

小学阶段,我幸运地遇到了对我关爱有加的郭克诚老师。那时,我贪玩淘气,无心学习,成绩自然很差。直到上了五年级,才摘掉了差生的帽子。这应该归功于郭老师。他是县级优秀教师,不仅教学有方,对学生也充满关爱。有次与男生爬窗玩闹被抓个正着,被他叫到了办公室。没想到,郭老师竟笑眯眯地拿出针线,为我缝上了花棉裤的口子。他还送了我一本很厚的数学习题集和一本作文范文集,要求我每晚做二十道数学题,第二天交给他检查;还严格要求我每天写日记、周记,两周写一篇大作文。后来,我的周记还有几次被他当作范文在课堂上宣读过。离开小学后,我再也没见过他。先生现在应该已到耄耋之年,衷心祝他晚年安康!

初中阶段,我到离家十几里的山区重点中学求学。我经常在周末徒步往返于家校之间,还要带上一周的伙食——馒头和咸菜,长期营养不良导致我体弱多病。我的副班主任兼外语老师魏登峰先生不仅关心我的学习状况,也在生活上对我很是关照。如今,每当电话问候时,他总说我是他最自豪的学生,而我常怕辜负老师的厚爱。

辗转多年,承蒙导师裔昭印先生的不弃和悉心教导,我顺利完成了博士阶段的学业。先生博学多识,思维敏锐,善于从纷繁芜杂的历史乱象中揭示本质,在我惶惑迷乱时指点迷津。先生治学严谨,拼搏向上的精神让我受益无穷。我至今仍不敢懈怠,深恐有辱吾师门第。

我还要感谢晏绍祥先生。晏老师治学勤奋,著述等身,儒雅谦和。每当遇到学术难题,向他请教,总是很快就能收到回复。我申请剑桥大学访学时,贸然请他写推荐信。我起草的英文推荐信被他批注得满篇红,且增加了大量真实和生动的文字。对此,我既羞愧难当,又对他满怀敬意。有师如此,何其幸哉!

让我难以忘怀的还有我在剑桥大学访学期间的合作导师——三一学院古典学荣誉教授 Philip Hardie。老先生也曾是牛津大学三一学院教授,论著多为经典之作。他温文尔雅,略有羞涩,面带笑容,消除了我初到剑桥时的紧张。那一年,他多次约我到三一学院参观图书馆,到宏伟的学院餐厅喝咖啡、进餐,并讨论一些学术问题。他会细心地把相关的资料发给我,还两次送我新书。与先生的交往,也成为我人生中的一段难忘经历。

剑桥访学的岁月还留给了我不少其他的感动。留着山羊胡子的古典系资料员 Stephen Haw,为人友好,且十分敬业。他曾联系了一位博士生为我翻译了一段古意大利语文献。他还给我介绍了古典系"大先生"——Joyce Reynolds。Joyce 是研究埃及莎草纸文献的权威学者,已近百岁,仍坚持每周三次来资料室读书、写作,真正诠释了活到老学到老的人生境界!

我还接受过很多国内学者的鼓励与帮助。陈恒教授曾是我读博期间的授课老师,讲课生动,见解独到,让我受益匪浅。在我工作后,他在出版译著方面提供了有力的支持。黄洋教授曾是我博士论文的答辩委员之一,对论文的犀利批评是我不断修改书稿的长久动力。他善解人意,在一次会议上转赠我一本《罗马元老院与人民:一部罗马史》,缓解了我向译者求书不得的尴尬。张强教授谈吐幽默,每在学术会议相遇,他总能在谈笑间指出我文章的不足之处。徐晓旭教授不仅学问好,而且古道热肠,对我是有求必应,曾向其索要希腊文和拉丁文电子词典等资料。德堡大学的刘津瑜教授不仅为中外古典学交流搭建了很好的学术桥梁,让国内治学者受益,并无私为我提供所需的文献。师弟李永斌教授是学界新锐,无论在国内还是在英国访学期间,我们都有较多的交流,他给了我不少启发和灵感。师弟康凯,人如其名,为人慷慨,只要他有的资料,凡需皆给。师弟王玉冲,为我读博期间到京复印资料,不辞辛苦,至今还能想起他为我搬书的样子。研究古代后期的年轻学者吕厚量和华东师大的刘衍钢老师,都对我写作朱利安部分时存在的疑惑,耐心地给予了很有见地的解答。我还必须感谢两个"心灵相犀"的朋友。程彦霞是我博士期间相交的好友,我们无话不谈,是分享喜悦与释放压力的好闺蜜。邹翔性格开朗豪爽,与我志趣相投,聊人生,谈学术,甚是开心。鉴于篇幅,还有一长串让我感念的名字,不再枚举。

我的书中也包含我家人的付出。我感谢我的爱人王延庆。我们相识于大学,至今已携手走过四分之一个世纪,还能相谈甚欢,两不相厌,如此甚好!我俩的研究领域相去很远,却能互相学习,彼此相助。今生执子之手,幸甚至哉!我还应该感谢婆母,尽管在我们求学期间家中遭遇变故,仍坚持照料我们年幼的儿子。如今,老人家已是儿孙满堂,心满意足,安度晚年。还需要谢谢我的儿子王扶尧。尽管他只是个大学生,但当我与他讨论某些难解之惑时,他的见解却能给我启发。

本书能够付梓,我要还要感谢我的同事杨林坤老师(时任兰州大学社科处处长)在筹措出版经费方面给予的大力帮助。最后,我还要感谢人民出版社的编校人员,尤其是年轻编辑李源正在规范与出版方面的帮助。

　　总之,这本书能够面世,是在诸多无私之人的帮助下完成,绝非是凭我一己之力。尽管我在古罗马文教领域躬耕已近二十载,但撰写此书难度甚大,再加上本人天资愚钝,难免会有疏漏,恳请方家不吝赐教。

责任编辑：李源正
封面设计：石笑梦
版式设计：胡欣欣
责任校对：白　玥

图书在版编目（CIP）数据

古罗马教师研究/姬庆红 著. —北京：人民出版社，2023.9
ISBN 978－7－01－025363－3

Ⅰ.①古…　Ⅱ.①姬…　Ⅲ.①教师-研究-古罗马　Ⅳ.①G554.69

中国版本图书馆 CIP 数据核字（2022）第 257185 号

古罗马教师研究
GULUOMA JIAOSHI YANJIU

姬庆红　著

人民出版社 出版发行
（100706　北京市东城区隆福寺街 99 号）

北京九州迅驰传媒文化有限公司印刷　新华书店经销

2023 年 9 月第 1 版　2023 年 9 月北京第 1 次印刷
开本：710 毫米×1000 毫米 1/16　印张：23
字数：316 千字

ISBN 978－7－01－025363－3　定价：100.00 元

邮购地址 100706　北京市东城区隆福寺街 99 号
人民东方图书销售中心　电话（010）65250042　65289539

版权所有·侵权必究
凡购买本社图书，如有印制质量问题，我社负责调换。
服务电话：（010）65250042